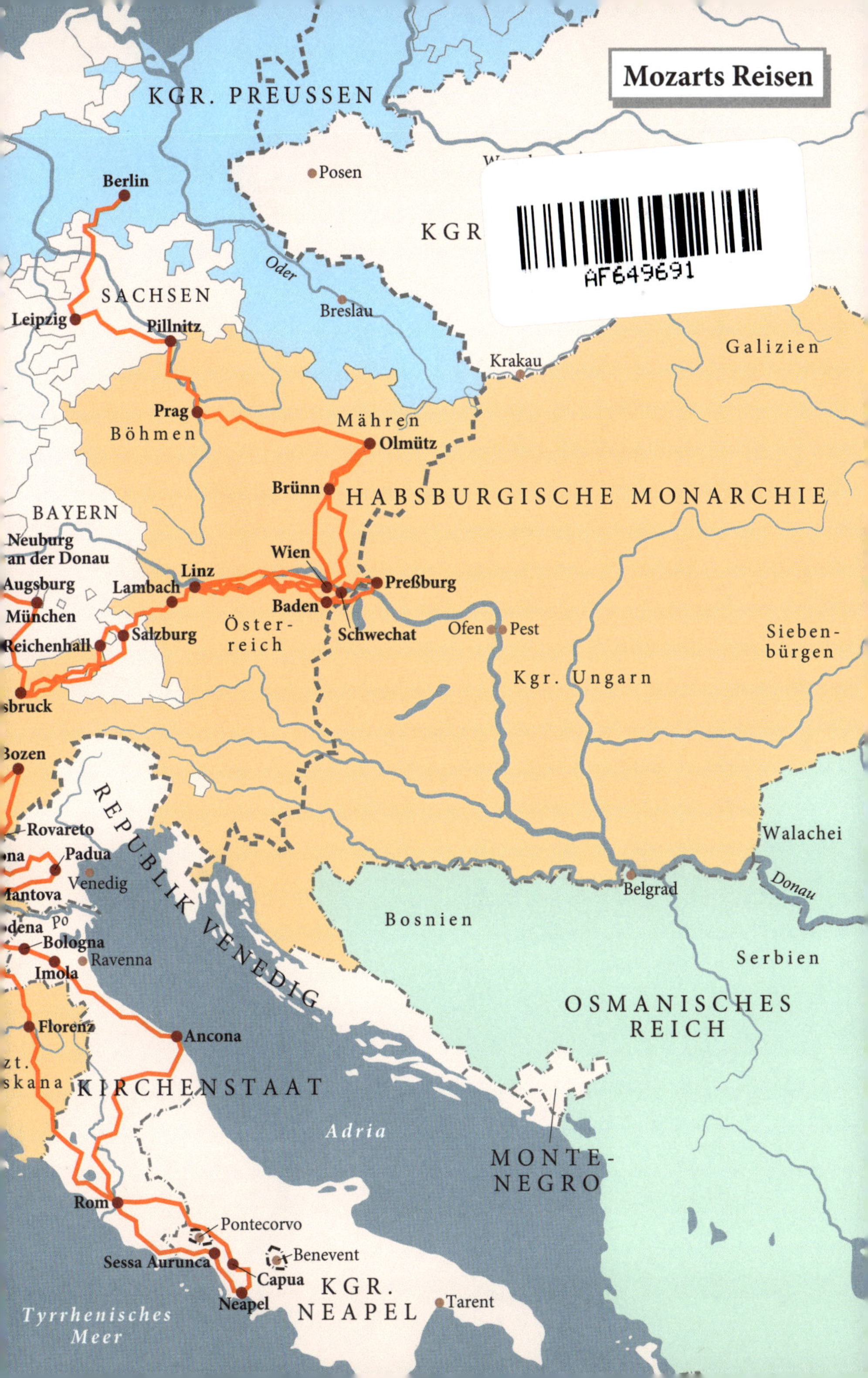

Mozarts Reisen
KGR. PREUSSEN
Posen
KGR
Berlin
Oder
SACHSEN
Breslau
Leipzig
Pillnitz
Krakau
Galizien
Prag
Mähren
Böhmen
Olmütz
Brünn
HABSBURGISCHE MONARCHIE
BAYERN
Neuburg
an der Donau
Wien
Linz
Augsburg
Lambach
Preßburg
Baden
München
Öster-
reich
Schwechat
Ofen
Pest
Salzburg
Reichenhall
Sieben-
bürgen
Kgr. Ungarn
sbruck
Bozen
REPUBLIK VENEDIG
Rovareto
Walachei
Padua
Venedig
Belgrad
Donau
Po
Bosnien
Bologna
Ravenna
Imola
Serbien
OSMANISCHES
REICH
Florenz
Ancona
KIRCHENSTAAT
Adria
MONTE-
NEGRO
Rom
Pontecorvo
Benevent
Sessa Aurunca
Capua
Neapel
KGR.
NEAPEL
Tarent
Tyrrhenisches
Meer

MICHAEL LEMSTER

DIE MOZARTS

MICHAEL LEMSTER

DIE MOZARTS

GESCHICHTE EINER FAMILIE

BENEVENTO

FSC
www.fsc.org
MIX
Papier aus verantwortungsvollen Quellen
FSC® C014496

2. Auflage 2020

Medieninhaber, Verleger und Herausgeber:
Red Bull Media House GmbH
Oberst-Lepperdinger-Straße 11–15
5071 Wals bei Salzburg, Österreich

Lektorat: Jonas Wegerer, Freiburg
Satz: MEDIA DESIGN: RIZNER.AT
Gesetzt aus der Minion, Trajan
Vor- und Nachsatz: Peter Palm, Berlin
Umschlaggestaltung: Büro Jorge Schmidt, München
Umschlagmotive: akg-images/Erich Lessing
Printed by GGP Media GmbH, Germany

ISBN 978-3-7109-0073-0

Inhalt

Allen liebenden Familien

Vorwort

Den Namen des Orts, an dem die Familiengeschichte der Mozarts beginnt, sucht man heute auch in den besten Atlanten vergebens. Ein kleiner Haufen Bauernhäuser, Scheunen und Futtersilos, in der Nähe ein Stück Fichtenwald, zu Fuß in einer Viertelstunde zu umrunden, ein mäßig klarer Bach, der sich durch Wiesen und Äcker schlängelt, eine alte Mühle. Das Leben pulsiert hier nicht gerade – es pulsiert einige Hundert Meter entfernt, wo Tag und Nacht schwere Lastwagen Rohstoffe in die Fabrikstadt einer Großmolkerei bringen.

Hieße nicht die einzige Straße des Orts »Mozartstraße« und stünde nicht eine Gedenktafel vor einem der bescheidenen Gebäude, so erinnerte nichts daran, dass in Heimberg der Ahnherr einer Familie lebte, deren ganze halbtausendjährige Geschichte es ganz besonders verdient, erzählt zu werden. Denn diese Familie hat der Menschheit ein großes Geschenk gemacht: den Pianisten, Organisten, Violinisten, Musikunternehmer und Komponisten Wolfgang Amadé Mozart.

Dieses Buch erzählt die Geschichte vom Aufstieg und Erlöschen der Mozarts, von ihren Anfängen im 15. Jahrhundert bis zum Tod der letzten Mozartin in Augsburg 1965. Die Geschichte einer ambitionierten Familie, deren Geist vor allem in der Musik unsterblich wurde. Die Geschichte einer Familie, deren Drang nach oben, deren Zielbewusstsein, deren Mut und bewunderungswürdige Energie dazu beitrugen, sich aus äußerster Dürftigkeit hinauszuarbeiten, bis sie mit Königen, Kaisern und Päpsten gleichsam von einem Teller aßen. Bis sie von den Mächtigsten der Welt geachtet, bewundert, hofiert, beneidet wurden. Bis sie der Welt bewiesen hatten, dass niemand tiefer zu wirken vermag als der schöpferische Mensch.

Diese fünfhundertjährige Geschichte der Mozarts ist reich an Höhepunkten und Krisen, Rätseln und Geheimnissen, komplexen und berührenden Figuren. War Leopold Mozart wirklich nichts als der unnachgiebige Zuchtmeister des kindlich-unbekümmerten Wolfgang? War das »Bäsle« ein Spielzeug oder die große, aber unmögliche Liebe des berühmten Komponisten? Und war Wolfgangs Frau Constanze der Ruin der Familie oder doch die Mutter ihres Nachruhms? Doch wäre Amadé jemals das geworden, was er wurde, wenn seine Eltern Anna Maria und Leopold ihn nicht bis an den Rand der Selbstaufgabe und darüber hinaus unterstützt hätten? Und was hätte aus Amadés Söhnen Carl und Franz Xaver, genannt Wowi oder Wolfgang junior, werden können, wäre es Amadé und seiner Frau Constanze gegeben gewesen, ihren Kindern dieselbe Hingabe zu schenken, wie es Wolferls Eltern gegeben war?

Es hat in der unübersehbaren Literatur über die Mozarts – besonders über die drei musikalischen Generationen – nicht an Versuchen gefehlt, diese Figuren psychologisch zu ergründen und dabei Gut und Böse zu verteilen. Diese Versuche blieben manches schuldig, weil sie Menschen früherer Zeiten mit den Maßstäben ihrer eigenen Epoche maßen. In diesem Buch wird ihnen kein neuer Versuch folgen, die Menschen sollen vielmehr in ihrer Bedingtheit und in ihren Beziehungen zueinander gezeigt werden, ohne sie zu bewerten. Auch werde ich keine Versuche unternehmen, diesen oder jenen »traurigen« oder »dämonischen« Instrumentalsatz auf künstlerisch zu verarbeitende Eindrücke aus dem realen Leben zurückzuführen. Es gibt in jedem Leben Gründe genug, traurig oder verzweifelt zu sein, selbst dann, wenn es einem gerade keine Knüppel zwischen die Beine wirft – und Gründe genug, sich zu freuen, selbst dann, wenn die Schwierigkeiten sich türmen.

Ob man diese Menschen nun bewertet oder nicht – das Rätsel ihrer Schöpferkraft bleibt. Möglich ist allein der Versuch, sichtbar zu machen, wie faszinierend kreativ die Mozarts jederzeit die Herausforderungen ihrer Epoche meisterten.

Sind die Mozarts eine österreichische oder eine deutsche Familie? Nationen reklamieren berühmte Söhne und Töchter in Zweifelsfällen meist als die ihren. Die Mozarts waren beides, und es liegt in der historischen Perspektive, in ihnen Deutsche oder Österreicher zu sehen. Zu Zeiten Leopolds und Wolfgangs gab es politisch kein Deutschland, aber ein Österreich und ein Fürsterzbistum Salzburg, dessen Bürger die Mozarts waren. Sprachlich betrachtet dagegen war das Zentrum Österreichs deutsch. Der »politische« Österreicher Wolfgang Amadé Mozart sprach von sich als »Teutschem«, aber nicht etwa in der politischen Auseinandersetzung mit Österreich, sondern in der kulturellen mit der »welschen«, italienischen Musik.

Was deutsch war, das war schon damals nicht genau zu sagen. Ich bitte daher die Leserinnen und Leser um Vergebung, wenn ich der kulturell-sprachlichen Definition den Vorzug vor der politischen gebe und Mozart als Deutschen bezeichne.

Die Mozarts brachten Bauern hervor, Uhrmacher, Bildhauer, Buchdrucker, Buchbinder, Baumeister, Maurer, Priester und Lehrer – und drei Generationen an Musikern von europäischem Ruhm. Sie kamen aus dem Nichts und sie gingen ins Nichts. Dazwischen wuchsen sie zu einem kräftigen Familienstamm heran und erblühten zu schöpferischen Genies. Ihre unerschöpflichen, da immateriellen Früchte können empfindsame Menschen genießen, solange der Stamm der Menschen die Erde belebt. Denn kein verständiger Mensch wird leugnen, dass die Schöpfungen Mozarts uns Menschen in unserer Gesamtheit gehören.

Kapitel 1
Überleben!

Die aus dem Morast kommen – Die Vorfahren der Mozarts und ihre Welt

1487: In England gehen mit der Schlacht von Stoke die Rosenkriege zwischen York und dem siegreichen Lancaster zu Ende. In Italien verherrlicht der Florentiner Sandro Botticelli mit seinem »Frühling« malerisch die Medici, und Mailands 17-jähriger Herzog Gian Galeazzo Sforza stoppt in der Schlacht bei Crevola den Expansionsdrang der Schweizer Eidgenossen. In Spanien entreißen die katholischen Könige Ferdinand von Aragón und Isabella von Kastilien den granadinischen Emiren die Stadt Málaga. Johann der Strenge schickt von Lissabon aus seinen Admiral Bartolomeu Dias mit drei Schiffen die afrikanische Westküste hinunter – der entdeckt das Kap der Guten Hoffnung und damit den Seeweg nach Indien. Die Neue Welt ist noch unbekannt. In Russland regiert Iwan der Große seit 25 Jahren über das Großfürstentum Moskau und lässt hoch über der Moskwa den Großen Kremlpalast errichten.

Und in Deutschland? – Im Heiligen Römischen Reich Deutscher Nation sitzt der Feind – der Ungar Matthias Corvinus – in der Wiener Residenz Kaiser Friedrichs III. Der Kaiser selbst residiert stattdessen in der österreichischen Provinz, in Graz und Linz. Das Reich – besonders dessen Süden auf der Mittagsseite des Mains – ist ein chaotisches Mosaik von teilweise winzigen Grafschaften, Fürstentümern und Reichsstädten mit ihren kleinen Pflegschaften, den Dörfern und Weilern, über die sie Recht sprechen und die sie besteuern. Die katholische Kirche hält Seelen, Geist und Geldbeutel der Menschen fest im Griff, und ihre adeligen Fürsterzbischöfe, Fürstbischöfe und Fürstäbte gehören selbst zu den mächtigsten Lehnsherren. Drei erzbischöfliche Kurfürsten – in Mainz, Köln und Trier – sichern Roms Einfluss auf Deutschlands weltliche Gesetze und Entscheidungen – noch. Denn Friedrichs Sohn Maximilian I. soll bereits den Wind der Reformation spüren, der sich unter Friedrichs Enkel Karl V. zum Sturm auswachsen wird.

Ein Fürstbischof sitzt auch auf der Augsburger Kathedra, dem Bischofsthron im Hohen Dom Mariä Heimsuchung: Friedrich II. von Zollern, der Überlieferung nach bereits der vierundfünfzigste Augsburger Oberhirt. Das Bistum ist eines der ältesten in Deutschland, sein Beginn liegt im mythischen Dunkel der Spätantike. Bischof Friedrich ist ein frommer Mann – kein streitbarer. So urteilen die Zeitgenossen. Ungeachtet dessen reicht das Hochstift Augsburg – die politische Repräsentanz des Bistums – von der Donau tief bis ins heutige Tirol hinein. In seiner Residenzstadt selbst muss Friedrich die Macht jedoch mit dem mächtigen Stadtadel der Welser und Fugger, der Hainhofer, Hoser, Langenmantel und vieler anderer teilen – Namen, deren Aufstieg und Verschwinden die Geschichte der Stadt prägt.

Auf dem Land regiert der Fürstbischof durch seine Vögte die meist winzigen Pflegschaften und Güter, die oft nur wenige Dörfchen umfassen. Dort, wo die waldigen Hügel des Lechrains ansteigen, abseits des fruchtbaren Flusstales, sind Dürftigkeit und Schmutz zu Hause – in Haufen strohgedeckter Häuser mit Fußböden aus gestampftem Lehm. In Siedlungen, deren einzige gemauerte Gebäude die Kirchen und Kapellen sind, vielleicht hie und da der Ansitz eines fürstbischöflichen Ministerialen. Wo der Boden aus Sumpf und Schotter besteht. Wo die Leute neben dem Flachsanbau spinnen, weben, stricken oder schlicht betteln müssen, um zu überleben. Wo sie in einem Raum zusammen mit ihren Ziegen, Schweinen und kümmerlichen Rindern hausen, die die Kinder zum Weiden in den Wald treiben müssen, da die knappen Rodungen um die Dörfer zu kostbar für das Vieh sind. Wer ein Pferd hat, gehört zu den Besseren. Dort ernährt man sich von Wassersuppe, eingekochtem Schwarzbrot und groben, schmalzarmen Mehlspeisen und trinkt dazu Weißbier und Branntwein. »Die Stauden« heißt die Gegend noch heute nach dem Gestrüpp, das hier als einziges reichlich ins Kraut schoss.

Dies ist die Heimat der Mozarts. Eine wenig edle Heimat, deren Charakter sich noch in den Familiennamen eingeschrieben hat: »Mot« ist das mittelhochdeutsche Wort für schwarze Erde, Moder, Sumpf. Die Mozarts waren die, die im Morast wohnten. Die Schmutzfinken vielleicht. Und die Stauden sind die Gegend, aus der sie kamen – und aus der sie unbedingt wegwollten.

Hier also, in einem Nest namens Heimberg in den Stauden, drei Meilen oder gut zwanzig Kilometer westlich von Augsburg, lebte Andris (Andreas) Motzhart. Nur ein einziges Dokument erwähnt ihn und seine Herkunft: eine Urkunde aus Leitershofen, einem Dorf weniger als eine Meile von Augsburg entfernt, auf dem Höhenzug des westlichen Lechrains gelegen. Der Gründlichkeit eines Chronisten ist es also zu verdanken, dass wir wenigstens den Namen des Familienstammvaters kennen. Die Hofstelle in Heimberg wird noch heute gezeigt, das Haus, das darauf steht, ist jedoch das Werk eines viel späteren Mozart. Denn Andris' Kindeskinder sollten sich über Generationen als tüchtige Maurer und Architekten hervortun.

In Leitershofen kauft Andris' Sohn Hanns Motzhart im Jahr 1515 ein kleines Gut, bewirtschaftet es mit seinem Sohn Leonhard und seiner Familie und zahlt dem Grundherrn einen Zins für die Nutzung. Von Leitershofen reicht der Blick hinüber zu den Türmen und Mauern der Reichsstadt.

Wieso darf er das überhaupt? Muss er keinen Grundherrn um Erlaubnis zu einem solchen Umzug fragen? Und was eigentlich treibt Hanns an, auf familiäre Unterstützung in den vielen Schwierigkeiten des Alltags völlig zu verzichten und die elterliche Umgebung zu verlassen zugunsten eines Wohnsitzes, der einen halben Tagesmarsch entfernt ist, über Stock und Stein und durch den Morast der Stauden? – Nun, wir dürfen uns die spätmittelalterliche Gesellschaft nicht zu simpel und zu monolithisch vorstellen. Neben dem seinerseits recht durchlässigen Adelsstand gab es nicht einfach nur eine gesichtslose Masse an leibeigenen Bauern. Die Mozarts waren kleine Leute, aber keine Leibeigenen. Sie durften im Rahmen der materiellen Möglichkeiten ihren Ehepartner und ihren Wohnort nach Belieben wählen. Sie konnten sich selbst ihre Ziele setzen.

Und Hanns' Ziel hieß vielleicht: in der Stadt gut zu leben und etwas zu gelten. Dann war der Umzug nach Leitershofen der erste Schritt. Es gab Familien, die ein solches Ziel verfolgten und die nötigen Talente und den erforderlichen Mut besaßen, diesen Weg einzuschlagen. Wenn die Mozarts zu ihnen gehörten – und sie gehörten dazu, wie wir später sehen werden –, dann hat Hanns der Ältere es gut gemacht. Er war der erste Mozart, der die Stadt Tag für Tag vor Augen hatte und im Rahmen seiner Möglichkeiten ihrer Faszinationskraft nachgeben konnte – zum Beispiel, wenn er dem Augustinerchorherrenstift St. Georg den ihm zustehenden Pachtzins brachte. »Unterm Krummstab ist gut leben«, sagte zu jener Zeit oft ein Bauer wehmütig oder neidvoll zum anderen – die Pfaffen drangsalierten ihre Untertanen weniger als die weltlichen Herren. Die Mozarts wussten dies so gut wie jeder.

Sie waren und blieben dennoch fürs Erste kleine Leute. »Söldner« waren die Mozarts, aber nicht im militärischen Sinn, sondern im zivilen. Das hieß: Zwar hatten sie Grundbesitz. Dessen Ertrag reichte indessen nicht zum Leben, und seine Bewirtschaftung lastete eine Familie nicht aus. Also waren sie genötigt, sich gegen »Sold«, also gegen Lohn, zu verdingen.

Aber wenigstens waren sie frei. Sie waren zwar zu Handdiensten und zur Zahlung von Steuern verpflichtet, aber sie waren wirtschaftlich selbstständig. Auf manchen Sölden lag traditionell eine Handwerksgerechtigkeit. Das bedeutete, wer eine solche Sölde erbte oder erwarb, der durfte sich als Bäcker, Schäffler, Schmied, Schneider, Wagner oder sonst ein Handwerker betätigen und wurde entsprechend besteuert. Demnach waren die Stände des freien Bauerntums und des Handwerks nicht klar voneinander abgegrenzt. Aber nicht jeder durfte alles anbieten, was er konnte. Die ständische Gesellschaft war strikt reglementiert, der Schuster hatte bei seinem Leisten zu bleiben.

Ein Handwerk war übrigens in den Stauden meist dringend notwendig, um eine Familie überhaupt durchzubringen. Der Ertrag der kiesigen Ackerscholle der Stauden war bereits in guten Erntejahren mager, in schlechten konnte er erbärmlich werden. Und die schlechten Jahre häuften sich im 16. Jahrhundert: verregnete Sommer, in denen das Getreide am Halm verfaulte, und überlange Schneewinter, in denen das Vieh im Stall verhungerte, markierten eine »kleine Eiszeit«. Dass im Januar die Mandelbäume blühten, kannte man in diesen Tagen nur noch aus Erzählungen und Legenden. Es gab keine Mandelbäume mehr im Hochstift von Fürstbischof Friedrich von Zollern. Und das dürftige Hügelland der Stauden ernährte seine Leute nicht länger.

Freiheit in Augsburg – Die Weltstadt am Lech

Augsburg dagegen leuchtete! Leuchtete im Glanz seiner Kirchen und Türme, im Glanz seiner Klöster und Patrizierhäuser, im Glanz seines reichlich sprudelnden, glasklaren Wassers, das komplizierte Leitungen in öffentliche Prachtbrunnen und in so manches wohlhabende Bürgerhaus hineinleiteten. Im Glanz seiner lang gestreckten

Marktstraße, die seine weithin sichtbaren Landmarken verband: die Türme des romanischen Mariendoms und der gotischen Ulrichskirche. Im Glanz der Reichstage, die seit dem 10. Jahrhundert Kaiser und Krieger, Heilige und Huren in der Stadt zusammenführten. Im Glanz schließlich des Wohlstandes, den ein geschickter Kaufmanns- und Handwerkerstand über Jahrhunderte erarbeitet hatte: Juweliere, Gold- und Silberschmiede, Sattler, Färber und Gerber, Maler und Bildhauer, Glaser, Tischler, Stellmacher, Töpfer, Korbmacher, Seiler, Weber und Waffenschmiede. Hundert Kanäle durchrannen die Viertel unterhalb des Steilabbruches der Oberstadt und trieben die Mühlwerke der Werkstätten an, das war ein Gluckern und Sprudeln, ein Hämmern und Wetzen, ein Pochen und Dengeln vom ersten Tageslicht bis in die Nacht, sechs Tage die Woche, denn am Sonntag ruhten nach Gottes Vorbild gleichermaßen die erlauchtesten und die geringsten Hände. Da donnerten hundert Glocken, und Wohlgeruch aus tausend Weihrauchfässern und Gesang aus zehntausend Kehlen und Orgelklang aus hunderttausend Pfeifen zogen zum Himmel empor.

Die Kirchtürme schienen dann noch stolzer ins Land zu sehen, das sich im Grün seiner aufgehenden Saat wiegte. Frieden lag über dem Lechfeld, und die Heerzüge, die seit Jahrtausenden über das fruchtbare Schwemmland des Flusses gezogen waren – Kelten, Römer, Germanen, Ungarn –, waren einmal zum Stillstand gekommen.

Mit dem Frieden kam der Wohlstand. Das Essen. Das tägliche Stück Fleisch auf dem Tisch. Bis zu 7000 weiße Schlachtochsen mit riesigen Hörnern langten jährlich in Augsburg ein, hergetrieben aus Ungarn, aus Transsylvanien von abenteuerlich gekleideten Gesellen, die krumme Säbel und andere grausig aussehende Waffen führten und kaum Deutsch sprachen. Jedes Tier wog zwölf Zentner.

Das war es, was Menschen wie die Mozarts, aber auch Tausende anderer kleiner Leute in die aufblühenden Reichsstädte wie Augsburg zog. In Augsburg, da wehte die Stadtluft, die frei machte. Mit etwa 30 000 Einwohnern gehörte die Lechstadt im 16. Jahrhundert zu Mitteleuropas zehn größten Ansiedlungen. Zwar waren auch hier die Menschen keineswegs sicher vor Kriegen, Seuchen, Hungersnöten und den anderen Wechselfällen, die das Überleben schwierig machten. Die Straßen starrten vor Schmutz, aber es waren Straßen. Magistrat, Zünfte und Klerus regelten das Zusammenleben bis ins Kleinste. Aber niemand musste seinem Herrn unbezahlte Frondienste leisten wie so viele Menschen auf dem Land. Und ein dahergelaufener Leibeigener vom Land war »nach Jahr und Tag« – so der Rechtsgrundsatz – frei und konnte von seinem Grundherrn nicht mehr zurückgefordert werden. Zwar hieß es auch hier hart arbeiten für den Lebensunterhalt. Aber es blühten Handel und Gewerbe. Die Fugger standen als internationale Bankiers, Kaufleute und Großunternehmer auf dem Höhepunkt ihrer wirtschaftlichen Macht, von der sie bis heute ein Stück behaupten. Und Silber- und Waffenschmiede, Buchdrucker und Verleger brauchten nicht nur Leute, die fest zupacken konnten, sondern auch kluge Köpfe, die lesen, schreiben, redigieren und diskutieren konnten.

Vor allem konnte hier aufsteigen und sogar Geschichte schreiben, wer Talent, Mut und Glück hatte. Einer wie der Zimmermann Ulrich Schwarz etwa, der wenige Jahre zuvor als Stadtpfleger die politischen Verhältnisse zum Tanzen und sogar seinen Amtsvorgänger an den Galgen gebracht hatte, bevor er jedoch selbst am Galgen endete.

Kein Zweifel: Wer aus dem Morast der Armut herauskommen wollte, war in Augsburg gut aufgehoben. Dies gelang allerdings erst vier Generationen nach Hanns Motzhart im 17. Jahrhundert dem Maurer und Baumeister David Motzhardt dem Jüngeren. Den Weg in die Stadt bahnte ihm sein Vater, ebenfalls David gerufen.

Viel wissen wir nicht über David, den Vater, und seine Verhältnisse. Er bewirtschaftete zunächst die bekannte Sölde in Leitershofen, die sein Vater Peter – Hanns' Sohn – ihm hinterlassen hatte. 1608 zog er nach Pfersee, einem Dorf auf halbem Weg zwischen Leitershofen und Augsburg. Auch sein Bruder Jerg (Georg) lebte in Pfersee und bekleidete dort – vom Grundherrn bestellt – das Amt des Schultheißen. Schultheißen hatten für die Grundherren Recht zu sprechen und vor allem Steuern einzutreiben – ebendie (Geld-)»Schuldt« zu »heischen«. Grundherren in Pfersee – das waren das fürstbischöfliche Hochstift, aber auch Augsburger Patrizierfamilien: die Onsorg, Rehlinger, Vögelin, Kobold, Rebhun, Gossenbrot, Katzbück und Zobel und wie sie alle hießen. Auch das Haus Habsburg, dessen Lebenswege sich Jahrhunderte später wiederholt mit denen der Mozarts kreuzen sollten, war in Pfersee begütert.

Bauern, die ausschließlich von der Landwirtschaft lebten, gab es kaum in Pfersee. Die meisten Bewohner waren Söldner – so auch David Motzhart der Ältere, der Vater des ersten Augsburger Mozart. Wie sie alle dürfte er seinen Lebensunterhalt vor allen Dingen als Handwerker oder Tagelöhner verdient haben. Aufträge und Märkte bot den Pferseer Söldnern vor allem das nahe Augsburg. Ein gesunder Mensch konnte in einer halben Stunde zu Fuß hinüber- und herübergelangen. Am begehrtesten waren vermutlich Bauarbeiter, also Maurer, Zimmerleute, Tagwerker und »Mörtelbuben«. Denn die Renaissance als herrschender Baustil hatte sich Ende des 16. Jahrhunderts in Augsburg durchgesetzt und zahllose geistliche, öffentliche und bürgerliche Großprojekte hervorgebracht. Wahre Heerscharen von Maurern und Gehilfen müssen die hölzernen Baugerüste damals belebt haben, während am Boden die Architekten in ihrer zünftischen Kluft und mit ihren ständischen Herrschaftsinsignien – dem Zirkel des Konstrukteurs und dem Winkel des Kontrolleurs – mit ihren fürstlichen, geistlichen oder bürgerlichen Bauherren verhandelten.

Einen ersten Einzug in die Stadt hatte die Renaissance bereits gehalten. Jakob Fugger der Reiche – Stifter der Fuggerei – hatte mehrere Jahre in Venedig gelebt und den modernen Stil schätzen gelernt. Also beauftragen Jakob und seine Brüder erstrangige deutsche und italienische Architekten und Künstler – unter ihnen vermutlich Albrecht Dürer – mit dem Bau ihrer Grablege in der Klosterkirche der Karmeliter bei St. Anna. Diese Zusammenarbeit von Künstlern aus zwei Ländern brachte 1512 »das früheste und vollkommenste Denkmal der Renaissance auf deutschem Boden« hervor, wie es der Kunsthistoriker Bruno Bushart nannte.

1602, in der baufreudigen Aufbruchszeit vor dem Dreißigjährigen Krieg, macht sich der Architekt Elias Holl, selbst ein Augsburger, daran, als Werkmeister (Architekt) des Magistrats die Reichsstadt und deren Befestigungswerke komplett im italienischen Stil monumental umzugestalten. Und dazu braucht er Männer. Männer wie die Mozarts.

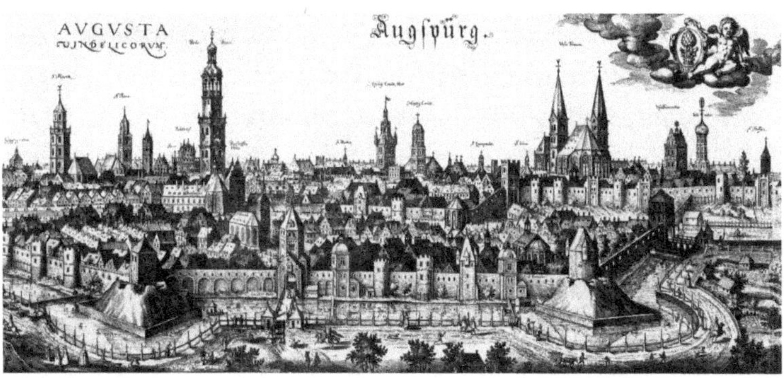

Augsburg in seiner großen Zeit vor dem Dreißigjährigen Krieg. Stich von Matthäus Merian.

Holl schafft mit seinen Männern bis zu seinem Tod 1646 – die Mozarts werden ihn noch persönlich kennengelernt haben – Dutzende von Bauwerken, von denen viele bis heute stehen und europäischen Ruhm genießen. Er führt sauber Buch über sein Leben und seine Schöpfungen, daher wissen wir um seine enorme Produktivität – und die seiner Mitarbeiter. Produktivität war nötig, denn Augsburg war zwar reich, aber auch sparsam, gemäß der Maxime, die man noch heute den Schwaben in den Mund legt: »Wir haben es nicht vom Ausgeben, sondern vom Behalten.« Denn Gott der Herr konnte jederzeit sein Antlitz abwenden, und für diesen Fall galt es vorzusorgen.

Lebenskunst in einer Zeit des Sterbens – Die Mozarts im Dreißigjährigen Krieg

Und tatsächlich trat Anfang des 17. Jahrhunderts dieser Fall ein. Konfessioneller Hader steckte die Augsburger an. Dabei hatten sie nach einer kurzen Phase religiöser Auseinandersetzungen zu Beginn des 16. Jahrhunderts, die der Reformation folgte und entsetzliche Protestantenfresser wie den späteren Salzburger Fürsterzbischof Matthäus Lang von Wellenburg hervorbrachte, über Generationen hinweg musterhaft vorgelebt, wie fruchtbar es sein konnte, wenn die Menschen einander nicht nach ihrem Glauben, sondern nach ihren Eigenschaften bewerteten. Diese Augsburger Toleranz erlaubte es, dass innerhalb der Stadtmauern eine katholisch geprägte Bischofsstadt und eine evangelisch geprägte Reichsstadt neben- und miteinander aufblühten.

Diese Brüderlichkeit kristallisierte an vielen Orten zu Stein: bei der benediktinischen Basilika St. Ulrich und Afra oder bei Heilig Kreuz führten die Evangelischen ihre eigenen Bethäuser neben den katholischen. Noch heute steht also »Evangelisch Heilig Kreuz« neben seiner katholischen Schwester. Sogar einzelne Räume war man bereit zu teilen, wenn nur die finanziellen Bedingungen günstig waren: Die erwähnte Grablege der Fugger in der protestantischen St.-Anna-Kirche überstand als katholische Kapelle die Übernahme der Kirche durch die Lutherischen, das Wüten der

Bilderstürme und die Aufhebung des angrenzenden Karmelitenklosters. Sie wird bis heute durch eine Stiftung der Fugger finanziert.

Vielleicht stand die Augsburger Toleranz Pate, als im Februar 1555 die Reichsstände (also die etwa 300 Männer, die direkt mit dem kaiserlichen Hof sprechen und verhandeln durften) mit dem Gesandten von Kaiser Karl V. zu einem Reichstag zusammentrafen. Es sollte endlich Friede werden im Reich und zwischen den Bekenntnissen. Der Kaiser ließ sich aus Gewissensnöten von seinem Bruder und späteren Nachfolger Ferdinand I. vertreten, der mit den Reichsständen bis zum 25. September desselben Jahres den »Augsburger Reichs- und Religionsfrieden« verhandelte.[1]

Gastgeber eines Reichstages zu sein war damals in etwa so, wie wenn heute eine Stadt ein sportliches Großereignis ausrichten darf. Jeder Delegierte brachte seinen Tross aus Dienern und persönlicher Leibgarde mit. So kamen schnell einige Tausend Menschen zusammen, die für Monate unterzubringen und mit dem Besten zu verköstigen auch bei guter Vorbereitung selbst in einer Stadt wie Augsburg eine Meisterleistung war.

Und die hohen Herren und mehr noch ihr kopfstarker, müßiger, zahlungskräftiger Tross zogen zusätzlich mancherlei fahrendes Volk an, das auf schnellen Gewinn aus war oder diesen schlicht zum Überleben brauchte: ambulante Garköche und Händler, Wahrsager, Magier und Taschenspieler, Musikanten und Schausteller, Bettler und Prostituierte. Aber auch für die sesshaften Kaufleute und Handwerker der Städte blieb sicherlich noch genug übrig von der Kaufkraft der zusammengelaufenen Menschenmenge.

Was im Augsburger Religionsfrieden Gesetz wurde, erinnert an den etablierten Augsburger Brauch: Jeder Bürger einer Reichsstadt durfte von jetzt an selbst wählen, welcher Konfession er angehören wollte. Wer in einem kaiserlichen Lehen, also im Territorium eines weltlichen oder geistlichen Fürsten, lebte, musste sich der Konfession seines Fürsten unterwerfen. Er erhielt aber das Recht, mit seinem gesamten Vermögen in ein Fürstentum seiner Konfession auszuwandern.

Der Augsburger Friede hielt zwei Generationen lang den zerstörerischen Kräften stand, die unter der Oberfläche wühlten und 1618 schließlich, befeuert durch widerstreitende politische Interessen der Stände und des Kaisers, zum kriegerischen Ausbruch drängten. Wer heute fassungslos den Kopf schüttelt über haarsträubende Gewalttaten in fernen Ländern, hat vergessen, dass die europäische Vergangenheit nicht minder gewalttätig war. Überall und jederzeit verstehen es Mächtige sehr gut, den Neid und den Hass auf angeblich besser Weggekommene oder schlicht Andersartige zu schüren und die Grausamkeit der Menge ihren selbstsüchtigen Zielen dienstbar zu machen.

Dieser Krieg, der Dreißigjährige genannt, war eine der gewalttätigsten Epochen der deutschen Geschichte. Deutschland stand im Mittelpunkt eines gesamteuropäischen Streits, der 1618 aus politischer Rivalität geboren wurde. Konfessionelle Rivalität ließ den Brand hoch aufschlagen, und eine verselbstständigte Militärmaschinerie hielt ihn fast ein halbes Menschenalter lang – bis 1648 – künstlich am Leben.

Der Große Krieg, wie ihn die Schriftstellerin Ricarda Huch betitelte, war keine Epoche, in der Deutschland Größe zeigte. Er kostete etwa ein Drittel der Bevölkerung das Leben: Sie starben auf dem Land – so in der Heimat der Mozarts in den Stauden. Sie starben in der Stadt, zu der David Mozart 1643 endgültig Zuflucht nehmen sollte. Sie starben bei den Belagerungen oder in Hinterhalten auf dem Marsch, sie fielen auf den Schlachtfeldern, sie erlagen in den Feldlazaretten dem Wundbrand, der fürchterlichen medizinischen Behandlung oder der Pest oder hundert anderen Epidemien, die sich auch in der Zivilbevölkerung ausbreiteten. Diese hatte den höchsten Blutzoll zu entrichten: geplündert, geschändet, gebrandschatzt, massakriert von halbverhungerten, verrohten, verzweifelten Landsknechten – von Menschen, die doch einst einmal zärtliche Väter ihrer Familien und hilfsbereite Nachbarn gewesen waren und sich nun von ihren Offizieren im Stich gelassen sahen, die ihre Regimenter zynisch als gewinnbringende Todesfabriken betrieben: *Der Krieg ernährt den Krieg. Gehen Bauern drauf/ Ei, so gewinnt der Kaiser mehr Soldaten,* lässt Schiller in seinem Kriegsdrama »Die Piccolomini« so treffend wie zynisch den Regimentsobersten Isolani sagen. Der Krieg hatte sich aus sich selbst zu ernähren. Und er entvölkerte ganze Landstriche, die verbuschten und verödeten und in einen nahezu prähistorischen Zustand zurückfielen. Deutschland verlor gegenüber seinen Nachbarländern volle hundert Jahre an wirtschaftlicher Entwicklung.

Der Dreißigjährige Krieg war auch deshalb so erbittert, weil die Zivilbevölkerung daran direkt teilhatte. Augsburg machte keine Ausnahme. Im Jahr 1632 hatten kroatische Söldner verwundete schwedische Soldaten massakriert, die im Lazarett im benachbarten wittelsbachisch-katholischen Friedberg jammernd dahinbluteten. Das Gerücht, dass Friedberger Bürger in die Gewalttat verwickelt waren, verbreitete sich. Augsburger Protestanten vereinigten sich daraufhin mit den schwedischen Besatzungssoldaten und marschierten über den Lech auf die befestigte Herzogsstadt. Nachdem Berg, Stadttor und Widerstand überwunden waren, zahlten Militär und Zivil den Friedbergern eine ganze Woche lang mit noch größerer Grausamkeit heim. Selbst aus dem Portal der Stadtkirche sei das Blut herausgeflossen, berichtet voll Entsetzen ein Chronist. Wer die Gewalt überlebte, wurde davongejagt. Was nicht niet- und nagelfest war, wurde davongeschleppt und in der Reichsstadt in einer Art bizarrer Dult, wie man hier einen Jahrmarkt nannte, an die ausgelassen feiernden Bürger verschleudert, während der östliche Nachthimmel von den Bränden der Nachbarstadt in düsterem Rot auflohte – eine ganze Woche lang, wie der Chronist weiß.

Die zerstörte Stadt blieb eine Wüstung – drei Jahre lang. Erst nach dem Abzug der Schweden trauten sich die Bürger langsam wieder zurück in die Ruinen, und es sollte fast 200 Jahre dauern, bis Friedberg die Einwohnerzahl wieder erreichte, die es an jenem Tag im Juli 1632 gehabt hatte.

Das entsetzliche Los von Plünderung und Mordwut blieb der Fuggerstadt und ihren Menschen erspart. Wohl aber wurde sie eingekesselt, belagert, besetzt und finanziell ausgepresst. Hunger und Seuchen forderten grausigen Tribut, so zwei Jahre nach den Friedberger Massakern während einer Belagerung diesmal durch kaiserliche und bayerische Truppen. Zwischen 5000 und 12 000 Augsburger sollen in einem Jahr ums Leben gekommen sein – vor allem waren es Katholiken, muss man annehmen. Denn die Bürgerschaft entschied auf dem Höhepunkt der Krise, nur noch Evangelische mit dem Lebensnotwendigsten zu versorgen. Schwere Entschädigungszahlungen in Höhe von 300 000 Gulden machten anschließend die Lage noch verzweifelter. War Friedberg 1632 zur Wüstung heruntergekommen, so war Augsburg drei Jahre später eine Geisterstadt. Fast zwei Drittel ihrer Bevölkerung waren ums Leben gekommen. Die verbliebenen Bewohner suchten sich in den verwaisten Straßen ihre Existenz neu zusammenzusetzen.

Dennoch blieb – die rasch wieder steigenden Bevölkerungszahlen beweisen es – die Reichsstadt ein Anziehungspunkt. Mauern, Tore und Türme schenkten wenigstens den Schatten eines Schutzes vor der Willkür und Brutalität der Soldateska. Und wenn jederzeit plündernde Heerhaufen den Bauern ihre Vorräte wegschleppen und ihre junge Saat den Pferden verfüttern konnten, hatte ohnehin das Leben auf dem Land den letzten Vorteil verloren, den es in Kriegszeiten gegenüber den Städten aufwies: dass die Bauern sich selbst mit dem Lebensnotwendigen versorgen konnten.

Vielleicht war diese Unsicherheit die letzte Ursache, warum David Mozart 1643, fünf Jahre vor dem Ende des Großen Krieges,

Bürger der Stadt Augsburg wurde. Leicht gemacht wurde es ihm vermutlich nicht. Der Rat der Stadt war sehr sparsam in der Erteilung des Bürgerrechts. Daher ließen sich in den Dörfern in der Augsburger Nachbarschaft viele Handwerker in der Hoffnung nieder, bei günstiger Gelegenheit das begehrte Bürgerrecht zu erhalten. War das der Grund, warum seinerzeit schon David Mozart der Ältere Leitershofen verlassen hatte und nach Pfersee, ein wenig näher an die Reichsstadt heran, gezogen war?

Nicht bei jedem ging diese vorausschauende Rechnung auf. Nicht bei seinem Vater, David dem Älteren, dem selbst nicht viel Wartezeit blieb: Er starb bereits 1625 oder 1626, ohne je das Bürgerrecht erhalten zu haben – körperlich verbraucht vielleicht beim bitter anstrengenden Mörtelschleppen bei Wind und Wetter, unter freiem Himmel, auf schwankenden Baugerüsten in schwindelnder Höhe. Auch der Zimmermann Balthas Langeneck, der Großvater mütterlicherseits von David dem Jüngeren, wartete sein Lebtag lang vergebens auf das Glück des Bürgerrechts.

Aber dem 23-jährigen David junior gelang im Jahr 1643 wie auch einigen anderen entfernteren Familienmitgliedern der Sprung aus dem Morast der Äcker in die Augsburger Zunftrolle und Bürgerschaft. Wir stellen uns David vor, wie er im gebürsteten Sonntagsstaat mit bangen Gefühlen die Stufen zum Ratssaal nimmt, wo inmitten renaissancehafter Pracht die gestrengen Herren Kanzlisten mit unbeweglicher Miene und herablassend seinen Vortrag anhören: wo er herkommt, was sein Vater war, welches Vermögen er hat, was er kann, was er vorhat, um seinen Lebensunterhalt und den seiner Familie zu bestreiten und nicht der Mildtätigkeit der Bürgerschaft zur Last zu fallen. Neben Carol Dietz, Elias Holls Nachfolger im Amt des städtischen Werkmeisters, bürgt sein Onkel mütterlicherseits, der Bauwart (Polier) Daniel Weller für ihn. Davids Weg die Rathaustreppen hinab dürfte ein wahrer Höhenflug des Glücks gewesen sein.

Und David enttäuscht die Bürgen nicht. Zielstrebig verankert er seine Familie in der Augsburger Bürgerschaft. Er muss allerdings nicht mehr als Mörtelbube schuften. Seines Vaters Jahre auf dem Gerüst, und was dieser dort erfahren hatte, zahlen sich bei ihm aus. Er darf bei Daniel Weller das Maurerhandwerk lernen. Weller selbst besitzt ein Haus in Pfersee, hatte es aber in den Wirren des Krieges aufgegeben, war nach Augsburg gegangen und hatte dort Karriere gemacht. Man kennt einander schon aus Davids Kindertagen und weiß, was man voneinander erwarten kann – in einem Dorf von 700 Seelen war das selbstverständlich.

David weiß offenbar genau, was er will, und er verschafft es sich. Er heiratet nach nur einem Monat die Lechhauser Bürgerstochter Maria Negele – im bischöflichen Hohen Dom, versteht sich, und im Angesicht der »Ulrichs-Cathedra«, des bischöflichen Throns, nicht einfach in der Kirche seines Sprengels in der Jakobervorstadt wie jeder beliebige Augsburger Bürger. Er zeugt neun Kinder mit ihr und lässt sie im Dom taufen– die fünf Knaben sind namentlich bekannt, die Namen der Mädchen im Dunkel der Geschichte versunken. Sein Enkel schließlich, der Buchbinder Johann Georg Mozart, Wolfgang Amadé Mozarts Großvater, wird später vollends bei den Jesuiten einziehen. So bringt David junior die Familie glücklich und tüchtig durch die letzten Jahre des Dreißigjährigen Krieges. Die Mozarts müssen ein robuster Menschenschlag und wirtschaftlich nicht schlecht gestellt gewesen sein, denn welcher Arme rettete damals schon alle fünf Knaben durch die Kindheit mit ihren Infektionskrankheiten und den vielen Gefahren des Alltags?

David junior bringt es zum Meister, gar zum Obermeister der Maurerzunft. Für den Augsburger Bischof stellt er 1669 den Turm der Peterskirche in der bischöflichen Sommerresidenz Dillingen fertig, des zweitwichtigsten Sakralbaus in der Diözese. Und seinen Söhnen gibt er mit, was diese brauchen, um im Leben zu bestehen.

Drei von ihnen bildet er ebenfalls zu Maurern aus: Daniel, Hans Georg, geboren im vorletzten Kriegsjahr 1647, und schließlich, für unsere Geschichte am wichtigsten, Franz den Älteren, den direkten Vorfahren von Leopold und Wolfgang. Franz wurde 1649 geboren, ein Jahr nach Ende des Dreißigjährigen Krieges. Wenn diese drei Meister ihrer Zunft zusammenstehen, mag David sich gedacht haben, wird sie so leicht keiner vom Gerüst stoßen. Hans-Georg erbt seine Meistergerechtigkeit – die »Lizenz zum Mauern«.

Der Westfälischen Friede, der 1648 dem Blutrausch ein Ende setzt, bringt die Menschen wieder zusammen. Auch Augsburg und Friedberg schließen 16 Jahre nach dem Blutbad wieder Frieden, die Menschen treiben Handel, tauschen sich aus. Eine gewisse Anna Maria Peter, geboren 1670 in Friedberg, verdingt sich mit 16 Jahren als Dienstmagd in der Reichsstadt. Sie ist vermutlich die Tochter eines Flüchtlings vor den Wirren um den Pfälzischen Erbfolgekrieg, den Frankreichs Ludwig XIV. angezettelt hatte. Kurze Zeit später verzeichnet die Chronik der Stadt Anna Marias Verlobung mit dem Augsburger Buchbinder Augustin Banegger. Banegger, seinerseits ebenfalls ein Fremder, beantragt für sich und seine Braut das Bürgerrecht der Freien Reichsstadt Augsburg. Sie erhält es von der reichsstädtischen Obrigkeit »aus Gnaden gratis«, also geschenkt, er muss für sein Bürgerrecht zahlen. Augustin stirbt nach nur acht Jahren, und Anna Maria entscheidet, sich neu zu verheiraten. Dies war für Handwerkerwitwen schon aus wirtschaftlichen Gründen opportun, denn sie verfügten über die ererbte Handwerksgerechtigkeit ihres Mannes. Ihre Wahl fällt auf den Buchbindergesellen Johann Georg Mozart – den Enkel Davids, des ersten Augsburger Mozarts. Diese Heirat sichert Johann Georg Mozart Einkommen und Stand.

So legt eine Friedbergerin einen neuen Grundstein für Vermögen und Ansehen der Familie Mozart und gibt ihr eine neue

Richtung: Aus Hand-Werkern, die im Freien schuften, werden Menschen, die sich in ihrer Werkstatt mit Erzeugnissen des Geistes befassen. Als Anna Maria 1718 stirbt, wiederholt sich der Vorgang unter umgekehrten Vorzeichen: Johann Georg geht erneut auf Brautschau und findet Anna Maria Sulzer, die ihm neun Kinder schenkt. Unter diesen sind der 1719 geborene Stammhalter Leopold Mozart und, für unsere Familiengeschichte zusätzlich bedeutsam, der um acht Jahre jüngere Franz Alois. Dieser wird für Leopold Mozart und die Seinen eine wichtige Anlaufstelle innerhalb der Familie, wenn sie Augsburg besuchen. Leopolds Sohn Wolfgang Amadé wird später ein ganz besonderer Grund in das mozartsche Stammhaus Vor Unser Frauen Thor ziehen: Franz Alois' einziges Kind, die knapp drei Jahre jüngere hübsche, freundliche, kluge, humorvolle und lebenslustige Maria Anna Thekla. Als »das Bäsle« wird sie in die mozartsche Lebens- und Liebensgeschichte eingehen.

Kapitel 2
Vom Handwerker zum Künstler

Wie sich die Welt der Mozarts wandelte – und damit ihr Anspruch

Die Mozarts wollen nach oben. Und sie wissen, wie das geht. Sie heiraten die richtigen Partner. Sie bringen die erforderlichen Opfer. Gott hatte ihnen die notwendigen Gaben geschenkt und schenkte ihnen das Glück dazu – vorderhand. Doch auch in der Augsburger zünftisch-ständischen Gesellschaft war der Aufstieg nicht einfach, so frei war nicht einmal eine Freie Reichsstadt. Und es sollte noch immer Generationen dauern, bis sie auf dem Höhepunkt ihrer Blüte ankamen.

Aber sie folgen mit untrüglichem Instinkt einem Weg, der nicht allen vorgezeichnet war. Dem Weg der Intellektualisierung ihrer Berufe. Vom Bauern, der sich vor Anstrengung keuchend über seinen Pflug bückt, zum Kleinhandwerker. Vom Mörtelbuben, der abwechselnd von der feuchten Kälte friert und vom Schleppen schwitzt und sich dazu noch Grobheiten vom Werkmeister anhören muss, zum gelernten, »zünftigen« Maurer. Und schließlich vom Maurer zum Gestalter, Planer, Organisator und Kommandanten eines Baues – zum Architekten. Denn es galt nicht nur nach Gefühl draufloszubauen. Für Architekten galt es, vorhandene, ähnliche Bauwerke genau zu studieren und Theorie zu büffeln – etwa die »Werkmeisterbücher« wie »Von des Chores Maß und Gerechtigkeit«, die »Geometria Deutsch« von Matthäus Roritzer oder dessen

»Büchlein von der Fialen Gerechtigkeit«. Diese Bücher waren teuer und wurden von Generation zu Generation weitergegeben. Oder man kaufte sie in einer der vielen Augsburger Verlagsbuchhandlungen, die meist gleichzeitig Schriftsetzereien und Druckereien waren. Augsburg war seit Erfindung des Buchdrucks eine der wichtigsten Buchstädte des Reiches.

Wir erkennen diesen Weg der Intellektualisierung an David Mozart, dem ersten Augsburger: Auch ein Baumeister des 17. Jahrhunderts musste lesen und am besten auch schreiben können – keine Selbstverständlichkeit. Diese Künste waren weithin der Geistlichkeit vorbehalten, den Kaufleuten und in geringerem Ausmaß dem Adel. Wo David sie gelernt haben mag, liegt im Dunkeln. Es dürfte an einer der Ordensschulen geschehen sein, wo die Patres den Knaben eine elementare Bildung vermittelten und sie gleichzeitig auf ihre Eignung für den Klerikerstand prüften. Bei Weitem nicht jeder Junge genoss diese Bildung – zu Davids Zeit gab es keine allgemeine Schulpflicht. Handwerker schrieben in der Regel weder Briefe noch Memoiren. Daher zeichnet allein schon die Beherrschung der Schrift David Mozart dem Jüngeren und seinen Nachkommen den weiteren Weg nach oben vor.

Auch für gute Beziehungen zum Himmel sorgt David. Er lässt seinen vierten Sohn Michael zum Minoritenpriester weihen. Und sein jüngster Sohn Johann Michael bleibt auf seine besondere Weise dem Stoff treu, dessen Behandlung er zu Hause so gut gelernt hat. Er ist der erste Mozart, der dem Zug der Kunst folgt – er wird Bildhauer – und dem Zug der Ferne – er geht nach Wien, wie es 100 Jahre später sein Urgroßneffe, der Komponist Wolfgang Amadé Mozart, tun wird. Er heiratet eine Wirtstochter und lebt in der Rauhensteingasse südlich des Stephansdoms, in der 100 Jahre später Wolfgang Amadé Mozarts Leben enden sollte.

Bildhauerkunst und Architektur waren in der Zeit des Barocks als Künste anerkannt. Aber den Mozarts wäre es vermutlich nie eingefallen, eine von der übrigen Gesellschaft abgehobene Sonderexistenz als Künstler zu beanspruchen. Im Verständnis der Augsburger des 17. Jahrhunderts gab es keine frei umherschweifenden Genies. Bildhauer und Maler waren Handwerker wie Maurer, Bäcker oder Metzger, wenn auch Künstler wie die Mozarts sich aufgrund ihres Geschicks und ihrer Durchsetzungsfähigkeit sicherlich berechtigt fühlten, Forderungen an die Gesellschaft zu stellen: einen respektierten Status, auskömmliche Honorare und einen guten Platz in der Kirche und am Herrgottsacker. Aber es darf bezweifelt werden, dass sie jemals auch nur im Entferntesten den gottähnlichen Status im Sinn hatten, den etwa die Schriftsteller der »Geniezeit« des späten 18. Jahrhunderts für sich reklamierten – einer Epoche, die begann, als Wolfgang und Nannerl Mozart unter der Leitung ihres Vaters Europas Höfe und Klöster mit ihrer phantastischen Musikalität erstaunten und bezauberten.

Handwerker waren und blieben die Mozarts – fest eingebunden in die zünftisch-berufsständische Ordnung. Diese regelte, mit Hunderten Vorschriften bewehrt, bis ins Privatleben hinein alles bis ins Kleinste und machte jeden Versuch, dieses Regelkorsett zu sprengen, zum persönlichen Risiko. Zu diesen Regeln gehörte auch die rigorose Beschränkung des Zugangs zu einer selbstständigen Tätigkeit als Handwerker. Selbst der talentierteste Bildhauer unter der Sonne konnte eine Handwerksgerechtigkeit nicht einfach mit Geld kaufen. Am leichtesten war es, sie zu ererben – oder zu erheiraten, was fast unweigerlich zur Folge hatte, dass ein aufstrebender Handwerksgeselle sich – kaum hatte sein Meister das Zeitliche gesegnet – auf dessen Witwe stürzte und sie zu ehelichen suchte.

Von David Mozarts Söhnen machte der jüngere Franz in mehrfacher Hinsicht von sich reden. So sorgt er während seiner Lehrzeit, die er, wie schon seine älteren Brüder, vermutlich in der Werkstätte seines Vaters verbrachte, innerhalb der Maurerzunft für einen Skandal, als er zusammen mit seinem Bruder Hans Georg den Leichnam eines Scharfrichterknechtes zu begraben hilft. Aus der wenig mitleidigen Sicht der Zeitgenossen war ein Scharfrichter ehrlos, und selbst ein christlicher Liebesdienst wie die Bestattung eines Ehrlosen konnte schnell zum Verlust der Ehrbarkeit und in der Folge zum Ausbleiben von Aufträgen führen.

Der Liebesdienst schadet dem jungen Franz jedoch nicht weiter: Der Magistrat erlegt ihm eine Geldstrafe auf, und 1678, ein Jahr nach dem Vorfall, darf Franz Anna Haerrer heiraten, eine Bauerntochter aus dem oberbayerischen Oberbuch, fünf Meilen östlich von München gelegen. Vermutlich war er während seiner Gesellenwanderung ins Isental gelangt und hatte sich das Mädchen als »Heiratskandidatin« gemerkt. So weit also reichten die Verbindungen einfacher Augsburger Handwerker. Drei Jahre später legt Mozart die Meisterprüfung im Maurerhandwerk erfolgreich ab. Die Handwerkergerechtigkeit besitzt er bereits – sein einflussreicher Vater oder sein Bruder dürfte sie ihm gesichert haben. Im selben Jahr zieht er in die Fuggerei, die erste Sozialsiedlung der Welt. Als Stiftungsbaumeister besitzt er ein Wohnrecht zum günstigen Mietzins von einem rheinischen Gulden pro Jahr und zusätzlich einem Vaterunser, einem Ave Maria und einem Glaubensbekenntnis täglich für die Stifterfamilie und ist bis zu seinem Tod für Bauvorhaben in der Fuggerei verantwortlich – eine lebenslang sichere Auftragsgrundlage.

Anna Haerrer gebar Franz eine Tochter und zwei Söhne. Beide Söhne ergriffen Berufe, die sie der harten und gefährlichen körperlichen Arbeit im Freien enthoben: Der 1679 geborene Johann Georg – Leopold Mozarts Vater – wird mit 15 Jahren Buchbinder. In Augsburg ist dies, wie wir bereits sahen, ein wichtiges und keinesfalls seltenes Gewerbe. Die erste Augsburger Druckerei hatte der frühere Schreiber Johann Bämler im Jahr 1472 gegründet. Bei Bämler erschienen, typisch für Augsburg, volkstümliche Bücher in deutscher Sprache, etwa »Eine schöne Historia, wie Troja die köstlich Statt erstöret ward«. Seit dieser Zeit der »Wiegendrucke« gehörte die Stadt zu den namhaftesten Verlagsorten in Europa, und eine reiche Industrie von Schriftgestaltern, Druckern, Buchbindern und Buchhändlern war am Lech ansässig. Neben den Druckereien gab es Illustratoren, Holz- und Kupferstecher, Gerber für die Ledereinbände und Buchbinder, wie Johann Georg Mozart am Ende des entsetzlichen 17. Jahrhunderts einer werden sollte.

Johann Georgs zwei Jahre jüngerer Bruder Franz, der beim Tod seines Vaters noch minderjährig ist, wird vermutlich zu seinem Onkel Johann Michael in die Bildhauerlehre nach Wien geschickt. Später, als 25-Jähriger, heiratet er in Straubing im niederbayerischen Gäuboden die 45-jährige Anna Maria Fux und wird dadurch zum einzigen Bildhauer der Stadt. Um sein wirtschaftliches Wohl muss er sich danach keine großen Sorgen mehr machen, denn bis an sein Lebensende gehen die meisten Aufträge der Straubinger Stadtpfarrei St. Jakob an ihn. Gleichzeitig ist Anna Maria mit einem zwanzig Jahre jüngeren Ehemann voraussichtlich gut versorgt bis an das Ende ihres Daseins, mit dem damals auch unter günstigen Umständen in den nächsten zwanzig bis dreißig Jahren zu rechnen war.

Dass Franz Mozarts Frau so viel älter war als er, fand niemand der Rede wert. Vom Stand her passten beide gut zusammen, das war wichtiger als die Frage, ob sie »ein schönes Paar« abgaben. Beziehungs- und Liebesehen standen zu jener Zeit ebenso niedrig im Kurs wie das persönliche Streben nach Glück. Dieses Lebensziel und -recht passte nicht ins frühe 18. Jahrhundert. Es wurde erst drei Generationen später in die amerikanische Verfassung eingeschrieben. Einer der Väter dieser Verfassung, Thomas Jefferson, hatte übrigens Augsburger Vorfahren: Seine Mutter stammte von dem Augsburger Täufer und Märtyrer der Reformationszeit, Eitelhans Langenmantel, ab.

Die Mozarts dieser Zeit waren keine Politiker, keine Revolutionäre. Es zog sie nicht in die Neue Welt. Sie wollten in der Gesellschaft, wie sie war, vorankommen. Auch während des Spanischen Erbfolgekrieges 1701 bis 1714 blieben sie in der Heimat, die nach diesen neuerlichen Wirren als Weber-, Drucker- und Musikinstrumentenbauerstadt eine neue Hochblüte erlebte.

»Leopold Mozart, Schwabe aus Augsburg« – Eine Jugend im Bannkreis von Kirchen und Klöstern

Versetzen wir uns in einen Reiter oder Wanderer dieser glücklichen Zeit, der aus der Reichsstadt Donauwörth oder den Fuggerschen Besitztümern Nordendorf oder Biberbach nach Süden reist – dorthin, wo sich die kaum bezähmbaren Alpenflüsse Lech und Wertach vereinigen. Dort liegt die Freie Reichsstadt Augsburg. Er muss noch die sumpfigen Wiesenflächen des »Pfannenstiels« überqueren, dann, am Wertachbrucker Tor, halten ihn die Wachen auf und befragen ihn nach seinem Woher und Wohin. In unmittelbarer Nähe erblickt er den hohen schlanken Glockenturm von St. Georg, der selbst die mächtige Stadtbefestigung noch weit überragt. Hier haben sich die Augustiner-Chorherren vor über 600 Jahren ihr Stift errichtet.

Ihre »Augsburger Niederlassung« könnte man auch sagen. Denn religiöse Orden wie die Augustiner-Chorherren waren mächtige Wirtschaftsunternehmen. Den Dreißigjährigen Krieg, der hier bis vor gut achtzig Jahren tobte, hatten sie trotz Zerstörung und Vertreibung überstanden. Die Augustiner-Chorherren hatten Besitz in und außerhalb der Stadt.

Und nicht nur dieser Orden war begütert: Es gab die Benediktiner mit St. Ulrich und Afra, dem imponierenden Gegenstück des Hohen Doms, gelegen am südlichen Ende des Geländesporns hoch über dem Lech, auf dem die Oberstadt sich erstreckte. Die

Jesuiten mit der Fuggerschen Stiftung St. Salvator, das für Johann Georg Mozarts Sohn Leopold so wichtig werden sollte. Die Dominikaner, denen nach der Vernichtung des Templerordens dessen reiche Augsburger Besitztümer zugefallen waren. Zeitweise war etwa ein Sechstel des Grundes innerhalb der engen Befestigungsanlagen der Stadt in der Hand der Orden und des fürstbischöflichen Hochstiftes. Ein Hochstift war das geistliche Gegenstück eines weltlichen Fürstentums. Die Römische Kirche war unendlich reich in dieser Zeit, und Fürstäbte, Fürstbischöfe und Fürsterzbischöfe standen den weltlichen Herren kaum nach, was Prunkentfaltung und diplomatischen Schacher anging.

Einer der wenigen Orte, wo es Platz gab in der engen Reichsstadt, war das Gelände hinter dem 1702 bis 1705 neu errichteten Konventsgebäude der Augustiner-Chorherren von St. Georg – erbaut von Hans Georg Mozart, einem der drei tüchtigen Baumeister-Söhne David Mozarts.

St. Georg ist zugleich der Pfarrsprengel von Franz Mozart, Hans Georgs Bruder, und seiner Familie. Der Heilige steht auch Pate am Taufbecken von Franz' Sohn Johann Georg Mozart. Hier legen sie jeden Samstag ihre Beichte ab, um in der Sonntagsmesse des Kommunionssakraments würdig zu sein. Und sobald sie alle geistlichen und weltlichen Pflichten erfüllt haben, lockt die Kinder das freie Feld des Pfannenstiels mit den kindlichen Abenteuern, die dort zu erleben sind. Die Erwachsenen lockt sicherlich eher ein Gang in die Felder, Wiesen und Wälder des Stiftslandes westlich der Stadt. Von hier kommen sie her, hier wohnen noch ihre Verwandten, zu den hiesigen Wallfahrtsstätten pilgern sie als fromme Christenmenschen, um bußfertig den Ablass ihrer Sündenschuld zu erlangen. Denn die Mozarts sind und bleiben über die Jahrhunderte hinweg streng katholisch.

Etwa ins gut zwei Meilen entfernte Zisterzienserinnenkloster Oberschönenfeld pilgern sie, das den Gläubigen bereits seit einem halben Jahrtausend seelischen Beistand verspricht. Wohl möglich, dass ihr Rückweg sie über den versteckt im Wald liegenden Engelshof führt – ein ebenfalls mehr als 500 Jahre altes Landgut, wiederum im Besitz der Augustiner-Chorherren von St. Georg. Der Dreißigjährige Krieg hat auch in dieser Einöde gewütet und eine Brandruine hinterlassen. Wiederum soll Hans Georg Mozart Pläne für die Wiederherstellung des Baus mit Zwiebelturm und Barockfassade gezeichnet haben.

Sein Neffe, der Buchbinder Johann Georg Mozart, bezieht 1722 mit seiner zweiten Frau, der energischen Anna Maria Sulzer, und mit seinem drei Jahre alten Erstgeborenen Johann Georg Leopold – sein Rufname, unter dem er berühmt werden soll, ist Leopold – eine Wohnung in dem Bauwerk des Jesuitenkollegs St. Salvator in der Jesuitengasse. Seine Buchbinderwerkstatt schlägt er – so ist es üblich – in seiner Wohnung auf. Ein Buchbinder hatte damals noch keine schweren Maschinen. In der neuen Werkstatt gibt es dennoch einiges unterzubringen an Werkzeugen und Gerätschaften: Schneidemaschinen und Montagetische, Setzkästen, Prägestempel und Stanzeisen, Druckpressen und Vergolderkissen. Denn das kostbare Blattgold, das den Buchrücken manchmal einzuprägen war, war hauchdünn, sodass das Ablegen auf einer Tischplatte oder das Anfassen mit schweißigen Händen es zerstörte. An den Wänden stapeln sich in Regalen und Schränken die Materialien: handgeschöpftes Papier aus der Papiermühle am Malvasierbach und farbig gegerbtes Ziegenleder aus der Lechvorstadt, Pergament und Pappe, Kleister und Tinte. Als Buchbinder stellt er mehr her, als seine Berufsbezeichnung vermuten lässt. Buchbinder durften alles aus Leder und Papier herstellen, also auch Schul- und Notenhefte, Kirchen- und Kassenbücher aus unbedrucktem Papier, Schatullen und Schachteln für die kleinen Dinge des täglichen Lebens oder für den Verkauf edler Waren. Nur dem Taschner, der für Geldbörsen, Etuis und Taschen aus Leder zuständig war, dem

Kürschner, dessen Metier die Pelzbekleidung war, und dem Riemer, der den Pferden ihr ledernes Zaumzeug machte, durften sie nicht ins Handwerk pfuschen.

Wie alle Kinder wird sich der kleine Leopold mit seinen Geschwistern und den Nachbarskindern in der Werkstatt herumgedrückt und dem Vater und seinen Gesellen bei der Arbeit zugeschaut haben. Ab und zu gab es einen Handgriff bei einer Arbeit zu tun, oder es galt der Mutter, die irgendwo wirtschaftete, etwas zu bestellen oder einen Botengang zu einem Drucker in der Nachbarschaft oder zu einem Kunden zu erledigen. Gewiss eine willkommene Abwechslung für den aufmerksamen Leopold, die am Ende, wer weiß, sogar einen kleinen Botenlohn einbrachte: eine getrocknete Feige, eine Schote »Johannsbrot«, von Kaufleuten aus den unvorstellbar fernen Küstenregionen Süditaliens gebracht, oder vielleicht auch nur einen Apfel, so reif und süß, dass der Saft vom Kinn auf Leopolds Kleidchen troff. Denn Hemden und Hosen trugen zu dieser Zeit nur die Großen.

Auch die Handreichungen in der Buchbinderwerkstatt scheinen in Leopold Wurzeln geschlagen zu haben: Er bewies sein handwerkliches Geschick, indem er sich das Notenstechen selbst beibrachte – eine anspruchsvolle Tätigkeit, bei der nach einer seitenverkehrten Vorzeichnung Liniensysteme, Notenköpfe, Texte und alle anderen Symbole in Metallplatten eingeschlagen oder -graviert wurden. Geschickte Hände, Augenmaß und mathematischer Verstand waren dafür erforderlich. Leopold lernte dieses Handwerk so gut, dass er später sein Opus 1 eigenhändig stechen konnte. So sparte er am knappen Geld für den Druck.

Sein Vater Johann Georg arbeitet sich nach oben, erwirbt neben bescheidenem Wohlstand Ansehen. Mehrfach wählt man ihn zum Zunftmeister. Zu seinen großen Kunden zählten die Bibliotheken der Jesuiten und der Augsburger Stifte, wie zum Beispiel St. Georg oder Katholisch Heilig Kreuz. In St. Salvator, der jesuitischen Stiftsschule, lässt Johann Georg – ungewohnt früh – den noch nicht fünfjährigen Leopold 1724 als Vorschüler oder »Principisten« einschulen. Der frühreife Knabe mag ihm halb auf die Nerven gefallen sein und halb imponiert haben durch unaufhörliche bohrende Fragen und altkluge Kommentare nach der Art begabter Kinder. Also fort mit ihm, dorthin, wo die Patres vielleicht die Antworten haben, nach denen der Junge lechzt und die dem Vater selbst nicht in den Sinn kommen.

Von der Straße vor Unser Frauen Thor bis zur Jesuitengasse sind es drei Minuten zu Fuß. Infolge des Umzuges in die Jesuitengasse bleiben dem offensichtlich hochintelligenten, sensiblen Vierjährigen Tag für Tag drei aufregende Minuten Schulwegs erspart. Denn das noch heute erhaltene Stammhaus der Mozarts liegt kurz vor dem Fußende des wichtigen Straßenzuges, der Reichsstadt und Bischofsstadt verbindet und schon seit vorchristlichen Zeiten als Via Claudia Augusta weit hinausführt ins Land nach Norden und vor allem nach Süden – über die Alpen und hinein ins »Welschland«, an die Adria und weiter. Da hätte es gegolten, sich in Acht zu nehmen vor den Ochsen auf dem Weg zur Stadtmetzg und ihren verwegen aussehenden Treibern, den schweren, hochbeladenen Karren der Kaufleute und ihren stets zum Hieb gezückten Fuhrmannspeitschen, vor den eiligen Rössern und Wagen der Edelleute und Prälaten, vor den Pöbeleien und Übergriffen müßiger Gassenjungen – und vor dem Drang, verbotenerweise hineinzugreifen in den scheinbaren Überfluss der Händler an der Straße. Denn viele Menschen selbst im reichen Augsburg kannten den gelegentlichen Mangel am Allernotwendigsten – bis hin zum Mangel am täglichen Brot.

Die Jesuitengasse ist eine stille Seitenstraße, gelegen buchstäblich im Schatten des Hohen Doms, dessen Zwillingstürme die Bischofsstadt weit überragen. Leopold geht gern die paar Schritte zu den Patres hinüber und nimmt die belehrenden Worte begierig auf. Die ein oder zwei Jahre der »Principista Infimista« gelten dem Lesen und Schreiben. Den Umgang mit Büchern und Papier ist Leopold aus der väterlichen Buchbinderei gewohnt. Man darf auch annehmen, dass neben den nach Leim und Leder duftenden Werkstatt-Gästen zusätzlich ein kleiner Dauerbesitz dieser kostbaren Gegenstände den mozartschen Haushalt schmückt: eine Bibel ganz sicher – vielleicht gar illustriert mit Kupferstichen der greulichsten und herrlichsten Visionen. Ein paar der später von Johann Gottfried von Herder so getauften »Volksbücher« – das waren die seit dem späten Mittelalter beliebten Historienerzählungen wie die »Haymonskinder«, die »Schöne Magellone«, der »Till Eulenspiegel« oder gar die »Historia von D. Johann Fausten«. Ein Gesangbuch könnte auch dabei sein: etwa die »Trutznachtigall oder geistlich-poetisch Lustwäldlein« des Jesuiten Friedrich Spee. Die Jesuiten als treibende Kraft der Gegenreformation schätzten Kirchenmusik und liturgischen Gesang als Mittel zur Glaubensstärkung – und bestimmt auch zur Ablenkung der Gläubigen während der quälend langen lateinisch-unverständlichen Hochämter.

Musik gehörte untrennbar zum jesuitischen Ordens- und Schulleben und war dermaßen selbstverständlich, dass sie nicht einmal erwähnt ist in dem strikten Lehr- und Studienplan des Ordens mit seiner Principista, seinen studia inferiora und superiora, denen sich Leopold in den folgenden zwölf Jahren unterzog. In der inferiora galt es, das antike Trivium aus Grammatik, Rhetorik und Dialektik, also sich richtig, verständlich, gewandt und überzeugend ausdrücken zu lernen – in Latein, versteht sich. Denn die Nutzanwendung auf die deutsche Sprache übten Schüler und Lehrer gemeinsam spielerisch ein. Jesuitische Schulen standen in der Tradition des Erasmus von Rotterdam. Sie waren keine Paukanstalten, deren Alltag von körperlicher Züchtigung bestimmt war. Sie vermieden es, die Schüler zu überfordern, und boten stattdessen ein reiches Gemeinschaftsleben mit Musik- und Theateraufführungen.

Leopold war sofort mit dabei: Überliefert ist, dass er bereits unmittelbar nach seinem Eintritt in die Schule auf der Schulbühne stand – in einer Nebenrolle von »Paulinus oder Der Apfel der Zwietracht«, einem Historienspiel, das vermutlich auf den barocken Ingolstädter Jesuiten Georg Spaiser zurückgeht.[2] So früh also zeigte sich womöglich bei Leopold bereits der für die mozartsche Familiengeschichte bedeutsame Charakterzug des Geltungsdranges. Doch selbst wenn die Mönche Leopold auf die Bühne »abkommandiert« hatten, wird dieser frühe Auftritt coram publico seine Wirkung auf das Kind gehabt und ihm die Scheu vor öffentlicher Selbstdarstellung genommen haben. Die jesuitische Pädagogik verstand ausgezeichnet zu motivieren, und Leopold wurde selbst zum ausgezeichneten Pädagogen und Motivator – nicht zuletzt seiner eigenen Kinder.

Leopold Mozart tut sich nicht nur am Theater hervor, sondern vor allem als Musiker – als Multiinstrumentalist und Sänger. Überliefert sind seine Studien und Erfolge an Violine und Bratsche und später am »Clavier« – was in seiner Jugend das Cembalo und dessen Abwandlungen bedeutete, auf dem später seine Kinder so brillieren sollten. Und um das Ganze sakral abzurunden, kommt der Chorgesang in der Basilika St. Ulrich und Afra hinzu – der die Beziehung zum dort wirkenden Hochschullehrer Rupert Sembler förderte – sowie die Kirchenorgel, der Leopold Außerordentliches abgewinnen konnte. Sein Sohn Wolfgang Amadé hört 1777 von einem Münchner Bekannten ein Loblied auf den Vater und erzählt es seinen Eltern brieflich: »Er erinnert sich noch absonderlich auf Messenbrunn [gemeint ist das eine Tagesreise von Augsburg entfernte Benediktinerkloster Wessobrunn], wo der Papa, (daß war mir völlig neü) recht unvergleichlich auf der Orgel geschlagen hat. er sagte; daß war erschröcklich wie es unter einander gieng, mit den füssen und händen, aber wohl unvergleichlich. ja, ein ganzer Mann.«

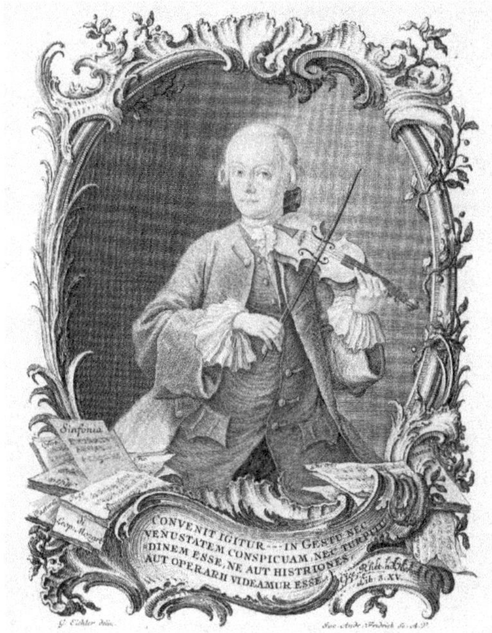

Leopold Mozart. Titelkupfer der »Violinschule« von 1756.

Nahezu Jahr für Jahr präsentierte Leopold sich nun in St. Salvator auf den Brettern, die vielleicht nicht die Welt bedeuteten, aber doch Haltung lehren sollten für ein priesterliches Leben zwischen Altar, Ambo und Predigtkanzel oder wenigstens für ein politisch geschicktes Wirken »ad maiorem Dei gloriam« – »zur größeren Ehre Gottes«, wie es dem Wahlspruch vieler Jesuiten entsprach. Und man darf sicherlich schließen, dass Johann Georg und Anna Maria mit einem Leuchten in den Augen den Darbietungen des begabten, hübschen und selbstbewussten Jungen folgten, der längst das Kleid mit der Jacke vertauscht hatte. In diesem Stolz waren sie wohl kaum anders als heutige Eltern. Denn offenkundige Talente bedeuteten nicht zuletzt materielle Sicherheit in einer unsicheren

Epoche. Vermutlich verstanden auch sie beharrliche und erfolgreiche Anstrengung mit liebevoller Aufmerksamkeit zu belohnen und »Unarten« wie Faulheit und Flüchtigkeit, wenn nicht zu bestrafen, dann doch mit Nichtbeachtung, Kälte oder Spott zu ahnden.

Die Gabe der Rede, über fünf lange Jahre eingeübt, sollte Leopold später sehr zustattenkommen: als Buchautor, als Briefschreiber und Bittsteller vor erlauchten Persönlichkeiten und nicht zuletzt als Ansager der musikalischen Darbietungen, zu denen er seine Kinder jahrelang durch Europas Höfe, Klöster und Bürgersäle führte. Die fünfjährige superiora schließlich, zu der Leopold ans jesuitische Lyceum wechselte, brachte Mathematik und Physik. Naturwissenschaftliche Unterrichtsstunden, in denen nach den Ideen des Jesuitenordens der mittelalterlich-barocke Aberglaube keinen Platz mehr hatte. In denen nachprüfbare Fakten die Hauptrolle spielten, in denen praktisch experimentiert, analytisch gedacht und scharf diskutiert wurde. Leopold dürfte auch hier mit Feuereifer dabei gewesen sein. Darauf deutet sein nicht nachlassendes Interesse an den exakten Wissenschaften hin, die ja eine so enge innere Beziehung zur Musik, zur »hörbaren Mathematik«, haben.

Die superiora bereitete Schüler wie Leopold mit Logik, Metaphysik und Ethik auf das Studium der Theologie vor – aus jesuitischer Sicht Endziel und Krönung der Kollegiaten-Karriere. Ob Jesuiten oder Benediktiner – ihnen ging es darum, die Besten für den Klerikerstand zu gewinnen. Dieses Kalkül sollte allerdings nicht aufgehen. Der gläubige Christ Leopold Mozart – das sollte sich später zeigen – war zwar katholisch bis zum Missionarischen. Bekannt sind seine Bekehrungsversuche an Protestanten und Juden, die er auf den ausgedehnten Konzertreisen mit seiner Familie kennenlernte. Aber wenn er überhaupt je die Absicht geäußert haben sollte, die Priesterlaufbahn einzuschlagen, so dürfte diese Absicht nur oberflächlich gewesen sein oder, noch wahrscheinlicher, taktisch motiviert, um von seinen Lehrern bestmöglich unterstützt und gefördert zu werden – vielleicht sogar finanziell? Leopolds Sohn Wolfgang Amadeus lernt Jahrzehnte später den Sohn eines früheren Mitschülers des Vaters kennen. Dieser weiß von seinem eigenen Vater, »wie der [Leopold] die Pfaffen herum gefopt hat, wegen den geistlich werden«, so schreibt es Wolfgang jedenfalls in einem Brief.

Dass er es wagt, dies ausgerechnet seinem tiefgläubigen Vater zu schreiben, beweist übrigens ein für die Zeitepoche völlig untypisch großes Ausmaß an Vertraulichkeit des Umgangs in der Familie Mozart und eine innere Freiheit, die sich Leopold sicherlich im jesuitischen Lyceum angeeignet und an seine Familie weitergegeben hat. Überhaupt gilt es sich bewusst zu machen, dass der Jesuitenorden im Vergleich zu den viel älteren Gemeinschaften seinerzeit geradezu revolutionär modern war. Natürlich war das Ziel einer Klosterschule auch bei denjenigen Patres, die Leopold und seine Mitschüler unterrichteten, ein gottesfürchtiges und im Idealfall sogar geistliches Dasein ihrer Schützlinge. Doch der Weg dorthin führte – anders als etwa bei den benediktinischen oder den dominikanischen Brüdern – nicht über demütig-sklavischen Gehorsam und gefühlige Gläubigkeit, sondern über die kritische Erkenntnis. Der Orden machte sich die Methoden und Mittel der Aufklärung zu eigen, um die nötige gegenreformatorische Schlagkraft daraus abzuleiten. Und selbst wenn seiner Ausbildung propagandistische Motive zugrunde lagen, so hat Leopold doch in jedem Fall von den erworbenen Fähigkeiten zu logischem Denken und zur Voraussicht, zur öffentlichen Auseinandersetzung und Selbstdarstellung profitiert.

Und so geht Leopold Mozart, versehen mit besten Empfehlungen der Lyceumsleitung, 1736 aus der Schule hervor: als gesellschaftlich gewandter, äußerlich angepasster, disziplinierter, aber frei denkender und frei handelnder Christenmensch. »Ansehnlich und gelehrt« sei er, wird ihm bescheinigt – obgleich er genau genommen ein Schulabbrecher ist; dieser Abbruch bleibt nicht der einzige in seiner Bildungslaufbahn.

Er ist unfreiwillig: Der Tod von Vater Johann Georg hat die Familie in Not gebracht. Leopold ist kurz zuvor 15 Jahre alt geworden.

Schauerbalsam und Opodeldok – Krankheit bei den Mozarts

Der Tod kommt früh zu Johann Georg Mozart: Der Buchbinder steht erst in seinem 57. Jahr. Seine Frau Anna Maria wird ihn um dreißig Jahre überleben und 1766 mit siebzig Jahren sterben. Ihrem Sohn Leopold sind 67 Jahre zugemessen. Wer das riskante Kleinkindalter übersteht, hat fast wie heute die Chance, siebzig, achtzig oder mehr Jahre zu erleben. Woran Johann Georg stirbt, bleibt im Dunkeln, und selbst wenn die ärztlichen Diagnosen bekannt wären, so würden sie uns heute nicht helfen. Denn viele der Namen tödlicher Krankheiten, die die damalige Zeit nennt, kennt unsere heutige naturwissenschaftlich fundierte Medizin nicht mehr. Als Leopold Mozarts Todesursache haben die Ärzte »Milzverstopfung« und »Magenverhärtung« festgehalten. Es war »die Auszehr«, schrieb die Zeitung. »Magenverhärtung« steht auch auf dem Totenschein seines Enkels Franz Xaver Wolfgang, des letzten musikalischen Meisters der Familie Mozart. Das war damals das Ärztewort für Magenkrebs, den man zwar ertasten konnte, aber nicht sichtbar machen und operieren wie heute. Wolfgang erliegt dem »hitzigen Frieselfieber«, an dessen wahrer Identität sich im 19. und 20. Jahrhundert Generationen von Medizin- und Musikhistorikern vergebens die Zähne ausgebissen haben.

Die Medizin dieser Zeit ist aufgeklärt. Sie will, hofft und verspricht viel – und sie leistet doch noch so wenig.[3] Sie wird ihre

Zeit brauchen. Zwar richten die Anatomen bereits seit der Antike und vermehrt seit dem 17. Jahrhundert durch unzählige Sektionen von Leichen (und gelegentlich lebender Menschen) den Blick ins Innere des Menschen. Grundlegende Kenntnis des Körperbaus sind wissenschaftliches Allgemeingut. Zwar ist die Geburtshilfe weit fortgeschritten – seit Jahrhunderten ein Zankapfel zwischen Hebammen und Ärzten. Die medizinischen Atlanten der Zeit zeigen uns beeindruckende Werkzeuge, mit denen die Ärzte Föten aus gefährlichen Lagen drehen und schwierige Geburten glücklich zu Ende bringen können. Zwar haben auch die Chirurgen imponierende Instrumente entwickelt und wenden sie tagtäglich an. Aber wer sich einer chirurgischen Behandlung unterziehen muss, ist nicht zu beneiden: Der Schmerz als größter Feind des kranken Menschen ist ein unbesiegter Gegner. Viele Operationen werden daher an volltrunkenen Patienten vollzogen, andere fallen in gnädige Ohnmacht. In manchen Fällen fixiert man den Kranken mit Lederriemen am Tisch, oder vierschrötige Knechte halten ihn fest. Wie die Organe zusammenwirken und was etwa den Patienten nach scheinbar erfolgreicher Therapie schließlich doch zusammenbrechen lässt, ist den Ärzten noch fast gänzlich unbekannt. Ihr Inventar an Therapien ist bestürzend simpel: Aderlässe – oft im Übermaß angewandt und bei Wolfgang tödlich – oder pflanzliche, mineralische, tierische Mittel und Mittelchen, die den Kranken eingeflößt oder in die Haut gerieben wurden. So der Schauerbalsam – eine in Salzburg verbotene Augsburger Spezialität und trotz seines Namens ein Mittel, dem man Wunderkräfte zuschrieb – oder das Opodeldok, ein zweifelhaft riechender Brei aus Seife und ätherischen Ölen, den Goethe, wie Thomas Mann behauptet, auf seine alterssteifen Glieder schmierte. Auch die Mozarts setzten auf Selbstbehandlung. Leopold Mozart führte auf seinen Reisen eine umfangreiche Hausapotheke mit sich, mit der er – meist vergeblich – allfällige Bedrohungen in Schach zu halten hoffte. Oft erwähnter Bestandteil ist das »Schwarze Pulver«, das beim Tod seiner Frau Anna Maria eine unrühmliche Rolle spielt. Als letztes Mittel der Therapie empfahlen die Ärzte häufig eine Badekur. Wohltätige Wässer sind seit der Antike bekannt – oft sollen Menschen wilden Tieren an die Quellen gefolgt sein –, aber es steht zu vermuten, dass allein der zeitliche Austritt aus einer körperlich und seelisch überfordernden Alltagsroutine Heilwunder wirkte – so bei Anna Maria Mozart, die einmal ganze vier Tage Kur in Badgastein wieder zu Kräften brachten; auch Constanze Mozart musste sich infolge ihres Venenleidens häufig in Kur begeben; Wolfgangs Sohn Franz Xaver dagegen half das Trinken heilender Wässer im Magenbad Karlsbad nicht, er starb unter der Kur.

Was Infekte von anderen Erkrankungen unterscheidet und wie sie sich vermeiden lassen, liegt für die Medizin zur Zeit Johann Georgs noch weitgehend im Dunkeln – die Mikroskopie stößt noch nicht so weit in den Mikrokosmos vor, dass sie das Wesen der Keime beobachten könnte. So erliegen Abermillionen der Diphtherie, dem Typhus, der Cholera, der den Soldaten als »Lombardische Blutscheiß« bekannten Ruhr oder den gefürchteten Pocken, den »Blattern«, die auch den elfjährigen Wolfgang an den Rand des Grabes bringen und sein Gesicht zeichnen werden. Wenn sie wie die Pocken pandemische Ausmaße annahm, lösten die Seuchen panische Fluchtbewegungen aus, die von den Behörden drastisch bekämpft wurden – etwa mit dem Einsperren Reisender in »Siechkobel« genannte Quarantänestationen, von denen es vor jeder Stadt einen gab. Wer nach einigen Tagen darin noch am Leben war, den ließ man durchs Stadttor ein. Noch kurz vor Leopolds Geburtsjahr wütet in Mitteleuropa eine Pest, der mehr als eine Million Menschen zum Opfer fällt.

Dass man die moderne Hygiene nicht kennt, ist auch Ursache zweier weiterer Todesgeißeln: der Mütter- und der Säuglingssterblichkeit. Johann Wolfgang von Goethe hatte wie Wolfgang sechs Geschwister – bei beiden überlebte nur eines. Anders als Goethe, der der Älteste in der Geschwisterreihe war, hat der »Wolferl«, wie er als Kind gerufen wurde, aber niemals mit ansehen müssen, wie der Bestatter mit ernster Miene und unter dem Jammern der Mutter einen kleinen Sarg aus der Wohnung trug, denn er war der Jüngste im Bunde. Onkel Franz Alois Mozart verliert vier von fünf seiner Mädchen, nur das Bäsle überlebt. Auch Wolfgang als Vater blieb dieser Anblick später nicht erspart: Von den sechs Kindern, die Constanze ihm gebar, blieben nur zwei am Leben und mussten erfahren, was es bedeutete, Sohn eines Übergroßen zu sein.

Niemand darf glauben, die Menschen hätten dieses Kindersterben mit dumpfer Gleichgültigkeit hingenommen. Im Frankfurter Goethehaus hängt ein ergreifendes Bild, das neben den überlebenden vier Mitgliedern – unter ihnen Johann Wolfgang und seine Eltern – die fünf toten Kinder als Genien, also als kleine ätherische Geistwesen, zeigt. Dabei schlägt der Tod unabhängig vom Wohlstand der Familie zu: Während Constanze Mozart vier von sechs Kindern früh verlor, überlebten sieben von acht Kindern des vermeintlichen Wolfgang-Rivalen Antonio Salieri das Kleinkindalter. Wer so glücklich nicht war, der war geworfen auf eine heute fast unvorstellbare Schicksalsergebenheit und auf die Einsicht in seine Verantwortung den Lebenden gegenüber, die ihm über den Schmerz zu helfen hatte.

Auch modische Gewohnheiten trugen ihr Scherflein zur Kindersterblichkeit bei, so beispielsweise der von französischer Lebensart geprägte Brauch, die Neugeborenen nicht selbst zu stillen, sondern sie mit ungenügender Ersatznahrung wie Mehlbrei, Zuckerwasser, verdünnter Tiermilch, Brot- oder Biersuppe zu päppeln oder zum Stillen in die Obhut von Ammen zu geben. Ammen waren oft arme Frauen, die sich durchschlugen, indem sie gegen Bezahlung als »menschliche Milchkühe« herhielten – um ihren Körper nicht prostituieren zu müssen oder während sie sich zusätzlich prostituierten. Je mehr Säuglinge sie nährten, desto mehr Geld erhielten sie – ob die Muttermilch für alle reichte, stand auf einem anderen Blatt. Und es ist anzunehmen, dass in den Elendsquartieren der Ammen Infektionskrankheiten von Milchbruder zu Milchbruder wanderten und die Babys dahinrafften, zumal man von diesen armen Frauen nicht erwarten kann, was nicht einmal die studierten Ärzte für nötig erkannten: besondere Hygiene.

Diese tödliche Gewohnheit hatte das französische Bürgertum nach und nach vom Adel übernommen. Im 18. Jahrhundert lag die Säuglingssterblichkeit im hochzivilisierten Frankreich substanziell höher als zum Beispiel in Deutschland, bis sie ins kritische Visier von Aufklärern wie Jean-Jacques Rousseau gerät. Wolfgang folgt dieser modischen Sitte wie selbstverständlich und ist stolz darauf, seinen Erstgeborenen Raimund »bei Wasser« großzuziehen. Raimund stirbt nach wenigen Wochen. Wolfgangs Vater, der Aufklärer Leopold Mozart, dagegen gebraucht bei anderer Gelegenheit scharfe Worte gegen diese Mode. Denn sie passt nicht in sein naturwissenschaftlich geprägtes Weltbild, nicht in sein religiöses Ideengebäude, nicht in sein Menschenbild und schon gar nicht in die Vorstellungen, die er sich vom Zusammenleben in der Familie macht. Einer seiner unumstößlichen Leitsätze ist der, dass man in der Familie bedingungslos füreinander da sein muss – auf Leben und auf Tod. Daran hält er selbst dann fest, als Wolferl zu Wolfgang reift, sich der väterlichen Fürsorge entzieht, seinen eigenen Ideen folgt und den Vater damit bitter enttäuscht.

Denkt und fühlt Leopold so, weil er es von seinen eigenen Eltern gelernt hat? Oder denkt und fühlt er so, weil er es zu Hause in Augsburg vermisst hat? – Idyll oder Schrecknis – Leopolds Kindheit endet mit dem Tod des Vaters an einem Februartag des Jahres 1736. Johann Georg Mozarts Tod setzt unerbittlich einen Schlusspunkt. Er zwingt Leopold, die Schule zu verlassen, die er sicher geliebt hat. Es ist weniger Geld da. Es gilt zu improvisieren.

Als ältestem männlichen Familienmitglied wächst ihm neue Verantwortung zu. Verantwortung, die er sich vermutlich nicht gewünscht hat. Gut möglich, dass seine spätere Überbesorgtheit um die Gesundheit seiner Lieben in der Unsicherheit dieser empfindlichen Lebensphase wurzelt. Er gibt diese Besorgtheit an seine Kinder und besonders an seinen Wolfgang weiter.

Über den folgenden Monaten im Leben des jungen Mannes liegt Dunkelheit. Hat er versucht, Geld zu verdienen, um die Familie zu ernähren? Hat er sich darum bemüht, dass man ihm das Schulgeld bei den Jesuiten erlässt, damit er zumindest seine Ausbildung abschließen kann? Hat seine resolute Mutter hier die entscheidende Rolle gespielt und die Fäden gezogen? Oder ist er im Gegenteil mehr oder minder davongelaufen? Fest steht, dass Mutter und Sohn in späteren Jahren nur eine kühle Beziehung miteinander verbindet. Erkennbar ist auch, dass es neben der selbstbewussten und innerlich klaren auch eine misstrauische, vorsichtige, fast hypochondrische Seite im Charakter Leopolds gibt.

Karriere in der Fremde – Der Sprung nach Österreich und in die höfische Gesellschaft

Leopold Mozart ist nicht der einzige Fall der Auswanderung eines Künstlers in der Augsburger Geschichte. Auch den spätgotischen Maler Hans Holbein, Sohn eines Augsburger Gerbers, hielt es nicht am Lech. Sein Wanderleben führte ihn, immer auf der Fährte lukrativer Aufträge, durch ganz Deutschland. Aber er behielt sein Bürgerrecht, und wiederholt kehrte er nach Augsburg zurück.

Nicht anders Leopold Mozart. Es wurde gelegentlich behauptet, aus nicht näher bestimmten Gründen sei es zum »Bruch« des aufstrebenden Leopold mit seiner Augsburger Familie gekommen. Der Umstand, dass er sich bis 1755 wiederholt vom Augsburger

Magistrat sein Bürgerrecht bestätigen lässt – wofür er teuer bezahlt –, und die Tatsache, dass man ihn und seine eigene Familie wiederholt zu Besuch in seiner Heimatstadt sieht, deuten nicht darauf hin, dass er sich in Augsburg nicht mehr sehen lassen wollte oder konnte. Tatsache ist aber auch, dass es Leopold nicht unbedingt zuerst an den Busen seiner Mutter drängte, wenn berufliche Verpflichtungen wie seine im Augsburger Verlag Lotter erschienene berühmte Violinschule oder sein Nebenverdienst als Lotter'scher Kommissionsbuchhändler ihn an den Lech führten. Sein Elternhaus war nicht seine erste Anlaufstelle, wenn er – oder später eines seiner Familienmitglieder – in Augsburg Station und Geschäfte machte. Man quartierte sich im Hotel ein – der immer ausgabefreudige Wolfgang beispielsweise im teuren Weißen Lamm –, oder man nahm die Gastfreundschaft des Werkstatt-Erben und Bäsle-Vaters Franz Alois an. Aus gelegentlichen Äußerungen Leopolds spricht der selbstzufriedene Stolz, es durch eigene Talente und Anstrengungen geschafft zu haben, der zünftischen Enge der Vaterstadt zu entkommen – anders als seine Geschwister: »Du weist«, mahnt er 1778 seinen Sohn Wolfgang, der erstmals ohne seinen »Vatter« an fremden Höfen, Konventen und Salons sein Glück machen soll, »das ich das Nachdenken und Überlegen gewohnt bin, sonst würde ich meine Sache niemals so weit gebracht haben, da ich niemand hatte, der mir rathen konnte, und ich von jugend auf niemand völlig mich anvertrauete, bis ich nicht sichere proben hatte. Sehe nur meine Brüder und mich an, und du wirst die folgen meines Überlegens und Nachdenkens mit Händen greiffen, wenn du den Unterschied zwischen uns bedenkest.« Von seiner Mutter spricht er seinem Vertrauten Lotter gegenüber als einer Frau, die »sehr wenig Vernunft hat«. Respekt und Liebe klingen anders.

Der erwähnte »Unterschied« war nicht zuletzt ein finanzieller: Während sich Leopold zu dieser Zeit als Vizekapellmeister eines Gehalts von 400 Gulden jährlich und etlicher Zulagen und Zuverdienste erfreute, kam ein Augsburger Handwerksgeselle, wenn es gut ging, auf 250 bis 300 Gulden jährlich. Das Einkommen eines Meisters, der keine Gesellen hatte und jeden Handgriff selbst erledigen musste, lag nicht hoch über diesem Wert. Dabei hatte dieser zusätzlich das ganze Risiko von Preisen, Auftragslage und Fehlschlägen zu tragen.

Das Verhältnis zwischen Leopold und den Seinen mag sich allmählich entfremdet und abgekühlt haben – kein Wunder bei einem begabten jungen Mann, der gleichzeitig den Wind eines beginnenden Lebens und einer neuen Zeit unter den Flügeln spürt. Nicht viel anders war es eine Generation später, als ein rebellierender Wolfgang mit dem verhassten Salzburg auch seine Herkunftsfamilie hinter sich ließ. Besonders rücksichtsvoll ging Leopold jedenfalls nicht mit den Seinen um, das zeigt ein Vorfall des Jahres 1756, in dem es um Geld ging – viel Geld für Augsburger Verhältnisse. Auch in diesem Punkt sollte Wolfgang später in Leopolds Fußstapfen treten. Auf diese Episoden werden wir noch zu sprechen kommen.

Nach dem Tod seines Vaters sehen wir Leopold also erst wieder, als er im Spätherbst 1737 mit seinem Schulkollegen Jakob Wilhelm Benedikt Langenmantel von Westheim und Ottmarshausen zum Studium der Philosophie nach Salzburg aufbricht.

Der Begleiter mit seinem nicht enden wollenden Namen entstammt einem der wohlhabendsten jahrhundertealten Patrizierhäuser Augsburgs, die die Reichsstadt nahezu ebenso autokratisch regieren wie der alte Feudaladel die Flächenstaaten des Reiches. Jahre später wird Leopolds Sohn Wolfgang noch eine höchst unangenehme und peinliche Begegnung mit dem Sohn Langenmantels haben, den er geringschätzt. Für Leopold allerdings dürfte es sich eher wie eine Auszeichnung angefühlt haben, dass der anderthalb Jahre ältere Patrizier ihn, den ärmlichen Handwerkersohn, zum Begleiter erwählte.

Ob die beiden werdenden Studiosi die 27 Meilen – nach heutigem Maß 200 Kilometer – zu Fuß oder im Wagen zurücklegten, ist unbekannt. Reisen war viel teurer als heute, aber ein Langenmantel konnte sich eine Fahrt mit dem Postwagen sicherlich leisten. Das brachte ihn fast doppelt so schnell vorwärts wie der Fußmarsch – aber nur, wenn die Straßen in gutem Zustand waren und der Wagen von Pannen verschont blieb. In jedem Fall konnten die Reisenden mehr Gepäck mitnehmen und blieben trocken, wenn die Wolken wie so oft tief über dem Alpenvorland hingen und sich abregneten. Abends stiegen Kutschgäste und Fußwanderer in denselben Poststationen ab. Unterstellen wir einmal, dass Langenmantel seinem Kommilitonen die Verlegenheit ersparen wollte, einen billigeren Platz außen auf dem Wagen mieten zu müssen, und beide den »romantischen«, intimeren Fußmarsch wählten, der sich besser zu gegenseitigen Herzensergießungen eignete.

Für den 16-jährigen Leopold ist es das erste Mal, dass er für längere Zeit dem Bannkreis der Augsburger Türme und Wälle entkommt – und dann gleich nach Salzburg! Die Lage der Stadt beeindruckt die Reisenden bis heute. Direkt am Fuß der Alpen zwischen steilen, niedrigen Felsriegeln gleichsam hervorquellend, überragt von fernen, noch höheren waldigen Hügeln, über denen der Reisende an klaren Tagen die fernen Eisfelder der Hohen Tauern mehr ahnt als sieht. Eine Festung dominiert das Gewirr der Straßen und Kuppeln – hoch auf den Felsen erbaut, jahrhundertealt und uneinnehmbar. Das hatte sie während der Bauern- und Glaubenskriege unter Beweis gestellt.

Die Salzachstadt war zwar mit nur etwa 15 000 Einwohnern bedeutend kleiner als das mehr als doppelt so große Augsburg, aber sie war kein Nest. Das war bereits daran erkennbar, dass über das Salzburger Land kein bloßer Fürstbischof regierte wie über Augsburg, sondern ein Fürsterzbischof. Seine Macht reichte von den Voralpenseen bis weit hinauf ins Salzkammergut und über die vereisten Grate der Hohen Tauern hinweg tief bis nach Kärnten hinein. Dort spülten und sotten Bergknappen das wertvolle Steinsalz aus unterirdischen Lagerstätten heraus und bargen aus dem Grus der Wildbäche und aus dem Quarz der Erzgänge das gediegene Gold, nach dem die Welt so drängte. Auf dem Rücken der Saumtiere brachte man die wertvolle Fracht zu Tal und vertraute sie schließlich den unberechenbaren Wassern der Salzach an, die in einer meilentiefen Schlucht durch die Kalkberge hindurch den Weg ins Freie des Voralpenlandes fanden und sich weit draußen mit den grünen Fluten des Inns vereinigten, bevor sie bei Passau in die Donau mündeten – den wichtigsten Handelsweg des deutschen Südens.

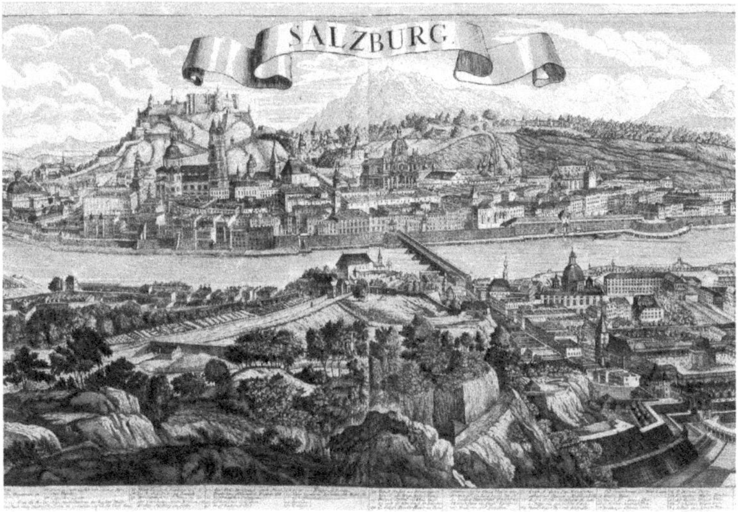

Salzburg in der Barockzeit. Kupferstich von Johann Friedrich Probst.

Die Salzach war die Lebensader der Stadt – und gleichzeitig ihr Totengräber. Noch unreguliert und durchzogen von Kiesbänken und Inselchen durchrann sie an schönen Sommer- und Herbsttagen friedlich die alte Stadt, deren Hälften zu Leopolds Zeiten eine einzige Brücke verband. Das »Sattler-Panorama«, ein kolossales biedermeierzeitliches Rundgemälde, das sich heute in der Neuen Residenz besehen lässt, gibt einen Begriff davon. Auf der Stadtbrücke – auch das zeigt das Panoramabild – war immer Betrieb. Vielleicht haben Leopold und Jakob Langenmantel dort gestanden, sich übers Geländer gelehnt, die Salzach so im harmlosen Dahinfließen kennengelernt und den Kalkbrennern zugesehen, die dort Steine sammelten und in improvisierten Öfen brannten, oder den Fuhrleuten, die ihre Pferde im milchigen Wasser erfrischten.

Wenn aber im Frühjahr der Föhnsturm über die Dächer fegte und sein nächtliches Heulen den Menschen die Haare zu Berge stehen ließ oder wenn sich im Frühjahr tagelang die Wolken an den Bergen stauten und endlos abregneten, schwoll das Wasser binnen Stunden beängstigend an und trieb Sand, Schotter und die Leichen knospender Buchen und Ebereschen vor sich her. Oft war die Brücke das erste Opfer dieser Hochwasserfluten. Denn trotz des Wohlstandes der Stadt war die Salzachbrücke sehr lange Zeit kein massives steinernes Bauwerk. In den Flutjahren 1090, 1316, 1572 und 1598 brachen die leichten Holzkonstruktionen unter dem Wasserdruck und unter den Stößen der natürlichen, waldgeborenen Rammböcke zusammen. Am 30. Juli 1567 verzeichnet eine Salzburger Chronik »ein Hochwasser in der Stadt, das eine Elle über die Brücke hinausreichte. Es zerstörte viele Gebäude und Wasserwerke; und es ertrinken viele Menschen und Tiere.«

Auch Leopold wird Zeuge solcher Katastrophen, die damals Existenzen völlig vernichteten und Betroffene der Mildtätigkeit ihrer Freunde, der Handwerkerbünde oder der geistlichen Stiftungen überantworteten. Im »versoffenen Jahr« 1785 stürzt die Stadtbrücke mit 28 Personen darauf ein, es gibt elf Tote. Und der folgende Sommer bringt eines der schlimmsten Hochwässer in der Geschichte der Stadt mit sich. Leopold, der zu dieser Zeit noch immer in der viel zu großen früheren Familienwohnung im »Tanzmeisterhaus« am Hannibalplatz lebte, war davon nicht unmittelbar betroffen.

Warum aber hatte es Leopold fast ein halbes Jahrhundert zuvor ausgerechnet nach Salzburg gezogen? Hätte es nicht das viel näher gelegene Ingolstadt, die oberbayerische Jesuiten-Hochburg, auch getan? Von ihm selbst erfahren wir es nicht. Nur wenige Korrespondenzen des fleißigen und eloquenten Briefschreibers an seine Mutter oder seine fünf Geschwister aus dieser Zeit sind überkommen – was nicht unbedingt heißt, dass er nicht regelmäßig schrieb. Auch Leopolds Bruder Johann Christian war schließlich Jesuiten-Kollegiat und für damalige Verhältnisse sehr gebildet. Nur: Warum sollte eine schlichte Handwerkerfamilie wie die Augsburger Mozarts solche Briefe überhaupt aufheben? Über Umzüge, Feuersbrünste, Bankrotte und alle dramatischen Wechselfälle hinweg, die das Leben der kleinen Leute immer wieder aus den Angeln hoben? Ein Brief dieser Zeit war kein Seelendokument wie in der briefversessenen Epoche der literarischen Empfindsamkeit eine Generation später. Ein Brief war von Rücksichten auf die Zensur geprägt, die allenthalben und unvorhersehbar in das Privatleben der Untertanen eingreifen und nicht nur politische, sondern auch religiöse oder moralische Tabubrüche durchaus registrieren und ahnden konnte. Ein Brief hatte zu strotzen vor floskelhaften Ehren- und Liebesbezeigungen. Das müssen wir auch berücksichtigen, wenn wir die schier unabsehbare Korrespondenz bewerten, die die Salzburger Mozarts zur bestdokumentierten bürgerlichen Familie jener Epoche machen. Mithin war die Zahl von Wahrheiten und Bekenntnissen in privaten Briefen dieser Zeit dermaßen überschaubar, dass die meisten von ihnen nach Kenntnisnahme rasch einen der beiden schnöden Wege durch den Kamin oder den Abtritt genommen haben dürften.

Neben dem Einfluss des jungen Langenmantel müssen wir also anderswo nach Beweggründen für Leopolds folgenreiche Entscheidung für Salzburg suchen. Die adeligen Verbindungen zwischen beiden Städten waren schwach. Die Stammbäume der Firmian, Liechtenstein, Schrattenbach oder Colloredo, die das Salzburger 18. Jahrhundert prägten, wurzelten in den habsburgischen Erblanden, in Kärnten, Nord- oder Südtirol. Nur eine schwache Spur in diese Richtung gibt es: Maria Claudia Fugger, ein Spross aus der kurz darauf ausgestorbenen Linie derer von Nordendorf, brachte 1706 den späteren Salzburger Domherrn und Lavanter Bischof Johann Baptist von Thurn-Valsassina und Taxis hervor, bei dem Leopold drei Jahre nach seinem Umzug seine erste Stelle antreten sollte.

Am wahrscheinlichsten ist es, dass der Wechsel der Benediktinerpatres Rupert Sembler und Anselm Desing von St. Ulrich und Afra in Augsburg an die benediktinische Salzburger Universität für Leopold den Ausschlag gab. Aber auch ohne diese Personalien ist Salzburg ein hoch reputierlicher Standort des Benediktinerordens: Die Erzabtei St. Peter mit ihrer romanischen und später barockisierten Kirche gehört zu den ältesten Benediktinerklöstern. Ihr Ursprung wird, ähnlich wie in Augsburg, in der Spätantike, beim heiligen Severin vermutet.

Leopold hört Kollegia in Logik, Mathematik und Geschichte bei Sembler und Desing und wird bereits am 22. Juli 1738 durch Sembler als Baccalaureus der Philosophie graduiert – weniger als acht Monate nach seiner Immatrikulation. Dass er die superiora in Augsburg nicht abschließen konnte, hinderte ihn also nicht am Fortschreiten. So rechtfertigt er die hohe Meinung seiner Augsburger Lehrer aufs Schönste – zunächst. Denn das Jahr 1739 bringt wieder einen jener Brüche, die die mozartsche Familiengeschichte durchziehen und immer wieder dafür sorgen, dass ein Mozart beim Schritt ganz hinauf auf das Siegerpodest strauchelt.

Aber wer kam eigentlich auf für Leopolds schnelles Studium? Neben der Lebenshaltung, die in einer großen Stadt sicherlich massiv ins Kontor schlug, waren Studiengebühren von einem Gulden à sechzig Kreuzer und dreißig Kreuzern zu erlegen. Das mag heute etwa dreißig bis vierzig Euro entsprechen. Ein überschaubarer Betrag, möchte man meinen. Aber Studenten waren – wenn nicht ihr Elternhaus sie hinreichend unterstützte – auf jeden Kreuzer angewiesen und wurden als »Bettelstudenten« verlacht (gleichzeitig aber infolge ihrer vermeintlichen Freiheit heimlich beneidet). Die vaterlose Familie in Augsburg dürfte keine ausreichenden Mittel bereitgestellt haben, denn Mutter Anna Maria heiratete nicht mehr, und die Buchbinderwerkstatt ging über an Leopolds Bruder Franz.

So bleibt zu vermuten, dass es zunächst bei mehr oder minder verschämt erbettelten und gnädig gewährten Gefälligkeiten wohlmeinender und wohlhabender Bekannter und Gönner blieb – vielleicht ergänzt durch Einkünfte aus Dienstleistungen Leopolds für den gut mit Geld ausgestatteten Langenmantel und durch einen Nachlass von fast der Hälfte der Studiengebühr. All dies hat vermutlich in Leopold ein Gefühl des Ausgeliefertseins hervorgerufen – ein Gefühl des Immer-kämpfen-Müssens um das, was ihm eigentlich zustand, von Rechts wegen oder infolge seiner Begabungen. An diesen Charakterzug Leopolds sollten wir uns später noch erinnern.

Wenn Leopold Nutznießer privater »Stipendien« war, enttäuschte er seine Gönner bereits im Folgejahr seiner kometenhaften Baccalaureus-Karriere gründlichst. Waren es die Lockungen des »Bachelor«-Lebens, war es die Erkenntnis, für ein der Wissenschaft und Theorie gewidmetes Leben nun doch nicht geschaffen zu sein, war es gar der theologische »Sykophantenstreit«[4], der in Salzburg konservative und aufklärerisch gesinnte Menschen entzweite – gleichviel, im folgenden Studiengang, dem juristischen, lässt der Eifer des Studiosus Leopold Mozart merklich nach. So merklich, dass der Rektor der Universität ihn vor sich zitiert und ihn mahnt, die Kollegien häufiger zu besuchen. Es soll nicht bei der Mahnung bleiben – schließlich wird Leopold die Relegation, also der Ausschluss aus der Universität, verkündet. Ausgerechnet sein Augsburger Lehrer Rupert Sembler unterzeichnet im September 1739 einen lateinischen Protokolleintrag, der Leopold nicht nur der juristischen, sondern aller Fakultäten verweist: »Herr Johannes Georgius Mozardt, Schwabe aus Augsburg, der seit Beginn des Jahres nicht mehr als einmal oder höchstens zwei Male an Vorlesungen über Physik teilgenommen und sich deshalb der Bezeichnung ›Student‹ als unwürdig erwiesen hat, wurde einige Tage vor dem Examen zum Hochwürdigsten Rektor bestellt. Dort wurde ihm der Beschluss eröffnet, dass er nicht mehr zu den Studenten zählen werde. Er hörte diesen Beschluss, ohne irgendwelche Bitten zu äußern, nahm ihn hin, als wenn ihn die Sache nichts angehe, und entfernte sich. Folglich wurde er nicht mehr zum Examen zugelassen.«[5]

Nicht allein die Bummelei wird Leopold demnach in diesem Eintrag vorgeworfen und – nach damaliger Auffassung – schwer bestraft, sondern mehr noch: seine Weigerung, zu kriechen und um Gnade zu winseln. Vielleicht hindert ihn sein Stolz daran, sich selbst zu erniedrigen, nur um in den Genuss weiterer Vergünstigungen zu gelangen, und bringt ihn dazu, Haltung zu bewahren. Eine Haltung, die uns bei Vater und Sohn Mozart noch des Öfteren begegnen wird und die keineswegs im Widerspruch steht zu den rituellen Unterwerfungsgesten niedriger gestellter »Subjekte« (wörtlich »das Unterwürfige«) oder Untertanen vor Adel, Klerus und sonstigen »Bessergestellten«, die auch die Mozarts vollführen. Diese Haltung aber mag den Universitätsgewaltigen zugleich imponiert haben, denn Leopold bleibt nicht für alle Zeiten eine Persona non grata. Er darf drei Jahre später sogar die Musik zu einem lateinischen Theaterspiel komponieren, das die Rhetorikklasse der Universität aufführt.

Eine andere Möglichkeit: Er hatte sich all seine Schritte sorgfältig überlegt und schon längst einen Plan in der Tasche. Was sollte er sonst getan haben, während seine Kommilitonen Collegia hörten? Als Bummelstudenten, der abends trinkt und morgens schläft, können wir uns Leopold nicht vorstellen. Wahrscheinlicher ist, dass er seine Zeit dazu genutzt hat, sich selbst neu zu erfinden. Der Leitstern, der dabei über ihm strahlt, ist die Musik.

Seine musikalische Meisterschaft und Vielseitigkeit hat Leopold Mozart bereits als Schüler in den augsburgischen Stiftslanden herumkommen und sicherlich Selbstbewusstsein in ihm erwachsen lassen. Gut möglich, dass sie ihm eine ausreichende Basis für eine Musikerkarriere im klerikalen Salzburg schien. Wahrscheinlich, dass er seine Fertigkeiten ausbaute, übte, komponierte, Beziehungen anknüpfte, spätere Engagements sicherte. Vermutlich half die Musik ihm in den Monaten nach seiner Relegation von der Universität zu überleben – etwa dank gelegentlicher Aufträge als Organist in einer der vielen Kirchen. Wovon sollte er sonst gelebt haben? Er war der Major Congregatio Beatae Virginis Mariae beigetreten, einem spirituellen Männerbund aus jesuitischem Geist, der sich der Marienverehrung widmete. Ein guter Anknüpfungspunkt für musikalische Aufträge und Engagements. Vor allem aber hatte er gute Beziehungen zum Salzburger Konsistorialpräsidenten Johann Baptist Graf von Thurn-Valsassina aufgebaut, dessen Mutter wie erwähnt eine Fuggerin der Nordendorfer Linie war. Dieser stellt Leopold 1740 als Kammerdiener ein.

»Kammerdiener« zu sein hieß im 18. Jahrhundert nicht, der Herrschaft sich beim Kleiderwechsel behilflich zu zeigen. Je nach Größe der Haushaltung hatte er Leitungs- und Führungsaufgaben und zum Beispiel die Aufsicht über die fürstlichen Privatgemächer. Bei den Gesprächen zwischen dem ambitionierten Leopold und seinem späteren Dienstherrn dürfte die Musik eine wichtige Rolle gespielt haben. Denn der Domherr und kommende Bischof war ehrgeizig, dem Geist der Zeit entsprechend auch in musikalischen Angelegenheiten. Aber eine eigene vollberufliche »Hausmusik« konnte er sich vermutlich nicht leisten. Dies wäre auch gegen seinen

Stand gewesen. Also stellte er als Hauspersonal begabte und erfahrene Laien ein. Der Multiinstrumentalist Leopold dürfte ihm da gerade recht gekommen sein.

Die Stellung beim Grafen Thurn-Valsassina war nicht üppig dotiert. Selbst sechs Jahre später sollte Leopold nicht mehr als sechzig Gulden im Jahr zuzüglich nichtmonetärer Zulagen wie dem wertvollen Weihnachtssalz erhalten. Aber ein junger Mann, der von Hause aus das Sparen gewohnt war und sich durch Musikunterricht etwas hinzuverdienen konnte, kam damit über die Runden, da eine solche Stellung in der Regel freie Kost und Logis einschloss. Und sie bot dem zielbewussten jungen Musiker und Komponisten allerbeste Zukunftsaussichten: Was ihr an Prestige gefehlt haben mag, glich sie aus durch die Möglichkeit, mit hochgestellten Vertretern des Klerus in Kontakt und – mehr noch – in die kollegiale Intimität gemeinsamen Musizierens zu kommen.

Zumindest in immaterieller Hinsicht lässt es Graf Thurn nicht an greif- und sichtbarer Wertschätzung fehlen. So lässt er sich zusammen mit Leopold und seinem Orgelbauer Egedacher malen. Für die empfangenen Gnaden revanchiert sich Leopold postwendend in ebenso diplomatischer wie karrierefördernder Weise: Er widmet sein eigenhändig in Kupfer gestochenes Opus 1 seinem Brotherrn, von dem er sich klugerweise Werkzeug und Material für den Stich hat bezahlen lassen: die »Sonate sei da chiesa e da camera«, sechs Streicher-Triosonaten für Kirche und Kammer, also für den Salon. Das bedeutete, dass die Stücke damit gleichermaßen tauglich für den Einsatz im geistlichen wie im weltlichen Zusammenhang sein sollten. Daneben komponiert er Kirchenmusik auf eigene Rechnung.

Damit empfiehlt Leopold sich für den musikalischen Einsatz überall dort, wo dieser bei Hof gebraucht werden könnte. Auch in anderer Hinsicht hat Leopold sich in seinen drei ersten Salzburger Jahren neu erfunden: Aus dem altersbedingt etwas kantigen halbwüchsigen Handwerkersohn ist ein hübscher, zwar untersetzter, aber gerade gewachsener, redegewandter, geselliger und offenbar sympathischer junger Mann geworden. Er versteht die Menschen mit seiner Klugheit und Freundlichkeit in seinen Bann zu ziehen und zu Freunden zu machen. Einige dieser Freundschaften wie die mit den Hagenauers – den Besitzern von Mozarts erster Familienwohnung – halten ein Leben lang so gut, dass Leopold sie auf die nächste Generation vererben kann.

Ein begabter, gut aussehender Jüngling mit Manieren, der da, wo es angemessen war, auch dirigieren, also diplomatisch geschickt führen konnte, musste auffallen und sich für Höheres qualifizieren. »Höheres«, wie es Leopold Mozart vorschwebte: Das war ein Posten in der fürsterzbischöflichen Hofmusik, die im ganzen katholischen Europa einen hervorragenden Ruf genoss.

Fürsten und Bischöfe, Perücken und Pompadours – Salzburg im Barock

Die Stadt, in der Leopold Mozart sich nun zu etablieren begann, hatte nur halb so viele Einwohner wie Augsburg. Aber Salzburg hatte mit Augsburg neben dem Status als reichsunmittelbarer Bischofssitz noch eines gemeinsam: ein altchristliches Fundament, das bis in die Antike zurückreichte. In der Zeit der Cäsaren beherbergte Salzburg, die Sperre des strategisch wichtigen Salzachtals und seiner Verkehrswege, die römische Garnison und Gemeinde »Municipium Claudium Iuvavum«. Zug um Zug geriet Iuvavum wie so viele römische Siedlungen in den Bannkreis des Christentums. Um 450, kurz vor dem Ende des Weströmischen Reiches, soll es in Iuvavum eine Christengemeinde mit zwei Kirchen und einem Kloster gegeben haben. Als erster Bischof ist 696 Rupert belegt. Er gründete in Salzburg mit dem Kloster Nonnberg das weltweit älteste ununterbrochen bestehende christliche Frauenkloster und das älteste heute noch bestehende Benediktinerkloster des deutschen Sprachgebiets. Die Benediktiner sind also schon über 1000 Jahre in der Stadt, als Leopold Mozart 1737 ihrem Ruf folgt.

St. Ruperts Kathedra steht in der Kirche St. Peter, die Brände und Kriege mehrfach zerstörten und deren Nachfolger 1598 dem Bau des Domes St. Rupert und Virgil mit seiner marmornen Westfassade weichen musste. Eine ununterbrochene Reihe von Bischöfen ist seit dem 7. Jahrhundert in Salzburg überliefert. 1077 begann Erzbischof Gebhard von Werfen mit der Befestigung des steilen Stadtberges. Seine bis heute teilweise erhaltenen Konstruktionen waren der Grundstein für die Festung Hohensalzburg, ein verlässlicher Garant der erzbischöflichen Macht und der politischen Stabilität sowie eine der größten Burgen des deutschen Sprachraums. Im 14. Jahrhundert griffen die Erzbischöfe zusätzlich nach der weltlichen Macht und nannten sich seitdem Fürsterzbischöfe. Die Kirchenprovinz umschloss mitsamt ihren von Salzburg abhängigen Suffraganbistümern zeitweise das gesamte altbairische Stammesgebiet – den Großteil des heutigen Österreich und Altbayern, das heutige Südtirol und Trentino –, weite Teile Ungarns, Tschechiens, Sloweniens und der Slowakei. Salzburg war damit zeitweise die zweitgrößte Diözese der Welt. »Den halben Papst« nannte Papst Pius IX. den Salzburger Erzbischof.

Solche Macht und Würde, solcher Reichtum ist bis ins 16. Jahrhundert dem Uradel vorbehalten. Dessen Namen sind in die Amtschronik reichhaltig eingeschrieben: die Lodron und die Harrach, die Babenberger und die Wittelsbacher, die Thun-Hohenstein, die Starhemberg – schließlich die Colloredo, die später für die Familie Mozart eine so schicksalhafte Rolle spielen sollten. Das Domkapitel wählte unter den hochgeborenen Bewerbern den, der sich bei den politischen Gewaltigen des Reiches am besten durchsetzen ließ, sie am mächtigsten vor dem Hohen Stuhl in Rom vertrat und sich ihren eigenen Interessen am besten anpasste.

Eberhard von Regensberg zum Beispiel, der 1200 die Kathedra bestieg und mit 46 Regentschaftsjahren der »dienstälteste« Salzburger Fürsterzbischof ist. Sein geschicktes und erfolgreiches Agieren zwischen Reich und Heiligem Stuhl konsolidierte das Territorium des Stiftes und leitete eine jahrhundertelange Blütezeit und die politische Loslösung vom bayerischen Herzog ein. Man schreibt ihm die Errichtung der ersten hölzernen Salzachbrücke zu.

Ein Schwabe aus ursprünglich bürgerlichem Hause ist im 16. Jahrhundert, dem Jahrhundert der Reformation, dabei: Matthäus Lang, der gnadenlose Verfolger der Protestanten und Herr von Schloss Wellenburg, das unweit von Leitershofen am westlichen Augsburger Stadtrand liegt und später in Fuggerschen Besitz übergehen soll. Salzburg zählt damals etwa 5000 Bewohner. Lang von Wellenburgs Weg in die Salzburger Bischofsfestung Hohensalzburg führt über den Diplomatendienst bei Maximilian, dem »Letzten Ritter« auf dem Römischen Kaiserthron, und ein Bischofsamt im kärtnerischen Suffraganbistum Gurk. Dem Salzburger Domkapitel ist er also kein Unbekannter. Erfolgreich schlägt er die Schlachten der Bauernkriege, die zum persönlichen Überlebenskampf werden sollten: ein Heer aus Pinzgauer Bauern und unzufriedenen Salzburger Bürgern belagert ihn drei Monate lang in der Salzburger Festung, bis der bayerische Herzog Ludwig die Aufständischen zum Abzug bewegt.

Die Wirren der Frühen Neuzeit zehren am Salzburger Wohlstand – und mehr noch der Größenwahn des Erzbischofs Wolf Dietrich von Raitenau, des »Wolfs im Purpur«, wie er später genannt wurde. Weite Teile der Stadt lässt er in Schutt legen, um Salzburg noch schöner neu erstehen zu lassen. Seine Baubegeisterung gibt der Stadt das heutige barocke Gepräge mit der fürsterzbischöflichen Residenz und dem Dom, dessen Fertigstellung er nicht mehr erlebte, sowie am damals noch dörflichen östlichen Salzachufer dem Schloss Altenau, dem späteren Mirabell. Er engagiert italienische Baumeister und Stadtplaner, die in jahrelanger Arbeit nicht nur in der Altstadt wirken, sondern unter seinen Nachfolgern auch die modernen Befestigungswerke und das Straßenraster der späteren Neustadt entwerfen. Das inzwischen auf etwa 9000 Einwohner angewachsene Salzburg wird zur ersten barocken Residenzstadt nördlich der Alpen und damit zum städtebaulichen Vorbild im ganzen Reich. Altenau lässt er als Lustschloss für Salome Alt, seine Geliebte und Mutter seiner 15 Kinder, in die Neustadt setzen. Mit seinen Gärten nimmt Schloss Altenau ein gutes Drittel des neu gewonnenen Stadtareals ein, ein zweites Drittel die St. Sebastians-Kirche direkt im Schatten des Nonnbergs mit dem Kirchhof und den umliegenden Gärten – später die Pfarrkirche und Grabstätte Leopold Mozarts.

Die 22-jährige produktive Nicht-Ehe mit der Kaufmannstochter Salome verübeln die Salzburger der damaligen Zeit ihrem Oberhirten übrigens nicht erkennbar. Sie nehmen keinen Anstoß daran, dass er »in solchem schönen Gepeu [Gebäude] mit den Seinigen etc. sich oftmals belustigt und vilmals sowohl abends als morgens die malzeiten daselbst genossen und allerlei ehrliche freudenspiel und kurzweil darinnen getrieben«. Demnach tat es der Ehre eines eigentlich zur Keuschheit verpflichteten Würdenträgers keinen Abbruch, wenn er nicht nur Kinder in großer Zahl zeugte, sondern sich sogar öffentlich zu ihnen bekannte.

Erst ein Zollstreit mit dem bayerischen Herzog führt zu Gewalttätigkeiten und zu Wolf Dietrichs Absetzung und Gefangennahme. Seine letzten sechs Lebensjahre verbringt er fern seiner Geliebten in strenger Einzelhaft in der Fürstenstube der Festung Hohensalzburg. Seine Barbiere Johannes Strauß und Adam Stainer dürfen ihn besuchen und mit ihm sprechen und überliefern Wolf Dietrichs Reue und seinen Wunsch, »nur seine geliebten Kinder um sich zu haben« – ein Wunsch, dessen Erfüllung Wolf Dietrich nicht mehr erleben soll. Seine Grablege auf dem Salzburger Sebastiansfriedhof, von ihm noch persönlich geplant, ist eines der grandiosesten Mausoleen Mitteleuropas: Nicht viel weniger als zehn Meter hoch und mit strahlend blauen, weißen und gelben geometrischen Fayencen gefliest. Selbst im Tode noch bejahte dieser Barockfürst das Leben. Einen Steinwurf entfernt liegen die Gräber von Leopold Mozart und dessen Schwiegertochter Constanze.

Nach der Absetzung Wolf Dietrichs vertreibt dessen Nachfolger Markus Sittikus von Hohenems die hochfürstlich-bürgerliche Großfamilie aus Schloss Altenau und benennt das Gebäude um in Mirabell, um die Erinnerung an seinen Vorgänger zu tilgen. Markus Sittikus selbst vermeidet es, das Schloss zu betreten. Er interessiert sich mehr für das ebene Schwemmland salzachaufwärts am östlichen Ufer jenseits der Höhenriegel von Nonnberg, Festungsberg und Mönchsberg. Bis heute ist die Gegend ein wahrer Gottesgarten mit seinen Parks und Schlössern dicht an dicht – Sommerresidenzen des Salzburger Adels und der begüterten Kaufmannschaft. Das manieristische Schloss Hellbrunn, vom Lyriker Georg Trakl besungen, dem hier »die Schatten lange Verstorbener, die Schatten der Kirchenfürsten, edler Frauen« erschienen. Das Wasserschloss Anif, die spätere Residenz der Bischöfe des Salzburger Suffraganbistums Chiemsee, und viele kleine Ansitze entlang der fast eine halbe Meile langen Hellbrunner Allee, die Markus Sittikus trassieren ließ – neben der Altstadt im Urteil des Kunsthistorikers Hans Sedlmayr »mit ihrem im Großen und Ganzen noch intakten Bestand mächtiger alter Bäume, daran aufgereiht die einzigartige Kette von Schlössern und Schlösschen schlechterdings das Wertvollste, was Salzburg überhaupt besitzt«.

Markus Sittikus' Nachfolger Paris von Lodron macht Mirabell wieder zum Fürstensitz. Im Dreißigjährigen Krieg glückt Lodron eine neutrale Politik zwischen den Machtblöcken. Dies erspart seiner Residenzstadt das traurige Schicksal Augsburgs oder anderer bedeutender Städte von Besetzung, Plünderung, Brandschatzung bis hin zur völligen Zerstörung. Zusammen mit Markus Sittikus legt Lodron den Grundstein für die Salzburger Universität, die heute seinen Namen trägt – Leopold Mozarts Alma Mater.

Die Verantwortung für Lehre und Verwaltung legt Lodron in die Hände des Benediktinerordens – kaum anders als die Jesuiten mächtige und zuverlässige Soldaten des Glaubens im Dienste der Priesterausbildung und der Gegenreformation. Die Gegenreformation war aus der Sicht des Klerus dringend geboten. Denn wer heute durch das Salzburger Land reist und in fast jedem Dorf ein Zwiebeltürmchen aus den Bäumen hervorragen sieht, kann sich kaum vorstellen, dass vor 400 Jahren weite Teile der bäuerlichen Bevölkerung protestantisch waren – trotz der »Bemühungen« von Matthäus Lang von Wellenburg und seinen Nachfolgern, denen es zwar gelang, den römischen Glauben in der Stadt Salzburg brachial durchzusetzen, die aber auf dem Lande scheiterten. Erst das Salzburger Emigrationspatent von Erzbischof Leopold Anton von Firmian, Leopold Mozarts erstem Dienstherrn, aus dem Jahr 1731 setzte einen gewaltsamen Schlussstrich: Ungefähr 20 000 Protestanten aus dem gesamten Erzbistum, fast ein Zehntel der Bevölkerung, hatten – manche buchstäblich Hals über Kopf – ihre wichtigsten Habseligkeiten zu packen und das Land zu verlassen: faktisch ein Massenmord an 4000 bis 5000 Menschen, die die Strapazen der winterlichen Märsche nicht überlebten, ein Bruch der Reichsgesetze, denn Vorschrift war, den Glaubensfremden zur geordneten Emigration Zeit zu geben, ein wirtschaftlicher Dämpfer für das Erzbistum und ein aufwühlender politisch-humanitärer Skandal – der erste in der Epoche der deutschen Aufklärung, die ihn in Streitschriften kritisierte und dem Goethe in »Hermann und Dorothea« ein literarisches Denkmal setzte.

Firmian machte sich verdient um die Salzburger Architektur: Die Schlösser Leopoldskron und Kleßheim verdanken ihm ihre heutige Gestalt oder überhaupt ihre bloße Existenz. Zuvor aber durfte der größte Baumeister des österreichischen Barock die »Mutter Kirche« und das gesamte Bild der Stadt mit spektakulären Bauten verherrlichen: Johann Bernhard Fischer von Erlach, der Schöpfer von Schloss Schönbrunn, das viel später die Familie Mozart von innen kennenlernen sollte. Fischer schuf in Salzburg vor allem und für die Mozarts bedeutsam die Kollegienkirche neben der Universität, direkt hinter der ersten mozartschen Familienwohnung in der Getreidegasse gelegen, und die Dreifaltigkeitskirche am Hannibalplatz, deren nahen Stundenschlag viel später noch der sterbende Leopold auf dem Totenbett hörte.

Als Leopold Mozart 1737 die Bühne Salzburg betritt, sitzt Leopold Anton von Firmian seit zehn Jahren auf der Kathedra im Dom. Auch Firmian ist, wie viele Barockfürsten, ein Förderer der Künste. Eine Hofmusik gehört dazu. Welche Musikerpositionen waren an einem barocken Hof aber zu vergeben? Und was konkret versprachen sie einem Anwärter?

Die Aussicht auf eine repräsentative Musikerstelle bei Hof geht also in Leopolds Kopf herum, als er sein Studium abbricht und 1740 in Thurn-Valsassina'sche Dienste tritt. Und spätestens 1743 ist es so weit, dass ein Lakai ihm die Tür zum fürsterzbischöflichen Audienzsaal mit seinem spektakulären Blick auf die marmorne Westfassade des Doms öffnet.

Ihm, dem Handwerkersohn aus dem schwäbischen Kleinbürgertum. Das Herz mag Leopold bis zum Halse geklopft haben, als er dem Mann gegenübertritt, den er bisher nur von fern im vollen Ornat beim Hochamt im Dom sehen konnte. Eine scharlachrote Soutane dürfte Firmian getragen haben, verziert mit einem silbernen Kruzifix. Er gilt als liebenswürdig und zugänglich, aber das macht die Sache für Leopold nicht einfacher, denn umso wichtiger ist es, sich weltmännisch-gewandt zu präsentieren. Vermutlich hat Leopold seine champagnerfarbene thurnsche Livree sorgfältig gebürstet und ausgiebig seine Haltung und den obligaten höfischen Diener vor dem Spiegel geprobt, vielleicht auch geistreiche Sätze eingeübt, wie sie damals zu einer »höf«-lichen Konversation gehörten.

Die Sätze und Gesten verfangen, Leopold hat die Stelle. Natürlich unterschreibt nicht der Fürst persönlich seinen Vertrag. Die Hofkapelle ist eine untergeordnete und bei Hof nicht sonderlich angesehene Abteilung und dem Küchenmeister unterstellt, der seinerseits dem Obersthofmeister gehorchen muss. Als Exspectant (Anwärter) erhält Leopold noch kein Geld, sondern ausschließlich Naturalien und, so ist zu vermuten, freie Kost und Logis, sobald er bei Thurn nicht mehr wohnen kann. Dass er vertretungsweise im Kapellhaus, dem salzburgischen Musikinternat, unterrichtet, hilft sicher.

Aus dem Exspectanten wird 1743 ein Vierter Violinist – von sechs! –, und als solcher ist Leopold im jährlichen Hofkalender aufgeführt. Auch diese Auszeichnung scheint noch nicht mit einem Honorar verbunden zu sein. Denn dazu muss erst einmal eine bezahlte Planstelle frei werden – was meist erst nach dem Ableben eines Titulars geschieht –, und danach muss eine quälend langsame Bürokratie die nötigen Mittel freigeben. Es dürfte nicht förderlich gewesen sein, dass Firmian 1744 stirbt und erst im Folgejahr sein Nachfolger Jakob Ernst Graf von Liechtenstein die Kathedra besteigt. Liechtensteins Unterschrift steht 1746 unter der Urkunde, die Leopold endlich eine mit fünf Gulden monatlich bezahlte Exspectanz »auf die anderne vakante Violinistenstell« bestätigt. Ab diesem Zeitpunkt geht es flotter aufwärts: Das nächste halbe Jahr bringt mit 132 Gulden jährlich mehr als das Doppelte. Seine Kompositionen finden höheren Ortes Beifall, so seine verschollene Passionskantate »Christus verurteilt« – der Fürsterzbischof persönlich ordnet ihre Aufführung an. Und das Folgejahr führt neben dem Titel eines »Hof- und Cammer-Componisten« nahezu eine erneute Verdoppelung des Gehalts auf 240 Gulden im Jahr mit sich. 240 Gulden, das war die Löhnung eines guten Handwerksgesellen. Immer noch nicht viel, aber verglichen mit dem Fastnichts von vor zwei Jahren, ist es eine Menge. Wie mag es sich angefühlt haben für den nicht mehr ganz jungen Mann, die Besoldungsurkunden in Händen zu halten und die Anerkennung seiner Dienste in stetig wachsende klingende Münze ausgedrückt zu sehen?

Rechnen wir mit ein, dass freie Kost und Logis zur »Violinistenstell« zählen, dürfen wir den Leopold des Jahres 1747 erstmals zu den Etablierten zählen. Seine Träume und Spekulationen greifen noch höher: nach dem Amt des Vizekapellmeisters, die traditionelle Warteposition für die Stelle des Kapellmeisters. Ein Vizekapellmeister hat neben musikalischen noch administrative Aufgaben, während ein Kapellmeister in erster Linie repräsentiert. »Wälsche«, Italiener, nehmen in Deutschland viele dieser Repräsentationsämter ein. Der Italiener Giuseppe Lolli »be-sitzt« den Posten des Vize, er wird 1762 in den Kapellmeisterrang aufrücken und diesen zwar bis an sein Lebensende 1778 behaupten, aber immerhin Platz für den Stellvertreter Leopold machen. Im Orchester geht es für Leopold langsam, aber stetig aufwärts: 1758 ist er Zweiter Violinist. Den einflussreichen Konzertmeisterposten wird er nie bekleiden.

Der Aufstieg Leopolds und der Mozarts als künstlerische »Compagnie« fällt in die Regierungszeit Sigismund III. Christoph Graf von Schrattenbach, die 1753 begann und 1771 endete. Als typischer Rokokofürst der Voraufklärungszeit liebt er Pomp und Repräsentation, auch wenn es wirtschaftlich nicht zum Besten steht mit dem Stiftsland. Dafür ist er in religiösen Angelegenheiten tolerant und bequem und nimmt es auch mit der Seelsorge nicht allzu genau – nicht mehr jedenfalls als mit den Finanzen. Schrattenbach leistet sich eine hoch angesehene Hofmusik, deren Kompositionen – neben denen Leopold Mozarts zum Beispiel die von Michael Haydn, dem jüngeren Bruder des großen Joseph Haydn – die Zeiten überdauern sollen.

Auch wenn Schrattenbach im Ruf der Toleranz steht, heißt das nicht, dass jeder in seinem Land tun oder auch nur denken durfte, was er wollte. Wie überall im feudalen Reich fand auch in Salzburg eine Zensur statt. Da weltliche und geistliche Unbotmäßigkeit noch nicht streng unterschieden wurden (wer ein Ketzer war, konnte aus damaliger Sicht leicht auch gegen die weltliche Autorität aufbegehren und umgekehrt), war die Kirche zuständig für die Zensur. In Salzburg übte der Geistliche Rat die Zensur aus. Ein aus der Zeit vor dem Dreißigjährigen Krieg stammendes »Generalmandat« stellte den Besitz verbotener Bücher unter Strafe und forderte die Besitzer auf, solche Schriften beim Ortspfarrer abzugeben. Von ihnen dürfte in den Jahren nach dem Emigrationspatent allerlei in den Kammern und auf den Dachböden heimlich protestantisch gebliebener Bauern gestanden haben – versteckt vor den Visitationen der Ordnungshüter und im Verborgenen gelesen von denen, die lesen konnten. Denn noch immer gab es Protestanten im Erzstift, die im Geheimen ihre Gottesdienste feierten. Unter laufender Beobachtung stand auch die Presse, obwohl die Auflagen selbst der wichtigsten Zeitungen äußerst bescheiden waren. In der Zeit vor 1784, dem Gründungsjahr von Lorenz Hübners in ganz Deutschland bekanntem »Salzburger Intelligenzblatt«[6] – zu dem Fürsterzbischof Colloredo den aufklärerischen Impuls gab –, lag das Augenmerk der Zensoren auf importierten Blättern. Auch musste jeder Untertan damit rechnen, dass die Geistlichen Herren auch seine private Korrespondenz mitlasen und unter Umständen zu repressiven Konsequenzen griffen: von der Vorladung und Ermahnung bis hin zur Geldbuße oder in extremen Fällen sogar zur Haft. Wenn ein hoher Herr Gegenstand kritischer Korrespondenz war, wurde ihm manchmal das Schriftstück persönlich vorgelegt. Diese Praxis sollten sich die Mozarts später zunutze machen, um ihrem Dienstherrn Dinge mitzuteilen, die sie ihm nie ins Gesicht hätten sagen können.

Denn Haltung war alles an den Höfen. Zu dieser Haltung gehörten neben der Kenntnis von Zeremoniell und Konvention gelassene Gewandtheit und eine eiserne Selbstkontrolle. Darin drückte sich noch der jahrhundertealte ritterliche Ehrenkodex aus: Nur wer ritterlich war, wer zeigen konnte, dass er dazugehörte, wer den Gefahren des militärischen Gefechts und des körperlichen oder auch nur des verbalen Streites Mann gegen Mann gewachsen war, verdiente die Privilegien seines Standes. Das aufkommende Bürgertum hatte diesen Komment zunächst wie selbstverständlich zu übernehmen. Das änderte vorderhand nichts daran, dass Bürgerliche Subjekte waren, Untertanen, denen von Standes wegen keine Gleichberechtigung zustand. Sie hatten zu »dienern« und sich sprungbereit im Hintergrund zu halten, bis sie gefragt wurden.

Das ist nun die Welt des Aufklärers Leopold Mozart und die Haltung, die sein Dienst von ihm erwartet. Dem Sohn der bürgerlich-patrizisch geprägten Reichsstadt ist diese Haltung, wie seine Briefe zeigen, nicht leichtgefallen. Mit seinem scharfen Verstand dürfte er mehr als einmal erkannt haben, wie hoffnungslos unterlegen hochmögende Gesprächspartner, von deren Gunst und Gnade seine Pläne abhingen, ihm geistig waren. Mal konnte er sich witzig-satirisch darüber erheben, mal mag er in ohnmächtiger Wut seine Faust in der Tasche geballt haben – symbolisch gesprochen, denn die Hände eines Lakaien gehörten in Gegenwart des »Serenissimus«, des regierenden Fürsten, nicht in die Taschen. Die Taschen eines Livree-Rockes – wenn er denn welche hatte – blieben zugeknöpft, allzu leicht hätte sich irgendein Leckerbissen von der Tafel, ein Stück aus der Konfektschale oder ein prächtiger kleiner Gegenstand hier hinein »verirren« können.

Denn was ein untergeordneter Hofbediensteter als Lohn beanspruchen durfte, war ja nur wenig mehr als ein Taschengeld. Bis heute stehen adelige Höfe Europas wie etwa der der britischen Windsors in dem Ruf, dort gebe es mehr zu dienen als zu verdienen.

Ein Lakai im Wien der Rokokozeit konnte froh sein, wenn er fünfzig Gulden jährlich verdiente. Das waren nach heutiger Kaufkraft bei aller Vorsicht mit solchen Vergleichen weniger als 1000 Euro. Derartige Löhnungen waren nur möglich, weil freie Kost und Logis in der Residenz oder in einem Nebengebäude hinzukamen sowie – mal lebensnotwendige, mal skurril anmutende – Naturalleistungen wie kostenloses Brennholz, Waisen-, Stiefel-, Mantel-, Möbel- oder Kerzenzulagen. Gern wurde in diese Leistungen hineingepackt, was der Hof zu günstigen Selbstkosten produzierte oder sonst wie erübrigen konnte. So findet sich 1763 in Leopolds Vizekapellmeisterbesoldung von jährlich 400 Gulden ein zusätzliches Wein- und Brotdeputat im Wert von 96 Gulden, das den Gesamtwert seiner Bezüge um immerhin fast ein Viertel aufstockte. Erfahrene Diener wussten, wo und wie sie sich solche Zulagen erbetteln oder erschleichen konnten, und werden sicherlich auch dann und wann lukrativen Handel mit derartigen Naturalien getrieben haben.

Die Livree oder Diener-Uniform stand dabei sicherlich nicht als Handelsobjekt zur Disposition. Sie diente – wie alle Uniformen – dazu, die Zugehörigkeit einer Person zu einem Haus in repräsentativer Weise zur Schau zu stellen. Wer bei seinen öffentlichen Auftritten mehr Uniformierte an seiner Seite hatte, war offensichtlich wohlhabender und mächtiger und konnte für sich selbst mehr Geltung beanspruchen. Auch die Fürsten jener Zeit – mit Ausnahme der geistlichen wie Firmian – gefielen sich in Uniform am besten.

Eine Alternative zur Livree bot der Zivilrock mit der »Culotte« genannten Kniebundhose. Rock und Culotte waren nur die glänzende Außenhaut einer wie Zwiebelschalen übereinandergeschichteten Herrentracht, wie Leopold und seine Zeitgenossen sie Tag für Tag anlegten. Über das weiße, fast knielange Leinenhemd mit weitem Halsausschnitt und Volants aus gleichem Stoff oder aus Batist an Ärmeln und Hals zog man – das heißt für vornehme Menschen: zogen Leibdiener – die farblich auf Rock und Culotte abgestimmte hochgeschlossene Weste. Diese gab dem Volant des Halsausschnittes und der ganzen Männerbrust ihre Fasson. Ein kleiner Wäscheknopf hielt den Hemdkragen zusammen, über den eine gestärkte weiße, im Nacken gebundene Halsbinde gelegt wurde. Die losen Enden der Halsbinde bedeckte der Zopf der Perücke, den ein breites geschlungenes Samtband bändigte und schmückte.

Weiße oder champagnerfarbene Woll- oder Seidenstrümpfe umschlossen die Unterschenkel. Sie reichten bis über die Knie hinauf und wurden von den geknöpften Kniebündchen der Culotte am Herabrutschen gehindert. Die Culotte konnte aus Seide oder Samt sein, zur Jagd trug der Herr lederne Culottes, nicht unähnlich den Lederhosen der heutigen österreichisch-bayerischen Gebirgstracht. Wie diese wurde die Culotte durch einen Hosenlatz verschlossen, der über einen hohen, geknöpften Bund hinaufgeklappt wurde. Die Hosentaschen wurden ebenfalls mit Knöpfen verschlossen und lagen unmittelbar neben dem Hosenlatz. Wenn sie nicht leer waren, müssen sie beim Sitzen einen ziemlichen Druck auf empfindliche Körperteile ausgeübt haben.

Eine Perücke aus Ross- oder Ziegenhaar oder aus Hanf und Flachs musste damals jeder tragen, der auf sich hielt. Sie kaschierte bei Bedarf kahle Schädel – sichtbares Anzeichen der Syphilis oder ihrer brachialen Behandlung mit Quecksilber – und hielt in zugigen Palästen schön warm. Bessergestellte hatten ihre Perücke vor dem Ausgehen mit Mehl zu pudern, was ihr einen »würdigen« Grauton gab. Ein knielanger, offen getragener und mit zahlreichen Zierknöpfen dekorierter Rock – gerne in der Farbe der Weste – vervollständigte den Aufzug des Herrn von Welt, über den je nach Wetter und beabsichtigter Tätigkeit ein langer Mantel gezogen wurde. Den Hut trug er möglichst unter dem Arm, um nicht beim »Dienern« vor erlauchten Persönlichkeiten – das beim Gang durch die Straßen häufig erforderlich war – den Sitz der Perücke zu gefährden.

Denn »Dienern« war das Gebot der Zeit im Heiligen Römischen Reich Deutscher Nation. Da galt es zu katzbuckeln und schönzutun – nicht allein dem »Serenissimus«, sondern auch den Hofschranzen und den einflussreichen Bediensteten, und manch ein kleines oder größeres Geldstück mag verstohlen von Hand zu Hand gegangen sein, wenn es darauf ankam, sich Zutritt zu den Mächtigen zu verschaffen zu ungewöhnlichen Zeiten oder an ungewöhnlichem Ort. Denn es galt, jederzeit bereit zu sein. Viele schicksalhafte Entscheidungen entsprangen momentaner Laune und Gunst oder Ungunst der Höhergestellten. Finanzielle Zuwendungen, Beförderungen, Genehmigungen mussten – ob sie nun dem Subjekt von Rechts wegen zustanden oder nicht – erbeten und erbettelt werden. So fleht ein anderer großer europäischer Musiker, Claudio Monteverdi, die Herzogin von Mantua, Caterina Medici Gonzaga, um die Unterstützung einer Bewerbung seines Sohnes an: »Ich weiß, dass Eure Hoheit von Natur aus eine Fürstin von grenzenloser Menschlichkeit gegenüber jedem sind ..., insbesondere gegenüber einem – wenn auch äußerst geringen – Diener, wie ich es bin. Deshalb brannte ich darauf, Eure Hoheit inständig, von ganzem Herzen und mit der demütigsten Ehrerbietung, deren ich fähig bin, zu bitten, dass Ihr, um meinen Sohn... zu empfehlen, an den genannten Kardinal Montalto zu schreiben geruht.« Wenn der Bittsteller überzeugend genug an die Herrlichkeit und grenzenlose Macht des Herrn appelliert hatte, durfte er hoffen, dass dieser »gnädiglich« das Verlangte gewährte. »Gnade« – dieser weltliche Verwandte der göttlichen Huld, unterstreicht die absolute Unterwerfung des Gnadebedürftigen unter die Autoritätsperson und gleichzeitig deren absolute Autonomie und Unabhängigkeit von Gesetz und Moral. Kein Wunder, dass die Aufklärer gegen den Gnadenbegriff revoltierten, denn dieser bestreitet jegliches Recht des »Begnadeten« auf das, was dieser fordert oder benötigt oder was ihm als Menschen im Sinne des Naturrechts zusteht. Vom

»Ersäufen des Rechts im Mistloch der Gnade« spricht einmal der Schweizer Reformpädagoge Johann Heinrich Pestalozzi. Auch Leopold Mozart mit seinem ausgeprägten Sinn für Recht und Gerechtigkeit dürfte es nicht immer leichtgefallen sein, an fürstliche Gnaden zu appellieren, wenn er es auch ausgiebig tat – zum Beispiel um bezahlten Sonderurlaub für seine Touren und Tourneen mit seiner begabten Familie herauszuschlagen.

Die Gnade ist das günstige Gegenstück der Willkür, gegen die als den Feind des postulierten Naturrechts sich die Aufklärung ganz besonders wendete. Ein Opfer solcher fürstlichen Willkür war Leopold Mozarts Gegenschwiegervater Franz Fridolin Weber, der Stammherr der »Weberischen«, die Leopold Mozart fürchten und hassen lernen sollte. Webers Vater, ursprünglich als Hauslehrer des siebenjährigen Franz Ignaz Ludwig Freiherr von Schönau im südbadischen Zell im Wiesental eingestellt, machte als Amtmann Karriere und lieh seinem dauerklammen Dienstherrn wiederholt Geld. Bis zu 4700 Gulden sollen die Freiherren von Schönau ihrem Bediensteten geschuldet haben – eine Summe, von der zehn bürgerliche Familien ein Jahr lang gut leben konnten. Als Franz Ignaz Ludwig die Nachfolge seines Vaters übernahm, brach er einen erbitterten Streit mit den Weberischen vom Zaun. Dieser eskalierte 1738, als auch die Mutter des alten Freiherrn starb, die offenbar schützend die Hand über den Amtmann gehalten hatte, da sie sich ihm persönlich verpflichtet fühlte. Weber wurde entlassen. Nach jahrelangen Prozessen musste Franz Ignaz Ludwig seinen früheren Lehrer für den Amtsverlust entschädigen.

Die Familienfehde war damit für die Weberischen noch längst nicht ausgestanden, die Schulden standen weiter in den Büchern. Der junge Freiherr setzte zwar auch Franz Fridolin junior als Amtmann ein, ersparte aber seinem Gläubiger keinen Winkelzug und keine Niedertracht, zwang ihn zur Manipulation der Buchhaltung, um ihn anschließend zu erpressen, drängte auch ihn aus dem Amt, verglich sich vor Gericht, versprach beträchtliche Zahlungen, ohne sie zu leisten, und schröpfte ihn stattdessen unverdrossen weiter bis fast zum Ruin. In diese Zeit äußerster Not und Unsicherheit hinein wurde am 5. Februar 1762 Franz Fridolins dritte Tochter und Wolfgang Amadés spätere Ehefrau Constanze geboren. Wie hart mag eine derartige Kindheit Menschen wie Constanze gemacht haben?

Wenig später gab Franz Fridolin Weber seinen Amtmannsposten »freiwillig« auf und verzog unter Hinterlassung von uneinbringlichen Außenständen in Höhe von mehreren Tausend Gulden nach Mannheim, der Heimatstadt seiner Frau Maria Cäcilia Cordula Stamm, wo die Weberischen und die Mozarts 1777 einander kennenlernten. Dort schlug sich der musikalische Weber am kurfürstlich wittelsbachischen Hoftheater als Kontrabassist, Souffleur und Notenkopist durch, bis 1777 Kurfürst Carl Theodor die Erbfolge der ausgestorbenen bayerischen Wittelsbacher antrat und Residenz und Hofstaat nach München umzogen – und mit ihm Franz Fridolin Weber und seine Familie.

In Ungnade bei Höhergestellten zu stehen konnte dramatische Folgen haben – ganz unabhängig davon, ob man im Recht war. Im statusbesessenen Rokoko musste daher jeder – auch ein Franz Fridolin Weber, auch ein Mozart – wissen, wer über ihm stand und wer unter ihm, und musste dieses Bewusstsein in Benehmen und Worten ausdrücken können. Die Beziehungen zwischen den Ständen hatten gleichzeitig etwas, das heute durchaus familiär anmutet und sich in Begriffen wie »Landesvater« oder »Landeskinder« ausdrückte. Ein Subjekt hatte seinen Dienstherrn um Erlaubnis zu fragen für private personenstandsrechtliche Schritte wie eine Verehelichung oder eine Kündigung des Dienstes. Leopold Mozart holte Schrattenbachs Genehmigung für seine Ehe mit Anna Maria Pertl ein. Und Wolfgang äußerte jahrelang die Sorge, dass seine unerlaubte Entfernung aus salzburgischen Diensten zu seiner

Verhaftung führen könnte, sobald er das Territorium seines Herrn wieder betreten würde.

Ein Gutteil von der Leidenschaft und dem Zorn, mit denen deutsche Intellektuelle jener Zeit um ihre Geltung oder gar um ihren Sonderstatus als »Genies« kämpften, resultiert daraus, dass sie, hochbegabt und gut ausgebildet, in der Hierarchie einen nur untergeordneten Platz als Dienstboten hatten. Generationen junger deutscher Denker und Schriftsteller rieben sich auf an der Diskrepanz zwischen ihren eigenen hochfliegenden Ideen und ihrer materiell und gesellschaftlich dürftigen Wirklichkeit. Franz Fridolin Weber, Wolfgangs Schwiegervater, begann als Hauslehrer und damit als Domestik. Dass er bestellt war, seinen Schützling zu bilden, und die Macht hatte, ihn zu bestrafen, änderte nichts an seinem Status. Sein späterer Gegner Franz Ignaz mag im Gegenteil aus seiner Kinderzeit noch einige »Rechnungen« mit ihm offen gehabt haben. Vor allem aber wird er es nicht in seinen adeligen Kopf hineinbekommen haben, dass sein einstiges Subjekt ihn vor Gericht zu bringen versuchte. Kant und Hölderlin, Johann Peter Hebel und Johann Gottfried Herder schlagen sich für ein paar Jahre als Hauslehrer durchs Leben. Der Goethe-Freund und -Bewunderer Jakob Michael Reinhold Lenz setzte diesem Berufsstand in seiner »Komödie« (so nennt der Autor sarkastisch sein Stück) »Der Hofmeister oder Vortheile der Privaterziehung« ein literarisches Denkmal. Der »Hofmeister« oder Hauslehrer entmannt sich selbst angesichts seiner »unmöglichen« Beziehung zu seiner Schülerin und wird dafür zynisch gelobt.

Nun, Leopold Mozart war kein Genie, sondern eine Art Musikbeamter, und Hofmeisterstand und Selbstkastration blieben ihm erspart. Seine Kinder unterrichtete er allerdings zu Hause, und Wolfgang sah anders als sein Vater auch keine Universität von innen. Und wie jeder professionelle Musiker bemühte Leopold sich zur Aufbesserung seines Salärs um Schüler, zu denen er ins Haus ging oder die zu ihm ins Haus kamen. Dergleichen duldete der Dienstherr in der Regel (sicher oft auch, weil der Musiker dann mit einem geringeren Gehalt auskam), sofern der Musiker seinen übrigen Verpflichtungen nachkam. Diese konnten drückend sein – oder sehr leicht zu bewältigen. Das hing von Repräsentationsbedarf und Temperament des Dienstherrn ab, aber auch von der Kassenlage. Leopolds langjähriger Dienstherr Schrattenbach war zwar wie so viele seiner Kollegen nicht sonderlich generös bei der Entlohnung, aber er gewährte großzügig bezahlten Urlaub, von dem Leopold weidlich Gebrauch machte, um seine Kinder der staunenden Welt in perfekter Haltung als Ausnahmetalente zu präsentieren.[7]

Der äußeren Haltung korrespondierte die immaterielle Ehre. Ehrverlust bedrohte den Wohlstand und nicht selten das wirtschaftliche Überleben eines Mannes und der ihm anvertrauten Familie. Während es für den Ehrverlust eines »Frauenzimmers« nur einen Hauptgrund gab – Zweifel an ihrer Keuschheit oder erwiesene Unkeuschheit in Gestalt lediger Kinder –, konnte die Ehre des Mannes auf vielfache Weise Schaden leiden, im Gegensatz zur weiblichen aber auch wiedergewonnen werden. Als Vormund seines weiblichen Anhangs war er letztlich verantwortlich für dessen Ehre. Die Ehrlosigkeit seiner Töchter, seiner Schwestern – besonders der unverheirateten – oder seiner Ehefrau fiel direkt auf ihn zurück. Zahllose Dramen der Zeit – sowohl auf der Bühne als auch im wirklichen Leben – begannen mit der Entehrung einer Frau und im Gefolge der Ehre ihres Vaters oder Mannes. Demgemäß galt es für Männer, stets auf der Hut zu sein vor den überall beargwöhnten oder tatsächlich berüchtigten Schürzenjägern und gleichzeitig öffentlichkeitswirksam über die »Scham« ihrer Frauen zu wachen. Zu dieser Scham gehörte, nicht provozierend zu sprechen, sondern sich im Gegenteil entrüstet zu geben, wenn die Konversation erotische Dinge und menschliche Verwicklungen darin streifte. Dazu gehörte auch, keinesfalls in kompromittierenden Situationen mit

Männern ertappt zu werden. Zur Schau getragene Frömmigkeit konnte nicht schaden, um der Nachbarschaft den Eindruck der Tugendfestigkeit zu vermitteln. Eine andere Strategie war eine »züchtige« Kleidung und Frisur – die Haare, seit jeher ein erotisches Lockmittel, offen zu tragen, das war ein Privileg der Kinder und der Jungfrauen. Diese »unter die Haube« zu bringen, also »in Züchten« einer guten Versorgungsehe zuzuführen, war eine der wichtigsten Leistungen bürgerlicher Familien. Leopold freite ohne elterliche Unterstützung, und seine Wahl war keine Vernunft-, sondern zweifellos eine Kameradschafts- oder gar Liebesheirat. Sohn Wolfgang wiederum bestand leidenschaftlich auf einer Liebesehe als »Privileg« der nichtadeligen Schichten und lebte diese Forderung selbst.

Enge soziale Kontrolle war in der »ehrbaren« Gesellschaft der späten deutschen Barockzeit allgegenwärtig. Dafür sorgte schon die Tatsache, dass man in der Öffentlichkeit fast nie allein war. Die Straßen wimmelten, verglichen mit heutigen Verhältnissen, geradezu von Leben. Da gab es Kaufleute, die ihre Kunden dienernd auf die Straße begleiteten und nun müßig glotzend auf der Türschwelle verweilten, da gab es lungernde oder Botendienste verrichtende kleine Kinder in Mengen, den Einkauf verrichtete man täglich und zu Fuß, und meist gehörten zwei Personen dazu: die Bürgersfrau und die ihr folgende Hausangestellte, die die gekaufte Ware für sie trug. Beobachter gab es also genug – und genug Anlässe, tuschelnd und kichernd die Ehre der Nachbarin in Zweifel zu ziehen.

Leopold ist in dieser Hinsicht kein Ausnahme-Mann. Auch in seinen Briefen an die Frauen der Familie, also an seine Anna Maria und seine Tochter Nannerl, finden wir diese Mahnungen. Anlässe zur Sorge scheinen ihm die beiden niemals gegeben zu haben – und, was noch viel wichtiger war: Anlässe, diese Ehre handgreiflich zu verteidigen. Bei den waffentragenden Ständen – also bei den Adeligen, Offizieren und Studenten – musste das Duell mit scharfen, also potenziell tödlichen Waffen die Ehre wiederherstellen. Eine Weigerung, sich diesem Ritual zu unterziehen, hätte der Gesellschaft gezeigt: Dem fehlt es an den Tugenden des Mutes und der Standhaftigkeit. Bei den niederen Ständen war eine Tracht Prügel das Mittel der Wahl, der Wut auf denjenigen Luft zu machen, der die Mannesehre in Zweifel zog. Diese wehrhafte Haltung machte Männer in Krisenzeiten berechenbar. Ihnen vertraute man eher, mit ihnen umgab man sich lieber. Ihre Ehre zu verteidigen war also kein bloßes eitles Männerspiel, sondern hatte eine handfeste sozial ordnende Funktion.

Einfache Bürger wie Leopold Mozart waren nicht satisfaktionsfähig. Das bedeutete, sie waren nicht qualifiziert, im Zweikampf ihre Ehre zu verteidigen. Sie demonstrierten in ihrem Milieu Zuverlässigkeit, indem sie ihr Wort gaben und alles daransetzten, es zu halten.

»Das schönste Paar Eheleuthe in Salzburg« – Leopolds und Anna Marias Liebesheirat

1744 – sein Hinauswurf aus der Universität liegt inzwischen vier Jahre zurück – wird Leopold Mozart in die Salzburger Hofmusikkapelle aufgenommen. Zu seinen Obliegenheiten gehört der Violinunterricht, später auch der Klavierunterricht der Kapellhausknaben. Das bringt im Jahr bis zu 300 Gulden. Das Kapellhaus in der Kirchgasse, der heutigen Sigmund-Haffner-Gasse, gestiftet von Fürsterzbischof Wolf Dietrich von Raitenau, war ein Internat, in dem musikbegabte junge Menschen wohnten, denen ein fürsterzbischöfliches Stipendium eine musikalische Ausbildung ermöglichte – das Nachwuchsinstitut für die verschiedenen Salzburger Musik-Ensembles also. Knaben waren es, da das kirchliche Musizieren damals reine Männersache war (sieht man von den Sängerinnen des Musiktheaters einmal ab). Jeder bedeutende Komponist, der in Salzburg gewirkt hat, hat den Zöglingen des Kapellhauses seinen Stempel aufgedrückt, auch Heinrich Ignaz Franz Biber, der große Experimentator des musikalischen Barock, auch Michael Haydn. Aber keiner versah diesen Dienst so lange wie Leopold Mozart. Bis mindestens ins 66. Lebensjahr, also kurz vor seinem Tod, ist er, wie Wolfgang einmal schreibt, »an das verfluchte Capellhaus gebunden«. Die Dienstpläne damaliger Hofbeamter sehen keinen Ruhestand vor.

Umgekehrt prägt der musikalische Umgang mit den jungen Leuten aller Grade der Tüchtigkeit, Begabung und Reife den nicht mehr ganz jungen Musiker. Er scheint in ihm den »Eros des Lehrens« geweckt zu haben: Leopold erfährt erstmals, wie faszinierend es sein kann, ein junges Talent aufblühen zu sehen. Gut möglich, dass die Jahre im Kapellhaus in ihm den Entschluss aufkeimen ließen, eine »Gründliche Violinschule« zu schreiben – einen Plan, den er 1756, im Geburtsjahr seines Sohnes Wolfgang, höchst erfolgreich vollendete. Das, was Leopold wiederum vier Jahre später am größten seiner Schüler – seinem Wolferl – verrichtete, mag im Kapellhaus seinen Ursprung genommen haben.

Finanziell endlich einigermaßen abgesichert, heiratet er am 21. November des Jahres 1747 im Dom Anna Maria Walburga Pertl, Tochter des früh verstorbenen Richters Wolfgang Nikolaus Pertl, gebürtig aus St. Gilgen am Wolfgangsee, vier Meilen oder eine halbe Tagesreise von der Stadt entfernt. Sie lebt allein mit ihrer verwitweten Mutter Eva in Salzburg. Die Trauzeugen sind klug gewählt: Sie üben großen Einfluss auf das Salzburger kirchliche und weltliche Musikleben aus.

Eine neue Anna Maria also tritt in Leopolds Leben. Sie ist nach damaliger bürgerlicher Vorstellung mit knapp 27 schon etwas spät dran mit dem Heiraten und muss dringend unter die Haube. Ihre schwache Gesundheit verschärft die Dringlichkeit einer Versorgung; als »immerdar khrankh ligend« bezeichnet Mutter Eva sie in einem ihrer Bittschreiben an das Salzburger Hofzahlamt.

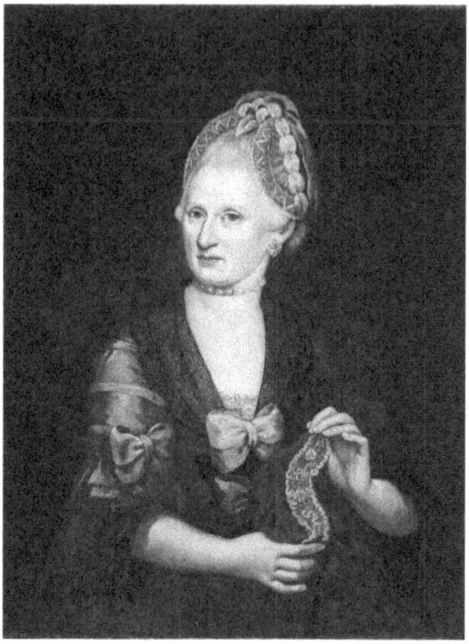

Anna Maria Mozart um 1775. Gemälde von Rosa Hagenauer-Barducci.

Dieser Brief ist eine von vielen »Suppliken« aus Evas Feder an mögliche Gönner. Anna Maria und ihre Mutter, im Besitz lediglich einer kargen Witwenpension, stecken seit Jahren in großen finanziellen Nöten, derer sie sich durch Schneiderarbeiten nur begrenzt erwehren können. Anna Marias Vater Wolfgang Nikolaus Pertl war zwar »ein Redlicher und Ehrlicher Mann«, wie Eva einmal schrieb, in Gelddingen allerdings ein Dilettant. In St. Gilgen hatte er 1718 den Bau eines neuen Pfleghauses, also des Gerichtsgebäudes, in Angriff genommen. Dieser endete in einem finanziellen Debakel. So ist die Familie – neben Eva und Anna Maria gehört noch die ältere Tochter Maria Rosina dazu – schwer verschuldet, als er 1724 stirbt. Eva wird damit schon zum zweiten Mal Witwe – eine der damals so zahlreichen privaten Katastrophen. Vier Jahre später stirbt auch Maria Rosina. Wie die beiden überlebenden Frauen sich im teuren Salzburg durchschlugen, wie es ihnen gelang, ihre Schulden nach und nach loszuwerden und wo Leopold seine Anna Maria kennenlernte, dabei muss uns die Fantasie helfen.

Wen soll ein deutscher Hofmusiker und Handwerkersohn Mitte des 18. Jahrhunderts heiraten? Innerhalb der zünftischen Ordnung, der seine Herkunftsfamilie entstammt, gab es klare Regeln: Ein junger Geselle hielt Ausschau nach einer passenden Handwerkerwitwe, um mit der Eheschließung Werkstatt und Handwerksgerechtigkeit gleichsam zu erben. Gegenseitige Anziehung oder gar Liebe konnte mit im Spiel sein oder später hinzukommen, war aber Nebensache. Denn eigentlich ging es um den »Stand«, die Position im hierarchischen Gefüge der Gesellschaft – auch die materielle – da nur diese einen Mann berechenbar und vertrauens- und kreditwürdig machte. Die Risiken des Lebens waren selbst in friedlichen Zeiten höher als heute, die soziale Absicherung dagegen weit schlechter. Wer krank wurde, hatte die Behandlungskosten allein zu tragen. Wer nicht genug Geld verdiente, durfte allenfalls auf Mildtätigkeit hoffen wie Eva und Anna Maria. Einen Rechtsanspruch auf eine berechenbare Versorgung hatten im 18. Jahrhundert die allerwenigsten.

Eine wichtige Voraussetzung, um in den Genuss einer Mildtätigkeit zu gelangen, die über eine trübe Suppe am Tag und einen Strohsack zur Nacht hinausging, war neben der intakten Ehre ebender soziale »Stand«. Adel, Handwerker, Bauern und Kaufmannschaft sicherten diesen auf ihre eigene Weise durch Vernunftehen – meist arrangiert und lange vorbereitet – mit Personen von gleichem Stand und zuverlässigen finanziellen Verhältnissen.

Ein solches klares Verhaltensmuster gab es für den heiratswilligen Leopold nicht. Musiker waren Künstler – nach damaligem Begriff Randexistenzen. Immerhin stand Musikern die Laufbahn eines Musikbeamten in einer der zahlreichen, oft winzigen deutschen Hofkapellen oder im kirchlichen Dienst offen. Leopold hatte sich für diese Laufbahn entschieden. Immerhin konnten Musiker wohlhabend, sogar reich werden wie Georg Friedrich Händel in

London oder der Pariser Opernheros Christoph Willibald Gluck. Immerhin gehörte die Musik, vor allem die Kirchenmusik, einer respektableren Sphäre an als etwa das Theater. Schauspielerin oder Tänzerin zu sein galt dagegen als eine Vorstufe zur Prostitution. Nicht viel besser war der Ruf der männlichen Vertreter dieses Berufsstandes zumal dann, wenn sie kein festes Engagement an einem der wenigen Theater hatten, sondern mit ihrer Truppe auf der Suche nach Auftritten das Land durchreisten. Dieses schlechte Image des reisenden Schaustellers sollte später an Leopold und den Seinen kleben und zum Karrierehindernis seines Wolfgang werden.

Kein »Mann von Stand« gab also seine Tochter gern einem Künstler, wenn es sich vermeiden ließ. Der »Heiratsmarkt« eines Leopold Mozart war damit ein unbestimmter und materiell nicht sonderlich attraktiver. Aus dieser Perspektive erwuchs aber auch eine Chance: Es stand ihm frei, statt dem Ruf des Geldes dem Ruf seines Herzens zu folgen.

Die gut erzogene, aber verarmte Anna Maria war es, die diesen Ruf weckte.

Was fand er attraktiv an ihr, was fand sie anziehend an ihm? Hübsch muss sie gewesen sein, dies schimmert in dem einzigen authentischen Bildnis aus späterer Zeit von Johann Nepomuk della Croce noch schwach durch. Gut aussehend war auch der junge Leopold: straff, wenn auch nicht groß, modebewusst, mit gerader Haltung und kontrollierten Gesichtszügen. »Das schönste Paar Eheleuthe in Salzburg« nannte man das Brautpaar. Anna Maria mag die Musikalität ihres Bräutigams beeindruckt und an ihre untergegangene Kindheit erinnert haben. Denn ihr Vater Wolfgang Nikolaus hatte zwar das trocken-respektable Richteramt bekleidet, war aber selbst ein musischer Mann gewesen. Und vielleicht lebte – unentdeckt wie so manches weibliche Talent in dieser Zeit – seine Musikalität weiter in Anna Maria und übertrug sich auf Nannerl und Wolfgang, der auch den großväterlichen Namen erben sollte.

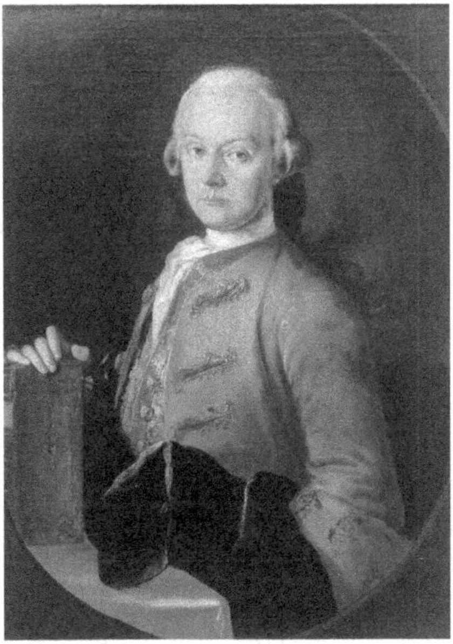

Leopold Mozart 1763.
Authentisches Porträt von Pietro Antonio Lorenzoni.

Ob den eleganten, aber finanziell bescheiden gestellten Leopold das praktische Geschick seiner Verlobten faszinierte? Etwa ihr souveräner Umgang mit den Schneiderwerkzeugen? Wenn er viel später seine Eheschließung den Eintritt in den »Orden der geflickten Hosen« nennt, klingt etwas davon durch. Als Geldheirat kann man die Verbindung wahrlich nicht bezeichnen.

Über Anna Maria persönlich wissen wir praktisch nichts – nichts über die Frau, die die Mutter eines der berühmtesten Menschen auf dem Planeten werden soll. Sie hat kein Geld. Sie singt nicht, nicht einmal im Kirchenchor. Zumindest ist davon nichts überliefert. Wäre nach dem Tod ihres Vaters überhaupt das notwendige Geld für eine musikalische Erziehung vorhanden gewesen? Bestimmt nicht. Sie musiziert auch später nicht – das Musizieren ist ein »Geschäft«, das Leopold allein mit seinen Kindern abwickeln wird. Auf dem erwähnten Gemälde, das Leopold 1781 mit Maria Anna, der »Nannerl«, und dem kleinen Wolferl beim Musizieren zeigt, ist sie zugegen – jedoch nur als Bild im Bild, in ovalem Rahmen an der Wand über dem Familienidyll. So, als ob sie einfach dem harmonischen Wunder zuhörte, das sich unter ihren Blicken abspielt. Aber das konnte sie nicht, denn zum Entstehungszeitpunkt war sie bereits drei Jahre tot und das Familienbild auch ihr Denkmal.

Zu Lebzeiten jedenfalls musste sie das Zuhören gewohnt sein. Denn in ihrem Elternhaus wurde zumindest zu Lebzeiten des Vaters viel musiziert. Der Vater war Sänger – und zwar ein so begabter, dass er solistisch auftrat und seinerseits Gesangsstunden gab. Gleichzeitig spielte er Kontrabass. 1667 geboren, hatte er an der Salzburger Benediktiner-Universität Jura studiert und am regen kulturellen Leben der Stadt teilgenommen. Belegt sind Auftritte als Schauspieler, Sänger und Musiker. 1698 trat auch er in einem Schuldrama auf, zu dem Heinrich Ignaz Franz Biber die Musik geschrieben hatte – auf derselben Bühne, auf der 1761 sein Enkel, der fünfjährige Wolferl, als Tänzer – noch nicht als Musiker – in Jakob Anton Wimmers Schulkomödie »Sigismundus Hungariae Rex« seine ersten theatralischen Gehversuche machen sollte.

Eine gute Zuhörerin zu sein – das war wichtig für die Frau im Haus eines aufstrebenden Intellektuellen mit Hang zum Belehren, als den seine Briefe Leopold verraten. Sie wird es auch gut verstanden haben, einen Haushalt zu organisieren. Schließlich war ihre Mutter in großbürgerlichen Verhältnissen aufgewachsen – im Schloss Hüttenstein am Krotensee zwischen Mondsee und Wolfgangsee, dem Dienstsitz des Vaters. Und dass sie die späteren Jahrzehnte des Darbens an der Seite ihrer Mutter gut überstanden hat, beweist, dass sie gelernt hat, zu improvisieren und mit wenigem zurechtzukommen.

Anna Maria hat demnach genügend gute Eigenschaften für das Zusammenleben mit Leopold Mozart aufzuweisen, als sie mit ihm 1747 in die erste gemeinsame Wohnung in der späteren Getreidegasse 9 einzieht – ganz in der Nähe des Punktes, wo die Lebensnerven der Stadt, die Salzach und die Stadtbrücke, sich kreuzen. Zur Universität geht man von dem nach dem Besitzer »Hagenauer Haus« genannten Bau aus zwei Minuten. Johann Lorenz Hagenauer ist einer der reichsten Kaufleute der Stadt und verfügt über internationale Verbindungen im Gewürzhandel. Im Haus betreibt er einen großen Laden. Er ist nicht nur Vermieter, er ist und bleibt über das Mietverhältnis weit hinaus ein verlässlicher Freund, Berater und Gläubiger der Familie Mozart. »Drei Zimmer und ein Kabinett«, ein kleiner Durchgangsraum im dritten Stock des damals bereits 500-jährigen Hauses werden für ein Vierteljahrhundert zur standesgemäßen Heimat für den jungen Musiker und seine genügsame, patente und derb-humorvolle Frau.

Liebte Anna Maria ihren Leopold, und wurde sie wiedergeliebt? Mozartsches Liebesgeflüster ist uns nicht überliefert. Die Ehebetten der Menschen jener Zeit waren – anders als heute – absolut tabu. Diese Diskretion fordert heraus zu genauer Untersuchung der vorhandenen Dokumente. Ein langer Brief, den Leopold am Abend des 26. Januar 1756 an seinen Augsburger Geschäftsfreund, Verleger und Heimat-»Botschafter« Johann Jacob Lotter geschrieben hat, hat häufig als Indiz für unterstellte Gefühlskälte herhalten müssen.

In der Tat lässt uns sein Wortlaut die Stirne runzeln. In ihm geht es vor allen Dingen um die bevorstehende Drucklegung seines »Versuch einer gründlichen Violinschule«. Leopold hat Großes vor mit diesem Werk, das tatsächlich rund um die Welt gehen und bis heute über 1800 Auflagen erleben wird. Es soll ihn nicht nur in die Tradition der musikpädagogischen Grundlagenwerke eines Johann Joachim Quantz (»Versuch einer Anweisung die Flöte traversière zu spielen«) und Carl Philipp Emanuel Bach (»Versuch über die wahre Art das Clavier zu spielen«) einreihen, die wenige Jahre zuvor erschienen waren. Zusätzlich soll es ihn als führenden Intellektuellen Deutschlands bekannt machen. Er korrespondiert mit führenden Publizisten wie Johann Christoph Gottsched und verhandelt über die Aufnahme in gelehrte Gesellschaften. Denn sichtlich will er etwas gelten – auch in Augsburg, was den Verdacht nährt, dass sein Weggang vor 18 Jahren unter unfreundlichen Umständen erfolgte. Nachdem gerade ein Versuch zwiespältige Aufnahme gefunden hatte, sich vor dem Augsburger Publikum als Komponist der »Bauernhochzeit« und der »Musikalischen Schlittenfahrt« durchzusetzen, ist es jetzt geboten, das Bild mit einem Erfolgswerk anderer Art zurechtzurücken. Leopold ist in diesen Tagen und an diesem Abend mit vielem beschäftigt: mit seiner Blamage vor dem Augsburger Publikum, mit den Intrigen und Verschwörungen, die sicherlich dafür verantwortlich sind, mit Detailanweisungen zu seiner Violinschule, mit den ischiatischen Rückenschmerzen, die ihn neuerdings quälen. Mit einem aber ist er nicht beschäftigt: mit der bevorstehenden Niederkunft Anna Marias.

Seine Frau liegt im Nebenzimmer in den Wehen – und Leopold? »Die meinige wird bald ihre Reise antreten«, steht im Brief an Lotter. Mehr nicht. Reise? Ein eigentümliches Bild. Denkt Leopold, dass sie sterben könnte? Die letzte von sieben Entbindungen liegt vor ihr – und nie waren diese leicht gewesen. Mit Wolfgang wird Anna Maria 24 Stunden in den Wehen liegen. Für einen wahrhaft liebenden Ehemann Anlass, sie zu umsorgen, nicht von ihrer Seite zu weichen oder unruhig in der Wohnung auf und ab zu rennen? Nichts von alledem lässt sich aus dem Brief herauslesen.

Es wäre aber voreilig, diese Beiläufigkeit als Zeichen mangelnder Zuneigung zu interpretieren oder gar insgesamt den Stab über Leopold als gefühlskalten Ehrgeizling zu brechen. Denn auch anderswo in den öffentlichen oder privaten Schriften des 18. Jahrhunderts wird man meist vergebens suchen nach Zeugnissen derartiger männlicher Anteilnahme an den Geburten oder sonstigen Lebenskrisen der Frauen. Die Literatur dieser Zeit weist die Männer als ausgesprochene Rohlinge ihren Frauen gegenüber aus.

Umgekehrt – von Frau zu Mann – ist es allerdings nicht viel anders. Natürlich klagten Mütter über ihre Söhne, die zum Militär mussten, und Witwen über ihre toten Männer. Natürlich tat Abschied immer weh, zumal er oft auf unabsehbare Zeit war, zumal die Möglichkeiten, in Verbindung zu bleiben, sich auf Briefe und Botengänge beschränkten und zumal die Gefahr, einander nicht wiederzusehen, viel größer war als heute. Aber weinten da die Menschen nicht vielleicht mehr aus Angst um sich selbst als über den Weggang eines geliebten Mitmenschen? Ein Todesfall brachte immer auch eine wirtschaftlich existenzielle Krise mit sich. Man denke allein an die Geschichte von Anna Marias Kindheit, in der der Tod des Vaters Frau und Kind dauerhaft in Armut stürzte.

Für die Flüchtigkeit, mit der Leopold die Krise seiner Frau erwähnte, gibt es mehrere Erklärungen, die genauso tauglich sind wie der Vorwurf der Lieblosigkeit. Erstens war es ein Geschäftsbrief, den er schrieb. In Geschäftsbriefen ist es auch heute nicht tunlich, allzu viel von sich preiszugeben, und schon gar nicht, dass man Angst hat – Angst gar vor dem eventuellen Tod der Gattin, der sicherlich neben der Trauer Unruhe in die Familie und in den Haushalt hineingebracht hätte. Denn wer hätte sich dann um die Alltagsarbeit gekümmert, Dienstboten, Anschaffungen, die vierjährige Nannerl? Auch die Gefahr, dass die Veröffentlichung verschoben werden müsse oder ganz scheitern könne, hätte ein kluger Autor dem Verleger ungern an die Wand gemalt.

Zweitens war der Tod damals so allgegenwärtig, dass man ihn schlicht gewohnt war. In den neun Jahren, die sie nun bereits in der Getreidegasse lebten, hatte dieser gefürchtete »Gevatter« nicht weniger als sechsmal vorgesprochen. Er hatte fünf Kinder zu sich geholt – völlig normal in einer Zeit, da nicht einmal ein Drittel der Kinder das Säuglingsalter überlebten – und zuletzt Leopolds Schwiegermutter Eva Puxbaum, die ihre letzten Lebensjahre im Haus der Tochter verbracht hatte. Trauer um Verstorbene gehörte zum Alltagsleben. Andererseits brachte dieses Leben so viele existenzielle Herausforderungen mit sich, dass man meist nach einer heftig und für alle sichtbar ausgelebten Trauerphase sehr schnell wieder zur Tagesordnung überging. Das Leben hatte eben weiterzugehen, und Gott gab dazu neben dem vielen Guten auch das Schlechte. Beides nahm man demütig und ergeben an. Auch den Aberglauben darf man nicht unterschätzen. Zu viel vom Tod zu sprechen konnte diesen auf die Lebenden herab berufen.

Nach allem, was wir aus dem reichhaltigen Fundus an Briefen und den anderen zeitgenössischen Dokumenten wissen, führten Anna Maria und Leopold eine weitgehend konfliktfreie und harmonische Ehe. Dafür sprechen ganz besonders die schiere, aus der Zeit absolut herausragende Masse der mozartschen Familienkorrespondenz und der ungekünstelt warmherzige Ton, der als Leitmotiv in ihr klingt. Dieser Ton herrscht, wenn wir die Briefe ernst nehmen, auch später in der Familie vor. Anna Maria dürfen wir uns als eine freundlich-derbe Person vorstellen. Und der zeittypisch »gestrenge« Ehemann und Vater Leopold kann spotten, er kann belehren, tadeln, zürnen, drohen – aber gleichgültig klingt er nie. Er hat sich eine Familie erheiratet und gezeugt, wie er sie für sich wollte, und er hat alles gegeben für diese Familie – materiell und ideell. Er hat nicht nach dem Geld geheiratet wie sicherlich viele seiner Zeitgenossen. Er war nicht so raffiniert. Seine Fähigkeit, sich diplomatisch zu verbiegen, hatte deutliche Grenzen. Diese Begrenztheit rächte sich später, an ihm und an seinem Sohn.

Geiger, Tod und Teufel – Zwischen Katholizismus und Freimaurerei

Nach neun Jahren also ist der 28-jährige Leopold Mozart nun in jeder erdenklichen Beziehung angekommen in Salzburg: Er hat eine feste, wenn auch nicht üppig bezahlte Anstellung beim mächtigsten Mann im Staat, er ist mit dem Metier beschäftigt, das ihn im Innersten erfüllt und befriedigt, er hat genügend Freiraum, der ihm zu komponieren, zu schreiben oder zu denken erlaubt, er hat Freunde und Gönner, er hat eine der hübschesten Frauen der Stadt zur Gemahlin, er hat unbestreitbare und unbestrittene Talente, die ihm auf seinem weiteren Weg nach oben helfen können. Besser könnte es nicht gehen, mag er mehr als einmal dankbar empfunden haben.

Dankbar? Wem war Leopold Mozart Dank schuldig für all das, womit das Leben, die Welt und die Menschen ihn begnadeten? – Hätte jemand ihm diese Frage gestellt, so wäre Leopolds Blick zweifellos nach oben zum Himmel gewandert. Dort waltete in seiner Güte und Unerforschlichkeit der Geber und Nehmer von allem, des Guten und des Schlimmen, dort hielt er in seiner mystischen Dreifaltigkeit ewig währenden Hof mitsamt seinen Cherubim und Seraphim, mit den Thronen und Mächten und mit den Heiligen, die auf Erden gottgefällig gelebt und nachweislich Wunder gewirkt hatten und nun als Mittler menschlicher Bitten und göttlicher Wünsche das Himmlische mit dem Irdischen verbanden, wie es einst Jesus selbst als Mensch gewordener Gott getan hatte: »in se reconcilians ima summis«. In sich vereinend also das Niedrige mit dem Höchsten, wie es, zum Beispiel von Anton Bruckner ergreifend vertont, im »Mariale Perpetuum Panegyricum Sive Bibliotheca Mariano-Manualis Bipartita« hieß, dem »Ewigen Marial und Handt-Bibliotheck unter allegorischer Vorstellung einer unersturmlicher Vestung der gantzer Christenheit« des Kölner Minoritenpaters Burchard Seitz. Christkatholisch waren die Mozarts seit unvordenklicher Zeit, sie heirateten katholisch, sie feierten neben ihren Geburtstagen die Namenstage ihrer Angehörigen, hielten es mit Rom und mit der Mehrheit der süddeutschen Bevölkerung. Mehr noch: Sie suchten wie so viele fromme oder ehrgeizige Familien die Nähe des Klerus und der Orden, auch waren unter ihnen Ordensleute. Das alles versprach als Lohn Gnade vor Gott und Kredit bei den Menschen. Es gab nichts anderes.

Doch unter dem Einfluss aufklärerischer Impulse bröckelte die »unersturmliche Vestung« und zeigte der Monolith des christlichen Abendlandes seine Schwächezonen. Immer mehr denkende Menschen waren unzufrieden mit den Antworten der Kirche auf Missstände, Ungerechtigkeit, Gewalt und Verbrechen, die die Herrschenden an den Beherrschten begingen. Nicht jeder ließ sich mehr abspeisen mit einfachen Antworten auf die Frage: Warum lässt Gott all dies zu?

Niemand erkannte dies früher als die katholische Kirche selbst. Auch sie ging durch eine Phase innerer Aufklärung, die die unumstößliche Wahrheit der Dogmen mit den Forderungen kritischer Vernunft nach den Zwecken der Religion zu versöhnen suchte. Der Aufklärer Leopold Mozart saugte, wie alles kritische Schrifttum, das ihm unter die Hände kam, auch die Schriften solcher klerikalen Aufklärer in sich auf. Einer der einflussreichsten von ihnen, der im norditalischen Modena wirkende Ludovico Antonio Muratori, beeinflusste nicht nur Leopold, sondern den Diskurs innerhalb der gesamten katholischen Kirche – auch im konservativen fürsterzbischöflichen Salzburg.

Der 1672 geborene Muratori war ein Mann ganz nach Leopolds Geschmack. Ein Bauernsohn aus der »Kirschblütenstadt« Vignola in der Emilia-Romagna, der früh durch Lerneifer auffiel und deshalb von den Jesuiten ausgebildet wurde, bis er in Modena nicht ganz so schnell wie Leopold, dafür aber offenbar umso gründlicher studierte. Wie Leopold musste auch Muratori sich durch Perioden materieller Dürftigkeit beißen und war für die Finanzierung seiner akademischen und wissenschaftlichen Studien auf die Gnade von Gönnern angewiesen. Mit 22 wurde er zum Priester geweiht, blieb aber zunächst seiner ursprünglichen Bestimmung als Gelehrter treu. Muratori gilt als der Vater der italienischen Historiografie, beschäftigte sich aber mit den verschiedensten Wissenschaften, nahm Partei in tagespolitischen Auseinandersetzungen und schrieb literarische Werke. Er war ein Mitglied der europäischen »Gelehrtenrepublik«, die als neuer geistiger Adel ihre internationalen Verbindungen spann und sich in Position brachte, um als Welterklärer dem Klerus dessen Allmacht streitig zu machen. Auf Vorschlag des Physikers und Mathematikers Isaac Newton wurde Muratori 1717 zum Mitglied der wissenschaftlichen Royal Society gewählt.

Zum Pfarrer berufen fühlte er sich erst mit Mitte Vierzig. In seinem Sprengel wirkte er nicht nur geistlich, sondern war auch auf handfeste, praktische Weise wohltätig. Elend hatte er, anders als seine hochgeborenen Vorgesetzten, am eigenen Leib erfahren und kannte es nicht nur aus der Bibel, vom Gestank armer Gemeindekinder im Beichtstuhl oder beim Blick aus der eiligen Sänfte auf Bedürftige, die sich bettelnd im Straßenschmutz wälzten. Und die Zeitläufte sowie seine aufklärerischen Vordenker – unter ihnen Leibniz, mit dem er korrespondierte – erlaubten ihm einen klaren Blick auf die Ursachen solchen Elends. Sie waren in der Kirche zu suchen und auszumerzen und hießen Aberglaube, überbordender Ritualismus und das Paktieren mit dem Adel zulasten der Untertanen und zum Zweck des gemeinsamen Machterhalts. Muratoris Schriften wie »Die wahre Andacht des Christen« oder »Über die Einbildungskraft des Menschen« lagen in deutscher Übersetzung vor. Leopold Mozart konnte sie auch auf Italienisch lesen, besaß einige von ihnen und schickte sie später der verheirateten Nannerl zur Lektüre nach St. Gilgen. Selbst wenn Muratori zu seiner Zeit heftig angefeindet und der Freimaurerei bezichtigt wurde – der Zufall, dass sein Name »Maurer« bedeutet, mag dazu beigetragen haben –, waren seine Ansichten zu Leopolds Zeiten beim fortschrittlichen Klerus Gemeingut, so auch bei Leopolds erstem geistlichen Brotherrn Leopold Anton von Firmian.

Leopold Mozart und seine Familie hingen also einem aufgeklärten, aber durchaus konsequenten Katholizismus an, der sie dazu bestimmte, ihr Schicksal letztlich in Gottes Hand zu legen, bei den Heiligen um Fürsprache zu flehen für einen günstigen Verlauf ihrer Abenteuer und Krankheiten, die Sakramente zu ehren und nach ihnen als Mitteln göttlicher Huld zu verlangen. Leopold mag die praktische Pflege der Beziehung zu höheren Mächten, sprich: den regelmäßigen Kirch- und Beichtgang, gern dem weiblichen Geschlecht überlassen und sich lieber um die Pflege irdischer Beziehungen gekümmert haben. Dass aber sein Gefühl echt war, zeigen die selbstquälerischen Betrachtungen, die er brieflich anstellt, nachdem er Anna Maria und Wolfgang 1777 allein auf die Reise nach Mannheim und Paris entlassen hat. In der Eile des frühmorgendlichen Aufbruchs hat er es nämlich versäumt, seine Angehörigen zu segnen, und das nun über die Familie hereinbrechende Unheil schreibt er diesem nur scheinbar unbedeutenden privaten Versäumnis zu.

Der Segen des Vaters besaß also für Leopold und seine Zeit die Kraft eines Sakraments. Und auch für Wolfgang wird es Jahrzehnte später wichtig sein, dass sein Vater der ungeliebten Ehe des Sohnes mit seiner Constanze seinen Segen und den vorgeschriebenen Heiratskonsens nicht vorenthält.

Die öffentliche Zurschaustellung einer gewissen religiösen Observanz wurde von jeder honetten Person im Übrigen schlicht erwartet – wer »kreditwürdig« sein wollte, hatte sich in der Kirche zu zeigen und der gemeinschaftsstiftenden Kraft der Sakramente und Rituale zu überlassen. Bei den Mozarts als Musikern war das umso selbstverständlicher, als sie viele ihrer Schöpfungen in den Kirchen aufführten. Natürlich lassen sich Anna Maria und Leopold im Salzburger Dom kirchlich trauen. Natürlich beichten sie. Natürlich lassen sie ihre sterbenden Kinder vom Priester salben und aussegnen. Natürlich lassen Nannerl und Wolferl sich seit frühester Kindheit ergreifen vom großen Gefühl menschlicher Kleinheit angesichts himmelstürmender Kuppeln und grausiger Passionsbilder, brausender Orgeln und donnernder Glocken, betäubender Weihrauch- und betörender Blütengerüche. Und natürlich übernehmen auch sie die Observanz ihrer Eltern und praktizieren sie mit demselben Ernst wie diese. Der 14-jährige Wolferl rät seiner Schwester in einem Brief aus Italien: »Gehe fleißig ins Mirawell in die Liteniaen, und höre das Regina coeli oder das Salve regina und schlaf gesund und laß Dir nichts Böses träumen.«

Der Wiener Komponist Wolfgang allerdings streicht Kirchenmusik weitestgehend aus seinem Repertoire. Die Josephinischen Reformen entziehen dieser Arbeit die wirtschaftliche Grundlage. Entsprechend versiegt seine geistliche Produktion in dem Moment, als er 1781 seinen Dienst als Hoforganist beim Fürsterzbischof Colloredo unter dramatischen Umständen quittiert. Sein Requiem, über dem er stirbt, ist ein Auftragswerk. Er arbeitet es sorgfältig ab. Dass er dabei Todesahnungen, Andachtsgefühle oder gar Höllenangst verspürt, wurde behauptet, ist aber nicht zuverlässig überliefert. Der erwachsene Wolfgang nimmt es sichtlich nicht mehr ganz so genau mit den kirchlichen Riten, während Nannerl zeit ihres Lebens niemals davon abgeht.

Im Gegenteil: Wann immer der Druck auf sie steigt, wird der Glaube, wird die Beachtung der Riten zum bewährten Ventil. Religion entspringt wesentlich dem Versuch, das letztlich Unkontrollierbare des Lebens dennoch zu beeinflussen, und an diesen Versuchen hat es Nannerl nicht fehlen lassen. Die Zeit von 1778/79 nach dem Tod der Mutter in Paris, als Wolfgang wie ein losgerissenes Kalb unkontrolliert durch Westeuropa stampfte und Leopold, der Verzweiflung nahe, täglich den materiellen und gesellschaftlichen Bankrott der Familie beschwor, war eine Phase religiöser Intensitätssteigerung – zumindest für Nannerl. Täglich ab sechs Uhr morgens sahen die Nachbarn sie in der Betbank der Dreifaltigkeitskirche knien, die so herrlich den Hannibalplatz überschaut, und dermaßen inbrünstig beten, dass sie Leopold darauf sogar ansprachen. In ihren fragmentarisch erhaltenen Tagebüchern führt sie genau Buch über ihre Kirchenbesuche. Im Frühjahr 1779 nahm sie jeden Tag, den Gott werden ließ, am Hochamt teil. Den Weg zur Wallfahrtskirche Maria Plain, die die Benediktiner der Universität betreuen, nimmt sie mehr als einmal auf sich. Auch einer anderen Art Kirchen-Tourismus widmet sie sich mit großer Hingabe: Es war katholischer Brauch, in der Kar- und Osterzeit die in allen Pfarrkirchen errichteten Heiligen Gräber zu besuchen und dort eine kleine Andacht zu verrichten. Am Gründonnerstag 1779 bringt sie es dabei auf nicht weniger als 17 Kirchenbesuche, begleitet zeitweise von ihrer besten Freundin, der Hofchirurgentochter Katherl Gilowsky, zeitweise von Wolfgang.

Wolfgang hätte sich als gläubigen Menschen bezeichnet, wenn man die wenigen erhaltenen Aussagen als authentisch ansieht. So die lange Suada, die er Johann Friedrich Rochlitz zufolge 1789 in einem Disput mit protestantischen Leipziger Musikern vom Stapel ließ. Einer von diesen hatte Mozart sichtlich »das Kraut ausgeschüttet«, indem er sinngemäß beklagte, dass so viele Musiker »ihre ungeheueren Kräfte auf meistens nicht nur unfruchtbare, sondern auch Geist-tödtende Sujets der Kirche wenden mussten«. In Mozarts verärgerten Worten darauf meint man zunächst den Protestantenfresser Leopold zu hören: »Bey Euch aufgeklärten Protestanten, wie Ihr Euch nennt, wenn Ihr Eure Religion im Kopfe habt – kann etwas Wahres darin seyn; das weiss ich nicht. Aber« – und nun bezeichnend weiter – »bey uns ist das anders. Ihr fühlt gar nicht, was das will: Agnus Dei, qui tollis peccata mundi, dona nobis pacem u. dgl. Aber wenn man von frühester Kindheit, wie ich, in das mystische Heiligthum unserer Religion eingeführt ist; wenn man da, als man noch nicht wusste, wo man mit seinen dunkeln, aber drängenden Gefühlen hin solle, in voller Inbrunst des Herzens seinen Gottesdienst abwartete, ohne eigentlich zu wissen, was man wollte; und leichter und erhoben daraus wegging, ohne eigentlich zu wissen, was man gehabt habe; wenn man diejenigen glücklich priess, die unter dem rührenden Agnus Dei hinknieeten und das Abendmahl empfingen, und beym Empfange die Musik in sanfter Freude aus dem Herzen der Knieenden sprach: Benedictus qui venit etc.: Dann ist's anders. Nun ja, das geht freylich dann durch das Leben in der Welt verloren; aber – wenigstens ist's mir so – wenn man nun die tausend Mal gehörten Worte nochmals vornimmt, sie in Musik zu setzen, so kommt das Alles wieder und steht vor Einem und bewegt Einem die Seele.«

Diese Äußerung – wenn Mozart sie tatsächlich so tat – ist in ihrem Gefühlsüberschwang weit entfernt von den Glaubensbekenntnissen seines Vaters. Sie nähert sich dem mystisch-sentimentalen Christentum der Romantik, das Friedrich Nietzsche später als »zuckersüßes Bimbambaumeln« verhöhnen sollte. Ob es auch in einem starken Gottvertrauen fundiert war, lässt Wolfgangs Aussage offen. Die Tatsache, dass er sich sofort danach betrank, lässt Raum für Interpretationen in verschiedene Richtungen.

Wolfgangs Frau Constanze wirkt religiös ziemlich gleichgültig: Beim »Einführungsbesuch« des jungen Ehepaars in Salzburg 1783 fällt auf, dass die beiden lieber lang schlafen, als die tägliche Frühmesse zu besuchen. Angekreidet wird dies vor allem Constanze – da hilft auch Wolfgangs stellvertretendes briefliches Glaubensbekenntnis an den Vater nicht: »Wir sind auch schon eine geraume Zeit … allzeit mitsammen sowohl in die heilige Messe als zum Beichten und Kommunizieren gegangen, und ich habe gefunden, daß ich niemalen so kräftig gebetet, so andächtig gebeichtet und kommuniziert hatte als an ihrer Seite; und so ging es ihr auch.« Ihren »Kredit« dürfte dies dennoch nicht erhöht haben. Die »Weberischen« waren eben unzuverlässig, dürften die frommen Salzburger Mozarts gedacht haben. Auch in den schriftlichen Zeugnissen von Wolfgangs Beziehung zu Constanze, namentlich in seinen vielen Briefen an sie, ist von Kirchen als Andachtsorten selten die Rede, und Gott kommt höchstens dann als kurzer Anruf ins Spiel, wenn Wolfgang ihr die Intensität seiner Liebe beschreiben will.

Auf eine Eruption gemeinsamer religiös-musikalischer Andacht des Ehepaars deutet lediglich Mozarts Große Messe in c-Moll hin. Er machte sich mit Eifer an die Arbeit, obwohl ihm kein bezahlter Auftrag und keinerlei konkrete Perspektive einer Aufführung vorlagen. Entstehungszeit und -geschichte sowie Mozarts eigene Aussagen dazu lassen sie als ein Produkt geradezu mystischen Gefühlsüberschwangs erscheinen. Die Idee fällt in die Zeit des Honigmondes des frisch vermählten Wolfgang, der seine Constanze, um die er so schwer ringen musste wie um seine persönliche Freiheit, intensiv liebt und begehrt. Mit Constanze teilt er die Begeisterung für die Musik von Johann Sebastian Bach, den das musikalisch gebildete Publikum zu dieser Zeit wiederentdeckt. Gottfried van Swieten, kaiserlicher Gesandter am Preußenhof, brachte zahlreiche Abschriften aus Berlin mit und ließ sie in Wien aufführen. Und die Mozarts hören diese Klänge nicht nur andächtig an. Wolfgang verarbeitet sie auch musikalisch. Die Sopransoli schreibt er Constanze auf den Leib, ganz wie es damals Opernkomponisten für ihre Sänger taten. Die Große Messe in c-Moll wirkt wie das hörbare Unterpfand seiner persönlichen Befreiung von familiären und sozialen Zwängen, die seine Selbstwerdung verhinderten. Sie erscheint als eine Art Festmusik zur Feier der Selbstbefreiung und seiner Liebe und gleichzeitig als eine Votivgabe – für Constanze erklärtermaßen, aber vielleicht auch für seine Hoffnung auf Versöhnung und Wiederherstellung der Harmonie mit Leopold und Nannerl. In diese Richtung jedenfalls lässt sich die einzige Erwähnung der Messe in seiner Korrespondenz mit dem Vater deuten.

Als das Ehepaar nach einer Reihe von Abhaltungen im Sommer 1783 – sie sind etwa ein Jahr verheiratet – tatsächlich nach Salzburg kommt, haben sie ihren neugeborenen Erstling Raimund Leopold bei einer Amme zu Hause in Wien gelassen und die angefangene Messe im Gepäck. Wolfgang zieht sich von der Familie zurück und arbeitet – unter anderem an dem langen Werk, das bereits in der heutigen unvollendeten Gestalt eine Stunde dauert. Dabei ist auch ihm bekannt, dass Fürsterzbischof Colloredo in seinem Einflussbereich keine langen Messen duldet. Dieser hat 45 Minuten als Obergrenze für Liturgie, Predigt, Gemeindegesang und musikalischen Rahmen festgelegt. Der bischöfliche Dom scheidet als Aufführungsort demnach aus. Daher soll die Messe am 26. Oktober in Nannerls Lieblingskirche, der Peterskirche, erstmals den Menschen hörbar machen, was bisher allein Wolfgang hört.

Auch wenn die Quellen spärlich fließen, spricht einiges dafür, dass er diesen Plan durchsetzen konnte. Zumindest Nannerl deutet es in ihrem Tagebuch an. Dazu gehörte auch das Aufgebot des kompletten Hoforchesters »mit Pauken und Trompeten«, Chor und etlichen professionellen Gesangssolisten – und das, obwohl die Messe ein Fragment war. Hier muss Leopold auf pragmatische Weise die Fäden gezogen haben – Wolfgang gebot in Salzburg über keinerlei Hausmacht. Hat also die Macht der Musik schließlich den Skeptiker Leopold von der Unausweichlichkeit und Gottgewolltheit des Familienschicksals überzeugt?

Auch Wolfgang ließ sich ergreifen von der menschlichen Geworfenheit in das Schicksal und letztlich in das unausweichliche Ende und dachte zumindest gelegentlich darüber nach. Dies beweisen seine Worte an den sterbenskranken Vater wenige Wochen vor dessen Tod: »Da der Tod der wahre Endzweck unseres Lebens ist, so habe ich mich seit ein paar Jahren mit diesem wahren, besten Freund des Menschen so bekannt gemacht, dass sein Bild nicht allein nur nichts Erschreckendes mehr für mich hat, sondern recht viel Beruhigendes und Tröstendes. Und ich danke meinem Gott, dass er mir das Glück gegönnt hat, ...ihn als den Schlüssel zu unserer wahren Glückseligkeit kennenzulernen... Und für diese Glückseligkeit danke ich alle Tage meinem Schöpfer und wünsche sie von Herzen, jedem meiner Mitmenschen.« So der familiären Pflicht geschuldet, wie dieser Brief sein mag, so aufrichtig scheinen die Worte. Sie verraten, dass Wolfgang zugleich mit seiner Beziehung zu Gott auch seine Beziehung zu den Mitmenschen dachte und Religion als Bindung an beides – Gott und die Menschen – auffasste.

Mozart vollendet die c-Moll-Messe nie. Er verarbeitet einzelne Teile in Auftragswerken weiter. Nur vereinzelte geistliche Gelegenheitswerke werden in den folgenden Jahren noch entstehen. Der geistlichen Musik wendet er sich erst wieder ganz am Ende seines Lebens zu, als er 1791 zum Leiter der Kirchenmusik im Stephansdom bestellt wird – »auf Vorrat« und ohne Bezüge für den Fall des Ablebens seines Vorgängers. Er übt dieses Amt nie aus und komponiert folglich auch nicht dafür. So bleibt sein letztes Opus, das Requiem, fast ein Solitär in seinem Spätwerk und gibt keinen zureichenden Aufschluss über Mozarts Haltung gegenüber den letzten Dingen.

Wesentlich besser dokumentiert – auch mit Kompositionen – ist dagegen das Interesse der Mozarts an der Freimaurerei. Diese Anfang des 18. Jahrhunderts in England entstandene Bewegung hatte ihren ersten Aufschwung bereits hinter sich, als die Mozarts erstmals auf sie aufmerksam wurden – auf der Grand Tour Anfang der 1760er-Jahre konnten sie genügend Beobachtungen dieser Gesellschaft machen, die, ohne sich im engen Sinn als religiös auszugeben und zum Christentum in Konkurrenz zu treten, im Brüderkreis – »Schwestern« waren nicht zugelassen – geheime esoterische

Rituale pflegte und nicht nur bei der spirituellen Tradition des Abendlandes, sondern auch bei den geistlichen Orden reiche Anleihen machte. Die Freimaurer organisierten sich in Logen und nannten ihre Logenhäuser auch Tempel. »Tempelarbeit« hießen ihre rituellen Zusammenkünfte, deren Zweck die schrittweise sittliche Vervollkommnung der einzelnen Brüder für den Dienst an der menschlichen Gemeinschaft war. Diese Gesinnung musste in einem Mozart widerhallen.

Noch einem anderen, sehr mozartschen Zweck dienten diese Zusammenkünfte, wie Leopold herausfand: Die Freimaurer gehörten meist zum wohlhabenderen und einflussreicheren Teil der Gesellschaft bis in die europäischen Fürstenhöfe hinein und nutzten begreiflicherweise diesen Einfluss, um ihre gleichgesinnten Brüder ihrerseits in einflussreiche Positionen zu bringen. Im Umkehrschluss bedeutete dies, dass Nichtmaurer dort, wo sie mit Freimaurern um Ämter oder Aufträge konkurrierten und ein Freimaurer über die Besetzung zu entscheiden hatte, oft das Nachsehen hatten. Diese bildeten ein bürgerliches Netzwerk, das auf Verdienst und Vertrauen fußte. Dass Freimaurer einander die Kompositionsaufträge zuschanzten, wurde bei Wolferls desaströser Parisreise erkennbar. Für einen Mozart war es da nur folgerichtig, vom Zuschauerrang auf die Bühne zu streben, auf der das Spiel um den Erfolg gespielt wurde.

Dennoch dauerte es bis Dezember 1784, dass Wolfgang als sogenannter »Suchender« in die Wiener Freimaurerloge »Zur Wohltätigkeit« im Haus des Barons Moser in der Landskrongasse eintrat. Der Diplomat und Schriftsteller Otto Heinrich von Gemmingen, mit dem Mozart sich sechs Jahre zuvor in Mannheim angefreundet hatte und den er im Salon der Gräfin von Thun wiedergetroffen hatte, sorgte als dortiger »Meister vom Stuhl« – als Logen-Vorsitzender – für Wolfgangs Aufnahme und rasche Erhebung zum Logengesellen. In Logen wie der »Wohltätigkeit« oder der »Zur wahren Eintracht«, in die Mozart Wochen später hinüberwechselte, verkehrten der Adel, Schriftsteller, Wissenschaftler, Musiker und das aufstrebende Bürgertum. Sogar Kaiser Joseph II. sympathisierte zunächst mit den Freimaurern. Auch »exotischen« Zuwanderern wie dem afrikanischen Prinzenerzieher Angelo Soliman stand die »Wahre Eintracht« offen.

Wolfgang war also in bester Gesellschaft: Sein bewunderter, 24 Jahre älterer Komponisten-Kollege Joseph Haydn trat im Februar 1785 in die »Wahre Eintracht« ein – feierlich initiiert vermutlich von demselben Ignaz von Born, der Mozart zum Gesellen befördert hatte. Haydn stand anders als der Musikunternehmer Mozart bis kurz vor dessen Tod in festen Diensten am Hof von Nikolaus Fürst Esterházy. Die Beziehungen der beiden Meister mit ihren unterschiedlichen Lebensentwürfen konnte sich daher ungestört vom Wettbewerb und freundschaftlich entwickeln.

In Verkehrung des traditionellen Vater-Sohn-Verhältnisses war es Wolfgang, der Leopold im Folgejahr bei den Freimaurern initiierte. Doch warum hatte Leopold zu dieser Zeit nicht schon längst versucht, diese Karriereleiter zu weiterem Aufstieg zu nutzen?

Die Gründe dafür dürften recht praktischer Natur gewesen sein. Aus maurerischer Sicht war Salzburg zu Leopolds aktiver Zeit tiefste Provinz, in der die Aktivitäten des »Geheimbundes« misstrauisch beäugt wurden. Als Papst Clemens XII. 1738 eine Verdammungsbulle gegen die Freimaurer erließ, geriet der Bund auch im Erzstift in Verruf – so sehr, dass zwei Jahre später Salzburger Professoren ihre Studenten, die im Geist Muratoris Reformen an der Universität verlangten, der Freimaurerei bezichtigten. Das konnte durchaus lebensgefährlich werden: In katholischen Ländern wie Spanien und Portugal landeten zu dieser Zeit nicht wenige Freimaurer auf der Streckbank und endeten auf dem Schafott. Die Freimaurerei war also vermintes Territorium.

Als Privatmann hatte Leopold Mozart klare Meinungen, auch theologische, auch politische, aber öffentlich scheint er damit hinter dem Berg gehalten zu haben – jedenfalls nachdem er beim Grafen Thurn »zu Stuhle gekommen« war. Zumindest ist eine Verwicklung Leopolds in den Muratori-Streit ebenso wenig belegt wie kurze Zeit später in den jahrelangen »Sykophantenstreit«. Wieder stand die Salzburger Benediktiner-Universität im Mittelpunkt einer weithin beachteten Kontroverse um Hergebrachtes und Aufbruch in eine aufgeklärte Moderne. Das konservative Lager verkörperten die Benediktiner, während der gewesene Jesuit Anselm Desing – der Augsburger Lehrer Leopolds – die aufgeklärte, wissenschaftlich-rationale Sichtweise vertrat. Das universitäre Establishment setzte sich durch, Desing verließ Salzburg im Streit und begründete im 15 Meilen entfernten Stift Kremsmünster ein astronomisches Observatorium. Bis heute überragt sein 50 Meter hoher »Mathematischer Turm« mit den Sternwartenkuppeln in Eintracht mit den Zwillingstürmen der Stiftskirche das Ortsbild Kremsmünsters. Desing muss ein Mann ganz nach Leopolds Geschmack gewesen sein – in der vordersten Front seiner Verteidiger allerdings war der schlaue Leopold nicht zu finden. Erklärt diese Vorsicht den Umstand, dass Leopold keine seiner vielen Reisen nutzte, um einer auswärtigen Loge beizutreten? Es gab sie überall, im Reich und in Italien.

Erst 1783 entstand in Salzburg die Loge »Zur Fürsicht«, gegründet von Münchner Freimaurern. Die Zeiten hatten sich gewandelt: Es war nicht einmal mehr in Salzburg gefährlich oder auch nur anrüchig, gleichzeitig Katholik und Freimaurer zu sein. Auf der Kathedra im Dom saß der aufgeklärte Hieronymus Graf Colloredo, der zwar selbst kein Freimaurer war, aber viele von deren Prinzipien unterschrieben hätte. Und die Benediktiner der Universität hatten ihre konservative Wagenburg verlassen und waren ebenfalls geistig in das neue Zeitalter aufgebrochen.

Leopold mag resigniert den Nutzen eines Eintritts infrage gestellt haben – es ging ihm zu diesem Zeitpunkt längst nicht mehr um eine Karriere, sondern allenfalls noch darum, einige erträgliche

Jahre weiterzuleben. Seine Initiation in die Wiener Loge »Zur Wohltätigkeit« zwei Jahre später blieb insofern folgenlos. Sie fiel in die Zeit seines einzigen Gegenbesuchs bei Constanze und Wolfgang und der letzten Begegnung zwischen Vater und Sohn. Auch der Vater wurde in der Loge schnell befördert, der Sohn komponierte das Lied, das vermutlich zum Anlass seines Gesellenrituals feierlich gesungen wurde: das »Lied zur Gesellenreise«. Versöhnliche Töne am Ende eines oft schwierigen gemeinsamen Lebensweges.

Für die Zwecke maurerischer Rituale komponierte Wolfgang in seiner Wiener Zeit mehr Werke als für die katholische Kirche. Und maurerische Netzwerke trugen ihn durch schwere Zeiten hindurch. Sein wichtigster, immer wieder um Kredite bedrängter Kreditor Johann Michael Puchberg war Logenbruder ebenso wie der weit weniger geduldige Gläubiger Fürst Karl von Lichnowsky, mit dem er 1789 nach Berlin reiste, und künstlerisch besonders bedeutsam der befreundete Impresario Emanuel Schikaneder, mit dem zusammen die Opern der Spätzeit entstehen.

Dass die Freimaurerei den Menschen Mozart im Innersten berührte, dafür gibt es untrügliche Belege. Sein letzter musikalischer Auftritt zwei Wochen vor seinem Tod galt der Einweihung eines neuen Logentempels für die Loge »Zur neugekrönten Hoffnung«. Er hing ihr also noch treu an, nachdem es für seine Karriere längst nicht mehr opportun war, Maurer zu sein. Kaiser Joseph II. wandelte sich nach und nach vom Sympathisanten zum Verfolger der Bruderschaft – zumindest bestimmter esoterisch-geheimbündlerischer Richtungen. Dabei ging es ihm nicht so sehr um Unterdrückung, sondern eher um Kontrolle. Das war eine Frage der Staatsräson. Namentlich die Illuminaten, denen ihr prominentester Vertreter Adolph Freiherr Knigge unter den Freimaurern immer mehr Anhänger warb, galten zu Recht als Gegner der herrschenden Feudalordnung, und Mozarts Logenbruder Ignaz von Born, Stuhlmeister der »Wahren Eintracht«, war zusätzlich Illuminat. Unversehens geriet Mozart so in den Dunstkreis staatsfeindlicher verschwörerischer Umtriebe, dachte aber nicht daran, sein Mäntelchen nach dem Winde zu hängen.

Josephs Freimaurerpatent von 1785 weist der Gemeinschaft eine übersichtliche Gliederung zu und zwingt die Logen, ihre Mitgliederregister zu öffnen. Nach Josephs Tod im Jahr 1790 nötigt sein Nachfolger Franz I. die Freimaurer Schritt für Schritt in die Illegalität. Er hält die Brüder für diejenigen, die die Französische Revolution angezettelt haben.

Für die Freimaurerei hat Mozart zuletzt auch ein musikalisches Zeugnis abgelegt: Seine letzte Oper, die überwältigend erfolgreiche »Zauberflöte«.

Sie gibt Hinweise darauf, was Mozart an der Freimaurerei berührte: die Beschwörung von Toleranz, Gleichheit, Brüderlichkeit und wohltätiger Menschenliebe, die in der Rolle des Sarastro, dessen historisches Vorbild, Ignaz von Born, während seiner Freimaurerzeit politisch verfolgt wurde, verkörpert ist. Die Oper ist gleichzeitig ein Zeugnis mystischer Überwältigung, zu der sich Mozart bereits bei seinem Leipziger Aufenthalt bekannt hatte. Intellektuell gesehen, geht das Libretto nicht sonderlich trennscharf mit Ritus und Symbolen der Freimaurerei um, und die Handlung macht sichtlich Konzessionen an den Geschmack des damaligen Publikums, das es anzuziehen und zu faszinieren galt, selbst um den Preis gelegentlicher Grellheit. Aber die »Zauberflöte« ist eben Oper und kein Essay, und der von Musik besessene Mozart stellt immer wieder unter Beweis, dass bei ihm die Musik als »hörbares Gefühl« den Primat hat und die Gedanken sich ihr unterzuordnen haben.

Nehmt, o Pilger, zum Geleite
Eurer Brüder Segen mit!
Vorsicht sey euch stets zu Seite!
Wißgier leite euren Schritt!

Prüft, und werdet nie dem Wahn
Träger Blindheit unterthan!

So heißt es im »Lied zur Gesellenreise«. Auch dieser Text war nicht sonderlich intellektuell. Aber Leopold Mozart hätte sicherlich jeder Zeile zugestimmt. Denn die Strophe drückt vom inneren Wesen der Mozarts vieles aus und macht begreiflich, was drei Generationen der Familie – auch Wolfgangs Sohn Franz Xaver wurde später zum Bruder der Warschauer Loge »Zur Halle der Beständigkeit« – an der Freimaurerei anzog. Es ist das unbeirrte Streben danach, besser zu werden auch um den Preis des Verzichtes auf Bequemlichkeit. Der Traum, um dessen Verwirklichung jede Generation der Mozarts unter ihren historischen Bedingungen auf ihre Weise rang.

Wolfgang Amadé Mozarts Privatreligion oszillierte demnach zwischen katholischer und maurerischer Mystik. Constanze, die wir noch als äußerst aufgeschlossenen und umtriebigen Menschen kennenlernen werden, war eine nur in Maßen observante Katholikin – eine Mixtur, die es sicherlich nicht leicht machte, Kinder religiös zu erziehen. Dazu kommt, dass die Mozarts zumindest zu Wolfgangs Lebzeiten ihren Kindern wenig von dem boten, was man als stabiles Familienleben bezeichnen könnte. Der 1784 geborene Stammhalter Carl Thomas genoss anders als sein Vater nur drei Jahre häuslicher Erziehung, sein sieben Jahre jüngerer einziger Bruder Franz Xaver Wolfgang vier. Erst im fernen Prag, wo das befreundete Musikerehepaar Dušek die beiden erzog, wurden zwei Einzelkinder zu Geschwistern. Nichts ist überliefert über ihr Christentum, wir dürfen aber davon ausgehen, dass die fortschreitende Individualisierung der Menschen im Biedermeier ihren Niederschlag auch im Glauben der Mozarts fand.

Kapitel 3
Die »Compagnie Mozart«

Kindheit in der Getreidegasse – Von Kinderarbeit und Familiennöten

Neben dem berüchtigten »Schnürlregen« gibt es auch reichlich blendend helle Sonnentage in Salzburg. Wer an einem dieser Tage von den Hängen des Gaisbergs auf das alte Salzburg hinabschaut, sieht eine dunkle Schlucht sich durch das Dächergewirr ziehen. Diese schwarze Furche ist die Getreidegasse. Bereits zu Anna Marias und Leopolds Zeiten drängten sich in den schmalen Häusern zur Gasse hin die Geschäfte. Die Universität und der Universitätsplatz begleiten auf eine lange Strecke die Rückseite der bergseitigen Häuserzeile. Öffentlich zugängliche »Durchhäuser«, schmale Korridore zwischen diesen Häusern, erlaubten den Wechsel von der Getreidegasse zum Universitätsplatz. Auf diesem Platz hält man heute Markt – aber bereits um 1755 belebten Stände und Menschenmengen den freien Raum vor Fischer von Erlachs Universitätskirche. Nach Marktschluss, jeden Samstag und am Vorabend der Feiertage zog man die Schütze des Almkanals – der seit dem Mittelalter bayerisches Bergwasser nach Salzburg brachte – und flutete einfach den Platz. Das Wasser durchströmte, dirigiert von den Besen der Marktleute und der »Dienstmenscher« der Hausbewohner, die Durchhäuser und nahm die Abfälle in die Salzach mit.

Mit sich brachte der Wasserschwall eine erfrischende Kühle – angenehm gerade dann, wenn im Talkessel von Salzburg und in dem beklemmend engen Arkadenhof des Hagenauer Hauses die Sommerluft unbeweglich stand. Ein schmales Fenster führt in diesen Arkadenhof und lässt nur wenig Licht und noch weniger Kühle herein. Nur die Gerüche und Geräusche haben ungehinderten Zutritt in den dämmerigen Raum.

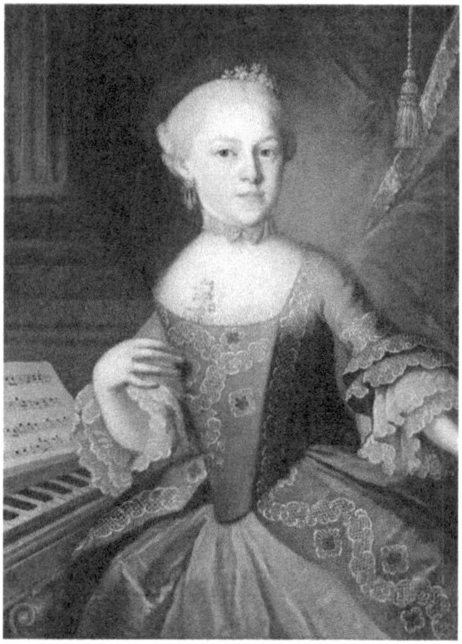

Maria Anna »Nannerl« Mozart 1763.
Authentisches Porträt von Pietro Antonio Lorenzoni.

Was mag die vierjährige Nannerl gehört haben, wenn sie etwa allein in ihrem Bett lag an einem solchen Sommersamstagnachmittag? Wenn sie schlafen sollte und doch nicht schlafen konnte vor lauter Vorfreude auf einen Sommersonntag mit der Pracht der Kirchenmusik, mit dem Genuss von Geselligkeit und gutem Essen? Durch die Entfernung gedämpfte Rufe der Menschen von der Getreidegasse, das ferne brünstig-schrille Ralen eines Esels vielleicht und ganz nah das Gezwitscher eines Kanarienvogelpärchens in seinem

Bauer, das ein Nachbar im Arkadenbogen aufgehängt hatte. Das leise Gespräch der Eltern mit ihren Besuchern im Salon und ab und zu ein Auflachen bei einer galligen oder zotigen Bemerkung unterstrich nur die Einsamkeit des Kindes, das allein in seinem Bett lag.

Die Nannerl war ein Einzelkind bis zu Wolferls Geburt viereinhalb Jahre nach ihrer. Ihre drei älteren Geschwister durfte sie nie wirklich kennenlernen. An Spielgefährten fehlte es ihr dennoch nicht: Es wimmelt von Kindern in der Nachbarschaft, und auch der Hauswirt Lorenz Hagenauer hat eine Schippe voll davon. Und doch – mit dem temperamentvollen Wolferl kehrte mehr Leben ins Haus ein. Nach der Art vieler älterer Schwestern entwickelte Nannerl ein Verhältnis zwischen Bemutterung und Bevormundung dem Bruder gegenüber. Und wie viele Mütter dürfte auch Mutter Anna Maria ihrer Nannerl diese und jene und immer mehr häusliche Aufgaben übertragen haben, während der kleine Knabe seine spätere Rolle als bequemer Hausvater einüben durfte.

In den vier Zimmern im Hagenauer Haus werden alle Kinder geboren, sechs insgesamt: bereits 1748, neun Monate nach der Hochzeit, Johannes Leopold Joachim und dann in dichter Folge dessen Geschwister Maria Anna Cordula, die erste Nannerl, Maria Anna Nepomucena Walburga und schließlich die dritte und »eigentliche« Nannerl Maria Anna Walburga Ignatia. Diese dritte Nannerl – die Maria Anna unserer Geschichte – war das erste Kind, das das Säuglingsalter überleben sollte. Der Erstling Johannes Leopold überstand das erste halbe Jahr nicht, Maria Anna Cordula nicht einmal eine Woche. Auch die Mutter Anna Maria bringen die Strapazen von Schwangerschaft, Entbindung, Wochenbett und dem Aufpäppeln der Kinder mehrfach an den Rand des Grabes. Aber mit unvorstellbarer Vitalität rappelt sie sich immer wieder auf und trotzt der Enttäuschung über den Verlust, die ihr Mann Leopold teilte. Nach Nannerls Geburt folgte Johann Baptist Karl Amadeus –

auch dieser starb als Säugling. Es folgten zwei Jahre Pause. Sie werden der Mutter und der vitalen kleinen Nannerl gutgetan haben. Erst das Jahr 1754 brachte ein erneut kurzlebiges Mädchen, Maria Crescentia Franziska de Paula, und das Jahr 1756 – am 27. Januar – den sicherlich lang ersehnten Stammhalter Johannes Chrysostomos Wolfgang Theophilus – den Wolferl. Das Taufregister im Archiv der Erzdiözese Salzburg verzeichnet seine Taufe am 28. Januar 1756. Wolfgangs Taufpate wird im späteren Leben der Mozarts keine belegbare Rolle spielen. Aber es ist ein würdiger Mann: der »Senator et Mercator Civicus« Johannes Theophilus Pergmayr, also ein Vertreter des Salzburger Kaufmannsadels, der eine nicht näher bestimmbare öffentliche Funktion innehatte.

Wolferls Geburt setzt erneut das Leben der Mutter aufs Spiel, wie die Briefe belegen. Eine Kur in Badgastein stellt ihre Gesundheit einigermaßen wieder her. Der Abgrund des Todes, an dem Anna Maria stand, scheint ihre Bindung an den Knaben nur vertieft zu haben, ähnlich wie es in der biblischen Geschichte von Jakobs Frau Rachel und ihrem Jüngsten Benjamin berichtet wird. Nach ihr verlangt auf der ersten Tournee der sechs Jahre alte Wolferl so sehnsüchtig, dass Leopold entscheidet, die folgenden Reisen nicht ohne die Mutter anzutreten.

In allem Leid und allen Krisen sind die Mozarts nach allem, was wir wissen, eine normale Familie der späten Barockzeit. Die Mutter verantwortet das Hauswesen, erzieht die Kinder und leitet die Dienstboten an – eine ältere Magd namens »Thresel« (Therese Pänckl) diente schon Anna Marias Mutter und später jahrzehntelang den Mozarts. Der Vater sorgt für das Geld und für das Fortkommen der Familie, im Fall der Mozarts auch für den Unterricht im Lesen, Schreiben und Rechnen – beide Kinder sehen anders als ihr Vater nie eine Schule von innen. Anders als im protestantisch-fortschrittlichen Norddeutschland, das eine allgemeine Schulpflicht schon seit dem späten 16. Jahrhundert kennt, führte erst der Aufklärer Joseph II. in seinen Erblanden diese Ordnung ein, im Jahr 1774, Wolfgang war da schon 18. In den 1760er-Jahren besuchte im katholisch-landwirtschaftlichen Erzstift Salzburg nur ein Kind von zehn eine Schule. Warum auch? Damit sie die Bibel lesen konnten wie die Evangelischen? Katholiken hatten die Deutung der Heiligen Schrift den Priestern zu überlassen. Außerdem wurden Kinder zur Arbeit gebraucht und nicht zum Herumsitzen vor Schulkathedern.

Diese volkstümliche Ansicht machen die Mozarts sich nicht zu eigen. Bereits der Handwerkersohn Leopold wurde von seinen Eltern der Erwerbsarbeit entzogen und – vermutlich – für den Klerikerdienst bestimmt. Dazu gehörte selbstverständlich eine gute Bildung. Auch Wolferl, vielleicht ebenso Nannerl, giert nach Wissen, und ihre Eltern gestehen ihnen selbstverständlich das Privileg des Unterrichts zu. Als Akademikerkinder sind sie schließlich Personen von einem gewissen Stand. Adelige des Geistes gleichsam statt Adelige der Geburt. Das Jahrhundert der Aufklärung ist das Jahrhundert, in dem Bildungsstolz gedeiht und Intellektuelle beginnen, den Lebensstil des Titel- und Geldadels nachzuahmen.

Die Mozarts entscheiden sich statt der Schule für den Hausunterricht und beginnen damit um 1761. Leopold kann dadurch drei Fliegen mit einer Klappe schlagen: Wenn der Wolferl nicht zur Schule geht, muss der Vater nicht auch dort noch um Urlaub für die geplanten Reisen bitten. Er kann der Nannerl die gleiche Bildung geben wie dem Wolferl – absolut keine Selbstverständlichkeit in einer Zeit, die Frauen maximal Kenntnisse in Zeichnen, Musik und Nadelarbeit gönnte. Und er behält die volle Kontrolle über das, was die Kinder lernen, und erfährt, was sie denken. Nannerls Rechtschreibschwäche, die ihre Aufzeichnungen während der Grand Tour verraten, deutet darauf hin, dass der Unterricht wohl kaum viel früher begonnen hat. Ob Nannerl und Wolferl gute Schüler waren? – Das bei den Chorknaben bewährte erzieherische Talent ihres Vaters fand jedenfalls einen lauten Widerhall in den Kindern, belegbar vor allem im Sohn. Wolferl zeigt besondere Liebe zur Mathematik. Dies verweist auch auf seine hohe Begabung für die Musik – beide Leidenschaften vereinen sich häufig im selben Menschen. So berichtet der Hof- und Feldtrompeter Johann Andreas Schachtner, ein Freund der Mozarts aus diesen Tagen, dass der kleine Wolfgang sehr wissbegierig gewesen sei und »allem, was man ihm immer zu lernen gab, so ganz anhieng, daß er alles Übrige, auch so gar die Musik, auf die Seite setzte, zum Beispiel als er Rechnen lernte, war Tisch, Sessel, Wände, ja sogar der Fußboden voll Ziffer mit der Kreide überschrieben«. Was Therese Pänckl, die Magd, wohl dazu sagte?

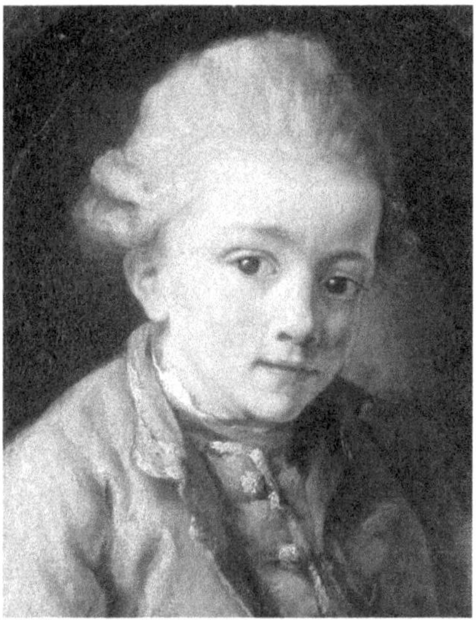

Hellwach: So könnte der siebenjährige Wolferl ausgesehen haben. Gemälde von Jean-Baptiste Greuze.

Neben diesem Elementarunterricht – höhere politische, literarische und künstlerische Gegenstände dürften Tischgespräch bei Mozarts gewesen sein – sorgt Leopold mit großer Passion auch für die musikalische Bildung der Kinder. Er fängt mit Nannerl an, die sich bald als hochbegabt für Klavier und Gesang erweist. Wenn wir annehmen, dass Leopolds Notenbuch für Nannerl den Beginn markiert, ist sie acht Jahre alt. Musikunterricht vor dem zehnten Lebensjahr ist unüblich, selbst bei hochmusikalischen Familien wie den Bachs. Wolferl dürfte sich nach Art müßiger, aber neugieriger kleiner Geschwister dazugedrängt haben und durfte dabeibleiben. Die Möglichkeit zum intensiven Musikunterricht hat Leopold: Hofmusikus zu sein ist kein Kanzlistenposten, bei dem der Vater zu festen Zeiten das Haus verlässt und wieder nach Hause zurückkehrt. Zwar obliegt ihm neben seiner Tätigkeit im Orchester und dem Unterricht der Chorknaben auch die musikalische Erziehung hochgestellter Jugendlicher. Aber es gibt Ruhepausen zwischen Kapellhaus und Privatunterricht, zwischen Orchesterproben und -aufführungen, zwischen Messen und Hochzeiten, zwischen Bällen und Privatkonzerten vor erlauchten Ohren. Zusätzlich schreibt Leopold selber Musik – dies tut er vor allem am heimischen Klavier. Die kostspielige und repräsentative »Königin der Musikinstrumente« stand auch in Leopolds bescheidenem Salon. Wir dürfen uns vorstellen, dass im mozartschen Haus stets Musik in der Luft lag – heitere barocke Musik und die Gegenwart eines heiter-konzentrierten Vaters, der schöpferisch seiner inneren Bestimmung nachging. Die drei musikalischen Mozarts konnten wie ein kleines Orchester zusammenspielen: Vater Leopold meisterte Violine und Bratsche, Nannerl spielte virtuos Klavier, und Wolfgang gab neben den genannten Stimmen das Cello dazu. Singen konnten sie alle. Das Pariser Werbeplakat von 1763 zeigt die drei Mozarts als Klaviertrio vor höfisch-barocker Kulisse. Dieses intensive, reflexive Beisammensein, die viele Zeit, die sie nicht hart und stumpfsinnig schuftend wie viele Handwerkerfamilien miteinander verbringen, vertieft die Bindung zwischen Eltern und Kindern. Diese wird sich später als Erfolgsfaktor der »Compagnie Mozart« bewähren. Die Jahre in der Getreidegasse könnten – Tod und Tragödien zum Trotz – die glücklichsten Jahre der Familie gewesen sein. Die normalsten waren sie allemal. Das Gefühl der Geborgenheit, das Leopold und Anna Maria ihren Kindern ganz offensichtlich trotz der langen und strapaziösen Reisen vermitteln konnten, trug diese durch das ganze Leben.

Was für Väter der damaligen Zeit meist eine alternativlose Verhaltensoption war: Das harte Durchregieren im Falle des Widerspruchs, das war für Leopold nur das letzte Mittel zur Durchsetzung der »Vernunft«, wie er sie sah. Seine Idee von Familie war nicht so sehr die eines Staates im Staate mit klarem Oben und Unten, sondern die einer gleichberechtigten Freundschaft auf der Basis von Vernunft und Freiwilligkeit. Seine briefliche Totenklage um seine Frau spricht Bände: »Eine Familie musste zerrissen werden, die nicht als Eltern und Kinder, sondern als Freunde zusammen lebten.« Leopold hatte nie im Sinn, den Willen seiner Kinder quasi vorsorglich zu brechen, um diese gefügig für die Rolle als Ehefrau oder Untertan zu machen, so wie es die erzieherische Maxime vieler Zeitgenossen war. Zu seinem Denken führte ihn nicht allein der jesuitisch geprägte Glaube an eine göttliche und aus Gnade dem Menschen erreichbare Vernunft, sondern auch seine Lektüre der französischen und deutschen Aufklärer wie Rousseau, Gottsched oder die heute praktisch vergessenen pädagogischen Schriften des François de Salignac de la Mothe-Fénelon. Er drückt solche Bücher, selbstverständlich, auch seinen Kindern in die Hand und verschafft ihnen dadurch einen Bildungs- und Reflexionshorizont, der weit über den anderer Musiker und überhaupt Menschen der Zeit hinausgeht und Wolfgang später bei der Wahl seiner Lektüre und seiner künstlerischen Stoffe zustattenkommt. Für die Grand Tour durch Westeuropa wählt er eine Route über die Picardie und Cambrai, wo die Mozarts andächtig Fénelons Grabmal bewundern. Der 13-jährige Wolferl liest in Fénelons utopisch-zivilisationskritischem Roman

»Abenteuer des Telemach« Sätze wie diese: »Diese Völker sind sehr unglücklich, so viel Mühe und Arbeit darauf verwendet zu haben, sich selbst zu verderben! Dieser Überfluß erschlafft, berauscht und quält diejenigen, die ihn besitzen; er verlockt diejenigen, die denselben entbehren, ihn sich durch Ungerechtigkeiten und Gewalttaten zu verschaffen. Kann man den Überfluß, der nur dazu dient, die Menschen unglücklich zu machen, ein Gut nennen? ... Führen sie ein freieres, ein ruhigeres, ein angenehmeres Leben? Im Gegenteil, sie müssen einer auf den anderen eifersüchtig sein, stets gequält werden von einem schändlichen und verderblichen Neid, stets in Unruhe leben ..., da sie Sklaven so vieler eingebildeter Bedürfnisse sind, von denen sie ihr ganzes Glück abhängen lassen.« Solche Worte schlagen Wurzeln in Wolfgang und manifestieren sich später als ausgeprägte Nonchalance gegenüber dem raffenden Krämergeist und fatalerweise auch gegenüber der Vorsorge für Phasen schlechter Auftragslage.

Man mag nun einwenden, dass die Mozarts im praktischen Leben alles andere als Verächter des Geldes waren. Sie liebten das Einnehmen, und vor allem Leopold hasste das Ausgeben. An dieser Einstellung änderte die Tatsache nichts, dass Leopold sich als Aufklärer begriff und zu den Fénelon-Adepten zählte. Aber das eine ist eben die Utopie, das sittliche Ziel, und das andere ist der Alltag, bei dem es ums soziale Überleben, um den Kredit geht. »Wir wären gut anstatt so roh, doch die Verhältnisse, sie sind nicht so«, drückte ein anderer großer Augsburger Geist und Menschenerzieher, Bertolt Brecht, diesen Widerspruch aus. Und für Leopold war Wohlstand Mittel zum Zweck des Überlebens und der Verwirklichung höherer Ziele, aber erkennbar niemals ein Selbstzweck. Diese Lehre gab er seinen Kindern mit.

Und Leopold selbst beherzigt Fénelons Lehren aus dessen »Erziehung der Töchter«. In ihren ersten 15 Lebensjahren, also bis zum Ende der Grand Tour durch Mittel- und Westeuropa

1766, erfährt die Nannerl dieselbe Bildung und Behandlung wie ihr jüngerer Bruder und ist auf der Grand Tour selbstverständlich mit von der Partie wie auch Mutter Anna Maria. Reisen bildet, lautet eine altbekannte Phrase. Und unbestreitbar bildeten die gemeinsam überstandenen Beschwernisse, Abenteuer und Erfolge einer dreieinhalbjährigen Reise das Zusammengehörigkeitsgefühl der Mozarts aus und mögen wie auch die früheren Reisen zu einem schier unerschöpflichen Fundus an familieninternen Reminiszenzen, Anekdoten und Späßen beigetragen haben, auf den die Mozarts auch in ihren Briefen immer wieder zurückkommen.

Ursprünglich so gleichberechtigt wie überhaupt ein Mädchen jener Zeit, erfährt Nannerl nach der Rückkehr von der großen Westeuropareise 1763 bis 1766, dass sie und ihre Mutter – wie selbstverständlich – ins zweite Glied zurücktreten sollen. Davon, dass Nannerl öffentlich ihr großes pianistisches Können zur Schau stellt, ist nun nicht mehr die Rede, obwohl sie sich sehr wohl einen Anhängerkreis erobern konnte: Bekannte der Familie erinnern sich an ihr virtuoses Spiel und fragen nach ihr. Die Frauen wehren sich dagegen, nun zu Hause bleiben zu müssen, wenn die Männer auf Tournee gehen. Sie möchten zum Beispiel 1770 nach Italien mitreisen, aber Leopold versucht ihnen solche Wünsche auszureden, indem er ihnen das Land wegen der Hitze madig macht und im Übrigen auf die Reisekosten verweist. Als Trostpflaster bringt Leopold teure Geschenke mit.

Nannerls Widerstand erschlafft rasch, und sie fügt sich in der Folge den väterlichen Dispositionen, lässt sich belehren, schurigeln und kommandieren. Hinter diesem Gehorsam verschwimmt zusehends ihre Persönlichkeit. In den Auseinandersetzungen um Wolfgangs Unabhängigkeit zehn Jahre später wird sie, wenn nicht zu Leopolds Parteigängerin, so doch wenigstens zu Leopolds Echo. Wolfgangs Avance, sie möge sich mit ihrem inoffiziellen Verlobten ebenfalls nach Wien absetzen und den Vater mittels der normativen

Kraft des Faktischen zum Nachzug nötigen, prallt an ihr ab. Eine gewisse Entfremdung der beiden wird spürbar, obwohl ihr brieflicher Umgang freundlich und, vor allem von Wolfgangs Seite, scherzhaft bleibt.

So scherzhaft wie Nannerls Briefe bzw. das, was sie hastig auf die ausführlichen Briefe der Eltern hinkritzelt. Es ist durchgängig im mozartschen »Familienstil« gehalten: besorgt, voller Ergebenheitsadressen, gefühlsbeladen, vulgär. So 1777 aus Salzburg an den in München weilenden Bruder:

> *Küsse also der Mama die Hände und dir du Flegel! und Spitzbub du! gib ich einen saftigen Kuß. Und bin der Mama ihre gehorsame Tochter und deine in der Hofnung lebende Schwester – Marie Anne*
> *Die Miss Pimpes [so hieß der Hund, sein Name spricht von der mozartschen Liebe zu England] lebt noch imer in der Hofnung und stehet und sitzet zu halbe Stunden weiß bey der Thür und glaubet, sie [Wolfgang und Anna Maria] werden alle augenblik komen. Bey allem deme aber ist sie gesund, mag essen, trinken, schlaffen, sch – – – en – und br – – zen.*

Wieso schrieb sie so knapp? Sie war klug. Sie konnte gut formulieren. Allem Anschein nach liebte sie ihre Familie so innig, wie man einander bei den Mozarts eben liebte. War sie stets wie eine Magd mit häuslichen Arbeiten überbürdet und hatte einfach nicht die Zeit, sich alles von der Seele zu schreiben, was sie beschäftigte? – Ein wahrscheinlicherer Grund ist der, dass jeden Brief eine andere Person mitlas, mitschrieb oder wenigstens siegelte. Die Intimität des persönlichen Briefes, ein »Naturrecht« des empfindsamen Menschen jener empfindsamen Epoche, gab es für sie nicht. Es ist aus der Kindheit und Jugend kein einziger Brief erhalten, den die Nannerl allein schreiben durfte. Sie nutzte – wie auch Leopold –

für ihre Zusätze deswegen sogar eine Art Geheimschrift, die zumindest einen flüchtigen Leser über den Inhalt ihrer Botschaften hinwegtäuschen konnte. So in einem Brief vom September 1778, wieder an Wolfgang, der aus Salzburger Sicht in Paris und Mannheim erfolglos sein Leben vertändelt:

> *[…] daß die Mama seel: 10 Louis d'or vom hς: Gschwendner empfς. habt ihr mir kein Wort geschriebς, ja hς: Gschwendner wurde in euern Briefς nicht einmahl genannt, so daß ich imer glaubte, du hast ihn niemals gesprochς;*
> *Nun hatte ich die Ehre solches vor einigς tägς zu bezahlς, da mir die 2 Billets erst presentiert wurdς. und wlr gmb afr dmo gled? [wer gab mir das Geld?] der gute hς: Bullinger. dem wir nun 400 f ocuhedfg ofnd, dlr glrn wmrtlt, wln lr dfcu [schuldig sind, der gern wartet, wenn er dich] nur wiedς siehet.*
> *die Sache kan so – auf gerathe wohl, – nicht mehr gehς – man muß ein sichern Ruggen habς, sonst kan eins dla mndlrn nfcut alur uleiln [dem Andern nicht mehr helfen]. so würde ich otlrbln und vlrdlrbln [sterben und verderben].*[8]

Warum diesmal die Geheimschrift? Mitautor des Briefes ist der benannte Joseph Bullinger, Schwabe von der Ostalb, Jesuit und seit Aufhebung des Ordens Hofmeister im Dienst des Oberstkämmerers Carl Joseph Maria Felix Graf von Arco – des Arco, mit dem Wolfgang später handgreiflich streiten wird. Der Vertraute aller Mozarts – so vertraut, dass er in Salzburg der Erste ist, den Wolfgang vom Tod der Mutter unterrichtet – und geduldiger Geldgeber von Wolferls Reise nach Mannheim und Paris. Und nicht jeder zufällige Leser soll erfahren, dass Nannerl in Salzburg betteln gehen muss für das Geld, das Wolfgang anderswo ausgibt.

So präsentiert sich die Nannerl: dem Vater ähnlich in ihrer Vorsicht und Umsicht. Trotz ihrer hohen musikalischen Begabung ist sie die längste Zeit auf eine bescheidene Rolle als Zuarbeiterin beim Erfolg des Bruders beschränkt. Ein zeittypischer Lebenslauf, kaum anders als in der Buchbinderwerkstatt ihres Augsburger Großvaters. Nie wird sie energisch rebellieren. Nie wird aus der zutraulichen Nannerl eine kämpferische Maria Anna, so wie aus dem kindlichen Wolferl ein eigenständiger Wolfgang wird. Eine Liebesheirat verweigert ihr der Vater. Sie nimmt es hin und geht eine Versorgungsehe mit einem Amtsnachfolger ihres Großvaters als Gemeindepfleger in St. Wolfgang ein. Einige Jahre lebt sie mit ihm im St. Gilgener Geburtshaus ihrer Mutter und kehrt erst als seine Witwe nach Salzburg zurück. Nicht viel anders Anna Maria, ihre Mutter. Sie nimmt die äußersten Strapazen auf sich für den Erfolg ihres Wolferl. Sie, die am liebsten zu Hause bleibt und – neben vielem anderen – für vertraute Verbindungen mit den Menschen in Salzburg sorgt, lässt sich überreden, allein mit Wolferl auf die Schicksalsreise nach Mannheim und Paris zu gehen. Ständiges Klagen ist ihre Sache nicht, dafür ist sie trotz schwacher Gesundheit seelisch zu zäh und von Natur aus zu fröhlich. Sie bringt aus dem bajuwarisch-bäuerlichen Milieu ihrer Jugend die mozartsche Derbheit in die Familie, wie sie sich in dem folgenden Pariser Briefeintrag vom September 1777 ausdrückt: *Den ganzen dag haben wür Visiten,/ leben wie die Fürsten-Kinder,/ bis uns holt der Schinder./ Adio ben mio leb gsund,/ Reck den Arsch zum Mund./ Ich winsch ein guete Nacht,/ scheiss ins Beth das Kracht.*

Vielleicht hatte sie dergleichen selbstvergessen dem Wolferl beim Saubermachen des Kinderpopos vorgesungen, in der Geborgenheit der Wohnung in der Salzburger Getreidegasse. Der Sohn vergisst es nicht, er dichtet und komponiert daraus später einen berühmten, anarchisch-fröhlichen, viel zitierten und viel zensierten Kanon:

Bona nox!
bist a rechta Ochs;

bona notte,
liebe Lotte;
bonne nuit
pfui, pfui;
good night, good night,
heut müßma noch weit;
gute Nacht, gute Nacht,
scheiß ins Bett daß' kracht;
gute Nacht, schlaf fei g'sund
und reck' den Arsch zum Mund.[9]

Zur mozartschen »Ehrenrettung« sei hinzugefügt, dass »scheißen« nicht automatisch gleichzusetzen ist mit der menschlich unvermeidlichen Produktion von etwas (meist ungern) Anfassbarem. In der lockeren Diktion der Zeit konnte es auch »schoaßen« bedeuten, also das »krachend«-befreiende Herauslassen von Darmgasen. In der stets um Gesundheit bemühten Familie Mozart war es demnach eine Aufforderung, die Flatulenz nicht selbstquälerisch in sich anzustauen. Es wäre ein Fehlschluss, anzunehmen, dass Anna Maria ihre Therese gern jeden Morgen anwies, verschmutzte Bettwäsche zu reinigen. Schon aus Gründen der Sparsamkeit hätte vermutlich Leopold solchem anarchischen Treiben ein Ende gesetzt.

Anarchisch war nur die mozartsche Fantasie und Sprache, äußerlich waren die Mozarts angepasst. Anarchischer Sprachwitz bricht sich vor allem beim Wolferl so massiv Bahn, dass spätere Biographen ihm ein Tourette-Syndrom zuschrieben. Aber das ist nur ein Versuch, das Unbegreifliche in Mozart auf einen bequemen Begriff zu bringen. Ist es Tourette, wenn ein Dreijähriger, »auf dem Sessel stehend das ›oragna fiagata fá‹ sang« und Vater Leopold »am Ende auf das Nasenspitzl küßte«, wie der erwachsene Wolfgang seinem Vater einmal schrieb. Ganz so wie die Musik, sprudelte auch die Sprache im Eiltempo aus dem Wolferl heraus, ohne dass das Bewusstsein Gelegenheit erhalten hätte, das Sinnlose, Provozierende, Unschickliche oder Undiplomatische herauszufiltern. Die Anzüglichkeiten der Bäsle-Briefe trieben nicht nur der Adressatin die Schamröte ins Gesicht. Auch die prüden Biographen und Editoren des 19. Jahrhunderts unterdrückten Passagen wie »Ich werde alsdan in eigner Hoherperson Ihnen complimentiren, Ihnen den Arsch petschieren, Ihre Hände küssen, mit der hintern Büchse schiessen, Ihnen embrassiren, Sie hinten und vorn kristiren, Ihnen, was ich Ihnen etwa alles schuldig bin, haarklein bezahlen, und einen wackeren Furz lassen erschallen, und vielleicht auch etwas lassen fallen.« Neben dieser Lust an der Provokation findet sich auch der schiere »musikalische Spaß« an der sinnfreien Aneinanderreihung oder Vertauschung von Lauten: Aus »Mozart« wird bei Wolferl »der kleine Herr Trazom«, und seine Frau Constanze, »Constanz«, nennt er auch schon mal »Znatsnoc«.

Im Lauf der Jahre wird die Wohnung im Hagenauer Haus für Mann, Frau, Nannerl und Wolferl zu eng. Nannerl ist 14 und entwickelt sich körperlich. Wie lang können sie noch im selben Bett schlafen, ohne das Gerede der Kollegen und Nachbarn auf sich zu ziehen? Daher schrieb Leopold 1765 an Hagenauer:

> *Wo wird dann meine Tochter schlaffen? Wo wird der Wolfgang sein Quartier aufschlagen? Wo werd ich für ihn einen besonderen Platz zum Studieren und seiner Arbeit, deren er vielerley haben wird, finden? und wo bleib ich? meine Kinder und ich soll jedes seinen Platz haben, um keines dem anderen hinderlich zu seyn. Können sie denn noch ein paar Zimmer anbauen lassen?*

Ein hoher Anspruch sicherlich im 18. Jahrhundert, für ein neunjähriges Kindchen ein eigenes Arbeitszimmer zu wünschen. Aber die beengte Lage des Hauses und seiner bisherigen Bewohner erlaubte kein »Anbauen«, und die Mozarts hatten sich weiterhin mit

Küche, einem Kabinett und je einem Wohn-, Schlaf- und Arbeitszimmer zu begnügen. Die Sorge blieb also und drängte Leopold nach einer Lösung. So schrieb er Anna Maria 1771 aus Venedig:

> *Mir ist beygefallen, daß wir zu Hause nicht wohnen können. du must mir also schreiben, ob wir beym Sailerwird, beym Stern oder beym Saulentzl einlogieren sollen. Ich glaube es wird am besten seyn ich nehme meine Wohnung im Löchl, so habe alsdann nicht weit ins Hagenauer Hauß. So, wie wir (wie die Soldaten) unter einander schliefen, können wir nicht mehr seyn; der Wolfgang ist nicht mehr 7 Jahre alt.*

Eine Lösung des Problems brachte 1773 das Tanzmeisterhaus am Hannibalplatz, das von Fischer von Erlachs meisterhafter Dreifaltigkeitskirche mit ihrer konkaven Fassade überragt wird. Direkt gegenüber beginnen die Gärten von Schloss Mirabell. Leopolds einstiger Trauzeuge Franz Gottlieb Spöckner brachte im Tanzmeisterhaus jungen Leuten von Stand nicht nur das Tanzen bei, sondern auch Manieren und war ihr »Coach« im diffizilen Hofzeremoniell. Nach Spöckners Tod ging das geräumige dreigeschossige Anwesen an dessen Cousine Maria, das »Tanzmeister-Mitzerl«, über. Das Mitzerl veranstaltete keine Bälle mehr, sondern verlegte sich aufs Vermieten und stellte den geräumigen Saal für Hochzeiten zur Verfügung. Nach ihrer dritten Reise nach Wien zwischen Juli und September 1773 konnten die Mozarts dieses Domizil dann beziehen. Die geräumige, repräsentative, mit einem Mietzins von über neunzig Gulden im Jahr aber eigentlich zu teure Wohnung bot ausreichend Platz für die Beherbergung von Gästen und für gesellige oder musikalische Begegnungen mit Freunden und Musikern. Jedoch weder für Wolfgang, der ganze fünf Jahre seines Lebens hier verbrachte, noch für seine Eltern dürfte das Tanzmeisterhaus jemals ein wirkliches Zuhause geworden sein.

Auch der Wolfgang Amadé Mozart der Wiener Erwachsenenjahre ab 1781 war ein Familienmensch. Aber während Leopold seine modern wirkende Kleinfamilie stark von seiner Augsburger Verwandtschaft abgrenzt – auf der Seite seiner Frau war ohnehin niemand mehr übrig –, liebt Wolfgang es eine Nummer größer. Ein Hauptgrund seiner Ansiedelung in Wien war neben der Erwartung lukrativer Kompositions- und Konzertaufträge eine andere Familie, die »Weberischen«: Franz Fridolin, der ehemalige Notenkopist, den die Mozarts 1777 in Mannheim kennengelernt hatten, dessen Frau Maria Cäcilia und vor allem die vier Töchter Josepha, Aloisia, Constanze und Sophie, alle vier musikalisch wie ihr Vater. In diesem Milieu scheint er das gesucht und gefunden zu haben, was große Familien besonders macht und was er auch als reifer Mann brauchte: vielstimmiges Lachen, temperamentvolles Plaudern und Plänkeln, die kleinen vorübergehenden Katastrophen des Alltags und die Entspannung, die ihnen folgte, das harmlose Flirten und gegenseitige »Foppen«. Und die Musik natürlich, die auch in diesem musikalischen Haus in der Luft lag. Eine weberische Tochter sollte er heiraten, mit zwei weiteren auf der Bühne zusammenarbeiten, die vierte sollte ihn in den Tod pflegen. Kaum in Wien angekommen, schrumpft Wolfgangs einst reicher Briefwechsel mit den Seinen in Salzburg zusammen, um nach dem Tod des Vaters fast komplett zu versiegen. Warum und an wen soll er auch schreiben – er hat ja alle seine Lieben und Freunde in greifbarer Nähe um sich.

Die Mission des Leopold Mozart – Wie Leopold eine Marke kreierte

Wolfgangs Genügen an den Menschen in seinem unmittelbaren Gesichtskreis wirkt wie sein Erbteil aus einer Kindheit voll kuhwarmer menschlicher Nähe. Von dieser Nähe abgesehen, lebt die

Familie Mozart als eine recht normale Musikerfamilie des Rokoko. Bis der Augenblick kommt, in dem alles anders wird. Es mag 1760 gewesen sein – so schreibt Friedrich von Schlichtegroll in seiner biographischen Notiz im »Nekrolog auf das Jahr 1791«. Es kann gut auch ein Jahr später gewesen sein – bei den Mozarts gehört es zur Werbestrategie, das Wunderkind jünger zu machen, als es ohnehin ist. Was Leopold damals erlebt, ist mit den Worten »Erweckung« und »Offenbarung« zutreffend charakterisiert. An einem Spätherbstabend kehrt Leopold von der Kirche nach Hause zurück und trifft Wolferl am Klavier an. Das Instrument dürfte trotz seiner empfindlichen Mechanik und Holzoberfläche keine Verschlusssache gewesen sein wie in späteren gutbürgerlichen Wohnzimmern – das konnte es auch nicht sein, es war ja Arbeitsgerät und »Lebensmittel« der Mozarts. Jedenfalls hatte es bislang den ungestümen Drang der jungen Mozarts überstanden, wie wohl alle Kleinkinder mit voller Kraft auf die Tastatur zu schlagen, um ihr irgendwelche Töne oder Misstöne zu entlocken. Oder die Eltern hatten es geschickt verstanden, den überschießenden kindlichen Erkundungsdrang in materialschonende Bahnen zu lenken.

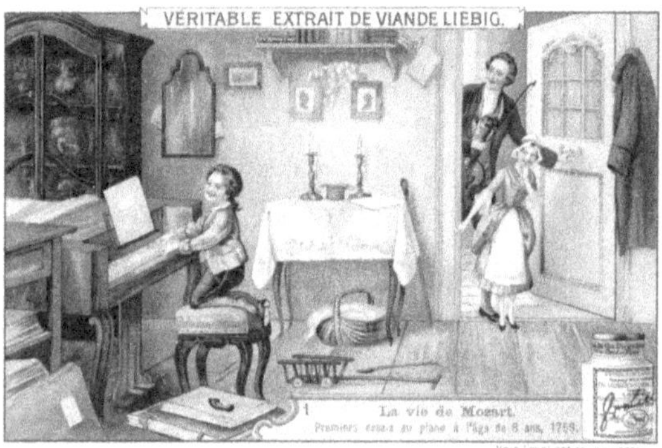

Ein Genie wird entdeckt.
So sah ein unbekannter Grafiker 1906 die Familie Mozart.

Wolferl indessen ist an diesem Abend nicht nur mit dem Klavier beschäftigt, sondern auch mit der Schreibfeder und einem Stapel rastrierten Papiers. Notenpapier ist ein kostbarer Artikel im 18. Jahrhundert, aber auch ein mozartsches »Lebensmittel«, das wohl reichlich verbraucht wurde. Ein alter enger Freund der Familie, der Trompeter Johann Andreas Schachtner, hat den folgenden verzaubernden Moment eingefangen.

> *»Was machst du denn da?« wurde er vom Vater gefragt.*
> *Wolfgang: »Ein Concert für das Clavier. Der erste Theil ist bald fertig.«*
> *Der Vater: »Laß sehen. Das muß was Sauberes seyn.«*
> *Wolfgang: »Nein, es ist noch nicht fertig.«*
> *Der Vater nahm es ihm weg, und zeigte seinem Freunde ein Geschreibe von Noten, die man kaum lesen konnte, indem sie größten Theils auf ausgewischte Tintenflecke hingeschrieben waren; denn der Kleine hatte alle Mahl mit der Feder bis auf den Grund des Tintenfasses getaucht, und so mußte der Feder immer ein Fleck entfallen, den er dann mit der flachen Hand auswischte, und immer wieder darauf fortschrieb.*
> *Beyde Freunde lachten anfangs über diesen Galimathias*[10] *von Noten. Als aber der Vater die Composition selbst mit Aufmerksamkeit betrachtete, blieb sein Blick lange starr auf das Blatt geheftet, bis endlich helle Thränen, Thränen der Bewunderung und Freude, seinem Auge entfielen. »Sehen Sie, Freund«, sagte er mit Rührung und Lächeln, »wie alles richtig und nach der Regel gesetzt ist; nur kann man es nicht brauchen, weil es so außerordentlich schwer ist, daß es kein Mensch zu spielen im Stande wäre.« – »Dafür«, fiel hier der kleine Wolfgang ein, »ist es auch ein Concert; man muß so lange exerciren, bis man es herausbringt. Sehen Sie, so muß es gehen.« Er fing nun an zu spielen, konnte aber auch nur so viel herausbringen, daß man*

sah, welches seine Ideen gewesen waren. Denn er hatte sich damahls den Begriff gebildet, daß Concertspielen und Mirakelwirken einerley seyn müsse; darum nun war sein Aufsatz ein Gewirr von zwar größten Theils richtig, aber so schwer zusammen gesetzten Noten, daß es selbst jedem Meister unmöglich war, sie zu spielen.[11]

Was bedeutet diese Szene? Diese erste kleine Fachsimpelei unter Musikexperten? Ein Kleinkind, das nach heutigen Begriffen im zweiten oder dritten Kindergartenjahr steckt, hat sich allein durch Zuhören und vielleicht durch gelegentliche heimliche Experimente im Kopf oder auf der Tastatur einen konkreten Begriff davon erarbeitet, was es bedeutet, ein Musikstück zu erfinden, einzuüben und aufzuführen. Es kann sich kundig über diese Vorgänge verständigen. Es hat die Musik im Kopf. Und es kann die Musik so zu Papier bringen, dass die Erwachsenen sie lesen und verstehen können. Hier ist nicht nur ein außergewöhnliches Talent am Werk, sondern eine umfassende Hochbegabung.

Die von Schachtner festgehaltene Szene ist eine ergreifend schöne Verherrlichung des mozartschen Genies, ein Romanautor hätte sie sich nicht romantisch-pathetischer ausdenken können. Doch ist sie auch wahr? Der alte Schachtner brachte sie nach mehr als dreißig Jahren auf Nannerls Wunsch zu Papier. Er erzählt sie ausführlich und lebhaft, bettet sie ein in andere Erinnerungen. Vielleicht hat er sein Gedächtnis in späteren Gesprächen mit Leopold immer mal wieder aufgefrischt oder war Zeuge, wenn dieser sie einem Dritten erzählte. Wir dürfen darauf vertrauen, dass sie sich so oder ähnlich zutrug. Jedenfalls wurde die Geschichte zur Gründungslegende der »Compagnie Mozart«.

Ob sie sich nun so oder ähnlich abgespielt hat – sie war der Ruf, der an Leopold erging. Ein Ruf Gottes, so fasst der tiefgläubige Leopold sie tatsächlich auf. Fast zwanzig Jahre lang wird er nicht müde, seine Mission zu verkünden wie ein Prophet. Öffentlich in Gesellschaft oder in seinen Texten, die er in werbender Absicht den Auftritten seiner Kinder vorausschickt und die die Zeitungen drucken. In Schreiben an Kollegen, Gönner und Geldgeber und in den Briefen an seine Familie. Sogar ein ganzes Buch, eine Biographie seines Sohnes, kündigt er an – sie zu realisieren bleibt allerdings Wolferls Witwe und ihrem Mann vorbehalten. Es wäre daher erstaunlich, wenn er seine Mission nicht wiederholt seiner Frau und seinen Kindern gepredigt hätte.

Diese Mission lautet: Gott hat in meinem Sohn ein Wunder gewirkt, das Wunder einer nie zuvor da gewesenen Begabung. Ich bin es Gott und den Menschen schuldig, von diesem Wunder zu künden. Und ich bin es Gott und den Menschen schuldig, dieses Talent zur höchsten Reife zu führen.

Das klingt skeptischen Beobachtern nach gelungener Werbung, und ein talentierter Werber war Leopold ohne jeden Zweifel. Neben seiner Begabung als Musikerzieher war dies sein zweites überragendes Talent. Wolferls musikalische und Leopolds pädagogische und kommunikative Begabung mussten zusammenkommen, um das »Wunder« Mozart hervorzubringen. Aber Werbung wird immer dann am besten, wenn der Absender an seine eigene Botschaft glaubt. Und das tat Leopold sichtlich – und er rackerte sich fast zwanzig Jahre im Dienst dieser Botschaft ab. Seine Familie unterstützte ihn dabei bis zur Selbstaufgabe und – im Fall der Mutter – bis zum elenden Tod in einer ihr verhassten Fremde.

»Mission« heißt wörtlich »Aussendung«, und Leopold nimmt dieses Wort ernst. Schnell wird ihm klar, wie klein Salzburg eigentlich ist. Er hat hier erreicht, was er kurzfristig erreichen kann. Bei seinen Oberen stoßen seine »Mission Wolferl« und seine Vorführungen der Kinder auf Interesse, aber nicht auf den Enthusiasmus, der ihnen nach Leopolds Auffassung gebührt. Wie mag also die Mozart-Familienmusik wohl an anderen Höfen, in anderen Öffentlichkeiten klingen? Leopold ist klar, dass die Frist begrenzt ist, in der sich Ausnahmetalente als solche vermarkten lassen. Die Nannerl wird bald eine junge Dame und als solche nur noch »begabt«, aber eben keine Sensation mehr sein.

Also sperren die Mozarts im Januar 1762 erstmals die Wohnung in der Getreidegasse zu und fahren geschlossen nach München, um die elfjährige Nannerl und den sechsjährigen Wolferl am wittelsbachischen Hof und in den Salons des Adels und Klerus als Wunderkinder zu präsentieren.

Familienbetrieb auf Reisen – Touren und Torturen

Gründliche Menschen haben es genau ausgerechnet: Wolfgang Amadé Mozart war 3720 Tage auf Reisen, mehr als zehn Jahre und zwei Monate – das ist beinahe ein Drittel seines Lebens. Zumeist und in den ersten 22 Lebensjahren ausschließlich in elterlicher Begleitung, nach seiner Loslösung vom Salzburger Elternhaus allein oder mit seiner Frau Constanze. Er sah fast alle bedeutenden Metropolen des mittel- und westeuropäischen Raums von Rom, Neapel, Mailand und Venedig über Lyon und Paris bis London und Amsterdam, Frankfurt, Berlin und Dresden. Noch wenige Wochen vor seinem Tod war er unterwegs – in Prag, von Wien aus 42 Meilen hin, 42 Meilen zurück. Diese Reise dauerte dreieinhalb Tage und kostete Mozart 25 Gulden. Heute dauert sie keine Stunde.

25 Gulden waren ein kleines Vermögen für normal verdienende Menschen. Hätte den Mozarts damals jemand erzählt, dass in 250 Jahren ihre Nachkommen für weniger als einen Gulden in Flugmaschinen hoch über den Wolken Wege zurücklegen würden, für die sie selbst Wochen brauchten, hätten sie vermutlich gefunden, dass er in den Narrenturm gehörte. Da das Reisen so

teuer war, brachten nur wichtige Anlässe die Menschen des 18. Jahrhunderts in Bewegung: Lernen, Arbeit, Ehen, der Glaube mit seinen Wallfahrten und Festen, materielle Not und der Krieg. Nur der Adel und mit wachsendem Interesse das höhere Bürgertum genossen das reine Unterwegssein und sahen sich Europa an – besonders die berühmten historischen und kulturellen Stätten Italiens und Frankreichs mit ihren Kirchen, Ruinen und Kunstschätzen.

Reisen war für sie auch ein zeitlich befristeter Ausbruch aus den zwanghaften Verhältnissen der ständischen Welt. Die Kavaliersreise oder »Grand Tour« gehörte zum Bildungsprogramm des Mannes von Welt, des späteren »Touristen« – die Frau blieb zu Hause. Und Mann lebte sich gern aus, wie wir aus zahllosen Reiseberichten herauslesen können. Ähnlich bei den Studenten, wie Leopold Mozart einer war. Die europäische Gelehrtenrepublik war eine Männer-Republik. Ihre jungen Vertreter nutzten die zeitweise Freiheit, die sie in ihrer Alma Mater genossen, und die elterlichen Stipendien oft weidlich aus, indem sie, statt Collegia zu hören, lieber soffen, sich mit scharfen Waffen untereinander und mit den Bürgern schlugen und den örtlichen Mädchen nachstellten. Weiter unten in der gesellschaftlichen Hierarchie gab die zünftische Ordnung den »freigesprochenen« Handwerksgesellen eine begrenzte Zeit der Freiheit, die Walz oder Gesellenwanderung, auf der sie neue Arbeitspraktiken, fremde Orte, Regionen und Länder kennenlernen sowie Lebenserfahrung sammeln sollten, indem sie das Land durchstreiften und sich befristet verdingten. Am Ende der Reisen stand aber immer die Sesshaftigkeit als erstrebter glücklicher Seinszustand. Denn wer sich auf eine Reise aufmachte, konnte keineswegs sicher sein, seine zurückgebliebenen Angehörigen oder seine heimliche Verlobte jemals wiederzusehen. Krankheit, Kriege, Hunger konnten jederzeit die schönen Pläne durchkreuzen. Aber all diese Reisenden formten mit ihren mündlichen und schriftlichen Berichten und mit den mitgebrachten Gegenständen und Kunstwerken das Bild, das die Zurückgebliebenen sich von der Welt machten.

Reisen hieß nicht unbedingt, jeden Tag unterwegs zu sein und jeden Abend seinen Kopf auf ein anderes Kissen zu betten. Der Tourist der damaligen Zeit hastete nicht, wenn es sich vermeiden ließ, und legte zwischendurch Erholungspausen ein. Für den Klerus gab es die kostenlose Gastfreundschaft der Mitbrüder in den Konventen. Auch die Mozarts nahmen nach Möglichkeit mit monastischen Gastgebern vorlieb, etwa denen im oberösterreichischen Lambach. Wolfgangs »Alte Lambacher Sinfonie« erinnert daran. Der Adel logierte in den Palästen und Schlössern seiner weitläufigen Verwandtschaft. Architekten, Künstler und Musiker beanspruchten oder gewährten großzügig die meist ärmliche Gastfreundschaft ihrer Kollegen oder nisteten sich bei ihren Auftraggebern und Mäzenen ein. Manch einem von ihnen eilte ein Ruf als Schnorrer voraus, ganz ähnlich wie ein Spötter dem romantischen Dichter Tieck nachsagte: *Wie ein blinder Passagier,/ fahr ich auf des Lebens Posten,/ einer Freundschaft ohne Kosten/ rühmt sich keiner je mit mir.*

Die zünftischen Tippelbrüder kamen in den Haushalten ihrer Meister unter, unterwegs nahmen sie die billigsten Bleiben in Anspruch oder schliefen in Heustadeln oder unter freiem Himmel.

So brachte das Reisen auf jeden Fall die Herausforderung mit sich, sich immer wieder auf neue Quartiere mit ihren Gastgebern, Geräuschkulissen, Nachbarschaften einzustellen. Es bedeutete, immer wieder mit neuen Sprachen und Zungenschlägen zurechtkommen zu müssen. Es bedeutete, schikanöse Visitationen an den Schlagbäumen und Stadttoren über sich ergehen lassen und vielleicht den Moment abpassen zu müssen, in dem es den Fortgang förderte, wenn ein Geldstück heimlich von Hand zu Hand wechselte. Es bedeutete, auf Geld und Wertgegenstände sehr gut aufzupassen. Denn alles musste bar bezahlt werden, und auch seine

Honorare oder seinen Lohn brachte man in Silber und Gold nach Hause. Wer klug war, ließ sich vor der Abfahrt Kreditbriefe ausstellen und löste sie bei einer Bank gegen das nötige Bargeld ein, wenn er in größeren Orten Station machte. Reisen bedeutete schließlich, auf Monate oder Jahre mit einem Minimum an persönlichen Gegenständen auskommen zu müssen.

Zwischen den Zielen der Reisenden lagen schier endlose Fahrten mit dem Postwagen, der tatsächlich auch Briefe transportierte und vor den Pferde gespannt waren, die von Station zu Station wechselten. Es gab die gewöhnlichen Fuhren und die teurere, aber zuverlässigere »Diligence« (Extrapost). Eine billigere Möglichkeit war die, sich einem Hauderer anzuvertrauen, einem örtlichen Fuhrmann. Allerdings fuhren die Hauderer keine großen komfortablen Wagen mit dicht schließendem Verdeck. Wer also von der Post unabhängig reisen und sich gleichzeitig vor Regen und Schnee schützen oder wer besonders weltmännisch auftreten wollte und sich Kutsche und Lohn eines eigenen Fuhrmanns leisten konnte, fuhr mit dem eigenen Fuhrwerk und mietete an jeder Station neue Pferde. Auch Leopold Mozart und die Seinen fuhren möglichst in der eigenen, von Dienern kutschierten Equipage vor. Denn Reisegruppen ab drei Personen hatten immer Not, zusammenzubleiben. Und es galt obendrein, sich abzuheben von den mittellos umhergetriebenen armen Teufeln, die hier und da ihr Glück probierten. Die menschlichen Kostbarkeiten, die Leopold der Öffentlichkeit zu präsentieren gedachte, brauchten einen repräsentativen Rahmen. Und schließlich galt es, die Knochen und Nerven zu schonen und heil wieder heimzukommen.

Mehrfach erkranken die Mozarts auf Reisen, und es ist leicht vorstellbar, wie ein Kind leidet, das fiebernd und weh im schlingernden, schütternden Wagen liegt. So erwarb Leopold auf der ersten Reise mit Frau und Kindern nach Österreich und Ungarn in Preßburg für sechzig Gulden einen Wagen, denn:

wir reisten diesen Tag nicht sonderlich bequemm, indem der Weeg zwar ausgefrohren, allein unbeschreiblich knopperičht und voller tieffer Gruben und Schläge war; denn die Ungarn machen keinen Weeg. Hätte ich in Pressburg nicht einen Wagen kauffen müssen, der recht gut gehängt ist, so hätten wir ganz gewiß ein paar Rippen weniger nach Hause gebracht. Den Wagen muste ich kauffen, wenn ich anders wollte, daß wir gesund nach Wien kommen sollten. Denn in ganz Presburg war kein 4sitziger geschlossner Wagen bey allen Landkutschern anzutreffen. Diesen Wagen hatte ein Stattkutscher – die Stattkutscher därffen aber nicht über Land fahren, aufgenommen mit 2 Pferd nur auf etliche Stunde.

An die zehn Jahre lang sollte dieser Wagen die Mozarts begleiten, vor dem Wetter schützen und gleichzeitig Wohnzimmer, Büro, Kinderstube und Klassenzimmer sein.

Die Poststationen lagen um die fünf Meilen auseinander – das entsprach sechs bis acht Stunden Fußmarsch, ein Wagen brachte sie ohne Pausen in vier bis fünf Stunden hinter sich. Und diese Etappen konnten strapaziös sein. Anders als heute führten sie gern über die Höhenzüge und mieden nach Möglichkeit die damals noch meist versumpften Niederungen. Das stete Auf und Ab setzte den Tieren und den Nerven der Postillione zu. Nicht überall waren die Verhältnisse so katastrophal wie im armen Oberungarn, dessen Straßen die Mozarts fürchten lernen sollten – oder im reichen Preußen, wo der Soldatenkönig Friedrich Wilhelm I. befand, gute Verkehrswege verleiteten die Untertanen nur dazu, das Land zu verlassen, anstatt als gute Subjekte die Böden zu bestellen oder auf den Schlachtfeldern für Preußens Gloria die Knochen hinzuhalten. Aber die deutsche Kleinstaaterei brachte es mit sich, dass die Poststraßen – die Vorläufer der heutigen Fernstraßen – durch die verschiedensten Herrschaftsgebiete liefen. Die kleinen Fürstentümer standen sehr unterschiedlich gut im Futter und trugen dementsprechend mal besser, mal viel schlechter zum Unterhalt der Wege bei. Die Tatsache, dass der deutsche Kaiser den Transportbetrieb an Konzessionäre vergeben hatte – die Thurn und Taxis florierten jahrhundertelang von diesem Allerhöchsten Privileg –, änderte daran wenig. Die wenigsten Straßenabschnitte waren gepflastert und drainiert und damit staubfrei, wasserfest und eben. Wo sie es waren, lag das oft genug daran, dass sie über die Trassen 1500-jähriger altrömischer Straßen führten. In der Regel wechselten trockene, feste Passagen, auf denen der Schotter sich gut mit dem Untergrund verband, mit Stücken, die vom Tauwetter oder nach langem Regen unter Wasser standen und aufweichten oder gar am Rand unterspült wurden und abbröckelten. Dazu gruben sich die schmalen hölzernen Speichenräder der Bauernkarren und Reisewagen mit ihren Eisenreifen tief in den Untergrund ein und wühlten diesen zu tiefen, unberechenbaren Schlammlöchern auf. Wo keine Brücken über die Flüsse führten, mussten Furten herhalten. Das stete Schwanken der vielfach ungefederten Fuhrwerke schleuderte die Reisenden und ihr Gepäck hin und her. Jedes Schlagloch erschütterte die Fahrgäste so, als säßen sie direkt auf der Wagenachse. Wolfgang Amadé Mozart schildert es 1780 in einem Brief drastisch:

> *Dieser Wagen stößt einem doch die Seele heraus! Und die Sitze! hart wie Stein! Von Wasserburg aus glaubte ich in der Tat meinen Hintern nicht ganz nach München bringen zu können: Er war ganz schwielig und vermutlich feuerrot. Zwei ganze Posten fuhr ich die Hände auf den Polster gestützt und den Hintern in Lüften haltend.*

Die Polster, das waren oft genug nichts als alte Tierfelle, die man über die Holzbänke gespannt hatte. Sie halfen ebenso wenig gegen den anderen Feind der Reisenden: die beißende Winterkälte, die mit dem Schnee und Straßenstaub durch die Ritzen in die leicht gebauten Gehäuse drang.

Nicht nur die Reisenden litten – auch die ansässige Bevölkerung. Die gepflasterten Straßen großer Städte hallten bis in die Nacht wider vom Rasseln der Wagenräder und vom harten Schlag der Pferdehufe. Wenn in einem reichen Haus jemand krank lag, ließ man den Fahrweg mit Stroh bestreuen, um den Lärm zu dämpfen. Gleichzeitig bedeckte Mist die stark befahrenen Straßen und die Höfe, wo Stallungen, Remisen und armselige Behausungen Tiere, Wagen, Geschirr, Kutscher und Stallknechte aufnahmen.

Eine Reise per Postfuhrwerk konnte aber nicht nur quälend unbequem verlaufen, sondern auch im Fremdenspital enden. Denn ein Fahrfehler des Kutschers infolge mangelnden Könnens, Übernächtigung oder Trunkenheit konnte zum Bruch eines der Räder führen oder die empfindlichen, hoch bepackten Transportmittel zum Kippen bringen. Wer aus Geldmangel außen, gar auf dem Wagendach, mitfuhr, musste im schlimmsten Fall eine Sturzhöhe von zehn Fuß überstehen, nach heutigem Maß gut drei Meter.

Leopold Mozart selbst schildert seinem Salzburger Freund Lorenz Hagenauer 1763 brieflich den vielleicht berühmtesten Radbruch der Musikgeschichte – das anfängliche Missgeschick, das – wie der Aberglaube weiß – das Unglück von der triumphalen Grand Tour fernhielt:

> *Das heist auf der schneckenpost gereiset! – – aber nicht aus unserer Schuld. 2 Stund ausser Wasserburg brach uns ein hinteres Rad in Stücken. Da sassen wir. Zum Glücke war es heiter und schön, und noch zum grössern Glücke war in der Nähe eine Mühle. Man kam uns mit einem Rad, das zu klein und doch im Hauffen zu lange ware, zu Hilfe. Wir musten frohe seyn, daß wir dieses hatten, und gleichwohl ein klein Bäumchen abhauen, um es vor das Rad zu binden, daß es nicht ablauffen konnte; das zerbrochene*

Rad schlugen wir gar in Stücke, um das Eysenwerk mit zu nehmen. Den Reiff musten wir unter den Wagenkasten binden um ihn fortzubringen. Dieß sind nur die Hauptumstände, die uns über ein Stund auf der freyen Strasse aufhielten. Den übrigen Weeg machte ich und der Sebastian im Namen Gottes per pedes apostolorum fort um mit unsern schweren Cörpern dem blessierten Wagen kein neues Ungemach zuzuziehen. Da wir also um 10 Uhr in Wasserburg hätten eintreffen können, musten wir zufrieden seyn um 1 Viertel nach 12 Uhr allda anzulangen. Nun ward der Wagner und Schmied geruft um ein neues Rad zu verfertigen. Es war nothwendig auch dem anderen Rad die Pulse zu fühlen. Und die Vota unanimia des Consilii gieng dahin; daß auch dieß Rad in der grösten Gefahr wäre, durch einen jähen Schlag gerührt plötzlich dahin zu fallen. Ich muste es umso eher glauben, als die Herren Wagen-Doctores, ja sogar der Herr Doctor Niderl selbst, solches mir einen Tag vor der Abreise prophezeyten. Es hieß der Wagen würde bis heut frühe, folglich in Tag und Nacht restituirt seyn. – – aber ja! Einen blauen Teufel! – – wir hoften bis nach Tische weiter zu kommen. – – vergebens! Der Wagner hackte, und schnitt; der Schmied sengte und brennte, und schlug dapfer darauf. Letzterer würde uns den Patienten geschwind auf die Füsse gestellt und im Gang gebracht haben, wenn der erste den Kranken eher hätte aus seinen Händen liefern können. Was war nun zu thun? – – Gedult mit Unwillen hieß es! und so heist es diesen Augenblick noch, als ich dieses schreibe. Dann vor der Nacht wird die Cur nicht zu Ende seyn. Es heist also: Sitz auf, und bleibe heut Nacht noch hier.

So bedeutete Reisen im günstigsten Fall eine Strapaze, im schlechtesten setzte es Gesundheit und Leben der Reisenden aufs Spiel – am extremsten vielleicht in Italien, das die Mozarts zwischen Dezember 1769 und März 1773 dreimal besuchten, denn Italien war für seine bewaffneten Wegelagerer berüchtigt. Und nicht jeder Reisende konnte solchen Gefahren und Widrigkeiten seinen galligen Witz entgegensetzen wie Leopold in diesem Brief an Hagenauer, den er ja schrieb, während er noch mitten im Schlamassel saß. Und selbst wer glücklich angelangt war in der Poststation, musste vorliebnehmen mit feuchten Zimmern, verwanzten Betten, ungenügender Hygiene, schlechten Massenquartieren und bescheidenem Essen. Zechprellerei, Diebstahl, Trinkgelage und Unzucht gehören zum »schlechten Ton« der Zeit. Die Gefahren einer Reise bestanden aus der Sicht von Menschen wie Leopold Mozart vor allem in den drei großen Ws: Wein, Weiber, Würfel.

Das Unterwegssein auf den Straßen konfrontiert die Kinder auch mit anderen Härten des damaligen Lebens. Die Gesichter neugierig an die Wagenscheiben gedrückt, beobachten die Kinder in Linz, wie ein Bettler auf Nimmerwiedersehen in die reißende Donau stürzt, in Lyon, wie ein Delinquent gehenkt wird.

Dennoch dürfen wir glauben, dass Leopold nicht allein um der Talente seiner Kinder willen oder gar in der Hoffnung, eigene Kompositionen an den Mann zu bringen, die Strapazen und Gefahren jahrelanger Reisen auf sich nahm. Er muss die Tourneen auch genossen haben als zeitweise Ausbrüche aus der ermüdenden und manchmal entwürdigenden Enge der höfisch-kirchlichen Salzburger Routine. Der auf alles neugierige und stets kritische Kopf wollte nicht um sich selbst kreisen. Wie sonst hätte er immer wieder um Urlaub und Kredit bitten und sogar beträchtliche finanzielle Risiken eingehen sollen, wenn er nicht selbst Fernweh und einen Zug zum Abenteurer gehabt hätte?

Europa aus der mozartschen Familienkutsche gesehen – kleine und große Tourneen

So lässt Leopold eine Reise dicht auf die andere folgen. Die erste Fahrt Anfang 1762 möchte man als eine Art Generalprobe bezeichnen: Sie führt Vater und Kinder in das zwei Tagesreisen entfernte München und dauert etwa drei Wochen. Er reist in offizieller Mission, soll nämlich neue Musik für Salzburg entdecken, Notenkopist Estlinger besetzt den letzten freien Platz im Wagen. Für ihn muss die Zweitagesfahrt auf engstem Raum mit dem stets sprudelnden, zappelnden Wolferl eine Bewährungsprobe ganz eigener Art gewesen sein. Wir stellen uns vor, dass Estlinger der Nannerl gegenübersitzt, die ihren kleinen Bruder zu beruhigen sucht. So kann er den Kontakt seiner Schienbeine mit Wolferls zuckenden Schuhspitzen vermeiden. Die Kinder treten vor Kurfürst Maximilian III. auf. In diese Zeit fällt Wolfgangs sechster Geburtstag. Leopold erkennt auf dieser Reise: Der Bub ist noch zu klein, um ohne Mutter zu reisen.

Also ist Anna Maria mit dabei, als die Mozarts sieben Monate später nach Wien aufbrechen. Ob sie es gern tut? Für die überhaupt nicht weltläufige Frau ist diese Reise die bisher weiteste ihres Lebens und eine Bewährungsprobe. Hätte sie sich je träumen lassen, dass sie einmal vor der mächtigsten Frau der Erde knicksen und ihrem Sohn dabei zusehen würde, wie er mit den Prinzessinnen um die Wette durch den Schönbrunner Palast flitzte?

Warum gerade Wien? – Schon seit der Barockzeit war die Residenz der Habsburger ein Gravitationszentrum höfischer Musik. Die habsburgischen Herrscher dieser Zeit förderten – anders als die absolutistischen Könige Frankreichs – besonders die Musik und komponierten oder musizierten selbst. So Ferdinand III., Leopold I. und Joseph I. Kaiserin Maria Theresia persönlich verschmähte es nicht, als Sängerin bei Hof aufzutreten, und ihr Sohn und Nachfolger Joseph II. begeisterte sich für die Oper, unterhielt ein privates Orchester und brillierte auf dem Violoncello und anderen Streichinstrumenten. Dieses musikalische Interesse zog Künstler an, bereits Vivaldi erhoffte sich hier für seine Altersjahre einen neuen Karriereschub, später folgten ihm Komponisten wie der als Amadés angeblicher Rivale zu Unrecht schlecht beleumdete Antonio Salieri, Vincenzo Martini oder Christoph Willibald Gluck, ein Reisender in Sachen Musik, der den Mozarts eines vormachte: wie man auf Reisen Weltkarriere machen konnte. Prag, Mailand, Venedig, London, Paris und immer wieder Wien sind die Lebensstationen dieses hochproduktiven »Richard Wagner des 18. Jahrhunderts«, der 1787 mit 73 Jahren in Wien stirbt. Über fünfzig Opern hat er geschrieben. Die Verträge, die er dazu abschloss, umfassten bis zu sechs Werke auf einmal. Ob er Leopold und dem kindlichen Wolferl jemals begegnete, ist unbekannt. Später wird er Mozarts »Entführung aus dem Serail« fördern und damit zu einem Wegbereiter der »Wiener Klassik« werden, die mit der Musikerfreundschaft zwischen Mozart und dem Beinahe-Wiener Joseph Haydn ihren Anfang nehmen und Wien fast anderthalb Jahrhunderte zur unangefochtenen Weltmetropole der Musik machen wird.

Die erste mozartsche Wienreise beginnt also im September 1762. Nannerl hat sechs Wochen zuvor ihren elften Geburtstag gefeiert. Es geht zu Schiff in die Hauptstadt: über Passau, wo man die Kinder dem dortigen Bischof und dem Domherrn Graf Herberstein vorstellt. Herberstein verliebt sich geradezu in Wolferl und reist mit nach Wien. Über Linz, wo Wolferl sich einen Katarrh zuzieht – die erste von unzählbaren leichten und ernsten Erkrankungen auf Reisen. Er kommt mit laufender Nase in Wien an. Das hindert ihn nicht daran, die Wiener Zöllner mit seinem Charme und Geschick in seinen Bann zu schlagen, wie Leopold stolz nach Salzburg an Freund Lorenz Hagenauer berichtet:

dass wir bey der Schantzlmauth [am Donauhafen nahe dem Schanzltor] ganz geschwind sind abgefertiget und von der Hauptmauth gänzlich dispensirt worden. Daran war auch unser Herr Wolferl schuld: dann er machte alsogleich seine Vertraulichkeit mit dem Herrn Mautner, zeigte ihm das Clavier, machte seine Einladung, spielte ihm auf dem Geigerl ein Menuet, und hiemit waren wir expediert. Der Mauthner bath sich mit der grösten Höflichkeit die Erlaubniß aus uns besuchen zu därffen, und notirte sich zu diesem Ende unser Quartier.

Die Aufstellung der Personen, die den Kindern in den folgenden Tagen zuhören, liest sich wie ein Auszug aus dem »Gothaischen Hofkalender«, dem berühmten Adelsverzeichnis. Alle wollen sie die beiden hören, wie Leopold befriedigt notiert:

Graf Collalto. Gräfin Zinzendorf. Graf Wilschegg. Reichsvizekanzler Graf Colloredo Colloredo [der Vater des späteren Salzburger Brotherrn der Mozarts]. Ungarischer Kanzler Graf Palffy. Böhmischer Kanzler Graf Choteck. Bischof Esterhazy. Graf Leopold Kuenburg. Erzherzog Leopold. Baron Schell. Graf Daun. Der junge Graf Palffy. Gräfin Schlick. Prinz v. Hildburghausen. Graf Kaunitz. Graf Ulefeld. Gräfin Leopold Küntzgin [Kinsky]. Graf Hardek. Graf Ferdinand Harrach. Baron Pechmann. Baron Kurz. Gräfin Paar. Marquise v. Patczeko. Pufendorf. Gräfin Therese Lodron. Kapellmeister Georg Reutter. Herr v. Wallau. Der Opern-Intendant Graf Durazzo. Leutnant Winckler.

Den gesamten österreichischen Uradel und die höchsten Beamten des Staats führt Leopold in dieser Liste auf, und Stolz klingt hinter diesen Zeilen hervor. Collalto steht vielleicht nicht ohne Grund im ersten Glied dieser fast genießerisch hergezählten Kette edler Namen. Er hat nämlich bei einem gewissen Puffendorf ein Preisgedicht auf Wolferl in Auftrag gegeben, das aus heutiger Sicht prophetische Qualitäten hat. Es endet nämlich mit den Zeilen: *Nur wünsch ich, dass Dein Leib der Seele Kraft aussteh/ Und nicht, wie Lübecks-Kind, zu früh zu Grabe geh'.*

Der Bezug gilt dem 1725 mit vier Jahren gestorbenen Wunderkind Christian Heineken, über dessen Schicksal das gebildete Deutschland noch mehr als eine Generation später spricht.

Hundert Golddukaten für einen dreistündigen Auftritt der Mozarts vor Kaiserin Maria Theresia, Kaiser Franz Stephan und zwölf ihrer sechzehn Kinder im Spiegelsaal von Schloss Schönbrunn »krönen« diesen Wienbesuch. Und der Abend bringt eine heute unglaubliche, sogar körperliche Nähe zwischen gottbegnadeten Herrschern und einfachen Untertanen, deren himmelschreiende Distanz an diesem 13. Oktober 1762 zusammenschrumpft auf den Abstand zwischen zwei Familien sterblicher Menschen: »Der Wolferl ist der Kayserin auf den Schooß gesprungen, sie um den Halß bekommen und rechtschaffen abgeküsst«, schreibt Leopold seinem Hausherrn Hagenauer. Um die Wette gerannt sei der Bub mit den jüngeren Prinzessinnen durch die Säle und Korridore des Riesenschlosses. Einmal rutschte er aus, und Prinzessin Maria Antonia, die spätere Marie Antoinette, half ihm auf. »Die ist brav. Ich will sie heiraten«, soll Wolferl gesagt haben. – Ihrer kaiserlichen Mutter könnte diese kindliche Anmaßung zu weit gegangen sein. Das Honorar: 100 Golddukaten – das entspricht 450 Silbergulden. Mehr als Leopolds jährliches Entgelt für seinen Dienst am Salzburger fürsterzbischöflichen Hof. Mehr als ein Dreiviertelpfund in reinem Gold – etwas größer, aber dünner als heutige Zehncentstücke und gelb glänzend wie am Tag des Münzenschlages. Leopold mag den Schatz heimlich in der Hand gewogen haben, abends »im Tischerhause in der Hierberggasse, unweit der hohen Brucken« am nördlichen Stadtrand, wo die Mozarts domizilieren. Obendrauf gibt's für die Kinder je ein abgelegtes Gala-Gewand aus der Kleiderkammer der Prinzessinnen und Prinzen. Warum sollten die Subjekte nicht die Kleider und Hosen der herrschaftlichen Kinder auftragen – das ist ja auch was wert?

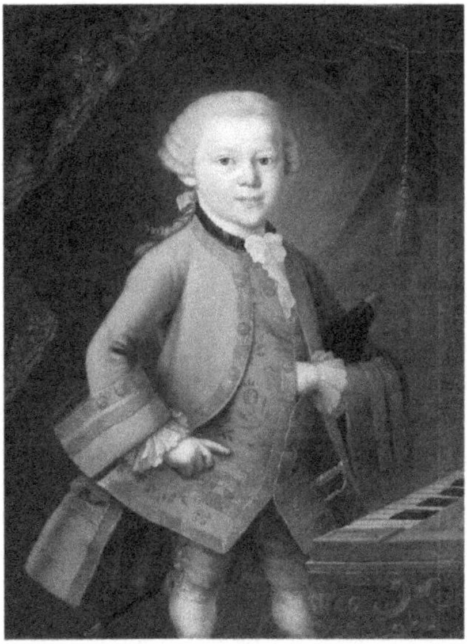

Wolfgang Amadé Mozart 1763.
Authentisches Porträt von Pietro Antonio Lorenzoni.

Die Übergabe solcher Honorare erfolgt gern diskret in silbernen oder vergoldeten Schnupftabaksdosen, die ebenso diskret weggesteckt und in den Tiefen des Gepäcks verstaut werden, um sie vor den Dieben zu schützen, die in manchen Poststationen oder Hotels ihr Unwesen treiben. Nur: Wenn die Herrschaft einmal sparsam war, klimperte es nicht in der Dose, da sie allein bereits das Honorar darstellte.

Ein ganzer Jahreslohn für den Auftritt einer Elfjährigen und eines Sechsjährigen! Ob der stets besonnene und kontrollierte Leopold seine Freude verbergen konnte? Oder ob er nicht seine

Kinder wenigstens einmal einen Blick in die kleine, schwere, blinkende Schatztruhe tun lässt? Welche Gefühle und Träume löst derart schnell verdientes Geld aus in kleinen Kindern, für die bitterer Mangel ein alltäglicher Anblick ist? Welche Gefühle und Träume in den Eltern, von denen jeder selbst schon Zeiten des Darbens durchleben musste?

Am selben Abend endet jäh das Hochgefühl. Wolferl klagt über Schmerzen, Hautausschlag und Schüttelfrost. Er fiebert. Professor Johann Anton von Bernhard von der Wiener Universität untersucht ihn – ein bekannter und vermutlich teurer Arzt. Er diagnostiziert Scharlach. Scharlach bedeutet heute ein paar Dosen Penicillin. Bevor Antibiotika zur Verfügung standen, war Scharlach eine schwere Erkrankung. Viele kleine Buben starben daran. Die Patienten wurden weggesperrt, um andere nicht zu gefährden. In der mozartschen Wiener Herberge dürfte das nicht so ohne Weiteres möglich gewesen sein. Wie immer man sich über die folgenden zwei Wochen behalf – es kostete Geld. Und sobald die Erkrankung sich herumgesprochen hatte, konnten die Kinder in Wien nicht mehr auftreten. Auch die Nannerl unterfiel diesem Verdikt. War sie allein als »Star« eines Abends nicht gefragt? Oder dachten die Mozarts gar nicht daran, sie als Solistin anzubieten? Nach Kaufmannsart beziffert Leopold brieflich seinen Verlust: »Entzwischen ist mir diese Begebenheit ganz gering gerechnet 50 Dukaten schad.« Das kaiserliche Honorar ist damit zur Hälfte bereits verbraucht.

Volle drei Wochen dauert es, bis die Mozarts ihrer Wiener Krankenstube entfliehen können – ins zwölf Stunden entfernte ungarische Preßburg, wo der Adel, offenbar in geringerer Ansteckungsangst, auf die Kinder der Mozarts wartet. Sechs erfolgreiche Wochen später, an Heiligabend 1762, ist die Familie auf dem Rückweg nach Wien, um dort Weihnachten zu verbringen – fern von Nannerls und Wolferls Freundinnen und Freunden, mit denen zusammen die Kinder noch vergangene Weihnachten im

Durchhaus, auf dem Universitätsplatz oder in der geheizten Stube mit den neuen Sachen gespielt haben. Welche Geschenke diese Weihnachten wohl auf sie warteten?

Auch die Jahreswende verbringen die Mozarts zwischen Wagen und Herberge. Es zieht sie nach Hause. Während die Hinreise nach Wien 18 Tage in Anspruch nahm, dauert die Rückfahrt sechs Tage. Nun nimmt sie nicht der Fluss mit, sondern ziehen Pferde sie. Diese müssen meist im Trab laufen, um die etwa 25 Posten in so kurzer Zeit zu absolvieren. Erst am Vorabend des Dreikönigsfestes erreicht die Familie wieder die Heimat. Ob am 7. Januar, einem Freitag, bereits wieder die mozartsche Alltagsroutine auf dem Programm steht mit musizieren, Stunden geben, antichambrieren, dem Fürsterzbischof für seine Großzügigkeit danken? Schrattenbach hat Leopold sein Gehalt jedenfalls weitergezahlt, fast vier Monate lang! Für Anna Maria dürfte der Freitag im Waschhaus mit Wäschewaschen und -ordnen begonnen haben, unterstützt von Thresel und Nannerl. Der kleine Wolferl war vielleicht zum ersten Mal seit langer Zeit wieder allein. Lag er lang im Bett, das seine Schwester schon früh verlassen hatte? Spürte er den letzten Überresten von Schwäche aus seiner Krankheit nach? Spielte er am Fußboden mit lang entbehrten Lieblingssachen? Oder draußen im Durchhaus? Folgte er der Mutter zum Waschplatz, um dort herumzulungern? Oder saß er schon wieder am Klavier, experimentiere und fantasierte?

Wir entscheiden uns für die letztere Möglichkeit. Denn Wolferl ist bereits in diesem Alter besessen von der Musik – noch besessener als sein Vater, der dieser Besessenheit nun nur noch eingeschränkt frönen kann. Denn ihm obliegt die Verantwortung für und die Aufsicht über das mozartsche Familienunternehmen, dessen »Geschäftsmodell« sich mit der Wienreise herausgebildet hat. Der Augsburger Handwerkersohn entdeckt seine Bestimmung als Werbe- und Finanzfachmann der »Compagnie Mozart«.

Was Leopold, abgesehen von den Risiken für die Gesundheit seiner Familie und von den Strapazen, am meisten am Reisen quälte, waren die Kosten. Er führt in der Regel peinlich genau Buch über alle Ausgaben – nicht so sehr aus Zwanghaftigkeit, sondern weil er nicht nur sein eigenes Geld ausgibt. Als er 1763 mit der kompletten vierköpfigen Familie aufbricht und erst im November 1766 nach Salzburg zurückkehrt, wird sein Gehalt nicht etwa unbegrenzt weitergezahlt. Ja, er muss froh sein, dass ihm sein Dienstherr Fürsterzbischof Sigismund III. Graf Schrattenbach überhaupt so langen Urlaub gewährt. Denn dieser Urlaub bedeutet, dass auf unabsehbar lange Zeit der Vizekapellmeister, der Musiklehrer, der Kirchenmusiker und der Komponist gefälliger Hofmusiken fehlt. Aber Leopold hat Gnade gefunden bei dem kunstsinnigen Schrattenbach, der den Wert der Familie für den Salzburger Hof zutreffend einschätzt und sie durch Vergünstigungen halten möchte, wenn er schon Leopold nicht auf den ersehnten Posten eines Kapellmeisters befördern kann. Er unterstützt die Reise sogar aus seiner Privatschatulle. Dieses entspannte Verhältnis soll sich unter seinem Nachfolger Hieronymus von Colloredo in sein Gegenteil verkehren und 1777/78, im Krisenjahr der Mozarts, jene Verkettung unglückseliger Umstände auslösen, die im frühen, elenden Tod Anna Marias gipfeln.

Wo Seine Durchlaucht nicht aushelfen können, helfen Freunde, namentlich Hauswirt Lorenz Hagenauer, vertrauensvoll aus. Ungewöhnlich gerade aus heutiger Sicht, ausgerechnet beim Vermieter Kredit zu haben. Für den korrekten Leopold ist es selbstverständlich, dieses Vertrauen nicht zu enttäuschen und Freundschaften nicht um des Geldes willen aufs Spiel zu setzen. Die vielen eingesetzten Gulden haben die Kinder wieder einzuspielen. Folglich ist jede Reise der Mozarts eine geschäftliche Unternehmung, eine Wette auf die Zukunft. Jede Ankunft in einer Residenzstadt oder an einem geistlichen Hof wirft dieselben Fragen auf: Werden wir gegen

Honorar konzertieren? Werden wir Musikschüler finden? Und, nur Wolfgang betreffend: Werden wir eine bezahlte Auftragskomposition ergattern oder wenigstens gegen die Aussicht auf Belohnung einer hochgestellten Persönlichkeit eine Komposition widmen dürfen? Oder, die Krone aller Hoffnungen: Sieht es nach einer festen Stelle in der Hofmusik aus?

So weit die Habenseite. Auf der Sollseite stehen der Lebensunterhalt für vier Personen, die Quartiere, die Instandhaltung der Musikinstrumente oder gar ein Neukauf wie das Reiseklavier, das Leopold 1763 bei dem weithin gerühmten Klavierbauermeister Johann Andreas Stein in der Augsburger Ulrichsgasse kaufte – ferner alle Arten von Gebühren, etwa für die Pferde, die Mietkutschen und deren Fahrer, soweit sie nicht im eigenen Wagen reisen. »Von Augspurg an biß in diese Gegenden alles von Meile zu Meile theurerer geworden«, schreibt er gequält auf der Fahrt nach den Niederlanden. Die Gesamtkosten der Grand Tour berechnet Leopold auf schwindelerregende 20 000 Gulden. Und für die gescheiterte Parisreise 1777 von Wolferl und Anna Maria verschulden sich die Mozarts allein beim Freund Lorenz Hagenauer mit 700 Gulden und berichten noch Jahre später von den Raten, mit denen sie abzahlen.

Kosten, Unbequemlichkeit und unvorhergesehene Wendungen sind nicht das Einzige, was Leopold auf Reisen quält und zu dauernder penibler Planung und Vorwegnahme aller Eventualitäten treibt. »In Gottes Nahmen; Es ist besser zehen Räder als ein Fuß oder ein paar Finger«, schreibt er nach dem Wasserburger Wagenunfall an Hagenauer. Denn die Sorge um die Gesundheit von Frau und Kindern quält ihn – ein Charakterzug vielleicht, mit dem er den frühen und tief in sein Leben eingreifenden Tod des Vaters verarbeitet, gewiss aber auch den Verlust so vieler Kinder in ihren ersten Lebensmonaten. Krankheit und Tod sind eben allgegenwärtig im 18. Jahrhundert. Leopold ist nicht zu Unrecht besorgt. Wiederholt erkranken die Mozarts auf Reisen: Leopold Mozart liegt in London »bis zum Tode krank«, wie sich Nannerl erinnert. Auf der Rückreise von der Grand Tour in den Niederlanden 1766 liegen erst Nannerl, dann Wolferl mit Bauchtyphus darnieder, später streckt es noch Leopold aufs Lager. Dem zehnjährigen Wolfgang bleiben trotz Schwäche, Durchfall und Fieber übrigens genügend Kräfte, um fast zehn Werke zu komponieren. Erneut zwei Jahre später erkranken die Kinder lebensgefährlich an den Pocken.

Alle diese Risiken können die mutigen Mozarts nicht stoppen. Kaum zurück in Salzburg von der ersten Wienreise, stürzt Leopold sich – und seine Familie – in die Vorbereitung des nächsten Projekts. Neben ihren Instrumenten üben die Kinder nun auch Fremdsprachen: Französisch, Italienisch als Sprache der Musik und der Musiker sowie Latein. Denn diesmal denkt Leopold wirklich groß: Süd- und Westdeutschland stehen auf dem Programm, die Niederlande und als Krönung Frankreich mit seiner kultivierten und in jeder Beziehung glanzvollen Metropole Paris. Spontan kommt später London auf den Plan. Leopold, der sicherlich gern seine Memoiren veröffentlicht hätte, fasst seine Absichten von 1763 Jahre später im Vorwort zu einer Neuauflage seiner Violinschule zusammen:

> *Das ausserordentliche musikalische Talent, mit welchem der gütige Gott meine zwey Kinder in voller Maase gesegnet hat, war die Ursache meiner [nicht etwa ‚unserer'] Reise durch einen grossen Theils Deutschlands, und meines sehr langen Aufenthalts in Frankreich, Holland und Engelland etc. etc. Ich könnte hier die Gelegenheit ergreifen, das Publicum mit einer Geschichte zu unterhalten, die vielleicht nur alle Jahrhunderte erscheinet, und die im Reiche der Musik in solchem Grade des Wunderbaren vielleicht gar noch niemal erschienen ist; ich könnte das wunderbare Genie meines Sohnes beschreiben …*

Die Grand Tour ist einer der Höhepunkte in Leopold Mozarts Leben. Und nichts soll schiefgehen in dieser Zeit: Fast ein halbes Jahr bereitet Leopold sie minutiös vor, kündigt seinen Korrespondenzpartnern sein Erscheinen an, lanciert Berichte in der lokalen Presse, kauft Kreditbriefe, um auf risikolose Weise auch unterwegs sicherzustellen, dass er liquide ist, besorgt Empfehlungsschreiben, macht sich Gedanken über die richtige Garderobe und über die richtige Bedienung. Seine Wahl ist gut getroffen, wie sich später zeigt: Sie fällt auf Sebastian Winter. Gebildet und kultiviert, eignet dieser sich nicht nur dazu, beim Ankleiden zu helfen. Der geborene Schwarzwälder hat auch Verbindungen. Er setzt einen Auftritt der Mozarts am Fürstenbergischen Hof in Donaueschingen durch und heizt die dortigen Erwartungen an. Leopold erinnert sich gerührt:

> *S:e Durchleucht der Fürst empfiengen uns ausserordentlich gnädig; wir hatten nicht nöthig uns zu melden. Man erwartete uns schon mit Begierde. Kurz, wir waren 12. Täge da. 9. Täge war Music von 5. Uhr Abends bis 9. Uhr; wir machten allzeit etwas besonders. Wäre die Jahreszeit nicht so weit vorgerücket, so würden wir noch nicht loos gekommen seyn. Der Fürst gab mir 24. Louis d'or, [also über 200 Gulden] und iedem meiner Kinder einen diamantenen Ring; die Zächer [Tränen] flossen ihm aus den Augen, da wir uns beurlaubten, und kurz wir weinten alle beym Abschiede; er bath mich ihm oft zu schreiben, und so höchst vergnügt unser Aufenthalt war, so sehr traurig war unser Abschied.*

Falls diese rührende Geschichte nicht stark übertrieben erzählt ist, war das genau die Art Auftritt, von der er immer träumte: Der Musiker kontrolliert durch seine Meisterschaft die Gefühle seiner Herren, statt dass die Herrschaft ihn, das Subjekt, kontrolliert.

Mit Sebastian Winter können auch die Kinder reden wie mit einem großen Bruder – oder einem zweiten Vater. Wolfgang wird ihn noch in seinen Erwachsenenjahren brieflich anreden als »liebster Freund!« und »Gesellschafter meiner Jugend« und sich selbst bezeichnen als »Ihr ergebenster Freund und Diener«.

Anfang Juni 1763 ist es so weit. Der Wagen, gelenkt von Winter, fährt in der Getreidegasse vor. Man brach früh auf in diesen Jahren, es galt das Tageslicht auszunutzen. Dennoch ist anzunehmen, dass die Mozarts nicht allein sind, sondern dass Nachbarn und Freunde zur Verabschiedung herbeigeeilt kamen. Niemand weiß bei aller Sorgfalt der Planung, wie lang die Mozarts fehlen werden, nicht einmal Leopold selbst. Denn seine Idee ist erneut die, dass die Auftritte und eventuelle zusätzliche Lehraufträge die Familie unterwegs zumindest ernähren und die Reisekosten und das geliehene Geld hereinspielen sollen. Dieses Konzept bedeutete, dass man sich möglichst zügig von Geldquelle zu Geldquelle bewegte und dort abschöpfte, solange sie sprudelte. Die absolvierte Wienreise muss demnach trotz Wolfgangs zeitweisen Ausfalls ein halbwegs gutes Geschäft gewesen sein.

München ist das erste Ziel, zwei Tagesreisen entfernt. Am Samstag wird man es erreichen und vielleicht die Sonntagsmesse in der Frauenkirche oder im jesuitischen St. Michael hören. München und den Weg dorthin kennen sie alle schon, darauf freuen sie sich. Selbst Anna Maria, ist anzunehmen. Sie besitzt zwar jene von aller Bildung unabhängige Urteilsfähigkeit, die der Kombination von Klugheit und Herz entspringt, aber von allen Mozarts die geringste Weltläufigkeit. Leopolds Versuche – wenn er sie denn überhaupt unternommen hat –, seiner Frau Fremdsprachen beizubringen, sind an ihr abgeprallt. Zeit ihres Lebens wird sie außer Deutsch und ihrer salzburgischen Mundart keine Sprache meistern. Sie könnte also mit durchaus gemischten Gefühlen der Expedition ins Ungewisse entgegengesehen haben.

Und gleich am Ende des ersten langen Reisetages, noch im Salzburger Stiftsland, folgt die erste Aufhaltung. Wir hörten bereits davon: Nahe der Vorderholzmühle kurz vor Wasserburg – die Mozarts beabsichtigten wahrscheinlich, im »Goldenen Stern« abzusteigen – bricht ein Wagenrad. Leopold, der sonst alles berücksichtigt, hat die Warnungen der Salzburger vor dem bescheidenen Zustand des Fahrwerks in den Wind geschlagen und sitzt nun fest. Bis zum Sonntag – der Wagner hat es nicht eilig mit der Reparatur. In Wasserburg besuchen sie gemeinsam mit dem auch als Komponisten und Lehrer bekannten Chorregenten Johann Sebastian Diez die Stadtpfarrkirche St. Jakob. Vermutlich ist auch der Organist Sebastian Ullinger dabei. Der kleine Wolferl darf zum vermutlich ersten Mal die Orgel ausprobieren.

Die Orgel ist kein einfaches Instrument und schwierig vor allem für kleine Kinder. Denn die tiefen Töne werden mit den Füßen gespielt, während mehrere Manuale mit den Händen gegriffen werden. Ein guter Klavierspieler ist demnach noch lange kein guter Organist.

Der Versuch verläuft zum Erstaunen der Zuhörer und zur Zufriedenheit des Vaters, denn der Wolferl begreift unglaublich rasch und meistert auf seine kreative Weise das Instrument, indem er »den Schemel hinweg gerückt und stehend präambuliert und das Pedal dazu getreten und zwar so, als wenn er es schon viele Monate geübt hätte. Alles geriet in Erstaunen und ist eine neue Gnad Gottes, die Mancher nach vieler Mühe erst erhält.« So notiert der stolze Vater. Wieder ein Triumph! Und eines der ersten von unzähligen Kabinettstückchen, die Leopold und Wolfgang noch miteinander aussinnen, probieren und zum Erstaunen der Zuhörer aufführen werden.

Sonntag hin, Sonntag her – es geht weiter, sobald der Wagen wieder fahrbereit ist. München wartet mit seinen Mozart-Verehrern, allen voran Kurfürst Maximilian III. Joseph.[12] Am Tag nach der Ankunft fährt die Familie in Nymphenburg vor. Denn der gut informierte Leopold hat erfahren, dass dort »Galla [Gala] wegen dem Antoni Fest«, dem Namenstag der Prinzessin Maria Antonia Walpurga, ist. Aber wie ohne Empfehlung vordringen zu Seiner Durchlaucht? Leopold Mozart heckt folgenden Plan aus: Er spaziert zusammen mit den Kindern so lange im Park in unmittelbarer Nähe des Schlosses herum, bis der Pfalzgraf Friedrich Michael von Birkenfeld-Zweibrücken-Rappoltstein vom Fenster aus die kleine Gruppe bemerkt und zu sich ruft. Pfalzgraf Friedrich Michael kennt das Grüppchen – er hat sie in Wien gesehen. Er beginnt ein Gespräch und fragt, so Leopold Mozart später an Hagenauer, »ob der Churfürst wuste, daß wir hier wären. Wir sagten nein; Er schickte gleich einen neben ihm stehenden Cavaglier zum Churfürsten um ihm zu sagen, ob er die Kinder nicht hören wollte? – wir sollten inzwischen im Garten spazieren gehen, und die Antwort erwarten. – In der That kam gleich darauf ein Laufer, der uns meldete, daß wir um 8 Uhr bey der Musik erscheinen sollten.« Die Plätze an der Galatafel sind gesichert. Wieder öffnen sich die Türen hochadeliger Prachtbauten für den gleichzeitig seine Nervosität erfolgreich unterdrückenden und vor Stolz platzenden Vater und für die Kinder. Anna Maria ist offenbar nicht dabei. Vermisst sie jemand? Was mag ihr durch den Kopf gehen? Der siebenjährige Wolferl ist vermutlich unbedarft und distanzlos wie vergangenen Oktober in Schönbrunn. Nannerl wird in einem Monat zwölf. Sie hat das Alter erreicht, in dem »honette« Eltern ihren Töchtern Zurückhaltung und Scham auferlegten. Ihre Rolle ist neben der der Virtuosin die der wachen, aber stummen Beobachterin. Sie notiert das, was ihr besonders auffällt, in ihrer noch unbeholfenen Schreibweise, die sie mit wachsender Bildung verbessern wird:

> *Zu münchen hab ich gesehen das ninfenburg, daß schlosse und den garten und die vier schlosser, nemlig amalienburg, badenburg, bagotenburg [Pagodenburg] und die ermitage. das amalienburg*

ist daß schönste, worinnen das schöne bett ist und die kuchel, wo die Kurfürstin selbst gekocht hat. badenburg ist das größte, wo ein sall ist von lauter spiegeln, das bad von marmor, bagotenburg ist daß kleinste wo die mauern von meolika [Majolika] ist. und die ermitasche ist das Sitzamste, wo die capel von muschel ist.

Wir ersehen daraus, dass die interessierten Reisenden sich nicht einfach selbst überlassen waren, sondern dass man sie herumgeführt und ihnen mancherlei erklärt haben muss.

Fast hätte wieder Wolferl der Nannerl die Schau gestohlen, der Kurfürst lässt ihn zwei Stunden spielen, dann ist man müde. Aber auch die Nannerl soll sich noch hören lassen, in einigen Tagen. Das Honorar, das man sich untertänigst vor der Abreise ausfolgen lässt, deckt gerade einmal das, was die Unterkunft und die Weiterreise nach Augsburg kosten. Kein gutes Geschäft für die enttäuschten Mozarts.

Augsburg, wieder eine Tagesreise entfernt, fühlt sich erneut nach vertrautem Pflaster an. In Musikdingen hat es mit seiner fürstbischöflichen Hofkapelle einen guten Ruf. Leopold hat allerdings seine Heimatstadt seit einem Vierteljahrhundert nicht mehr gesehen. Sein Kontakt mit ihr beschränkt sich auf das geschäftlich Notwendige, allem voran mit seinem Verleger und Notenlieferanten Johann Jacob Lotter. Mit seiner Verwandtschaft hat er nicht viel im Sinn. Man logiert im vornehmen Gasthof »Zu den drei Mohren« und absolviert in 14 Tagen drei von der Presse heftig bejubelte öffentliche Auftritte, trifft mit Lotter zusammen, sieht Freunde und Bekannte, schaut sich vermutlich gemeinsam die Stadt an. Anzunehmen ist auch, dass der sieben Jahre jüngere Lieblingsbruder Franz Alois Ziel eines Besuchs ist. Er ist der einzige Augsburger Mozart, der nachweisbar Kontakt mit den Salzburgern hält. Er ist kurz nach Wolferls Geburt zur Frühjahrsdult in Salzburg aufgeschlagen. Und Franz Alois hat ein Mädchen, nur wenig jünger als der Wolferl: Maria Anna Thekla. Gründe genug für Leopold, die Beziehung nicht erkalten zu lassen und sich nebenbei in der Familie ein wohlwollendes Sprachrohr zu sichern, dem man von jeder kontrovers erinnerten Begebenheit seine Version erzählen konnte.

In Unkosten stürzt man sich auch: Auf Kredit kauft man beim renommierten Instrumentenbauer Johann Andreas Stein ein Reiseklavier mit abschraubbaren Beinen, damit die Kinder nicht aus der Übung kommen, wenn die Reiseumstände sie an unmusikalischem Ort festhalten wie in Wasserburg. Schon früh also gewöhnt sich der angehende Klaviervirtuose Wolfgang an den Komfort eines mitreisenden Instruments. Als gefeierter Wiener Konzertimpresario in eigener Sache wird er an dieser Gewohnheit festhalten und seinen Hammerflügel von Dienstmännern durch die halbe Stadt zu den Aufführungen chauffieren lassen – ein Privileg, das selbst heute die allerwenigsten Pianisten genießen.

Die Mozarts geben Geld aus, das sie nicht haben und das auch nicht hereinkommt, wie Leopold bilanzieren muss: »Augsburg hat mich lange aufgehalten und hat mir wenig, ja nichts genutzet, denn was einkahm, das gieng auch wieder weg, weil alles ungemein theuer ist.« Ob es gereicht hat für ein Geschenk an die alte Sulzerin, die Mutter? Ob sie ihn wiedersehen durfte nach so vielen Jahren? Sie, die viel geopfert hatte für ihren begabten Sohn? Jedes Wiedersehen konnte das letzte sein, wenn man 67 Jahre alt war. Ob sie ihn und ihre Enkel musizieren hörte und sich vor begeistertem Publikum verneigen sah? All dies ist Leopold keine Erwähnung wert. Große Rücksichtnahme auf die Familie seiner Herkunft hat in seiner Mission keinen Platz. Es muss weitergehen mit der Tournee der Wunderkinder …

Und es geht weiter. Über Ulm, erneut eine Tagesreise entfernt, ins herzoglich-württembergische Ludwigsburg, das man wiederum zwei Tage später erreicht. Hier wird drei Tage lang Station gemacht und Erstaunliches beobachtet: »Die Soldaten sind die Stattmauern. Wenn Sie ausspeyen, so speyen Sie einem Officier in die Tasche oder einem Soldaten in die Patronentasche«, mokiert sich der Zivilist Leopold Mozart über den operettenhaft-militaristischen Ungeist, der noch Jahrzehnte später Künstler wie Schiller oder den romantischen Maler Joseph Anton Koch aus Württemberg vertreiben wird. »Wenn ich zum Fenster stand, so glaubte ich nichts als Soldaten zu sehen, die bereit wären, eine Person auf einer Comödie oder Opera vorzustellen. Denken Sie nur, alle Leute sind haargleich.«

Zwei Tage später erreicht die Reisegesellschaft wieder wittelsbachisches Territorium – das kurpfälzische Schwetzingen. Kurfürst Carl Theodor hat hier seine Sommerresidenz genommen, und der komplette Hofstaat samt Hofmusik begleitet ihn. Der Kurfürst ist berühmt für seinen Musikverstand und sein großes, hervorragendes Orchester, das zu den führenden europäischen Ensembles gehört und berühmte, schulbildende Komponisten wie Stamitz und Cannabich anzieht. Auch hier geben die Mozarts eine erfolgreiche »Academie«, wie man damals Konzerte nannte, und nutzen den 15-tägigen Aufenthalt für eine Besichtigung Heidelbergs, des Schlosses, das die Franzosen im Pfälzischen Erbfolgekrieg gesprengt hatten, und des berühmten Großen Fasses – vor allem aber dazu, sich mit den Musikern bekannt zu machen und Strippen zu ziehen für eine eventuelle spätere Nutzung zu Karrierezwecken.

Von Schwetzingen aus ist es nur noch ein Katzensprung nach Mannheim, der eigentlichen Residenz Carl Theodors. Die Stadt mit ihrem barocken Schachbrettmuster aus Straßen, ihren neuen, systematisch durchnummerierten Gebäuden und ihrer nächtlichen Beleuchtung macht Eindruck auf den Aufklärer Leopold Mozart. Aber für Musiker auf Tournee ist in der sommerlich ausgestorbenen Stadt nichts zu holen. Nach dem obligaten Besichtigungsprogramm – »das schloß, das operrahauß, die bildercalarie, die bibliodeck und die schatzkammer« stehen darauf, wie Nannerl in der für sie typischen Weise bilanziert – gibt es auch hier kein Halten mehr. Durch kurmainzisches Territorium geht es gemächlich weiter über Worms und Mainz. Auch das Land hier trägt noch deutliche Narben des Pfälzischen Erbfolgekrieges, notiert der aufmerksame Leopold. Die Freie Reichsstadt Frankfurt verdient einen dreiwöchigen Aufenthalt. Eine 400-jährige ungebrochene Tradition als Ort der Kaiserwahl und die Rolle als spiritueller und gleichzeitig geographischer Mittelpunkt des Heiligen Römischen Reiches verleiht der Stadt bis in die Mozartzeit einen heute nur schwer vorstellbaren Nimbus. Wieder gibt es umjubelte Konzerte, insgesamt fünf – das letzte am 30. August im »Scharfischen Saal« auf dem Liebfrauenberg endet buchstäblich in Schreien der Begeisterung, wenn wir zeitgenössischen Berichten glauben dürfen. Ein kaum weniger frühreifer Frankfurter Patriziersohn – sein Vater lässt sich den Eintritt vier Gulden kosten – hört den jungen Wolferl und sagt noch im hohen Alter: »Ich erinnere mich des kleinen Mannes in seiner Frisur und Degen noch ganz deutlich.« Mozarts Werk wird Spuren ziehen auch durch sein eigenes Werk, das auf seinem Feld, dem literarischen, ebenso epochal sein wird wie das des kleinen Salzburgers – der Name des jungen Herrn ist Johann Wolfgang Goethe. Zwar werden ihre Lebenswege sich nie wieder kreuzen. Aber künstlerisch beziehen sie sich wiederholt aufeinander. Mozart vertont das Goethe-Gedicht »Das Veilchen«, Goethe versucht eine Fortsetzung der »Zauberflöte« auf die Weimarer Bühne zu bringen.

Zurück in Mainz, schiffen die Mozarts sich mitsamt Kutsche auf einer »Jacht«, einem kleinen Privatkahn, ein und bewältigen die nicht ungefährliche Fahrt ins kurtrierische Koblenz nach überstandenen »Wasserfatalitäten« (wie Leopold die dramatische Passage durch die Stromschnellen der Rheinschlucht nennt) in nicht weniger als vier Tagen. Drei Louisdors und Verpflegung kostet die amphibische Achterbahnfahrt. Auch auf den noch weitgehend ungezähmten Flüssen jener Zeit also sind Reisende vor unliebsamen Unterbrechungen nicht gefeit, die Schiffe und Flöße sind Spielball von Klippen, Strudeln und unberechenbaren Fluten, wie zahllose literarische Zeitzeugnisse andeuten – allen voran Heinrich Heines »Lorelei«, an deren sagenhaftem Sitz die Mozarts mehr vorbeitreiben als vorbeifahren –, ob sie unter den aufgeregten Warnrufen der Schiffer einen Blick übrig hatten für den senkrecht aus dem gefährlichen Wasser aufragenden riesigen Felsen?

Bonn ist die folgende kurze Station, Sitz des Kölner Kurfürsten und Wirkungsstätte des Kapellmeisters und Sängers Ludwig van Beethoven des Älteren, des Großvaters von Ludwig van Beethoven – des Komponisten, der Jahrzehnte später in Wien auf Wolfgangs Spuren wandeln sollte. Auch hier ist nichts zu gewinnen, da der Kurfürst auf Reisen ist. Ebenso kurz streift man Köln, dessen mittelalterlicher, aber immer noch nicht fertiggestellter Dom Leopolds barocken Geschmack erkennbar zuwider ist: »Die Domkirche kann ich ihnen unmöglich so abscheulich beschreiben, als sie hier inwendig aussiehet.« Auch die rheinländisch-saloppe Amtsauffassung von Klerus und Kirchenmusikern unterfällt seinem Verdikt. Der Domkustos kommt »betruncken aus der Vesper«, um den Mozarts den Domschatz zu zeigen. Die Chorknaben, die »Buben, so die Antiphonen singen«, quälen Leopolds Ohren, indem sie wie »abgefeimte Gassen Spitzbuben aus vollem Halße schreyen«, worauf er vulgär empfiehlt, man solle ihnen »mit etwas --- das Maul stopfen«, dieses »etwas« der Fantasie seines Lesers überlassend.

Auch Aachen, eine Tagesreise von Köln im Westen nahe der Grenze zu den österreichischen Niederlanden gelegen, ist den Mozarts nur eine Stippvisite wert. Zwar weilt Prinzessin Amalia, Äbtissin von Quedlinburg und die jüngste und vertrauteste Schwester des Alten Fritz, zur Bäderkur in der Stadt – »allein sie hat selbst kein Geld«, und nur Zärtlichkeit für die jungen Talente. Als Komponistin ist sie zugleich ein mögliches Rollenvorbild für Nannerl, das aber in Leopolds Herzen offenbar keinen Widerhall findet. Szenen wie die von Schönbrunn ein Jahr zuvor scheinen sich wiederholt zu haben: »Wenn die Küsse, so sie meinen Kindern, sonderheitlich dem Meister Wolfgang gegeben, lauter neue Louisdor wären, so wären wir glücklich genug«, wehklagt Leopold. Ihm geht die stetig zunehmende Teuerung der Reisekosten an die Nieren, die der Wirt des »Goldenen Drachen« in Aachen auf die Spitze treibt. Er kassiert nicht weniger als 75 Gulden für einen kurzen Aufenthalt der Familie, die nur darauf wartet, die mitgenommenen Kreditbriefe – Vorläufer der Reiseschecks des 20. Jahrhunderts – auf die Währung der österreichischen Niederlande übertragen zu lassen. Das sind knapp zweieinhalb Salzburger Monatsbesoldungen!

Wir dürfen unterstellen, dass die Mozarts nicht ohne Erleichterung die Kaiserstadt verlassen und der habsburgisch-niederländischen Kapitale Brüssel entgegenstreben – auf einer Straße, deren Güte Sebastian Winter zum »Rasen« verleitet, was zu einer erneuten Havarie des Reisewagens führt. In Brüssel geschieht etwas, an das Leopold sich erst gewöhnen muss und das ihn beunruhigt: Man lässt ihn warten. Mehr als einen ganzen Monat dauert es, bis die Kinder dem Generalgouverneur Prinz Karl Alexander von Lothringen, dem Bruder des Kaisers in Wien, wie verabredet ihre Kunst zeigen dürfen. Über Geld hat man zuvor nicht gesprochen, das könnte als Bettelei ausgelegt werden. Die Kosten laufen derweil weiter. Wieder heißt es anschließend wochenlang warten auf das Honorar. Dieses besteht aus einem Sammelsurium von Gegenständen; sie sind zwar hochwertig, aber die Mozarts brauchen Geld. »Der Hr. Prinz thut nichts als jagen, fressen und saufen«, schäumt Leopold. Zwei Monate gewartet für nichts!

Mitte November 1763 erreichen die Mozarts endlich Paris. Mit großer Spannung dürften sie diesem ersten Höhepunkt der Grand Tour entgegengefiebert haben. Noch vor England setzt Frankreich Europa seit hundert Jahren die Maßstäbe: politisch als Erfindungsort des Absolutismus, des Anspruchs auf Herrschaft ohne politische Berücksichtigung der Gebietsfürsten, militärisch als Hauptquartier des mächtigsten Heeres in Kontinentaleuropa und Domizil genialer

Festungsbaumeister, architektonisch als Ort imperialer, steingewordener Prachtentfaltung, künstlerisch als Heimat einer reichen Bühnenkultur, intellektuell als Stadt der Vordenker des aufklärerischen Jahrhunderts. So wie Latein die Sprache des Klerus und der Gelehrten und Italienisch die Sprache der Musik ist, so ist Französisch die Sprache der Höfe und Gebildeten. Mehr noch: Paris ist das Zentrum des guten Geschmacks und eines gehobenen Lebensstils, den jeder, so gut er konnte, nachzuahmen bemüht war.

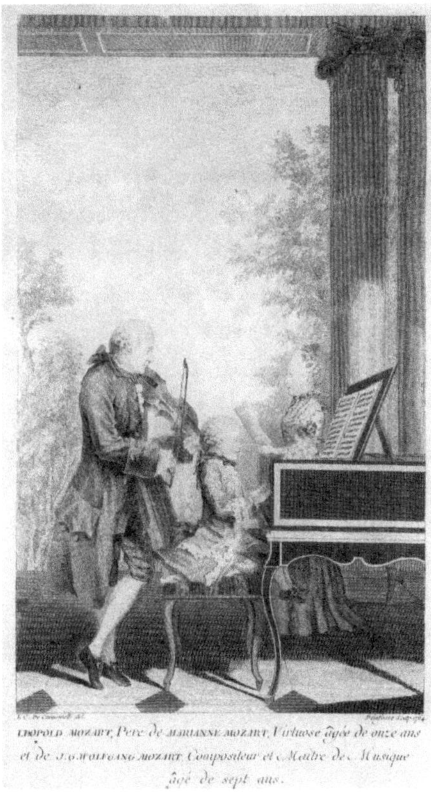

Das »Mozart-Trio« als Werbeplakat 1763. Stich von Jean Baptiste Delafosse nach einem Gemälde von Louis Carrogis de Carmontelle.

Die andere Seite im Schatten der Paläste und Kathedralen, der Boulevards und Theater ist die schreiende Not der kleinen Leute und das riesige, von den Privilegierten völlig vernachlässigte Lumpenproletariat. Sie stehlen, rauben, morden, mischen Gift, prostituieren sich buchstäblich zu Zehntausenden, nur um zu überleben. Das »Sie rufen nach Brot? Sollen sie doch Brioche essen« von Königin Marie Antoinette – ihr Bruder ist übrigens Joseph II., der spätere Aufklärer auf dem Wiener Kaiserthron – mag so niemals gesagt worden sein. Aber es ist kennzeichnend für die Verantwortungsvergessenheit des Ancien Régime, das durch wirtschaftliche und politische Krisen hindurch im Glanz seines Luxus seinem Untergang in der Französischen Revolution entgegentaumelte. Keine ganz ungefährliche Stadt also, nicht nur infolge des bei Nässe »schlüpferigen« Pflasters, wie Leopold später den mannbaren Wolfgang warnen wird. Denn in Paris lauern Mädchen auf junge Fremde, die sie verführen und anschließend ausnehmen wollen. Nur »größte Zurückhaltung« rette in Paris einen Mann vor einem Unglück, das »meistens mit dem Tod« ende, hat jemand Leopold erzählt.

Der Leopold des Jahres 1763 aber sieht sich und die Seinen entschieden auf der Sonnenseite des Pariser Lebens. Sie logieren im Hôtel de Beauvais, das kein Hotel im modernen Sinn bezeichnet, sondern das Palais des Grafen van Eyck, des bayerischen Gesandten beim französischen König Ludwig XV. Man schafft den Kindern zu deren Bequemlichkeit ein Klavier aufs Zimmer. Sie werden weiterempfohlen, zum Beispiel an Friedrich Melchior Baron von Grimm, einen Regensburger Pfarrerssohn, der in Paris eine intellektuelle Karriere gemacht hatte. Er dient als Kabinettssekretär von Louis Philippe I. de Bourbon, dem Herzog von Orléans, einem der einflussreichsten Adeligen am königlichen Hof. Er ist ein enger Freund Rousseaus und ein Autorenkollege Diderots, an dessen epochemachender, hochumstrittener Aufklärungsschrift »Encyclopédie ou Dictionnaire raisonné des sciences, des arts et des métiers«

(Enzyklopädie oder ein durchdachtes Wörterbuch der Wissenschaften, Künste und Handwerke) Grimm mitschreiben darf. Ein Mann ganz nach Leopolds Geschmack, obwohl er Atheist ist und komplizierte Dreiecksbeziehungen zu lieben scheint – so mit der Schriftstellerin und bekannten Salonnière Louise d'Épinay, die ihrerseits mit dem Autor Jean-François de Saint-Lambert liiert ist. Grimm geht in den Salons und Schlössern ein und aus und erfreut sich derart guter Verbindungen, dass er einen vertraulichen, einflussreichen, handschriftlich vervielfältigten Informationsdienst für den deutschen Adel betreibt: die »Correspondance«. Seine Brauchbarkeit für das mozartsche Vorhaben kompensiert offensichtlich seine moralische Fehlbarkeit, zumal sich zusätzlich Louise d'Épinay um das Wohlergehen der mozartschen Damen kümmert. Grimm publiziert in der »Correspondance« einen begeisterten Artikel über die jungen deutschen Virtuosen. Dort lesen wir:

> *Es ist unglaublich mitzuerleben, wie er eine Stunde lang auswendig spielt und sich der Inspiration seines Genies und der Fülle wunderbarer Ideen hingibt, die er versteht, mit Geschmack und ohne Verwirrung aneinanderzureihen. Der vollendetste Kapellmeister könnte keine tiefere Kenntnis der Harmonien und Modulationen haben, die Wolfgang auf völlig neuartigen, aber immer korrekten Wegen, auszuführen weiß. Er meistert die Tastatur so vollkommen, dass er mit unverminderter Geschwindigkeit und Genauigkeit weiterspielt, selbst wenn man sie mit einer Serviette abdeckt. Welche Aufgabe man ihm auch stellt, er weiß sie zu lösen; er schreibt und komponiert mit wunderbarer Leichtigkeit, ohne dass er das Cembalo gebraucht müsste, um die Akkorde zu formen.*

Kein Wunder, dass Grimm Leopold beeindruckt – so tief, dass er die »Correspondance« zeitweise nach Salzburg bezieht. »Unser geschworener freund« ist er für Leopold, und er schenkt zum Abschied »dem Wolfgang: ein Obstmesser, wie man in Paris beym Confect zu haben pflegt…, dessen das Häft von Perlmutter in Gold gefast ist, und das 2 Klingen hat, nämlich eine von Gold und die zweyte von Silber«.

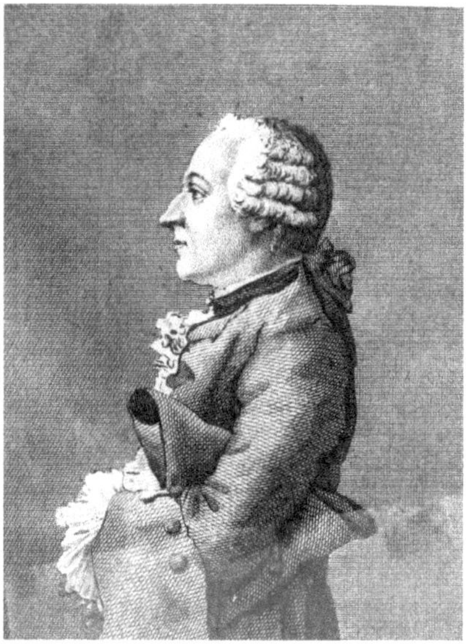

Friedrich Melchior von Grimm, Pariser Gönner und Feind. Stich von Louis Carrogis de Carmontelle.

Grimm avanciert zu einer bewunderten Vertrauensperson der Mozarts, der Leopold Wolfgangs weitere Protektion in Paris in die Hände legt – zu Unrecht, wie er 14 Jahre später feststellen muss. Diesmal aber funktioniert die Propaganda ausgezeichnet. An Heiligabend sind die Mozarts in Versailles eingeladen, wo sie mit dem ganzen Hof die Christmette feiern. Die Mozarts haben buchstäblich den Gipfel der Macht erreicht. Nur ein kleiner Eklat stört die Festesfreude: Als Wolferl in seiner kindlich-distanzlosen

Art auf die Madame Pompadour losgeht, um sie zu herzen, zeigt sie ihm, wo er ihrer Meinung nach hingehört, indem sie ihn mit unfreundlicher Geste wegschiebt. Das Königspaar dagegen, besonders aber Ludwig XV., ist so begeistert von Wolferl, dass er ein Bankett abbricht, um ihn auf der Orgel der Hofkapelle spielen zu hören. Der größte Monarch Europas legt die Serviette weg für einen siebenjährigen Knirps! Nun reißt sich der Pariser Adel um die Kinder. Und Wolfgang entdeckt eine neue Beschäftigung: Er wird zum Komponisten. Noch vor seinem achten Geburtstag werden Opus 1 und 2 fertig und gehen zum Notenstecher: je zwei Sonaten für Klavier und Violine. Bei einem erneuten Besuch in Versailles überreicht Wolferl sie der Prinzessin Louise-Marie-Thérèse und deren Hofdame, der Comtesse de Tessé. Das Entzücken der jungen Frauen ist leicht vorstellbar. Ob ihnen auffällt, dass man sich im Alter des Schöpfers »geirrt« und Wolferl noch ein Jahr jünger gemacht hat, als er tatsächlich ist?

Im Februar 1764 folgt dem Höhenflug ein jäher Absturz: Wolferl erkrankt an einer schweren, langwierigen Halsentzündung. Gut, dass Mutter Anna Maria mit von der Partie ist. Während sie sich sonst zumindest bei den offiziellen Anlässen eher als fünftes Rad am Wagen fühlen muss, wird sie nun gebraucht, um zu trösten und zu pflegen, während Leopold nervös der Reise über Calais nach England entgegenfiebert. Die Idee dazu haben ihm die Pariser Erfolge eingegeben. Mitte April ist es schließlich so weit. Der geschäftstüchtige, umsichtige Macher chartert für die Familie und den Wagen gleich ein ganzes Schiff und kassiert von den weniger cleveren fremden Mitreisenden eine Gebühr, um selbst Fahrtkosten zu sparen.

Ein Bub von acht Jahren, der seinen geliebten Vater so überlegen agieren und zu den edelsten Persönlichkeiten Europas aufschließen sieht, muss diesen bewundern. Dass der Vater ihm wegen seines musikalischen Genies diese Bewunderung zurückgibt und ihn ohne Ironie mit »Maestro«, »Meister« und »großmächtiger Wolfgang«

anredet, muss die Anbetung und gleichzeitig das Gefühl der Überlegenheit auf die Spitze treiben. Gut möglich, dass diese Jahre der unausweichlichen, innigen Reise-, Schutz- und Leistungsgemeinschaft zu jener symbiotischen Beziehung führen, die selbst nach ihrem Bruch Wolfgangs Lebensweg in seinen Höhen und Tiefen vorzeichnet.

Zurück auf dem Kontinent bleibt übrigens Sebastian Winter, der Leibdiener, der einem Ruf an den Fürstenbergischen Hof in seiner Heimat Donaueschingen folgt und einem Elsässer Platz auf dem Kutschbock macht. Er komplettiert die mozartsche Reisegesellschaft, die nun zügig nach London vorrückt, wo sie Ende April eintrifft. Passenderweise quartiert sie sich in Cecil Court ein, dessen Name an die heilige Cäcilia, die Patronin der Musik, erinnert. Als Logis dient eine Wohnung über dem Friseursalon eines gewissen John Couzin, der Salon selbst als Vorverkaufsstelle für die Karten für mozartsche Konzerte.

Die Riesenstadt mit ihren 800 000 Einwohnern – damals die größte Europas – gibt den Mozarts neben der Musik einiges zu staunen. Dass sie sich intensiv und interessiert umtun, zeigen die ungewohnt langen Ausführungen in Nannerls Reisetagebuch, aus dem uns die touristischen Höhepunkte ebenso bunt gemischt wie orthographisch schief entgegenpurzeln:

> *habe ich gesehen den park und ein jungen elephanten, einen esel, der hat weiß und cafebraune striche und so gleich, das man es nicht beser mahlen könnte [vermutlich ein Zebra]. Chelsea, das infalitinhaus, westminster bridge, westminsterkirch, fauxhall, ranelagh, Tower, Richmond, in welchen ein sehr schöne Ansicht ist, und den königlichen garden, kiw and Fulham bridge; das wasserwerk und ein kamel; westminster hall, lord perong Trial, marlebon; Kensington, in welchen ich den königlichen garden gesehen habe, british mauseum, in welchen ich gesehen habe*

biplidek [Bibliothek], antiquadik [Antiquarium], von allen sorten vögel, fisch, ungezifer und früchten: ein besonderer Vogel genannt basson, eine Klapperschlang, ein schleyer von baumrinde und harr [Haar] von den gefrantz von baumrinde: kinesische, ein modell von den grab [zu] Jerusalem; alerhand sachen, die in meer wachst, steiner, indischen balsam, die weltkugel und himmelskugel, und alerhand sachen; greenwich habe ich gesehen, das infalitenhaus, der Königin ihr schiff, den Park, in welchen ich eine sehr schöne aussicht gesehen habe, London bridge, Paulkirch. Soudwark, Monument, foundling hospital, Exchange, Lincolnsin fielsgarten, Temple Bar, Soumerset hauß.

Überzeugender und zugleich drolliger lässt sich nicht schildern, wie überwältigt das Mädchen aus dem beschaulichen Salzburg vom Reichtum dieser Weltstadt ist. Doch bei der privaten Überwältigung bleibt es nicht: Wieder tun sich die schweren Tore auch der nobelsten Paläste auf für die jungen Talente. König Georg III. und seine Frau Charlotte stammen von deutschen Vorfahren ab und sind Musikliebhaber. Der König verehrt besonders die Musik von Georg Friedrich Händel, den sein Urgroßvater Georg I. nach England hatte holen lassen. Die Kinder erobern auch diese adeligen Herzen im Sturm und treten vier Tage nach ihrer Ankunft erstmals auf. Bei einer Wohltätigkeitsveranstaltung brilliert Wolfgang an der Orgel, am Cembalo und auf der Violine. Krönung des Abends ist ein Auftritt der Königin; Maestro Wolferl begleitet und dirigiert sie und einen Flötisten auf dem Cembalo. Was konnte ein Musiker dieser Zeit noch mehr erreichen?

Auch Johann Christian Bach, Sohn von Johann Sebastian Bach, gefeierter Komponist und Virtuose, hört zu und interessiert sich für Wolfgang. Leopold hat auch dieses Ziel erreicht. Gemeinsam musizieren der Meister und der Bub stundenlang am selben Klavier vor dem Königspaar, Wolferl auf Bachs Knien, und während des

18-monatigen London-Aufenthalts beschäftigt sich Wolfgang eingehend mit Johann Christian Bachs Musik, wird quasi dessen Schüler. Bach gehört seit zwei Jahren der Freimaurerloge mit dem ungewöhnlichen Namen »Nine Muses No. 235« an – Mozarts erste lose Berührung mit dem Bund, der für sein späteres Leben so bedeutsam werden soll.

Warum ist England so interessant für Leopold? Das Land ist bekannt dafür, dass das Bürgertum frühzeitig den Adel und sogar den König an die Kette einer liberalen Verfassung legen konnte. Die Aufklärung hat hier am frühesten und in der Praxis am folgenreichsten Wurzeln geschlagen. Dieses bürgerliche Selbstbewusstsein gab einer bürgerlichen Theater- und Musikkultur Auftrieb, wie sie sich schon im 17. Jahrhundert in Spielstätten wie dem Drury Lane Theatre manifestierte. Dort trat David Garrick auf, Europas zeitweise berühmtester und wohlhabendster Schauspieler, den ein berühmtes Gemälde von William Hogarth an der Seite einer juwelenbehangenen schönen Wienerin zeigt: seiner Frau Eva-Maria Veigel. So oder ähnlich dürften Leopolds Vorbilder in der Gesellschaft ausgesehen haben. Aber erst Wolfgang blieb es vorbehalten, diesen Gipfel der Geltung zu beherrschen.

In Blüte standen in England auch die Wissenschaften. Die Werke von Isaac Newton und Edmund Halley und anderen großen Mathematikern und Astronomen formten nach und nach das Bild, das die Europäer sich von der Welt machten. Zweifellos gehörten solche Bücher bereits zur Schullektüre des Jesuitenzöglings Leopold. Fest steht auch, dass er seine Anglophilie an Wolfgang weitergab.

Wäre unter diesen Umständen England nicht das ideale Karrieresprungbrett für Mozart gewesen? Es gab für einen solchen Schritt durchaus Vorbilder, etwa Georg Friedrich Händel, und den genannten Bach-Sohn Johann Christian. Nachfolger in dieser deutsch-englischen Tradition gibt es auch, wie Joseph Haydn, der in den 1790er-Jahren in England reich wurde, nachdem Fürst Nikolaus II.

Esterházy – Sohn des über Jahrzehnte treuen Dienstherrn – den lang bewährten musikalischen Diener rüde ausgemustert hatte. Oder Johann Peter Salomon, der Haydn nach England holte und auch Wolfgang wollte, ihn aber nicht überreden konnte, sich von Constanze zu trennen. Und zur selben Zeit, als Leopold mit seiner Familie in London vom König bis zum Bürger alle verzauberte, arbeitete im nordenglischen Yorkshire der junge Hannoveraner Wilhelm Herschel an seiner Karriere als Musiker und Musikunternehmer. Neue Aufnahmen seiner Konzerte erweisen ihn als hochoriginellen Schöpfer eleganter Melodien im Stil des jungen Haydn. Im folgenden Jahrzehnt aber sollte er zu einem der größten Astronomen der Wissenschaftsgeschichte aufsteigen.

Warum also siedeln die Mozarts nicht ganz nach England über? Es steht zu vermuten, dass Leopolds Vorsicht und letztlich seine Genügsamkeit einem solchen radikalen Schritt im Wege standen. Er hatte in Salzburg sein Auskommen, einen hervorgehobenen Status und einen Fürsten, der ihm manchen großen Wunsch erfüllte – etwa den langen Urlaub für die Grand Tour. So scheint Leopold auf die Unveränderlichkeit der Salzburger Verhältnisse gesetzt und sich mit der Aussicht auf kleine und große Fluchten in Gestalt seiner Tourneen zufriedengegeben zu haben. Ein spekulatives Geschäft mit vielen Unbekannten, wir haben es schon in Wien gesehen. Zwar tragen in London Auftritte bei Hof und einige öffentliche Konzerte märchenhafte Summen ein. Eines bringt 100 Goldguineen, das sind etwa 1200 Gulden. Die Königin zahlt 50 Guineen für sechs ihr gewidmete Sonaten für Klavier und Violine. Doch auch Misserfolge stellen sich ein: ein selbst organisiertes und groß beworbenes Konzert etwa mobilisiert kaum Publikum. Das gehobene London ist gesättigt und hat sich an die Sensation gewöhnt. Doch der Werbestratege Leopold will noch nicht aufgeben. Es muss noch Leute geben, die vom Talent seiner Kinder nichts gehört haben. Er sucht und findet diese Menschen an der Peripherie der Großstadt.

Der Zwang, Geld einnehmen zu müssen, lässt ihn auch in die bürgerlichen Nischen gehen und sich damit einem der sonst von ihm so gering geschätzten reisenden Schausteller anverwandeln, wie sie mit ihren Wundern und Monstrositäten auf den Kirchweihfesten Lärm machen und weiterziehen, sobald der entsprechende Heilige abgefeiert ist und anderswo die Lichter für einen anderen Patron angehen.

Diese nun doch erstaunliche künstlerische Bescheidenheit wirft die Frage auf, ob Leopold vollkommen bewusst war, welchen Schatz er durch halb Europa schleppte und zur Schau stellte. Viele haben diese Frage mit Nein beantwortet und Leopold damit indirekt den Vorwurf des Banausentums gemacht. Doch damit ist der Punkt verfehlt und Leopold und dessen Lebensleistung missverstanden. In Leopolds Welt des frühen 18. Jahrhunderts war ein Musiker ein Handwerker und ein »Genie« ein eben sehr, sehr guter Handwerker, der wie alle guten Handwerker zwar Bedingungen stellen konnte, aber letztendlich Geld verdienen wollte. Die meisten Kollegen seiner Zeit schätzten sich selbst nicht höher ein. Und selbst dann, wenn einer hochbegabt war als Virtuose oder als Komponist, transzendierte er diesen in der ständisch-feudalen Gesellschaft gründenden Horizont nicht. Es blieb dem sie alle nicht überstrahlenden, aber überragenden Talent Wolfgang Amadé Mozart selbst vorbehalten, alle Schranken niederzureißen und sich in seinem Gelingen und seinem Scheitern als Künstlerpersönlichkeit ganz eigenen Gepräges zu verwirklichen – nicht nur infolge seines Talents, sondern auch deshalb, weil die Zeit dafür reif war.

»Es muss gehen oder brechen« – Vater und Sohn auf Reisen

Doch bis es so weit ist, müssen noch an die zwanzig Jahre ins Land gehen. Wir folgen zunächst dem nunmehr neunjährigen Wolferl, seiner großen Schwester, die nach und nach ins zweite Glied zurücktritt, seiner öffentlich stummen Mutter und seinem sorgenden, rechnenden, sich bis zur Selbstaufgabe abrackernden Vater zurück auf den Kontinent, Salzburg entgegen, dessen geduldiger Oberhirte zur Rückkehr mahnt. Nicht, dass die mozartschen Frauen nicht auch geschuftet hätten für den Erfolg; nicht, dass sie die »Compagnie Mozart« hintertrieben oder ihr auch nur distanziert gegenübergestanden hätten – all dies lässt sich weder beweisen noch widerlegen. Aber das Projekt trägt eindeutig die Handschrift des Vaters – wie sollte es im Deutschland des 18. Jahrhunderts anders sein? – und wird im Guten wie im Schlechten von dessen schier unerschöpflicher Energie und Kreativität vorangetrieben.

Ende Juli 1765 bricht die Gesellschaft von London auf, verweilt noch eine Woche in Canterbury und setzt am 1. August, zehn Uhr morgens, nach Calais über. Wenn es nicht gerade regnet, sieht der Reisende tagsüber die gegenüberliegende Küste. Dreieinhalb Stunden dauert die Überfahrt per Segelschiff. Für die so anglophilen Mozarts sollten die vier Meilen ihre letzte Seereise sein, keiner von ihnen sah den Ozean je wieder. Kaum auf der anderen Seite angelangt, in Lille, erkrankt der Wolferl. Die Mozarts unterbrechen ihre Reise für vier Wochen – vier Wochen voller Sorgen. Wieder führt sie der Weg durch die Niederlande, nach Gent, Antwerpen, Rotterdam, Den Haag. Gleich nach der Ankunft ist es diesmal die Nannerl, die erkrankt – so schwer, dass die Eltern den Priester wegen der Krankensalbung kommen lassen. Wieder eine Aufhaltung, diesmal von vier Monaten, denn nach der Nannerl erkrankt auch der Bub wieder. Der noch nicht zehnjährige Wolfgang mag angesichts der Sorge der Eltern einen neuen Begriff von der Brüchigkeit des menschlichen Lebens und Glücks erhalten haben. Wenigstens kann er auftreten und komponieren, solange es ihm selbst gut geht.

Das nächste Vierteljahr verbringen die Mozart, indem sie im Zickzack die wohlhabenden Städte der Vereinigten und der österreichischen Niederlande durchziehen. Dann machen sie noch einmal Station in Paris, sind erneut vier Tage zu Gast in Versailles – die große Hoffnung, die Leopold auf Paris als Ort für Wolferls Karriere setzt, mag in diesem Erfolg wurzeln – und besuchen anschließend jeweils für einige Wochen die ostfranzösischen Residenzen von Dijon und Lyon. Noch sind die Schweiz und Baden nicht abgegrast. Nun kommen sie dran: Genf, Lausanne, Bern, Zürich, Schaffhausen, Donaueschingen, wo der vormalige Leibdiener Sebastian Winter bereits vorgearbeitet hat. Ganz unzufrieden kann er also nicht gewesen sein im Dienst dieser sicherlich fordernden und exzentrischen, aber auch ungewöhnlichen Herrschaft. Augsburg wird nur noch als Übernachtungsstation genutzt, im freundlichen München gibt es wieder drei Wochen Aufenthalt. Triumph und Fehlschlag wechseln einander ab, und wenigstens bleiben die Kinder gesund, bis schließlich Ende November 1766 der mozartsche Wagen mit seinen vermutlich tief erschöpften fünf Insassen in der Getreidegasse anlangt.

Was haben sie nicht alles gesehen, gehört, geschmeckt, gerochen in diesen Jahren von 1763 bis 1766, wie sind sie nicht durchgerüttelt worden im Wagen auf elenden Straßen, wie haben sie nicht geschwankt in der Dünung der Meerenge von Dover? Mit Menschen jeder Nationalität und jeden Standes und Schlages waren sie konfrontiert: Auf alle Arten von Nachtlagern mussten sie ihre müden Knochen betten, vom muffigen Strohsack bis zum Himmelbett. Welche Anpassungsfähigkeit und welche Opfer hat die Grand Tour vor allem der bayerisch-provinziellen Anna Maria abverlangt. Dass sie zumindest in Frankreich einen großen Teil der Zeit allein und stumm, höchstens in Gegenwart der Diener verbracht hat, ist daraus zu schließen, dass sie während der katastrophalen Parisreise zwölf Jahre später aus Wolfgangs Sicht offenbar nicht präsentabel ist, da sie kein Französisch spricht. Sie bewährt sich in der Bewältigung der kleinen und großen Krisen, als ruhender Pol in einer hochnervösen Künstler- und Männerwelt: Leopold, der mal über einen Triumph Frohlockende, mal über einen Rückschlag tief Betrübte, mal über eine Zurücksetzung so tief Ergrimmte, dass er »Pomeranzen scheißen« möchte; Wolfgang, der mal Übermütig-Unbändige, mal zu Tode Erschöpfte. Sie alle galt es in ihren Extremen zu mäßigen, damit das verrückte mozartsche Reise- und Tourneeleben weitergehen konnte.

Nannerl musste in diesen drei Jahren wiederholt erleben, wie sie von der Zentral- zur Randfigur wurde. Sie hat kindlich-impulsiv dagegen rebelliert, und man mag ihr die Zwangsläufigkeit ihrer Zurücksetzung geduldig erklärt haben – wir dürfen allerdings annehmen, dass im Hause Mozart nur dann gern diskutiert wurde, wenn alle im Wesentlichen einer Meinung waren, und dass die Eltern Widerspruch oder öffentliche Kopfhängerei nicht duldeten.

Von Leopold wissen wir am genauesten, wie er die Grand Tour erlebt hat. Er, der Erfinder, der Motor, der Macher, Vater der Kinder und Vormund der Ehefrau, hat es auf Hunderten von Seiten protokolliert, in Briefen und Tagebüchern. Er hing an diesem Projekt, als ginge es um sein Seelenheil. Auch für ihn war es eine Chance zur Weiterentwicklung seiner Weltläufigkeit, seines Geschicks im Umgang mit den unterschiedlichsten Menschen und Wechselfällen des Lebens. Er nutzt sie, aber er scheint daraus vor allem eines gelernt zu haben: Ohne mich geht es nicht. Er lernt, auf niemanden ganz zu vertrauen als auf sich selbst. Viel Stolz steckt in dieser Selbsteinschätzung – Stolz auf einen für diese Zeit ungewöhnlichen Grad an persönlicher, aber strikt privater Autonomie. Nach außen hin sucht Leopold – ganz im Gegensatz zu Wolfgang später – sich anzupassen, leistet der Konvention Genüge, ist um den guten Ruf äußerst besorgt. Er dienert, suppliziert vor Höhergestellten, tritt herrisch auf vor Untergebenen, wenn es der Sache dient. Sein Misstrauen schließt seine Familie ein. Er dirigiert und schurigelt Anna Maria und Nannerl, und sosehr und geradezu hoffnungslos er Wolferl in musikalischen

Dingen über sich selber stellt, so tief ist seine Skepsis, was den Charakter des Buben angeht. Er hat seinen Sohn in mehr als drei Jahren besser kennengelernt als die meisten Väter seines Standes damals die ihren. Leopolds rationale, abgegrenzte Sicht der Welt und des praktischen Lebens, seine Selbstkontrolle kontrastiert aufs Schärfste mit der Impulsivität und Weltumarmungslust des überselbstbewussten, aber auch durch Fehlschläge zutiefst irritierbaren Egozentrikers Wolfgang. So lehrreich und fruchtbar die Grand Tour in musikalischer Hinsicht für die Beziehung zwischen Vater und Sohn gewesen sein mag – in sozialer Hinsicht war sie vermutlich eine Schule der Unselbstständigkeit und Kontrolle. Ein moderner Konflikt tut sich hier auf, den wir heute nicht nur in den Beziehungen zwischen sportlich hochbegabten Kindern und deren »Tennisvätern« wiedererkennen, sondern auch in der bürgerlichen Gesellschaft: hier Eltern, die nicht loslassen aus Sorge um das optimale Fortkommen ihrer Kinder, dort ebendiese Kinder, die die elterliche Sorge und Kontrolle daran hindert, frühzeitig aus Fehlschlägen zu lernen und sich selbst einschätzen und andere beurteilen zu lernen.

Einen solchen Mangel an Urteilsvermögen hat Leopold Wolfgang zeitlebens zum Vorwurf gemacht und war doch selbst in seiner besitzergreifenden, umklammernden Art zumindest eine Hauptursache für diesen Mangel.

Zur Katastrophe kommt es 1777, als Leopold gezwungenermaßen loslässt und Wolferl allein mit Anna Maria – die gehorsam mit dem ihr eigenen Gleichmut die ungeliebte Reise auf sich nimmt – nach Mannheim und Paris fahren lässt. Fürsterzbischof Colloredo hatte den Urlaub verweigert und Vater und Sohn aus dem Hofdienst entlassen. Leopolds anschließende erzwungene Unterwerfung unter den fürstlichen Willen ist der Auftakt zur größten mozartschen Familienkrise, die ihm alles entgleiten lässt und den Verlust zweier geliebter Menschen bringen soll. Sie wird zu Leopolds größter Lebens- und Selbstvertrauenskrise.

Und Wolfgang selbst, der Mittelpunkt der Familie? Er fühlt sich im Reisewagen zu Hause, er genießt das Durcheinander der Menschen, das Im-Mittelpunkt-Stehen, die Momente der Harmonie, wenn die Mozarts sich in den Stunden ohne höfische Verpflichtungen unter Leitung des wissbegierigen Vaters ganz wie eine moderne Touristenfamilie der Besichtigung von Parks, Straßen, Palästen und Kirchen hingeben. Charmant und selbstbewusst zieht der kleine Maestro nicht nur Musikbegeisterte und Höhergestellte in seinen Bann, sondern auch einfache Menschen, und vielleicht erinnert der erwachsene Wolfgang bei seiner Übersiedlung nach Wien 1781 sich der Episode aus dem Jahr 1762, als er dem Zöllner vorgegeigt und ihn verzaubert hat.

Wir stellen uns heute gerne vor, dass es eine Qual für den Jungen gewesen sein muss, vom ehrgeizigen Vater kreuz und quer durch Europa geschleift und vorgeführt zu werden, wie ein Zirkuspferdchen, stets zum Musizieren, zum Arbeiten, zum Üben angetrieben, zum Komponieren angehalten, ohne Freunde, ohne Freizeit, ohne die Unbeschwertheit, die wir als Wesenszug des Kindseins verstehen. Doch dabei gerät in Vergessenheit, dass das, was wir uns heute unter einer glücklichen Kindheit vorstellen, für kaum einen jungen Menschen des 18. Jahrhunderts galt. Den jungen Adel triezten Haus-, Reit- und Fechtlehrer oder Hofkapläne, und die Kinder der Handwerker, Bauern und städtischen Armen waren selbstverständlich zu harter, schmutziger Arbeit eingeteilt. Darauf, was das Kind selber wollte oder ob es hungrig oder müde war, nahm selten jemand Rücksicht. Auch auf Wolfgangs Befindlichkeit gibt es wenig Rücksichtnahme, aber wenigstens müht er sich ab mit etwas, bei dem er brilliert und seine persönliche Wirksamkeit erfährt.

Wolfgang leidet nicht erkennbar unter dem Gerüttel im Wagen, unter Hitze und Staub, unter dem Fehlen jeglichen Spielzeugs. Sein Spielzeug ist sein eigener Kopf. Auf einer Fahrt denkt er sich ein Reich namens Rücken aus, in dem er König ist, und alle müssen mitspielen. Sein eigentliches Spiel aber ist die Musik, sein Spielzeug sein Musikinstrument. Und er gewöhnt sich daran, sich Musik vorzustellen, um sie später am Klavier zu erproben und zu notieren. Sein Lohn ist das freudige, stolze Leuchten in den Augen seiner Eltern, die Zufriedenheit des vergötterten Vaters und manchmal der Blick in eine Dose, aus der es golden blinkt. Sein Lohn ist die Bewunderung gekrönter Häupter und juwelenbehängter Damen, die seiner Kunstfertigkeit und seinem Charme erliegen. Früh lernt er, Menschen zu bezaubern. Dieser Kunst vertraut er sein Leben lang. Das Reisen wird ihm in Fleisch und Blut übergehen wie die Musik selbst.

Das bedeutet allerdings nicht, dass das Reisen als solches oder auch nur das Fernweh zum Gegenstand von Mozarts musikalischen Betrachtungen geworden wäre. Die musikalische Entdeckung dieses Gefühls blieb später der Romantik vorbehalten, von dort aus sickerte es in das Wunschinventar des modernen homo consumens ein. Aber das stetige Unterwegssein zwang Wolfgang eine besondere Arbeitsweise auf: das Komponieren im Kopf. Seine musikalischen Handschriften belegen es in ihrer Makellosigkeit: Was Wolfgang Amadeus Mozart niederschrieb, entstand bei Weitem nicht immer am Instrument. »Komponirt ist schon alles – aber geschrieben noch nicht«, beruhigte er 1780 brieflich seinen Vater, der sich nach dem Stand der »Idomeneo«-Oper erkundigte.

Wer sich nun den Buben als altklugen Liebling sentimentaler Damen und onkelhafter Herren vorstellt, der irrt. Wolferl freundet sich im Rahmen seiner straffen Zeitpläne und der unvorhersehbaren Zwischenfälle mit anderen Kindern an. Aus seiner Kinderzeit rühren wenige, aber bis in seine Wiener Jahre tragfähige Beziehungen her. Und von seiner ersten Italienreise ist eine fast schon romantisch zu nennende kurze Begegnung des 14-Jährigen mit dem englischen Violinisten und Komponisten Thomas Linley junior überliefert. Der nur wenige Monate jüngere hochbegabte Geiger hatte ähnlich wie der Wolferl bereits mit sieben Jahren öffentlich konzertiert – Leopold Mozart war nicht der Einzige, der seine hochbegabten Kinder den europäischen Höfen präsentierte und im Postwagen erzog.[13] Von Leopold haben wir den einzigen Bericht über diese Begegnung. Sie zeigt uns ähnlich wie die Episode 1762 mit dem Wiener Mautner einen gewandten und zugewandten Wolfgang, dem es bereits im frühen Alter schnell gelingt, Gefühlsbeziehungen zu anderen Menschen herzustellen, und der solche Beziehungen braucht – auch außerhalb der Familie mit ihrer Nestwärme:

> *In Florenz fanden wir einen jungen Engelländer, welcher ein Schüler des berühmten Violinisten Nardini ist. Dieser knab, welcher wunderschön spielt, in des Wolfg: Grösse und Alter ist, kam in das Hauß der gelehrten Poetin Sgra Corilla, wo wir uns aus Recommendation des Mr: Laugier befanden. diese 2 Knaben producierten sich wechselweise den ganzen Abend unter beständigen Umarmungen. den anderen Tag ließ der kleine Engelländer, ein allerliebster Knab, seine Violin zu uns bringen, und spielte den ganzen Nachmittag, der Wolfg. accompagnierte ihm auf der Violin. Den tag darauf speisten wir bey Mr: Gavard dem Administratore der Grossherzog: Finanzen, und diese 2 Knaben spielten den ganzen nachmittag wechselsweise, nicht als Knaben, sonderen als Männer! Der kleine Tomaso begleitete uns nach Hause, und weinte die bittersten Thränen, weil wir den Tag darauf abreiseten.*

Die beiden sollten einander auf ihren Reisen nie wiedersehen. Thomas Linley kehrte im folgenden Jahr nach London zurück, wo sich ihm eine große Karriere eröffnete ähnlich wie Wolfgang zehn Jahre später in Wien. Aber ähnlich wie Wolferl war auch »Tomaso« nur ein kurzes Leben beschieden: Bei einem Bootsunfall ertrank er mit 22 Jahren in England. Der größte Teil seiner Werke gilt als verschollen. Wenn der erwachsene Wolfgang England und die Engländer schätzte – Paris hasste er –, so mag es auch an der »Romanze« mit dem begabten englischen Musiker gelegen haben.

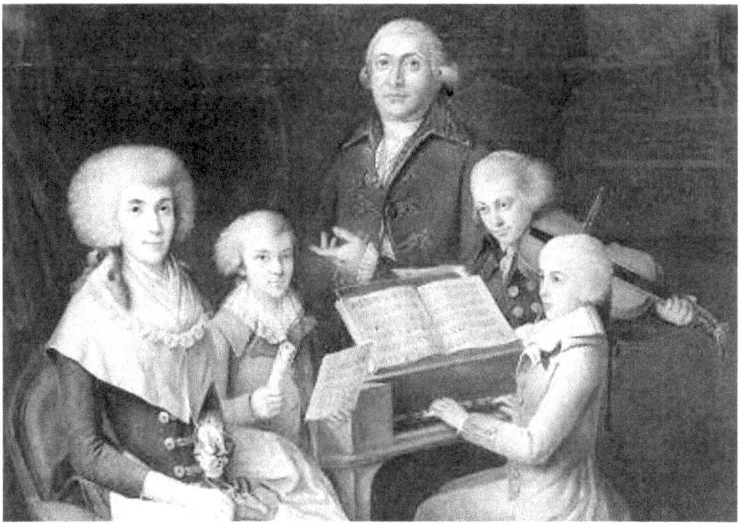

Mozart und Thomas Linley, wie sie ein unbekannter Maler bei der Familie Gavard des Pivets in Florenz sah.

Leopold gönnt sich und den Seinen nur wenige Monate Ruhe in Salzburg. Mitte September 1767 ist die gesamte Familie wieder auf der Straße nach Wien, das man nach vier Tagen erreicht. Die Hochzeit von Erzherzogin Maria Josepha mit König Ferdinand IV. von Neapel steht bevor. Gekrönte Häupter und Diplomaten in Feierlaune an einem Ort versammelt – das riecht nach Beziehungen, Auftritten und Aufträgen. Logiert wird privat bei einem »Goldarbeiter«, also vermutlich einem Goldschmied, Juwelier oder Vergolder, wie sie im Möbel- oder Kirchenbau tätig sind. Maria Theresia hat es diesmal überhaupt nicht eilig, die Mozarts zu empfangen. Sie müssen vier Monate auf ihre Audienz warten, wie Leopolds

Reiseaufzeichnungen verraten, in denen er minutiös die Namen der Vornehmen und Einflussreichen festhält, denen er begegnet. Sollte Theresia, der der kleine Wolferl beim letzten Besuch noch auf den Schoß gesprungen war, innerlich abgerückt sein von den Mozarts? Die Zeichen dafür sollten sich mehren.

In diesen vier Monaten spielt sich ein erneutes Drama ab. In Wien tobt eine Pockenepidemie. Eine Impfung gegen diese Seuche gibt es zwar, in Österreich aber ist sie unbekannt. Wer kann, flieht aus der Stadt. Denn die Seuche erfasst Arm und Reich gleichermaßen. Mitte Oktober stirbt sogar die kaiserliche Braut. Die Fahnen in Schönbrunn hängen auf halbmast. Es ist kaum vorstellbar, dass Anna Maria Leopold nicht zur Abreise zu bewegen versucht hat. Aber erst jetzt scheint er, trotz seiner Krankheitsangst bis dahin vielleicht geblendet von der Aussicht auf Erfolg, den Ernst der Lage zu erkennen. Seine »Flucht« endet im gerade einmal zwei Tagesreisen entfernten mährischen Brünn, er richtet sich auf baldige Rückkehr ein und verbindet sich ersatzweise mit dem Provinzadel, unter anderem mit dem Bruder seines Salzburger Dienstherrn, Graf Franz Anton von Schrattenbach. Doch war auch Brünn nicht mehr sicher. Nach zwei Tagen geht es weiter nach Olmütz. Aber am Abend »um zehen klagte der Wolfgang: seine Augen; allein ich bemerkte, daß er einen warmen Kopf, heisse und sehr rothe Wangen, hingegen Hände wie Eiß, so kalt hatte. Die Puls war auch nicht richtig; wir gaben ihm also etwas Schwarz Pulver und legten ihn schlafen. Die Nacht hindurch war er ziemlich unruhig und die trocknen Hitzen hielten am Morgen immer noch an.« Die Pocken haben auch ihn im Griff. Im Gasthof zum Schwarzen Adler kann er nicht bleiben, die Erkrankung könnte sich herumsprechen. Die Mozarts ziehen um in die Domdechanei zu Dechant Leopold Anton von Podstatsky. Wolferl sieht nichts mehr. Neun Tage lang. Aber er überlebt. Der Schorf fällt ab von seinem Gesicht und hinterlässt Narben wie nach einer starken Akne. Der kleine bleiche Bub mit den Hautgruben auf Stirn und Wangen dürfte keinen schönen Anblick geboten haben. Auch Nannerl erkrankt an den Pocken, leichter als ihr Bruder, wie es scheint. Die Eltern bleiben verschont.

Und es lohnt sich noch, dass die Mozarts nicht Hals über Kopf zurückgefahren sind nach Salzburg, sondern die Residenzstadt umlagert haben wie ein Schwarm Spatzen, der nahe den Tischen einer Gartenterrasse auf seine Chance auf einen Bissen lauert: Sie erhalten eine Einladung an den Hof. Alle, auch Mutter Anna Maria. Mitte Januar 1768 ist es so weit. Es lässt sich leicht nachempfinden, mit welcher Spannung Leopold und die Seinen diesem Wiedersehen entgegenfiebern. Man »kennt« einander nun schon seit fünf Jahren. Wird der intime Moment vom Oktober 1762 sich wiederholen? Wird er gar übertroffen werden?

Und vor allem: Wird es Ehre, Aufträge und Geld geben? Als Musiker ist der Wolferl längst erwachsen: ein Komponist, der die große Form beherrscht ebenso wie die schwierigen technischen Details, ein erfahrener Virtuose auf mehreren Instrumenten. In wenigen Tagen wird er seinen zwölften Geburtstag feiern. Ein Zwölfjähriger, der seine kindliche Anmut vermutlich eingebüßt hat – klein, langnasig, großköpfig und entwicklungsbedingt auch sonst unproportioniert, mit pockennarbigem bleichem Teint und zappeligem Auftreten, so wird er beschrieben. Aber wenn er den Mund auftut, kommt er in Form. Er kann bezaubern durch seine Präsenz, wenn er redet – aber vor allem dann, wenn er musiziert. Wenn er seine »Bravourstückerl« absolviert, von denen er viele zusammen mit seinem Vater oder mit der Nannerl ausgedacht und einstudiert hat – einerseits um seine Behändigkeit wirksam zu demonstrieren, so das virtuose Klavierspiel mit zugedeckten Händen oder mit dem Rücken zum Instrument – sogar seine Nase soll einer unbestätigten Klavierlehrer-Anekdote zufolge einmal zum Einsatz gekommen sein, um einen anderswie unspielbaren Satz zu Gehör zu bringen. Andererseits seine legendäre Fähigkeit zu improvisieren, zu »fantasieren«, wie man es in dieser Zeit nennt: spontan über vorgegebenen bekannten Melodien oder einfach nur der Musikalität folgend, die überreich aus ihm herausquillt. Solche Momente haben kaum einen kaltgelassen, der ihr Zeuge wurde. Vielleicht sind es die einzigen Momente, in denen Wolfgang Amadé Mozart jemals absolut glücklich ist. Er ist kein Kopfmensch wie sein Vater. Seine inneren Lebensquellen kommen aus dem Gefühl. Er strebt nicht nach Überlegenheit und Kontrolle, sondern nach mystischer Verschmelzung, das zeigen die wenigen erhaltenen Aussagen und Beobachtungen, die überhaupt Rückschlüsse auf sein Inneres zulassen. Es wäre einfach zu sagen, dies sei sein mütterliches Erbteil. Aber nichts von dem wenigen, was wir über Anna Maria wissen, lässt diesen Schluss zu. Eine reine Spekulation bleibt auch die Vermutung, das Übermaß an Kontrolle, das Leopold von früh an über sein Leben ausübte, und der stete liebevolle, aber mächtige Erwartungsdruck haben Wolfgang in diese Richtung ausschlagen lassen.

Wie dem auch gewesen sein mag – Wolfgang ist ganz anders als sein Vater. Der Vater hat dies wiederholt beobachtet. Und diese Beobachtung macht kein ambitionierter Vater gern. Leopold hat so viel vor mit Wolferl, und das alles gelänge um so viel leichter, wenn Wolfgang einfach so wäre, wie er, Leopold, ist.

Das Familienkränzchen von vor fünf Jahren wiederholt sich nicht. Maria Theresia trägt Schwarz – sie hat inzwischen ihren tief geliebten Mann verloren. Gerade ist eine wichtige dynastische Eheschließung am Tod ihrer Tochter gescheitert. Doch keimt Hoffnung für die Mozarts auf: Maria Theresias Sohn Joseph – als Joseph II. inzwischen Mitregent – macht eine beiläufige Bemerkung: ob denn der Wolferl schon in der Lage sei, für Wien eine Oper zu schreiben und einzustudieren?

Ein Auftrag mit gewissen Aussichten auf ein Honorar klingt anders, der Kaiser hat auch nicht das Recht, über die Köpfe der

Theaterpächter hinweg jemanden zu beauftragen. Aber Leopold – dessen Selbstbehauptungswillen und Akribie wir die einzige Schilderung des sich nun anbahnenden Desasters verdanken – interpretiert die Worte des Kaisers auf seine Art. Denn auf eine Chance wie diese hat er gewartet – seit er im September in die Residenzstadt aufbrach, die er seitdem umkreist wie ein Planet seine Sonne, und überhaupt seit er seinen Sohn in die erste Reihe der europäischen Musiker hineinkatapultieren möchte.

Ambitioniert, wie er eben ist, greift Leopold entschlossen nach ihr. Schnell ist der Plan einer komischen Oper in italienischer Sprache gefasst. Ein Wagnis, aber »Es muss gehen oder brechen« – Leopold mag in Alltagsdingen sehr vorsichtig gewesen sein; in musikalischen Angelegenheiten durfte man etwas riskieren. Wie üblich, dürfte es nicht schwer gewesen sein, den Buben von diesem Plan zu begeistern. Da verstehen sie sich, da sind sie einander ganz nah. Seit er in London Johann Christian Bach begegnete, brennt Wolferl für die Oper. Ein Libretto muss her – sie finden es bei Marco Coltellini, dem offiziellen Dichter der kaiserlichen Theater. Auf Umwegen, unter anderem über Carlo Goldoni, den berühmtesten italienischen Theaterdichter des 18. Jahrhunderts, ist es aus dem Stoff der angejahrten Komödie »La fausse Agnès ou Le poète campagnard« (Die falsche Agnes oder Der Landpoet) des barocken Philippe Destouches abgeleitet.

Der Bub macht sich mit Feuereifer an die Arbeit. »La finta semplice« – zu Deutsch: Die verstellte Einfalt – entsteht in nur ungefähr einem Vierteljahr. Sie ist »große Form«: 558 Seiten Notenpapier, 3 Akte, 26 Arien und eine Einleitungssinfonie, Spieldauer zweieinhalb Stunden. Es geht um Flirt und Täuschung und, natürlich, um Liebe. Kann der Zwölfjährige diese Affekte innerlich bereits nachvollziehen und glaubwürdig in Töne transformieren? Leopold schließt – behauptet er später – mit Giuseppe Afflisio, dem Pächter der Wiener Theater, den erforderlichen Vertrag ab. Hundert Dukaten beträgt das Honorar. Kein gutes Geschäft, wie sich zeigen wird. Wolfgang ist nun für eine Operninszenierung künstlerisch verantwortlich – zum ersten Mal in seinem Leben.

Es ist dabei anzunehmen, dass sein Vater nicht während jeder Probe hinter Wolferl stand. Der schon allein körperlich Kleine, der gerade eine lebensbedrohliche Pockenerkrankung überstanden hatte, hatte sich allein beim Ensemble durchzusetzen. Das bestand nicht nur aus einem Orchester mit mindestens zwanzig Instrumentalisten, sondern auch aus sieben Gesangssolistinnen und -solisten. Selbst für den charmantesten und begabtesten Zwölfjährigen dürfte es schwierig gewesen sein, sich bei dieser Künstlergruppe durchzusetzen.

Aus dieser »Generalprobe« für seine spätere Laufbahn wird nichts. Die sieben Sängerinnen und Sänger, zunächst begeistert und folgsam, werden zunehmend störrisch. Das Projekt kommt ins Stocken. Schließlich bläst Afflisio die Aufführung komplett ab. Leopold tobt. Zu Recht? Wir kennen nur seine Version der Geschichte. Für das musikalische Wien des Jahres 1768 war sie eine Randnote – für die Mozarts ein herber Rückschlag. Leopold erwartet sich Gerechtigkeit ausgerechnet vom Kaiser. Er legt ihm ausführlich seinen Standpunkt dar in einer langen Denkschrift, der der studierte Jurist die juristische Bezeichnung »Species facti« gibt – »Darlegung der Fakten«. So nannte man bei Gericht eine Art schriftlichen Plädoyers. Leopold überreicht es Seiner Majestät bei einer erneuten Audienz Ende September – da ist das Kind »La finta semplice« längst in den Brunnen gefallen. Leopold »plädiert« auch überhaupt nicht auf »Wiedereinsetzung in den alten Stand«, auf Vertragserfüllung. Nein, er glaubt vielmehr, es dem Ruf seines Kindes schuldig zu sein, dass allerhöchsten Ortes anerkannt wird: Dieses Unternehmen scheiterte nicht am Unvermögen des Komponisten.

Woran scheiterte es dann? Glaubt man Leopold und der »Species facti«, war der Grund eine Art Verschwörung unter den Musikern. Sie sind allesamt Italiener und unterfallen bei Leopold dem Generalverdacht, seinen Sohn aus dem Musikgeschäft hinausmobben zu wollen. Denn die hochtalentierten braunäugigen, schwarz gelockten Maestri hatten mengenweise ihre vernachlässigten Nester verlassen, um im vergleichsweise reichen Norden ihr Auskommen zu finden. Sie begeisterten schwärmerische Naturen durch ihre Virtuosität und ihr Äußeres, konspirierten in ihren schwer verständlichen Dialekten und schanzten einander die Posten zu. So jedenfalls sehen es die Mozarts, die an den »wälschen« Beziehungsgeflechten wiederholt scheitern.

Die »Species facti« beweist vor allem eines: Leopold ist völlig hilflos. Er weiß nicht, wer die Drahtzieher der Konspiration sind. Er sieht nur die Exponenten der Gegenseite – renitente Künstler, die permanent neue Umarbeitungen ihrer Partien verlangen, und einen Afflisio, der ihm dreist ins Gesicht verspricht: Wenn Leopold auf Vertragserfüllung und dem vereinbarten Honorar bestehe, werde er die Oper zwar auf die Bühne bringen, sie durch seine Claqueure aber auspfeifen lassen. Die Mozarts haben keinen Verbündeten in diesem Spiel.

Ob Leopold den Kaiser zum Verbündeten machen kann? Was konkret erwartet er sich von diesem querulatorischen Memorandum? Ist ihm bewusst, dass er sich damit alles andere als beliebt macht in Wien? Hier mag man keinen öffentlichen Streit. Und man mag ihn schon gar nicht, wenn ein Fremder als Erster laut wird, ein Provinzler. Es ist Leopold egal. Was er eigentlich möchte, verklausuliert er in einen Nebensatz: Ihm liegt an »einer genauen Untersuchung der musikalischen Kräfte meines Kindes, – um welche ich hauptsächlich zu seiner Ehre angelegentlichst und allerunterthänigst bitte«. Er hofft demnach auf eine Allerhöchste »ordre«, dass die Wissenschaft sich mit dem Talent seines Sohnes befasst. Der Kaiser ordnet eine halbherzige Untersuchung an und lässt die »Species facti« zu den Akten legen. In musikalischer Hinsicht speist er die Mozarts mit einem kleineren, aber immerhin öffentlichkeitswirksamen Auftrag ab: Wolfgang darf im Dezember eine selbst komponierte Messe bei der Weihe der Kirche des Parhammerschen Waisenhauses dirigieren – sein erster öffentlicher Auftritt in Wien, und die Kaiserin sieht ihm dabei zu! Für Leopold, den das Unternehmen »La finta semplice« bis September bereits 90 Dukaten, also über 400 Gulden, kostete, ist die später sogenannte »Waisenhausmesse« erstaunlicherweise fürs Erste eine ausreichende Genugtuung. Eine Aufführung könnte es in der Karnevalssaison des Folgejahrs im provinziellen Salzburg gegeben haben. Leopold und Wolferl dürften die Augen getränt haben, sofern sie daran dachten, wie dieselbe Musik im kaiserlichen Hoftheater geklungen hätte. Und der Stachel der Enttäuschung sitzt: ein »teutscher« Kaiser mit großen Sympathien für die »teutschen« Mozarts und »teutsche« Musik hat nicht schützend die Hand über Wolferl gehalten, dessen ambitioniertes Großwerk eine italienische Opernkamarilla zerstörte.

Die Stimmung der Mozarts auf dieser vierten Reise – der ersten übrigens, bei der Nannerl nur eine Statistenrolle spielt und stumm bleibt – dürfte auf einem Tiefpunkt gewesen sein. Die »Compagnie Mozart« hat diesmal hoch gewettet und verloren. Macht Leopold sich Vorwürfe, ins Risiko gegangen zu sein? Ein Trostpflaster noch klebt ein gewisser Mesmer auf die wunde mozartsche Seele: Er beauftragt den Wolferl mit einem etwas kleinformatigeren Singspiel, das Anfang Dezember 1768 als »Bastien und Bastienne« uraufgeführt wird. Der vermögende Mesmer – vermutlich nicht zu verwechseln mit Dr. Franz Anton Mesmer, dem Entdecker oder Erfinder des tierischen Magnetismus, der später in Wolfgangs Leben treten wird – war der erste private großbürgerliche Auftraggeber eines repräsentativen Mozart-Werkes. Für die Mozarts das erste Signal, dass neben Adel, Klerus und bürgerlichen Musikgesellschaften eine neue Klientel im Entstehen war.

Der Dreikönigstag 1769 sieht die Mozarts im eiskalten Wagen durch Niederösterreich Richtung Salzburg rollen. Diesmal gönnen sie sich elf Monate Ruhe. Aber die Wohnung in der Getreidegasse ist eng geworden. Nannerl ist nun eine junge Frau, Wolferl auch kein Kind mehr. Flucht nach vorn heißt nun erneut die Devise, und kurz vor Weihnachten 1769 brechen die Mozarts erneut auf. Mit Zustimmung und finanzieller Unterstützung ihres Brotherrn und mit dem Titel eines unbesoldeten Dritten Konzertmeisters der Salzburger Hofkapelle in Wolfgangs Tasche. Das Ziel ist Italien.

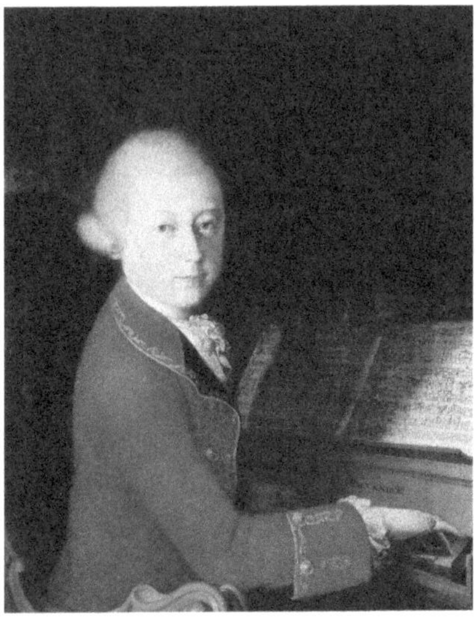

Wolfgang Amadé Mozart in Italien um 1770.
Gemälde von Saverio Dalla Rosa.

Es wird das erste Weihnachtsfest, das die Mozarts nicht alle gemeinsam verbringen. Denn »die Mozarts« – das sind nun nicht mehr alle vier. Die Reisekosten dürfen die »Compagnie« nicht über Gebühr belasten. Es ist nun nicht mehr erforderlich, dass die Nannerl dabei ist. Also haben die Frauen zu Hause zu bleiben. Wie mühsam die winterliche Fahrt durch die Hochalpen im ungeheizten, betagten mozartschen Wagen ist, lassen die Reisedaten erahnen: Für die etwa 17 Meilen von Steinach am Brenner bis Neumarkt südlich Bozens brauchen die Mozarts vier Tage. Weihnachten verbringen sie in adeliger Gesellschaft in Rovereto, das Neujahrsfest in Verona. Am 10. Januar brechen sie in die winterliche Po-Ebene auf. Der Süden hat die Mozarts!

Aus einer Italienreise werden im Lauf von vier Jahren drei. Sie besuchen die wichtigen nord- und mittelitalienischen Städte mit Ausnahme Turins. Über Rom – ein triumphaler Aufenthalt, der in einer persönlichen Audienz bei Papst Clemens XIV. und der Verleihung des päpstlichen Ordens vom Goldenen Sporn an den 14-jährigen Amadeo gipfelt – gelangen sie bis nach Neapel. Als Residenz der spanisch-bourbonischen Vizekönige ist die Stadt eine der führenden Metropolen des Mittelmeerraums und kann sich von der Einwohnerzahl her fast mit Städten wie London oder Paris messen. Kirchen, antike Monumente – viele von ihnen noch in dem Dämmerzustand aus Plünderung, Verschüttung und Überwucherung, in dem sie seit Jahrhunderten verharren – und Naturwunder wie der Vesuv werden ausgiebig besichtigt. Bei einem Auftritt erregen Amadeos Musikalität und Diamantring den Argwohn der Zuhörer: Ist das nicht ein Zauberring, der dem jungen Deutschen seine Kraft verleiht? Wolferl zieht ihn vom Finger und spielt weiter mit derselben Bravour. So wechseln adelige Soireen, Kirchenkonzerte, Wettbewerbe, Ehrungen ab mit einem Leben auf der Landstraße, das in Italien gefährlicher ist als im Reich. Das Fehlen einer starken Zentralmacht, ähnlich wie in Deutschland, fordert auch auf den Straßen seinen Tribut. Straßenräuber bedrohen fast überall Gut und Leben der Reisenden. Sie lauern im Gebüsch an Steigungen, die Wagen langsam erklimmen müssen, fallen den Pferden ins Zaumzeug, zwingen die Reisenden auszusteigen, machen sie bewegungsunfähig, indem sie ihnen Eisenreifen von Wagenrädern über den Körper werfen, rauben ihnen die Wertsachen und sind wieder im Gebüsch verschwunden. Die beiden Mozarts bleiben verschont von bedrohlichen Situationen, ihre Routine wird sie dabei begünstigt haben, aber wir können uns vorstellen, dass die silbernen, geldgefüllten Tabaksdosen und ähnlich wertvollen »Erinnerungsstücke« an ihre adeligen Auftraggeber in ihrem Gepäck sie hin und wieder besonders gedrückt haben.

Mit 15 als Berufsmusiker in einem fremden Land – nichts hätte der Familiengeschichte der Mozarts eine dramatischere Wendung geben können. Aber in musikalischer Hinsicht bleibt der Erfolg der Italienreisen hinter den mozartschen Erwartungen zurück: drei Opernaufträge, einige schöne Konzerte, ein bisschen Kirchenmusik – aber erneut keine feste Anstellung. Das Wunderkind geht nicht mehr überall als Kind durch, obwohl beim Alter nach wie vor geschummelt wird. Die öffentlichen Proben seiner außerordentlichen Begabung – zum Beispiel schreibt er nach dem Anhören des streng geheim gehaltenen berühmten Misereres der sixtinischen Kirchenmusik den neunstimmigen Chorsatz aus dem Gedächtnis nieder – verlieren an Sensationswert. Der junge Komponist muss sich überall mit eingesessenen, gut ausgebildeten und vernetzten italienischen Musikern messen.

Für die Hochzeit des Erbprinzen Ferdinand Karl in Mailand mit Maria-Beatrix von Modena-Este sichert Leopold seinem Wolferl einen wichtigen Auftrag: die italienische Oper »Ascanio in Alba«. Die Oper wird ein großer Erfolg und kommt auch bei Hof großartig an, daher bittet Ferdinand seine Mutter Maria Theresia um Zustimmung, dass er den fast gleichaltrigen Wolferl, mit dem er sich auch persönlich gut versteht, als Komponisten an seinem Hof einstellt. Die Kaiserin verweigert die erbetene Unterstützung mit überdeutlichen Worten:

> *Sie bitten von mir, dass Sie den jungen Salzburger in Ihren Dienst nehmen dürfen. Ich weiß nicht als was, da ich nicht glaube, dass Sie einen Komponisten oder unnütze Leute nötig haben.*

Allerdings, wenn Ihnen das dennoch Vergnügen macht, will ich kein Hindernis sein. Was ich sage, ist, dass Sie sich nicht mit unnützen Leuten beschweren und niemals Titel an solche Leute verleihen, als stünden sie in Ihren Diensten. Das macht den Dienst verächtlich, wenn diese Leute dann wie Bettler herumreisen. Übrigens hat er eine große Familie.

Der Erbprinz fügt sich, die Karriere in der Lombardei kommt nicht zustande. Nahm die Kaiserin dem fünfzehnjährigen Jüngling noch immer übel, was der sechsjährige Knirps in übergroßem kindlichen Vertrauen auf die Allmacht seines Charmes damals in Schönbrunn »verbrochen« hatte: unter Bruch aller Distanzregeln den körperlichen Kontakt zu ihr, von Gottes Gnaden der Regentin des Heiligen Römischen Reiches, aufzunehmen? Hatte sie die kleine Szene, auch wenn es ihr selbst gelang, die Contenance zu wahren, als entwürdigend empfunden wie offensichtlich später in Paris die Pompadour? Fand sie, dass es einer bürgerlichen Familie nicht zustand, auf so vertrautem Fuß mit dem hohen Adel zu verkehren, wie es die Mozarts seitdem taten? War ihr der offensichtliche Stolz des Vaters zuwider? Wollte die in vielen Angelegenheiten sparsame Herrscherin ihren Sohn lediglich vor überflüssigen Personalausgaben bewahren? Standen die Mozarts so weit unter kaiserlicher Beobachtung, dass die mozartschen Reisen auf Kosten der Salzburger Stiftsschatulle und sogar des Allerhöchsten persönlichen Vermögens in Wien bekannt waren? Oder gab es in einflussreichen Kreisen neben der Begeisterung über die musikalisch frühreifen Kinder eine Strömung gegen die Mozarts, die sich aus allen diesen Ressentiments speiste?

Was Maria Theresia schreibt, zeigt, dass man sie zu Unrecht beschuldigt, wenn man ihr musikalisches Banausentum unterstellt, und dass es ihr um etwas ganz anderes ging. Es deutet eher darauf hin, dass das Durchinszenierte, Professionelle des mozartschen

Tourneebetriebs – dass sie »wie Bettler herumreisten«, um in ihrer eigenen Diktion zu bleiben – der wahre Stein ihres Anstoßes gewesen sein könnte.

Ähnlich kritisch äußert sich Graf Karl Johann Christian von Zinzendorf. Der kaiserlich-königliche Kommerzienrat und überaus produktive Tagebuchschreiber hatte die Mozarts im Oktober 1762 im thurnschen Salon gehört und hatte hinterher zu bemängeln: »Fräulein v. Gudenus, eine gute Klavierspielerin, gab ihm einen Kuss, vorauf er sich den Mund wischte …« Zwei disqualifizierende Vorwürfe schwingen im Urteil des Grafen mit, der niemals zum Wolfgang-Bewunderer werden und später die »Entführung aus dem Serail« »zusammengestohlen« und den »Don Giovanni« »langweilig« finden wird: die Dressur, die er der Familie zu Unrecht unterstellt (warum sonst hatte er 1762 Wolferl als »armes Kerlchen« bezeichnet), und dass er nicht wie ein adeliges Kind die Contenance zu wahren gelernt hatte und ein öffentliches Zeichen des Ekels gab.

Der Vorwurf bürgerlicher Anmaßung steckt also in den Urteilen beider hohen Herrschaften. Und dieser Vorwurf hatte Folgen: Zu Lebzeiten der Kaiserin sollte Wolfgang in der Residenzstadt zwar ein hohes öffentliches Ansehen haben, aber keine wirtschaftliche Sicherheit durch eine feste Anstellung genießen.

Attraktionen und Katastrophen – Schritte in die Unabhängigkeit

In Salzburg stirbt kurz vor Weihnachten 1771 Sigismund von Schrattenbach, der im Wesentlichen geduldige und spendable Gönner. Ein Vierteljahr später besteigt Fürsterzbischof Hieronymus von Colloredo die Kathedra. Zur Inthronisation widmet ihm Wolfgang den Einakter »Il sogno di Scipione«, und Colloredo revanchiert sich wenige Monate später mit einer Festanstellung zum Konzertmeister der Hofkapelle. Die dem jungen Musikus zugemessenen 150 Gulden Jahressalär mögen den Mozarts wie Hohn geklungen haben – aus der Sicht des fürsterzbischöflichen Schatzamtes sind sie recht und billig. Das war eben das, was der sparsame Hof für einen Musiker übrig hatte. Wolfgang ist erst 16 und damit noch nicht heiratsfähig, er lebt bei seinen Eltern. Wofür brauchte er mehr Geld – und wieso sollte er einen höheren Lohn verdienen als die anderen Hofmusiker? Immerhin durfte er erneut mit dem Vater nach Italien reisen. Zwei wichtige Hofmusiker fielen damit für Monate aus und bezogen weiterhin ihren Lohn. Dies dürfen wir aus der Tatsache schließen, dass solche genehmigten Reisen zu der Zeit nahezu immer mit offiziellen Aufträgen verbunden waren wie schon die Münchenreise 1762 und dass weder von den Mozarts noch vom Salzburger Hofkämmerer anderslautende Vermerke erhalten sind.

Die Weigerung Colloredos, Wolfgang seiner persönlichen Begabung zuliebe gegenüber den anderen Musikern seines Standes zu privilegieren, dürfte der erste Auslöser der Ablehnung sein, die in den Mozarts im Lauf der Zeit heranreift, die Beziehung zum Nachteil der Mozarts vergiftet und bei Wolfgang zum brennenden Hass eskalieren wird.

Fürsterzbischof Colloredo kommt, anders als Schrattenbach, in der Kritik der Nachwelt nicht gut weg. Die Mozarts lehnen ihn ab, denn sie unterstellen ihm Geiz und Schlimmeres. Vor allem Wolfgangs geradezu grotesker Hass auf seinen Brotherrn klebt bis heute an diesem wie Pech. Der »Geiz« Seiner Durchlaucht allerdings entspringt keiner adeligen Schrulle wie die Großzügigkeit Schrattenbachs, sondern aufgeklärtem Nutzendenken und echter Sorge um die Finanzkraft seines Stiftslandes. Von Friedrich dem Großen und dem Wiener kaiserlichen Regenten Joseph II. beeinflusst und persönlich anspruchslos, knöpft er sich systematisch modernisierend Bildungswesen, Verwaltung, Militär und selbst die Strukturen und Bräuche seiner eigenen Institution, der Kirche, vor. Wo immer es möglich ist, schneidet er rücksichtslos alte Zöpfe ab und beseitigt überkommene, bequeme Privilegien: Schulen und Universitäten haben vor allem nützliche und praktische Kenntnisse und Fertigkeiten zu vermitteln. Den Bauern beschert er eine Flurbereinigung und unterbindet vermeintlich unwirtschaftliche kleinbäuerliche Nebentätigkeit. Die Menschen müssen sich gegen Seuchen impfen lassen und sollen sie nicht mehr mit Bittgängen und Wallfahrten »bekämpfen«. Die Anzahl kirchlicher Feier- und damit Ruhetage reduziert er drastisch. Die Zahl der Ordensleute im Stiftsland schrumpft während Colloredos Regentschaft um weit mehr als die Hälfte. Selbst der Kirchenmusik bleibt der Reformeifer des Erzbischofs nicht erspart. Statt lateinischer Choräle setzt er den deutschsprachigen Gemeindegesang durch. Instrumentaleinlagen – ein Metier der Mozarts – müssen sich auf maximal drei Minuten beschränken, um die Gläubigen nicht länger als notwendig im Gotteshaus aufzuhalten. Ein Staatsmann, kein Geistlicher manifestiert sich in diesem Sanierungsprogramm, das nicht nur – aus nachvollziehbaren Gründen – die Mozarts, sondern auch die kirchenfrommen, am Herkommen hängenden Salzburger hassen und zu unterlaufen versuchen, wo immer es möglich ist.

Da passt es nur allzu gut ins Bild, wenn Colloredo den Mozarts das Privileg beschränkt, ausgedehnten bezahlten Urlaub zu nehmen, denn er benachteiligt damit nicht nur seine übrigen Bediensteten – er muss ja auch die notwendigen Stellvertreter zusätzlich bezahlen. Colloredo sieht sichtlich keinen besonderen Nutzen darin, den Mozarts Reisen zu ermöglichen, auf denen sie sich nach Alternativen zum Salzburger Hof umsehen. Mit Leopolds überaus großzügigem Ausgang hat es nun ein Ende. In den folgenden, nur von der dritten Italienreise und einer kurzen Wienreise 1773 unterbrochenen Jahren – auch eine neue Audienz bei der Kaiserin bringt seinem Sohn keine Anstellung – hat Leopold genug Zeit, sich darüber klar zu werden, dass sein Lebensplan von Wolfgangs Marsch durch die musikalischen Institutionen vorerst gescheitert ist. Die repräsentative, dessen Talent angemessene Anstellung an einem der ersten Höfe Europas ist so fern wie eh und je.

Colloredo behandelt dabei die Mozarts objektiv nicht schlecht – nicht schlechter jedenfalls als seine übrigen Bediensteten. Der Dienst, den er ihnen abverlangt, ist nicht drückend, es bleibt viel Zeit für mußevolle Beschäftigungen: das beliebte Bölzelschießen, Billard, Eisstockschießen und Kegelschieben, Konzerte, Bälle, das Kartenspiel – eine Leidenschaft, die die Mozarts mit vielen Zeitgenossen bis hinauf zu ihrer Kaiserin teilen. Werknamen wie das »Kegelstatt-Trio« oder auf den Rand einer Partitur hingekritzelte Bemerkungen wie »Wien den 27. Julius 1786 untern Kegelscheiben [Kegelschieben]« zeigen, wie aufgeschlossen die Mozarts auch harmlosen Vergnügungen gegenüberstanden.

Und der Sohn?

Wolfgangs italienische Träume sind ausgeträumt. Nicht mehr spannte sich über ihn der italienische Himmel und erhoben sich vor ihm die Denkmäler alter Kunst der Antike und der Renaissance, nicht mehr bewegte er sich im lebhaften, bunten Treiben der italienischen Residenzen. Keine Aussicht sollte sich ihm mehr eröffnen, nochmals die alte Brennerstraße zu durchfahren. Dagegen ging er wieder in Salzburg die engen Gassen hinauf und hinunter zum Schlosse des neuen erzbischöflichen Herrn, zu den Kirchenchören, den befreundeten Familien, grüßte liebe alte, jedoch auch manche ihm verhaßte Gesichter, begegnete den Fräulein, durch deren schwärmerische Verehrung er in seiner Seele seine Liebeswelt aufbaute.

So vermutet der Mozart-Biograph Ludwig Schiedermair und fährt fort: »Eine andre Atmosphäre, der aus den Bergen frische Luftströme zuflossen, umgab ihn aber wieder, eine stille Ruhe, die nicht durch täglich wiederkehrende Anstrengungen gestört wurde. Körper und Geist wurden nach den italienischen Reisen jetzt gekräftigt.«

Diese »stille Ruhe« ist indessen auf die Dauer nicht nach dem Geschmack der Mozarts und das, was 1777 folgt, kann man nur als Befreiungsschlag interpretieren. In die zunehmend gespannte Atmosphäre hinein, die sich sicherlich auch auf die Beziehungen zu den Hofchargen auswirkt, beantragt Leopold erneut Urlaub für Wolfgang und sich. Unter anderem soll es nach München, Mannheim und Paris gehen, immer auf der Jagd nach einem glücklichen Zeitpunkt, einer Vakanz, einer Aussicht auf eine festbesoldete Stelle. Dies schreiben die Mozarts vermutlich nicht in ihre Anträge, aber jeder bei Hof dürfte es verstanden haben.

Die Allerhöchste Antwort fällt schroff aus. Es klingt, als wäre man bei Hof verstimmt darüber, dass den prominenten Subjekten der ihnen zustehende Platz in der Hofmusik nicht gut genug ist. Wenn den Mozarts dies nicht ausreicht, lässt Seine Durchlaucht verlauten, sollen sie doch woanders gleich gemeinsam ihr Glück suchen. Die ausgesprochene Kündigung ist eine Art Kündigung auf Probe, wie sich herausstellen wird – inständige Appelle Leopolds an die fürstliche Großmut bewegen den Erzbischof zur Rücknahme seines ruinösen Dekrets wenigstens den Vater betreffend. Mit dem Zusatz »dass er sich mit dem Kapellmeister und andern bey der Hofmusik angestellten Personen ruhig und friedlich betragen werde«, wird Leopold Mozart wieder in die Hofmusik aufgenommen. Die hohen Herren damals benahmen sich gern wie strenge Eltern ihren Kindern gegenüber. Auch Wolfgang sollte vier Jahre später in der berühmten »Arschtritt«-Episode derlei fürstliche »Pädagogik« handgreiflich zu spüren bekommen.

Wolfgang ist nun ein freier Mann. Den selbstbewussten 21-Jährigen dürfte der Verlust der 150 Gulden jährlich nicht sonderlich beunruhigt haben. Mit etwa 300 vollendeten kleineren und größeren

Werken ist er ein erfahrener Komponist, und es hieße die Überheblichkeit seines Lebensalters verkennen, wenn man nicht unterstellte, dass sich Wolferl zu allem in der Lage fühlt.

Für Leopold allerdings fangen die Probleme jetzt erst an. Die bewährte Mannschaft von Vater und Sohn kann nun nicht antreten. Wie also sicherstellen, dass die richtigen Türen sich öffnen, dass alle Chancen auch wahrgenommen werden und, vor allem, dass mit dem knappen Geld sparsam umgegangen wird? Leopold ordnet an, dass in seiner Vertretung Anna Maria ihren Sohn begleiten – und zweifellos kontrollieren – soll. Wolfgang mag dennoch innerlich frohlockt haben, dass er erstmals seit zwanzig Jahren für eine Zeit lang nicht unter väterlicher Kuratel stehen sollte.

Und Anna Maria? Seit acht Jahren ist sie nicht mehr aus Salzburg herausgekommen außer vielleicht zur beliebten Wallfahrt Maria Plain, aber die liegt praktisch vor der Haustür. Das wenige, was wir von ihr wissen, lässt auf eine Person schließen, die sich im häuslichen und freundschaftlichen Kreis am wohlsten fühlt und keinen besonderen Zug zum glatten gesellschaftlichen Parkett hat. Zudem ist sie mit 56 Jahren schon beinahe eine alte Frau. Ihre Gesundheit ist nicht besonders stabil. Aber sie fügt sich Leopolds Anweisungen. Vielleicht ist sie bereits jetzt entschlossen, ein Erscheinen auf offiziellen Anlässen möglichst zu vermeiden und sich im Hintergrund zu halten?

Es folgen die üblichen Reisevorbereitungen, die womöglich noch minutiöser ausfallen als sonst, um dem Spiel des Zufalls so wenig Raum wie möglich zu geben. Sprachen werden gebüffelt, Briefe werden geschrieben – unter anderem an Melchior von Grimm, der den Mozarts 1763 die Pariser Bühne so effektvoll bereitet hatte und der nun erneut die Erwartungen der Pariser hochstimmen soll. Insbesondere gilt es jemanden zu finden, der einsteht, falls unterwegs das Geld einmal knapp werden sollte. So sparsam die Mozarts auch zu wirtschaften verstehen – in den vier Jahren seit der letzten Reise haben sie offenbar wenig zurücklegen können. Unterricht und kompositorische Tätigkeit scheinen nicht genug abgeworfen zu haben, um die Miete für die acht Zimmer im Tanzmeisterhaus – der Salon allein ist fast dreißig Fuß lang – wieder einzubringen.

Wieder erweist sich Hagenauer als Mann, auf den die Mozarts sich verlassen können. Mit seiner Zusage, für etwaige Verbindlichkeiten nachträglich aufzukommen – er kann ihnen ja nicht so ohne Weiteres Geld schicken –, brechen Mutter und Sohn Ende September auf nach München, begleitet von den guten Wünschen und unguten Vorgefühlen eines ängstlichen Leopold. In der Hast des Aufbruchs – es warten keine Privatkutsche und kein Diener mehr, bis die Herrschaft disponiert ist – vergisst der Vater, die Reisegesellschaft zu segnen, wie er es sonst immer tat. Für die Nannerl ist es der erste Abschied von der Mutter. Sie ist jetzt 26, eine hübsche junge Frau mit grünen Augen, die einmal mehr nur den Reisenden hinterherschauen dürfen – reisen, handeln und entscheiden dürfen andere.

Die erste Station im nahen München enttäuscht trotz wohlwollender Aufnahme durch den Kurfürsten Max III. Joseph und dessen Hofmusikus Graf Seeau. Es ist keine Stelle vakant, und überhaupt soll der junge Maestro als Komponist noch etwas reifen. Das Wunderkind ist kein Kind mehr und muss sich an gewöhnlichen Maßstäben messen lassen. Auch die Qualität seiner Musik spricht offenbar nicht für ihn. Die Zeitgenossen hören zu diesem Zeitpunkt ihre Besonderheit noch nicht heraus. Weiter geht es nach Augsburg, wo man würdig, aber teuer im »Weißen Lamm« logiert. Wolfgangs Selbstbewusstsein ist auf voller Höhe. 14 Jahre zuvor, beim letzten Auftritt in der Lechstadt, war die Begeisterung für die Wunderkinder grenzenlos gewesen, und warum sollte dieser Erfolg sich nicht wiederholen? Der Familienfreund und Klavierbauer Johann Andreas Stein arrangiert Wolfgangs Auftritte, lässt drei Klaviere in den Fuggersaal schaffen und spielt selbst mit. Als Höhepunkt soll Wolfgang im Steinernen Haus eine Akademie geben.

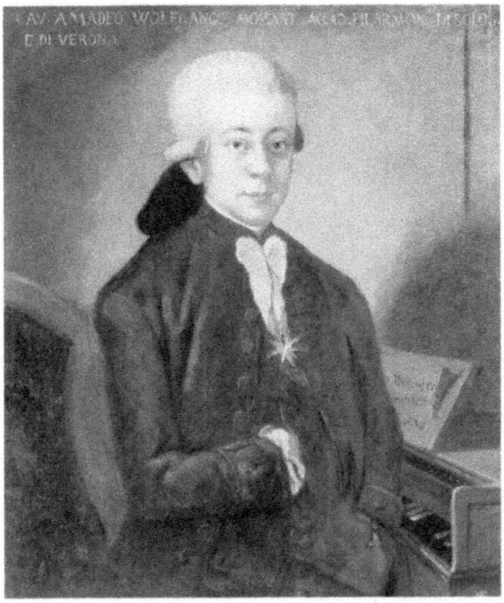

Wolfgang Amadé Mozart als päpstlicher Ritter vom Goldenen Sporn 1777. Kopie eines Gemäldes von Padre Martini.

Im Vollgefühl seines Erfolges präsentiert Wolfgang sich bei Jakob Wilhelm Benedikt Langenmantel, dem früheren leopoldschen Reisebegleiter, Kommilitonen und vielleicht Brotgeber. Das Gespräch allerdings beginnt unter ungünstigen Vorzeichen. Verbindungsmann Onkel Franz Alois muss, bis die Audienz beendet ist, im Vorzimmer warten, »wie ein Lakai«, erbost sich Wolfgang. Der Patrizier hat es, der Verteilung der Macht in der Reichsstadt entsprechend, bereits zu einem repräsentativen Amt gebracht, in dem er zwar von den wohlhabenderen Kaufleuten abhängig ist, aber ehrenvoll im Rathaus residiert – anders als sein Besucher, der stolz und vermutlich etwas komisch mit seinem päpstlichen Orden als Ritter vom Goldenen Sporn vor ihm paradiert. Stadtpfleger ist Langenmantel, Bürgermeister, und der Bürgermeister und sein Sohn Jakob Alois Karl lassen den fahrenden Musikus überdeutlich spüren, dass Ritterschlag und Orden sie nicht im Allergeringsten beeindrucken. Wolfgang beklagt sich bitter bei seinem Vater: Man habe ihn mit Du angeredet, während er immer im korrekten Duktus geblieben sei und den Gastgeber mit »Hoheit« tituliert habe. Der junge Langenmantel habe ihn gar herausgefordert, indem er den Wert des Ordens infrage gestellt habe. Wolfgang steht kurz davor, seinen Aufenthalt abzubrechen, und kann nur durch gutes Zureden zum Bleiben und zum Auftritt bewegt werden. Die Mozarts brauchen das Geld.

Unter denen, die begütigend auf Wolfgang einwirken, ist eine Person besonders wirksam: das Bäsle – Alois' einzige Tochter, 1758 geboren, also gerade 19 geworden, und ledig. Die beiden sind einander mehr als sympathisch – wie viel mehr, bleibt zu erörtern. Die Nähe, die die beiden zueinander empfinden, trägt über mehrere Jahre und schlägt sich in einer Reihe von Briefen, den einst berüchtigten »Bäsle-Briefen«, nieder.

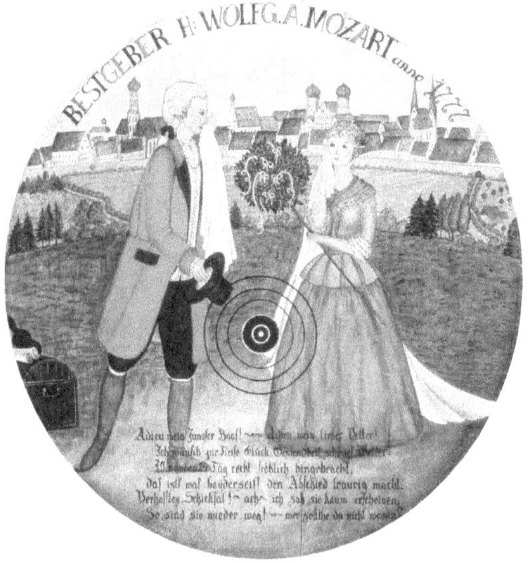

Das Bäsle und Wolfgang als Zielscheiben familiären Spotts. Bölzelschießscheibe.

Das Konzert im Steinernen Haus begeistert dann doch die Augsburger Bürger, deren Patriziat Mozart so gar nicht beeindruckte. Und was immer vorgefallen sein mag zwischen Mozart und dem Bäsle, der Abschied ist tränenreich, wie der etwas anzügliche Vers auf einer eigens gemalten Scheibe für das beliebte Bölzelschießen andeutet: *Wir haben die Tag recht fröhlich hingebracht,/ Das ist was beyderseits den Abschied traurig macht.*

Während der überselbstbewusste, testosterongeschwellte Wolferl also trotz ständischen Verdrusses in Augsburg insgesamt »die Tag recht fröhlich« hinbringt, sitzt Leopold grämlich und sorgenvoll in Salzburg auf seiner Vizekapellmeisterstelle und steuert die »Compagnie« brieflich von fern. Ein Brief läuft schnell genug im Reich, wo Straßen sind. Postreiter schaffen über zwanzig Meilen am Tag und bedienen die Hauptrelationen, denen die Mozarts sich im Allgemeinen entlangbewegen, sechs Tage die Woche. Zwischen Salzburg und Augsburg ist also in vier Tagen leicht hin- und hergeschrieben. Gerüchte von der kleinen Eskapade des Sohnes dürften den Vater also beizeiten erreicht und sein Misstrauen erregt haben. Komponierte Wolferl fleißig genug? Antichambrierte und agierte er mit dem nötigen Geschick? Gab er etwa in seinem Wunsch nach menschlicher Nähe zu viel von sich preis, rief damit Konkurrenten und Intriganten auf den Plan und brachte dadurch seine Mission in Gefahr? Hatte die Mutter die Lage und den Sohn überhaupt im Griff?

Leopold war sicherlich bewusst, dass die wachsende Entfernung der familiären Satelliten vom Salzburger Heimatstern gegen seine Kontrolle spielte. Die Entfernung nach Mannheim, der nächsten geplanten Station der Reise, ist mehr als doppelt so groß wie die nach Augsburg. Nach Paris ist es noch einmal doppelt so weit, die Post braucht etwa eine Woche für einen Weg.

Bester Laune erreicht die kleine Reisegesellschaft Ende Oktober 1777 Mannheim und mietet sich im »Pfälzischen Hof« ein. Hier in der Kurpfalz hat die Familie 1763 erstmals ein überragendes

Orchester gehört. In Mannheim residiert ein Fürst aus wittelsbachischem Hause, Carl Theodor, ein entfernter Cousin des Münchner Max III. Joseph. Ohne direkten Erben, aufgeklärt und kunstnärrisch, wirft er das Geld mit vollen Händen seinen Musikern und Schauspielern sowie den Schriftstellern und Gelehrten Europas in den Schoß. Dass ihm in seiner Begeisterung hin und wieder das fiskalische Augenmaß verloren geht, zeigt eine Episode aus dem Jahr 1753. Voltaire – die unbestritten höchste Autorität dieser Zeit in Fragen der Kunst und des Geschmacks – ist auf der Durchreise. In seinem Drang, den Franzosen zu beeindrucken, »spendiert« der Kurfürst vier derart kostspielige Theateraufführungen, dass er anschließend den schwerreichen Autor um 100 000 Francs angehen muss.

Carl Theodors Nachruhm zuträglicher war der Aufschwung, den seine Hofkapelle seit 1742 unter ihrem Konzertmeister, Violinlehrer und »Instrumental-Musicdirektor« Johann Stamitz, 1717 in Böhmen geboren als Jan Stamic, nahm. In nur sieben Jahren gelang es Stamitz, mit allen nötigen Vollmachten und Geldmitteln ausgestattet, das Hoforchester zu einem Klangkörper zu machen, der in Europa seinesgleichen suchte. Es war ihm versagt, als Komponist Werke von durchschlagendem, dauerhaftem Ruf zu schaffen. Sein Lebenswerk waren die hohe Mannheimer Klangkultur, die aus einem für die Zeit untypischen Drill resultierte, eine durchgreifende formale Modernisierung der Orchestermusik und seine Grundlegung einer neuen Stilistik und Tonsprache, die als die »Mannheimer Manieren« vierzig Jahre lang die Standards in der europäischen Sinfonik setzte. Bildhafte Begriffe wie »Mannheimer Rakete« (ein aufsteigendes Arpeggio, sehr schön zu hören im Anfangstakt der späten g-Moll-Sinfonie), »Mannheimer Seufzer« oder »Mannheimer Walze« (ein ausgedehntes wuchtiges Crescendo am Satzanfang) sind zwar Wörter des 19. Jahrhunderts, aber die Musik hinter diesen Wörtern zündete unverzüglich, und die Mannheimer Schule zog seit 1750 die Spitzenmusiker an: »Auf jeder Seite 10 bis 11 Violinen, 4 Bratschen,

2 Oboen, 2 Flauti und 2 Clarinetti, 2 Corni, 4 Violoncelli, 4 Fagotti und 4 Contrabassi und Trompeten und Paucken«, also allein mehr als dreißig Streicher belebten das Orchesterparkett, bilanziert Wolfgang. Ein Riesenorchester für damalige Verhältnisse; Bachs legendäres Köthener Orchester bestand insgesamt aus einem guten Dutzend Instrumentalisten. Der Schalldruck, den dreißig disziplinierte, gut dirigierte Streicher in einem kleinen Konzertsaal entfalten können, ist beträchtlich. Kein Wunder, dass die »Mannheimer Walze« empfindsame Damen gelegentlich in Ohnmacht fallen ließ.

Stamitz' Nachfolger Johann Christian Cannabich waren fast dreißig Jahre des Wirkens am wittelsbachischen Hof beschieden. Jahre, in denen er und sein Orchester Europas Musik prägten. Der Einfluss der Mannheimer Schule reichte bis nach Paris, wo Stamitz und Cannabich wiederholt gastierten. Letzterer war aus Mozarts Sicht die eigentliche Attraktion Mannheims – Cannabich und was es bei ihm zu lauschen und zu lernen gab. Und natürlich die Unterrichts- und Kompositionsaufträge, die aus einem solch bedeutenden Gravitationszentrum der Musik winkten.

Leopold hatte die Beziehung zu Cannabich bereits 1763 gestiftet – die Mozarts hatten in Schwetzingen konzertiert und beeindruckt. Nun hofft er, dass Cannabich als Mentor den mannbaren Wolfgang auf dem Weg zum musikalischen Durchbruch unterstützt.

Bei aller Akribie der Planung konnte Leopold eine ganz andere Mannheimer »Attraktion« nicht antizipieren: die »Weberischen«, die vielköpfige musikalische Familie des ärmlich im Dunstkreis des Hoftheaters existierenden Kontrabassisten, Souffleurs und Notenkopisten Franz Fridolin Weber – man könnte ihn auch Faktotum nennen. Die Weberischen waren 1764 aus dem Südschwarzwald in die Kurzpfalz zugezogen, seine Frau Cäcilia stammte von hier. Wie wir bereits hörten, waren die Webers fürstlicher Willkür zum Opfer gefallen, wie es zu dieser Zeit gerade unter ärmeren Familien viele gegeben haben mag. »Reich« waren sie nur an Kindern, namentlich an halbwüchsigen Töchtern, was die Eltern vor ein zeittypisches Problem stellte: diese günstigst zu verheiraten. Nur ein Sohn ist überliefert. Die Weberischen Töchter Josepha, Aloisia, Constanze und Sophie, alle geboren zwischen 1758 und 1763, hatten eines gemeinsam: Sie hatten die Musikalität ihres Milieus aufgesogen. Sie waren ausgezeichnete Sopranistinnen, Aloisia war bereits am Hoftheater engagiert und verdoppelte das bescheidene Familieneinkommen. Alle hatten sie eine gute Erziehung genossen und sprachen fließend Französisch. Gute Aussichten für bescheidene Karrieren – und für Ehemänner aus dem Musik- und Theatermilieu. Für Cäcilia und Franz Fridolin waren diese Aussichten eher düster, denn nicht viele konnten in diesem Milieu gut leben. Sie spürten es ja am eigenen Leibe. Ohne Aloisias Einkommen kamen sie auf nur 200 Gulden im Jahr.

Setzte man allerdings »gut leben« nicht gleich mit Wohlstand, dann lebten die Weberischen sehr gut. Denn der beglückende Geist der Musik war stets gegenwärtig im Hause Weber. Franz Fridolin brachte immer die neuesten »Sparten« (Partituren) und Stücke vom Hoftheater zum Abschreiben mit – sicherlich zusammen mit jeder Menge Erzählungen und Klatsch über Komponisten, Musiker, Sängerinnen und Autoren. Es gehört nicht viel Fantasie dazu, sich auszumalen, wie die jungen temperamentvollen Frauen sich an alledem ergötzten und einander inspirierten zu musikalischen Improvisationen und weiblichen Träumen: mal romantisch, mal komisch, mal rivalisierend, mal melancholisch, mal triumphierend. Ihre hohen jungen Stimmen mögen tagaus, tagein die Atmosphäre belebt haben – singend, lachend, zankend, klagend. Dass es manchmal im Haus 10 des Mannheimer Planquadrats M1 – nur einen Häuserblock vom Schloss entfernt – so turbulent zuging wie auf dem sprichwörtlichen Affenfelsen, bestätigt indirekt auch Wolfgang: »Ich habe in keiner Familie solche Ungleichheit der Gemüter angetroffen wie in dieser.«

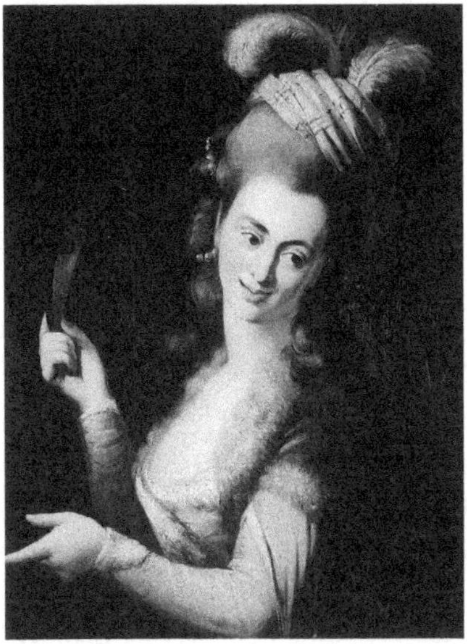

Aloisia Weber im Bühnenkostüm etwa 1784.
Gemälde von Johann Baptist von Lampi.

Der temperamentvolle Wolfgang liebte temperamentvolle Frauen, so viel lässt sich vermuten. Und definitiv ging bei ihm die Liebe durch die Ohren, war er dem Eros schöner Frauenstimmen verfallen, so etwa dem der Margaretha Kaiser in München, die er unterrichtete und anschwärmte: »ein sehr angenehmes Mädl, hübsch auf dem Theater … Ich war in der Loge vom Haus Branca, ich betrachtete die Keiserin mit einem Fernglas, und sie lockte mir öfters eine Zähre ab. Ich sagte oft Bravo, bravissimo.« Dies hatte er zuletzt Anfang Oktober brieflich bekannt und war damit bei seinem Vater auf Befremden gestoßen. Nun gab er Gesangsunterricht im Weberischen Haus, ein Vogelherd voller Leimruten für den jungen Mann, und schnell blieb er gründlich kleben an einer von ihnen: Aloisia, der zweitältesten Tochter und – natürlich – der talentiertesten Sängerin. Das dürfte Mitte Januar 1778 geschehen sein. Es ist wahrscheinlich, dass der junge Mann, als er das erste Mal den Raum betrat, die Töchter enttäuschte. Eher kleinwüchsig und untersetzt, der Teint bleich, die Haut von Narben übersät wie nach einer schweren Akne – die Hinterlassenschaft seiner Pockeninfektion von 1768 –, die Nase stach lang und fleischig aus seinem Profil hervor. Darüber vermutlich eine kurze, weiß gepuderte Perücke – dem Perückentragen schwor Mozart erst später ab. Kein Kopf also, mit dem man, wie heute, Pralinen verkaufen konnte.

Mozart selbst war sich seiner körperlichen »Mängel« sehr bewusst. Das verraten seine Versuche, diese durch extravagante Kleidung und Manieren auszugleichen. Ob sein unschönes Äußeres sein Selbstbewusstsein in diesen Mannheimer Wochen nachhaltig schmälerte, darf bezweifelt werden. Immerhin war er auf dem Weg nach Mannheim beim Augsburger »Bäsle« bestens angekommen, und es hieße die Jungmännerpsyche grob missverstehen, wenn man anderes erwartete, als dass den Weberischen ein zwar untersetzter, aber stolz- und testosterongeschwellter Mozart gegenübertrat. Kein Zweifel: Der junge Amadé war auf Freiersfüßen und wollte es wissen von der Damenwelt.

Die näheren Umstände der Annäherung zu ermessen bleibt der Fantasie vorbehalten. In der kleinräumigen Gesellschaft des Mannheimer Hofes gab es unzählige Berührungspunkte. Alle lebten sie im Umkreis der Musik und des Hoftheaters: die Weberischen, Mozart und sein Mentor, Kapellmeister Cannabich. Mozart revanchierte sich bei Cannabich für die Unterstützung, indem er Cannabichs halbwüchsige Tochter Rosina im Klavierspiel unterrichtete. Auch im Cannabichschen Salon, wo Wolfgang mit Gefälligkeitskompositionen glänzte und mit anarchischen Wortspielereien befremdete, könnte also der Funke von Aloisias Charme auf Wolfgang übergesprungen sein. Sein ewiger Durst nach Nähe tat das Übrige. Wurde er wiedergeliebt, oder entsprangen all seine Hoffnungen bloßer Einbildung? Wir dürfen damit rechnen, dass eine lebenserfahrene Cäcilia ihren Töchtern sehr genau die Grenzen zwischen zulässiger Offenherzigkeit und rufschädigender Koketterie im Umgang mit heiratsfähigen Männern eingeschärft hatte und dass die Mädchen alle souverän die Klaviatur des Flirts bespielten und einander täglich in dieser existenzsichernden »Kunst« weiterbildeten.

Bereits im Dezember 1777 ist für die Mozarts eigentlich aus Mannheim herausgeholt, was herauszuholen war: Wolfgang erhält einen ablehnenden Bescheid vom Theaterintendanten Graf Savioli. Eigentlich müssten sie nun weiterziehen nach Paris, aber Wolfgang kann sich zur Abreise nicht entschließen. Er sitzt fest an der Weberischen Leimrute. Die Mutter kann, auch gesellschaftlich beiseitegeschoben, seinem Treiben nur machtlos zusehen. Am 4. Februar 1778 annotiert sie heimlich und hastig aus ihrem Zimmer bei Hofkammerrat Anton Joseph Serrarius – das Logis ist aus Ersparnisgründen bescheidener geworden – einen Brief Wolferls vom 4. Februar 1778 an Leopold: »Aus diesem Briefe wirst Du ersehen haben, daß wenn der Wolfgang eine neue Bekanntschaft macht, er gleich Gut und Blut für solche Leute geben möchte … Ich habe keine Einwendung machen dürfen, und mir ist niemals geglaubt worden … Mit einem Worte: Bei andern Leuten ist er lieber als bei mir.«

Dabei passt das lebhafte »Vögelchen« Wolferl überhaupt nicht ins Weberische Beuteschema, denn außer buntem Gefieder hat es noch fast nichts auf den Rippen. Und dass sein Wolferl sich selbst derart verliert und seine eigentliche Mission aus seinem Fokus gerät, kann auch Leopold nicht recht sein. Nur allzu bald liest er es klar aus den lobenden Erwähnungen der Weberischen in der Korrespondenz – denn Sohn und Mutter haben fleißig Bericht zu erstatten und schreiben fast täglich nach Salzburg. Wolferls Formulierungen wie diese erregen den höchsten Argwohn des gewieften, misstrauischen Leopold: »ihr Vatter wie meiner, und die ganze famille wie die Mozartische«.

Wolfgang preist die Weberischen nicht ohne diplomatische Absicht förmlich an. Aber er hat auch erkannt, dass die Familien einander so unähnlich nicht sind. Und vielleicht spürt er, dass anders als in seinem Elternhaus menschliche Wärme hier auch ohne Leistungsdruck zu haben ist. Für Leopold dagegen, der den Erfolg eines Mannes letztlich an Titeln und Wohlstand zu messen gelernt hat, ist der Vergleich mit dem Hungerleider Weber ein Affront – und ein Alarmzeichen.

»Mit verwunderung und schröcken« liest er daher den erwähnten Brief, in dem Wolferl endlich durchblicken lässt, wie es wirklich um ihn steht:

> *Ich habe diese bedrückte Familie so lieb, daß ich nichts mehr wünsche als daß ich sie glücklich machen könnte; und vielleicht kann ich es auch. Mein Rat ist, daß sie nach Italien gehen sollten … Wenn das geschieht, so werden wir – Mr. Weber, seine zwei Töchter [Josepha und Aloysia] und ich – die Ehre haben, meinen lieben Papa und meine liebe Schwester im Durchreisen auf vierzehn Tage zu besuchen.*

Leopold versteht diesen unsicheren und umständlichen Vortrag richtig: Wolferl will trotz der Erfahrung aus drei letztlich finanziell erfolglosen Italienreisen eine komplette Familie »retten«, indem er seine eigene Karriere hintanstellt. Ausgerechnet in Italien, das erwiesenermaßen mit Komponisten und Musikern so reich gesegnet war, dass die »Wälschen« sogar das übrige Europa heimgesucht und sich in viele einflussreiche Positionen hineingedrängt hatten, wo sie auch immer nur italienische Günstlinge protegierten – zum Schaden des begabten deutschen Nachwuchses, wie seines Sohnes Wolferl.

Ein hirnrissiger Plan, erscheint es Leopold, und uns Heutigen will es auch so erscheinen. Der Vater sieht nun ein, dass er den

Zügel in die Hand nehmen muss, wenn Wolferl den Karren nicht in den Dreck fahren soll: »Fort mit Dir nach Paris!«, donnert er in seiner Antwort vom 12. Februar, »und das bald, setze Dich grossen Leuten an die Seite [ein Seitenhieb auf Franz Fridolin?] da behandelt der Adl Leute von Genie mit der grössten Herablassung, Hochschätzung und Höflichkeit«, um summarisch auch mit Anna Maria abzurechnen:

> *Ich weis wie es seyn wird, Du warest dafür eingenohmen, und sie durfte es nicht wagen Dir zu widersprechen. Ich bin böse, daß es euch beyden an dem Vertrauen und an der Aufrichtigkeit fehlt mir alles umständlich und redlich zu berichten …, und am Ende musste doch alles herauskommen. Ihr wolltet mir Verdruss erspahren, und am Ende schüttet ihr mir eine ganze Lauge von Verdrüsslichkeiten auf einmahl über den Kopf herab, die mich [und nun weiter mit dem mahnend erhobenen moralischen Zeigefinger] fast ums Leben bringen. Ihr wisst, und habt 1000 Proben, daß mir der gütige Gott eine gesunde Vernunft gegeben, daß mir der Kopf noch am rechten Ort stehet, und daß ich in verwirrtesten Sachen oft einen Ausweeg gefunden, und eine Menge Sachen vorausgesehen und errathen: Was hielt euch denn ab mich um Rath zu fragen und allzeit nach meinem Willen zu thun. Mein Sohn, Du hast mich mehr als Deinen aufrichtigsten Freund, als einen scharfen Vatter anzusehen – denke nach ob ich Dich nicht allzeit freundschaftlich behandelt, und wie ein Diener seinen Herrn bedient, auch Dir alle mögliche Unterhaltung verschaft, und zu allem ehrlichen und wohlanständigem Vergnügen, oft mit meiner aigenen grossen Unbequemlichkeit geholfen habe?*

Es folgen etliche Seiten voll praktischer Erörterungen, bevor Leopold am Schluss erneut die schwere Keule der Moral zückt:

Erinnere Dich meiner als Du mich bey Deiner Abreise elend beym Wagen sahest, nachdem ich Kranker bis 2 Uhr nachts eingepackt, und um 6 Uhr schon wieder beym Wagen stand um alles für Dich zu besorgen – dann betrübe mich, wenn Du so grausamm sein kannst! Mache Dir Ruhm und Geld in Paris, dann kannst Du, wenn Du Geld hast, nach Italien gehen, und alda Opern zu schreiben bekommen; durch Briefe an die Impressarien wird es hart gehen, obwohl ich es immer probiren werde … schreibet mir mit nächster Post ohnfehlbar. Wir Küssen euch beyde millionmahl und bin der alte redliche Vater und Mann.

Auch das PS hat es in sich: Der Gläubiger Bullinger wird heraufbeschworen und »Die Nannerl hat diese 2 Täge ihren Theil geweint.«

Weinte die Nannerl etwa, weil sie zusehen musste, wie Wolferl sich selbst ins Unglück stürzte? Weil er im Begriff stand, die Familienfinanzen zu zerrütten? Weil sie die Mutter vermisste? Weil der Vater »diese 2 Täge« mal tobend, mal klagend durchs Tanzmeisterhaus tigerte? Oder weil sie spürte, dass die »Compagnie Mozart« auf der Kippe stand?

Gleichviel – der Brief setzt Wolferl deutlich auseinander, wo dieser sein Glück zu suchen habe: als »Subjekt« eines »herablassenden« Adeligen, nicht als selbstverantwortlicher Schmied seines eigenen Glückes.

Einem »scharfen Vatter« im Stil des 18. Jahrhunderts zu widerstehen wäre über siebzig Meilen Entfernung hinweg sicherlich leichter gewesen als dieser geballten Ladung an Vernunft, Anklage, Drohung und Appell an die Dankbarkeit. Was wohl die Mutter dazu sagte? Die Gespräche mit ihr könnten ein Übriges getan haben. Der Antwortbrief nach Salzburg jedenfalls ist eine Unterwerfungsgeste, ein raffiniertes, aber dennoch nicht überzeugendes Verteidigungsplädoyer, hochgradig irritierend in seiner Mixtur aus manipulativer Gegenklage, Rechtfertigung, Schönfärbung, Frechheiten und Selbstbehauptung. Die Ankündigung, mit den Weberischen nach Italien zu gehen, sei nur einem Ehrenwort an diese geschuldet und nicht ganz ernst gemeint gewesen. Diese litten an der Mannheimer Enge genauso wie die Mozarts an derjenigen Salzburgs. Aloisia brauche noch Zeit zur Weiterentwicklung – durch seinen, Wolfgangs, Gesangsunterricht am besten –, das müsse er ihr noch schonend beibringen, und Geld zu einer solchen Reise sei ohnehin nicht da.[14] »Ich kann nimmer schreiben vor lauter Hunger ...«, entschuldigt er den abrupten Abbruch des Schreibens, nicht ohne ein dreistes »Meine Mutter wird Ihnen unsere große Geldcasse eröffnen« nachzusetzen. Übrigens solle die Nannerl »nicht gleich über jeden Dr... weinen, sonst komme ich mein Lebtag nimmer zurück«. Auf zwei Punkten nur besteht Wolfgang felsenfest: auf seiner Mündigkeit als Mensch – »die Zeiten wo ich Ihnen auf dem Sessel stehend das oragna fiagata fà sang und Sie am Ende auf das Nasenspitzl küßte, sind freilich vorbei« – und auf seinem Urteil über Aloisias musikalische Qualitäten. Der erste Punkt sollte ihn noch einige Kampfesjahre kosten, im zweiten Punkt hat schon seine Mitwelt ihm recht gegeben: Aloisia wurde eine gefeierte Opernsängerin in München und Wien, wo ihre und Wolfgangs Wege sich wiederholt kreuzten.

Gleichviel, des Vaters Donnerwort tut seine Wirkung, und der jäh aus »dieser Berauschung« (so schreibt Wolfgang tatsächlich) erwachte Sohn bricht frohgemut am 14. März 1778 für elf Louisdor zum gedachten Höhepunkt der Reise auf. In leicht provokanter Ausführlichkeit beschreibt er dem Vater seine Abschiedsgala und die ruhmvolle Rolle, die Aloisa darin spielte, und fügt sich sichtlich in sein Schicksal: »Je nun, wo man gut zahlt, da bin ich.« Auch Leopold glaubt fest an Wolferls bevorstehenden Erfolg und weist ihn an, wie mit den Überschüssen umzugehen sei: »Mache Bekanntschaft mit den Banquiers Tourton et Baur, ich behielt nur das nothwendigste in Handen, das übrige gab ich ihnen aufzuheben, sie gaben mir einen Schein darüber, und so war ich sicher, daß es mir nicht gestohlen wurde, und wollte iemand etwas entlehnen, so konnte ich mich entschuldigen, ich hatte es nach Salzb: geschickt.«

Wolferl reist nicht allein. Mit in seinem Tross fahren vier Mannheimer Bläser – und Anna Maria. Leopold ist trotz Geldnot von dem Plan abgegangen, Wolferl die Weiterreise nach Paris allein zu gestatten. Der Sohn ist sichtlich unzuverlässig, und die Mutter soll nun ihr Möglichstes tun, um Wolfgang von unbedachten Schritten abzubringen. Die Mutter, die bereits in Mannheim jegliche Kontrolle über ihn verloren hatte. Es ist die Entscheidung für eine Flucht nach vorn – denn nirgendwo anders als in Paris besteht die Chance, das bereits ausgegebene Geld wieder zu verdienen. Gott weiß, welche Befürchtungen nun Besitz von Leopold ergreifen. Er kann sie nicht anders meistern als dadurch, wie gewohnt Strippen zu ziehen und Schlachtpläne zu entwerfen – und im Übrigen zu hoffen, dass Wolferls Unbedachtheit und Vertrauensseligkeit sie nicht allzu sehr durchkreuzen.

Schon bald kehrt die Korrespondenz zum freundlich-geschäftsmäßigen Ton der »Compagnie« zurück. Leopold sendet Wolferl wiederholt ein detailliertes »Verzeichniß unserer Pariser Bekanntschaften« – unter anderem stehen die Namen der größten Pariser Komponisten Gluck, Grétry und Piccini darauf – und warnt gleichzeitig, »daß der Umgang mit diesen Leuten von keinem Nutzen, sondern eine Vertraulichkeit mit dem mehrern Theil dieser Leute nur zum Schaden ist: nur etliche wenige ausgenommen … de la politesse, et pas d'autre chose [Höflichkeit, nichts anderes]«. Auch um Wolferls körperliches Wohlergehen kümmert er sich: »Wenn Du zu Fuß gehest, must Du Dich in Obacht nehmen, bey nassem Wetter sind die rundlicht ins viereckgehende Pflastersteiner in Paris sehr schlüpferig, daß man immer ausglitschet«, und ermahnt ihn in Geheimschrift, auf sein Hab und Gut aufzupassen: »Lasse vor keinem Friseur oder andern Domestiquen Geld, Ring oder Uhr sehen, noch weniger so da liegen. Lasse auch vsr dlfnln irlndln nfcut alrkln, wann Du gled blksaaot, oder wflvfle dh umot [vor deinen Freunden nicht merken, wann Du Geld bekommst, oder wie viel du hast].« Er kommt auf sein Hauptthema zurück: »Das bitte ich Dich: sey nicht so aufrichtig!« Und er schließt so reflektiert und entwaffnend aufrichtig, wie es auch dem heutigen Brief eines Vaters an seinen Sohn entstammen könnte:

> *Nehme mirs nicht übl, daß ich Dir es so oft erinnere, Du weist, was ich als Dein Vatter schuldig bin. Es verdroß Dich, daß ich letzlich eine Erinnerung wegen dla blfcutln [dem Beichten] machte. Setze Dich an meine Stelle, und sage dann, ob ich es zu thun nicht schuldig bin – –? Gott! wenn sehe ich Dich wieder! Ich küsse Dich millionmahl und bin Dein gewissester wahrer Freund und Vatter L: Mzt*

Leopolds Befürchtungen bewahrheiten sich in mehr als einer Hinsicht. Es zeigt sich einmal mehr, dass das »Geschäftsmodell« der Compagnie nicht mehr funktioniert. Diesmal scheitert es nicht nur an widrigen Umständen, sondern auch an einem furchtbaren Schicksalsschlag – dem schlimmsten, den Wolfgang bewältigen muss.

Wirtschaftlich wird Wolferls Bewährungsprobe zum absoluten Fiasko: nahezu keine Auftragswerke, keine Akademien, keine lukrativen Widmungen und vor allem: keine Anstellung. Nur sein Stundengeben bringt ein wenig Zuwachs für die Reisekasse. Der gesellschaftliche Triumphzug von 1763 wiederholt sich nicht, kein Hofstaat legt die Servietten weg, um ihm beim Orgelspiel zuzuhören, keine Herrscherin nimmt ihn auf den Schoß. Eine Erfahrung, auf die Wolfgang nicht nur innerlich völlig unvorbereitet ist, sondern durch die er sich sofort materiell mit dem Rücken zur Wand gestellt sieht. Paris ist um die Hälfte teurer als damals, das mitgebrachte Geld reicht nur für eine billige Bleibe im Hotel »Zu den Vier Haymonskindern« in der Rue du Gros Chenet 8 – heute ein stimmungsvolles, enges, aber belebtes Altstadtquartier mit den typischen fünfgeschossigen gründerzeitlichen Sandsteinbauten. Der historische Name deutet vage an, dass damals hier Stapelplätze irgendwelcher Güter lagen. Zum »Palais des Tuileries«, wo Ludwig XV. residiert, braucht man zu Fuß fast eine halbe Stunde auf dem Pariser Pflaster, das sich diesmal in mehr als einer Hinsicht als »sehr schlüpferig erweist«. Wolfgang tritt unverdrossen die »Pflastersteiner«. Anna Maria, provinziell, des Französischen unkundig und nunmehr 57 Jahre alt, hütet, »wie im Arrest«, schreibt sie, einsam das feuchte, kalte Zimmer – es herrscht unfreundliches Frühjahrswetter, als hätte Leopold es prophezeit – und tröstet abends ihren Wolferl über dessen Misserfolge und Demütigungen hinweg. Sie muss untätig zusehen, wie das Geld weniger und weniger wird.

Die Gespräche zwischen Mutter und Sohn möchte man sich ungern vorstellen. Ob Anna Maria versteht, was den Wolferl blockiert? Ob sie versucht, in Leopolds Rolle zu schlüpfen und dem Wolferl tadelnd auseinanderzusetzen, wie er sich das nächste Mal zu verhalten hat? Oder ob sie ihn in mütterlichem Geist Mal um Mal seelisch aufpäppelt, damit er seine Sache morgen erfolgreicher absolviert?

Schuld an Wolferls Misserfolg sind nicht nur die schwer sichtbaren freimaurerischen Netze, die sich über das kulturelle Leben der Stadt spannen und Außenstehenden den Zugang zu interessanten Aufgaben versperren. Eine weitere mögliche Ursache hat Leopold wiederholt angesprochen: Wolfgang strahlt keine natürliche Autorität aus und bietet Angriffsflächen, solange er nicht musiziert.

In seiner Kleinwüchsigkeit, seiner Quirligkeit, seiner schier äffischen Beweglichkeit und Virtuosität, seiner modischen Stutzerhaftigkeit, seiner Zutraulichkeit, seiner verbalen Direktheit und anarchischen Sprachkraft und in seiner Nichtbeachtung der steifen Konventionen ähnelt er einem Hofnarren – einer einst zwiespältigehrwürdigen Institution, die erst die Barockzeit abgetan hatte. Noch der Sachsenkönig August der Starke beschäftigte Joseph Fröhlich, einen Hofnarren aus dem Salzkammergut; Canaletto hat ihn porträtiert. An aufgeklärten Höfen dürfte Wolfgangs Aufführung nicht amüsiert, sondern Erinnerungen an peinliche Auftritte aus rückständigen Zeiten wachgerufen haben. Wolfgangs strotzend zur Schau getragenes Selbstbewusstsein unterstrich nur den »närrischen« Eindruck. Traute man so einem zu, bei fürstlichen Hochämtern und Hochzeiten den Hof würdig zu repräsentieren? Nein, man traute es ihm nicht zu.

Für Leopold trägt das Scheitern seines Sohnes in Paris einen Namen: Friedrich Melchior Baron von Grimm. Grimms Herzensthema ist die Verteidigung der italienischen gegen die französische Oper. In Wolfgang, dem – auch in Italien – Weitgereisten, hofft er, einen Parteigänger zu finden, und nimmt ihn väterlich unter seine Fittiche. Wolfgang, vom vorsichtigen Vater beraten, enttäuscht Grimm in dieser Hinsicht, und dieser lässt ihn schließlich fallen. Dies ist nicht das Einzige, was Grimm an Wolfgang auszusetzen hat: »Es wäre sein Glück, wenn er halb so viel Talent, aber doppelt so viel Taktgefühl hätte«, schreibt er Leopold und holt weiter aus: Zu vertrauensselig sei sein Sohn, zu passiv (er greift seine Empfehlungsschreiben nicht rasch genug auf), er gehe anderen zu leicht auf den Leim und kümmere sich nicht darum, welche Mittel zum Ziel führen. In Paris müsse man durchtrieben, energisch und wagemutig sein, wenn man Eindruck machen wolle. Grimm bestätigt damit des Vaters Befürchtungen. Dieser begeht den taktischen Fehler, Grimms Meinung dem Sohn zur Kenntnis zu bringen. Denn statt sich zu rechtfertigen und zu bessern, geht Wolferl in die Gegenoffensive: »daß der Mr. Grimm im Stande ist Kindern zu helfen, aber nicht erwachsenen Leuten«. »Einfältig und dumm« gehe es zu im Hause Grimm, dessen Gastfreundschaft er zu dieser Zeit genießt. Am meisten wurmt ihn aber, dass Grimm »ein Mißtrauen in meine Ehrlichkeit (welches das einzige ist, was mich in Wuth zu bringen im Stande ist) und auch in mein Talent« setze. »Er sagte einmal selbst zu mir, daß er nicht glaube, daß ich im Stande sey eine französische Oper zu schreiben.«

Gestritten haben sie also über die Oper – und waren unterschiedlicher Meinung in einem Thema, das beiden nah am Herzen lag. Grimm, so keilt Wolfgang nochmals aus, »ist von der welschen Partie – ist falsch – und sucht mich selbst zu unterdrücken«. Kein Wunder, dass der einst väterliche Grimm Wolfgang unter diesen Umständen verrät. – Verrat? Man könnte auch sagen, er handelt vernünftig. Warum sollte er seine Autorität aufs Spiel setzen für jemanden, der nicht nur nicht brauchbar war, sondern auch alle Zeichen geringer sozialer Intelligenz zeigte? Nur gut, dass Wolfgang bei älteren Damen gut ankommt und bei Grimms Hausgenossin Madame d'Épinay einen Stein im Brett hat.

Er braucht dieses quasi mütterliche Wohlwollen dringend, denn in der Zwischenzeit hat sich eine Katastrophe ereignet: Mitte Juni fängt Anna Maria an, über Unwohlsein zu klagen. Mit Fieber, Durchfall und Kopfschmerzen legt sie sich einige Tage später zu Bett, um nicht mehr aufzustehen. Sie fantasiert, kann kaum noch sprechen und verliert das Gehör, »so daß man schreyen musste«, wie der bestürzte Wolfgang am 3. Juli 1778 dem Vater schreibt. »Anfangs brauchten wir nur unsere Haus=mitteln, antispasmotisch Pulver, wir hätten auch gerne das schwarze gebraucht, es mangelte uns aber, und wir konten es hier nicht bekomen«, setzt er hinzu. Grimm habe seinen Arzt geschickt, und »man giebt mir Hofnung; ich habe aber nicht viell – ich bin nun schon lange Tag und Nacht zwischen Furcht und Hofnung – ich habe mich aber ganz in Willen Gottes gegeben«. Diese Ergebung empfiehlt er auch dem Vater und der Schwester, denn er wagt nicht, ihnen das zu schreiben, was er bereits »um 2 Uhr nachts« dem Theologen, väterlichen Freund und Großgläubiger Abbé Bullinger nach Salzburg geschrieben hat, damit dieser es der Familie »ganz sachte« beibringe: An diesem 3. Juli 1778 liegt die Mutter bereits tot neben dem Sohn – versehen mit den Sterbesakramenten vor nicht einmal vier Stunden in Bewusstlosigkeit hinübergedämmert. 57 Jahre ist sie alt geworden. Nicht ohne eingangs zu betonen, dass er seine Christenpflicht erfüllt habe und nun in Gebet und Gottvertrauen auf eine günstige Wendung hoffe, rückt er mit seinem eigentlichen Anliegen an Bullinger heraus:

> *Gehen Sie doch gleich hinaus zu ihnen, ich bitte Sie – sagen Sie ihnen noch nichts daß sie tod ist, sondern prepariren Sie sie nur so dazu – Thun Sie was Sie wollen, – wenden Sie alles an – machen Sie nur daß ich ruhig seyn kan – und daß ich nicht etwa ein anderes Unglück noch zu erwarten habe. – Erhalten sie mir meinen lieben Vatter, und meine liebe Schwester.*

Ein wichtiges Mitglied der »Compagnie« hat demissioniert, und Wolfgang sucht weiteren Schaden von dieser und väterlichen Zorn von sich selbst abzuwenden. Vor allem aber scheint er sich sehr, sehr einsam zu fühlen – allein und ohne Geld in einer ihm verhassten Stadt, die ihm die menschliche Nähe und künstlerische Anerkennung schuldig geblieben ist, die er zum Existieren so nötig hat.

Ohne die von Bullinger erbetene Antwort, »damit ich mich darnach richten kann«, gesteht er sechs Tage später von sich aus dem Vater die Täuschung – zu spät, um ihn damit noch zu überraschen. Am 18. Juli hält er Leopolds bizarres Schreiben vom 13. Juli in Händen – einem Montag. Am Sonntag war Kirchweih bei der Dreifaltigkeitskirche, das beliebte Bölzelschießen, als dessen Gastgeber die Mozarts fungierten, war daher auf den Montag verlegt. Anfangs noch ahnungslos, wünscht dieser seiner Anna Maria zum Namenstag Glück und spricht von seiner größten Hoffnung, »daß wir mit der Hilfe Gottes, eher als wir es vermuthen, wieder Alle beysamm sind: Denn dieses alleine ist, was mir am Herzen liegt, – von euch getrennt zu seyn – von euch entfernt, und so weit entfernt zu leben.« Gegen Zehn Uhr aber kommt verspätet Wolferls Post vom 3. Juli, und sofort ziehen Leopold und Nannerl ihren Schluss daraus, dass diesem Schreiben nicht sofort ein neues gefolgt ist. Tot muss Anna Maria sein: »Sie ist dahin! – Du bemühest Dich zu sehr mich zu trösten, das thut man nicht gar so eyferig, wenn man nicht durch den Verlust aller menschlichen Hofnung oder durch den Fall selbst dazu ganz natürlich angetrieben wird.« So findet Bullinger sie, der wohl Wolferls Brief mit gleicher Post erhalten hat und seine Freundesmission sofort erfüllt, aber noch nicht weiß, dass sie es wissen. Leopold: »Ich gab ihm ohne ein Wort zu sagen Deinen Brief zu lesen, und er verstellte sich trefflich und fragte mich was ich davon hielte.« So reden die beiden weiter im Konjunktiv, während Bullinger längst weiß, dass der Indikativ angebracht wäre.

Die Mozarts absolvieren die Geselligkeit noch mit Anstand, aber vermutlich mit versteinerten Gesichtern unter allgemeinem Entsetzen. Nach dem gemeinsamen Mahl – »wir assen wenig« – aber legt die Nannerl sich mit Erbrechen und »erstaunlichem Kopfschmerz« zu Bett. Bullinger bleibt als letzter Gast im Tanzmeisterhaus, um alles hinter sich zu bringen, »und fragte mich denn unvermerkt, was ich den davon hielte, ob bey diesen überschriebenen Krankheitsumständen noch Hofnung ware. Ich antwortete ihm, daß ich glaubte sie wäre nicht nur itzt todt, sondern den Tag, da Dein Brief geschrieben worden, schon gestorben.« Nun endlich rückt Bullinger mit der ganzen Wahrheit heraus,

> *und in diesem Augenblicke fiel mir der Schleyer vom Gesicht, den mir dieser schnelle Zufahl für die Augen hielt, der meine Voraussehung verhinderte, da ich sonst geschwind auf die Vermuthung verfallen wäre, Du werdest dem H: Bullinger unter der*

Hand das Wahre geschrieben haben… Grosser Gott! Das Grab meines lieben Weibes muß ich in Paris suchen!

Doch Leopold scheint sich trotz Schock und Trauer rasch gefasst zu haben. Nun stehen die Zeichen auf Schadensbegrenzung – die Vorwürfe müssen warten. Also bringt er der Nannerl Bullingers Hiobsbotschaft möglichst schonend bei, dann beruhigt er Wolferl und ermahnt ihn, auf sich und seine Sachen aufzupassen. In Salzburg hat sich die Möglichkeit aufgetan, den Hof- und Domorganisten Anton Cajetan Adlgasser im Amt zu beerben. Nachdem sich Wolfgangs Unfähigkeit hinlänglich erwiesen hat, bemüht er sich erfolgreich für seinen Sohn um diesen bescheideneren, aber sicheren Posten. Schließlich beginnt er den taktischen Rückzug des Sohnes in die Wege zu leiten:

Wo bist du dann itzt? ich vermuthe beym H: Baron von Grimm im Hause. Alle der Mamma seel: Kleider – Wäsche – und ihre Uhr – Ring und anderes Geschmuck wirst du hoffentlich gut verwaret haben. Alles dieses muß nach der Hand sicher, wohlversorgt und recht gut in einen verschlag oder Küste gepackt und hieher geschickt werden.

Mit seiner Vermutung, Wolferl sei im Hause Grimm untergekommen, hat der kluge Leopold recht. Die Madame d'Épinay hält die Hand über ihn. Die Grimms führen ein offenes Haus, haben viele auswärtige Gäste – ungefähr zur selben Zeit lebt hier Joseph Boulogne, genannt »Chevalier de Saint-Georges«, gefeierter Violinist, Komponist, Dirigent, Athlet und Haudegen, der Sohn einer Plantagensklavin mit Wurzeln in Guadeloupe, später »der schwarze Mozart« genannt. Sie müssen einander begegnet sein, die beiden größten musikalischen Geister der Alten und der Neuen Welt. Ob sie einander mochten, ob es sie bereicherte?

Neben dem Logis muss Wolfgang demütigenderweise sogar 15 Louisdor von dem gehassten Grimm annehmen – keine kleine Summe. Aber die beiden sind fertig miteinander: der Theoretiker Grimm, der, ohne je einen Takt komponiert zu haben, genau weiß, was eine Oper ist, und der Praktiker und Sinnesmensch Mozart, der sie einfach schreiben will, damit »die Musick bald einen Arsch bekommt, denn das ist das notwendigste; einen Kopf hat sie izt – das ist aber eben das Unglück!«.

»Einen Arsch« bekommt die Musik nicht am Salzburger Orgelpult, so viel weiß Wolfgang. Er meint auch nicht das Klein-Klein der Ave Marias und Messen nach immergleichen lateinischen Texten. Er meint das Musikdrama. Der Vater will, dass er so schnell wie möglich die Organistenstelle antritt, die er für seinen Sohn arrangiert hat. Aber die Aussicht, am Hof der Kindheit unterzukriechen und von dem allen verhassten Colloredo abhängig zu bleiben, ist das Letzte, was der sich vorstellt. Andererseits dürfte Wolfgang sich selten derart abhängig vom Wohlwollen des Vaters gefühlt haben. So nimmt er seine Zuflucht zu Tricks wie denen, die sein Vater erfolgreich angewandt hatte, wenn Colloredo befand, dass nun genug des Urlaubs sei. Während er den Vater durch Unterwerfungsgesten beschwichtigt, sucht er heimlich nach Auswegen. Nur an Bullinger schreibt er, »dass Salzburg kein Ort für mein Talent ist …, welches ich mir selbst, ohne gottlos zu sein, nicht absprechen kann«.

Ende September 1778 lässt Wolfgang das gehasste Paris hinter sich. Sein erstes Ziel ist nicht Salzburg, sondern Mannheim. Er lässt sich Zeit. Carl Theodor ist nicht mehr in Mannheim, sondern hat das Münchner Erbe des bayerischen Wittelsbachers Max III. Joseph angetreten. Seine geliebte »Musick« ist ihm gefolgt, so auch die Weberischen. Als Wolferl Leopold triumphierend schreibt, »daß der Weber seine Sache so gut gemacht hat; sie kommen nun auf 1600 Fl., denn die Tochter [Aloisia] hat allein 1000 Fl. und ihr Vater 400 und dann wieder 200 als Souffleur«, dürfte ihm dies einen Stich versetzt haben. Es macht ihn aber auch neugierig, denn wenn es wahr war, änderte das die Sachlage grundlegend und zugunsten der Weberischen. Jetzt leugnet Leopold, jemals gegen eine Verbindung zwischen Wolfgang und Aloisia gewesen zu sein. Bei Colloredo macht er Werbung für Aloisia und überredet ihn, sie zum Vorsingen einzuladen. Die Honorarverhandlungen solle Franz Fridolin ruhig ihm überlassen. »Da sollen sie bei uns wohnen«, bietet er sogar an, während er gleichzeitig Wolferl mit Vorwürfen bombardiert: »Meine Natur ist von Eisen, sonst wäre ich schon tot.« Offenbar ist ihm jedes Mittel recht, den »Satelliten« wieder einzufangen und auf eine berechenbare Umlaufbahn zu bringen. Aber der Satellit ist längst sein eigener Stern und gravitiert um sich selbst und seine eigenen Zwecke. Nun, da die Weberischen das väterliche Vertrauen erobert haben, spricht nichts dagegen, seine Eroberung Aloisias zu vollenden.

Auf die romantische Beziehung der beiden kennen wir nur Wolfgangs Sicht. Ist je etwas »geschehen« zwischen den beiden, hat sie ihm wenigstens Avancen gemacht? Was berechtigt ihn zu seinen Hoffnungen? Jedenfalls glaubt er fest an seinen Erfolg, als er im Dezember 1778 in Richtung München aufbricht. Augsburg mit den Verwandten ist ihm diesmal keinen Umweg wert. Vom schwäbischen Zisterzienserkloster Kaisheim aus aber schreibt »Votre sincère Cousin« zwei Tage vor Weihnachten den vielleicht wirrsten seiner »Bäsle-Briefe«: Einerseits strotzt er von zotigen Reimen und erotischen Anspielungen und schließt mit dem Versprechen »mein Engel, mein Herz, ich warte auf Sie mit Schmerz«, andererseits lädt er das Bäsle dringend nach München ein: »Sie werden vielleicht eine große Rolle zu spielen bekommen.« Eine weitere Andeutung in diesem andeutungsreichen Schreiben lässt nur den Schluss zu, dass dem Bäsle insgeheim die Rolle einer Trauzeugin zugedacht ist. Wenn das Bäsle jemals mehr für Wolfgang war als ein Spielzeug, wird damit klar, dass sie hier zum Werkzeug wird.

Mit hochgespannten Erwartungen trifft Mozart Weihnachten 1778 in München ein und eilt direkt zu den Weberischen, wo er auch zu logieren beabsichtigt. Doch er findet veränderte Verhältnisse vor. Die Weberischen leben im Wohlstand und brauchen ihn nicht mehr. Aloisia ist kühler als kühl. Damit hat er nicht gerechnet und ist am Boden zerstört: »Ich habe mein Lebtag niemals schlechter geschrieben als diesmal, denn ich kann nicht, mein Herz ist gar zu sehr zum Weinen gestimmt«, schreibt er dem »besten, liebsten Vatter«. Wenigstens stützt ihn die Freundschaft zu Cannabich und zum Klarinettisten Becke, bei dem er nun Unterschlupf findet, nachdem er sich, wie sein Biograph Nissen behauptet, mit einer Zote von Aloisia verabschiedet hat. Bei Becke erreicht ihn ein Brief des Vaters, den er unterwürfig beantwortet, indem er sein allerbaldigstes Heimkommen ankündigt. Das Bäsle meldet er mit an: »Wenn Sie Vergnügen haben sie bei sich zu sehen, so haben Sie die Güte und schreiben gleich Ihrem Herrn Bruder, daß die Sache richtig wird. Sie werden, wenn Sie sie sehen und kennen, gewiß mit ihr zufrieden sein.« Geschickt hat er dafür gesorgt, dass sie keinen Wind von seinem Liebesdrama bekommt – jedenfalls nicht durch ihn oder die Weberischen. Denn das Bäsle könnte als amüsante und erotisch ansprechende Alternative zu Aloisia infrage kommen. Passen würde sie: »Die Natur spricht laut« in Maria Anna Thekla, wie er später einmal schreiben wird – und mit langweiligen Menschen mag Wolfgang nicht umgehen. Am 11. Januar trifft der Wolferl in Salzburg ein, um seine glanzlose Musikbeamtenlaufbahn zu beginnen, das Bäsle im Schlepptau. Zwei Monate später wird sie abreisen – wütend und enttäuscht. Leopold scheint eine engere Verbindung verboten zu haben. »Pfaffenschnitzel« hat er sie einst geschmäht, da sie sich auf Vertraulichkeiten mit Geistlichen einließ, und Wolfgang hat sie verteidigt. Die romantische Beziehung zum Bäsle zu behaupten gelingt ihm nicht, zu rebellieren wagt er nicht – nicht gegen den Vater. Er sieht sie nie wieder.

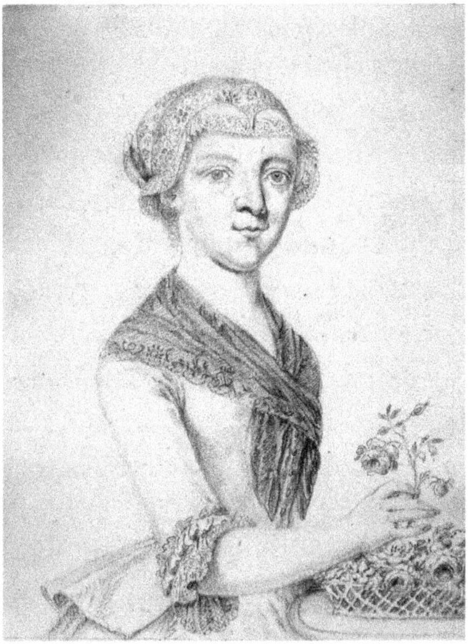

Das »Bäsle« Maria Anna Thekla Mozart um 1777/78.
Anonyme Zeichnung.

Statt ehelicher Zärtlichkeiten also Musikdienst: Trauerfeiern in kalten Kirchen statt Opern im warmen Bad des Beifalls. Colloredo hasst Opern, die Wolferl so liebt und unbedingt schreiben muss. Das Wunderkind ist in der erwachsenen Wirklichkeit gelandet. Härter könnte eine Landung nicht sein. Wenn die Mozarts sich Rechenschaft ablegten über die letzten zwanzig Jahre, mussten sie erkennen: Der Ertrag der unendlichen Mühen und Gefahren, denen sie sich in dieser Zeit aussetzten, war bescheiden. Genauso gut hätten sie auch zu Hause bleiben können, bei ihren schrullig-unberechenbaren oder kleinkarierten adeligen Brotgebern und deren Hofschranzen. Für Leopolds Karriere wäre dies allemal besser gewesen. Zwar hat er sich trotz der Kinder immer noch Zeit zum Komponieren genommen und unter anderem 48 Sinfonien – und damit sieben mehr als sein Sohn – geschrieben, zwar hat er – abgesehen von den eigenmächtig und trickreich in die Länge gezogenen Urlauben – seinen Dienst ordentlich verrichtet. Aber er musste hinnehmen, dass andere an ihm vorbeizogen, was ihn offenbar nicht weiter störte, solange die »Compagnie« florierte. Er steht nun in seinem 60. Lebensjahr, Wolfgang in seinem 23. Dass diesem nur noch 13 Jahre Lebens- und Entwicklungszeit bleiben, weiß er natürlich nicht. Eines hat Leopold mit seiner Weltläufigkeit bewirkt: Er hat einen anspruchsvollen Sohn erzogen.

Und macht dieser bald schon neue Pläne, rechnet er mit neuen Reisen oder sieht er einer freudlosen, allenfalls durch das Bölzelschießen und andere ähnlich harmlose Vergnügungen unterbrochenen Existenz entgegen? In jedem Fall ist der Mozart, der da nach jahrelanger Abwesenheit zurückkehrt, ein anderer, als der er geworden wäre, wenn er in seinem Nest geblieben wäre. Wiederholt markieren Reisen Wendepunkte in Wolfgangs Leben, wiederholt helfen sie ihm, die Schalen um sein Selbst abzusprengen, und bereiten nach und nach seine völlige Befreiung aus familiären und ständischen Zwängen vor. Aus England und den Niederlanden kommt der Zehnjährige als junger professioneller Solist zurück. Italien bringt ihm Anerkennung und Selbstbewusstsein eines europaweit führenden Nachwuchskomponisten und, nach erfolgreicher Unterweisung und Prüfung bei Giambattista Martini, den musikalischen Ritterschlag als Mitglied der hochrenommierten Accademia Filarmonica di Bologna. Die Parisreise mit ihren verbotswidrig langen Aufenthalten in Mannheim bei den Weberischen lässt ihn auch erotisch reifen und immunisiert ihn gegen die Verfügungen und Pläne seines Vaters – innerlich, denn für offene Rebellion sind emotionale und materielle Abhängigkeit zu groß. »Glauben Sie mir, mein bester Vatter«, wirbt er einmal um den väterlichen Segen,

> *dass ich alles männliche Stärke brauche, um Ihnen das zu schreiben, was die Vernunft befiehlt. Gott weiß es, wie schwer es*

mir fehlt, von Ihnen zu gehen. Aber sollte ich betteln gehen, so möchte ich keinem solchen Herrn mehr dienen – denn, das kann ich mein Lebetag nicht mehr vergessen. Und ich bitte Sie um alles in der Welt, stärcken sie mich in diesem Entschluß, anstatt dass sie mich davon abzubringen suchen. Sie machen mich unthätig, denn mein Wunsch und meine Hoffnung ist, mir Ehre, Ruhm und Geld zu machen.

Aber erkennbar prallt Leopolds Kritik zunehmend an Wolfgang ab. Spätestens die Reise nach München 1780/81 mit der Erstaufführung seines »Idomeneo«, völlig selbstverständlich allein unternommen, richtet seine innere Kompassnadel aus auf eine Laufbahn als Opernkomponist statt der eines Hoforganisten, führt zur Trennung von seinem Dienstherrn und lässt ihn sogar den Bruch mit seinem Vater riskieren. Nur noch zweimal wird er Leopold wiedersehen. Was wäre aus ihm geworden, wenn diese Wendepunkte, diese Einflüsse gefehlt hätten, wenn er im beschaulichen Salzburger Milieu hätte groß werden müssen?

Wie Maria Anna, die Nannerl, sich fühlte, während ihr kleiner Bruder Karriere machte, darüber wissen wir nicht viel. Immerhin hatte sie in ihren elf Jahren vor der ersten Reise der Mozarts schon so etwas wie ein eigenes Leben in Salzburg gehabt, sie kannte also andere Verhältnisse. Sie hatte Freundinnen wie die Hofchirurgen- und Nachbarstochter Katharina Gilowsky, die als Balbierer-Catherl in die mozartsche Familiengeschichte einging, weil Wolfgang ihr zeitweise mehr oder weniger ironisch den Hof und Leopold sie buchstäblich zur Zielscheibe des im Freundeskreis gern ausgeübten »Bölzelschießens« machte. Vielleicht hatte die Nannerl, die hübsch war wie ihre Mutter, sogar einen ersten kleinen Schwarm, mit dem sie hin und wieder verstohlene Blicke austauschte?

Darüber ging Leopold hinweg. Denn selbst wenn Leopold seiner Familie treu ergeben war und kein Tyrann und genusssüchtiger

Egoist war wie viele Väter noch im 20. Jahrhundert, so rangierten Frauen und Mädchen in seiner Auffassung von der rechten Ordnung der Gesellschaft, zumindest was die Wirkung nach außen anging, ein gutes Stück hinter den männlichen Familienmitgliedern.

Daran änderte auch die Tatsache nichts, dass die Nannerl eindeutig die erste und ältere Hochbegabung war, wie Graf Karl von Zinzendorf bezeugt, Neffe des Herrnhuter-Gründers Nikolaus von Zinzendorf, sächsischer Beamter, Verfasser eines ungemein genauen, vielbändigen Tagebuchs und einer von wenigen, die dem mozartschen Charme nicht erlagen. Er hörte die Elfjährige und das sechsjährige »Kerlchen aus Salzburg« in einem der Wiener Adelspalais und notierte kühl: »Der arme Kleine spielt wundervoll. Er ist klug, lebhaft und charmant. Seine Schwester ist seine kleine Meisterin. Er klatscht ihr Beifall.« Auf der Grand Tour, der großen Europareise 1763 bis 1766, noch nahezu mit Wolferl gleichberechtigt mit von der Partie, trat im Lauf der Jahre die Nannerl nach und nach zurück. Ihre Kompositionen werden in der Familienkorrespondenz gelobt – wenigstens von Wolfgang. Aufgehoben werden sie nicht. Das muss geschmerzt haben, können wir uns aus heutiger Sicht vorstellen. Wir sind dabei absolut auf unsere Vorstellungskraft verwiesen, denn die Nannerl äußerte in ihren Briefen nichts anderes als ergebene Bruder- und Vaterliebe – bis ins hohe Alter. Das Schicksal entschädigte sie für ihren Verzicht, ob dieser nun unfreiwillig oder freiwillig war, mit einem langen Leben. Keine Mozartin, kein Mozart mit Ausnahme des Augsburger »Bäsles« wurde so alt wie sie.

Man hat Leopold Mozart vorgeworfen, aus Geldgier seine Kinder ihrer Kindheit beraubt und sie zu einem strapaziösen Leben als Stars ausersehen zu haben. Von »psychischem Kindesmissbrauch« gar ist an einigen Stellen die Rede. Doch nur wenige Tatsachen stützen diesen Verdacht, und die tatsächlichen Motive und Verhältnisse waren komplexer. Eines ist sicher: Leopold versuchte unter finanziellen Opfern und unter hoher Belastung seiner eigenen Person ihre Talente zu entwickeln. So ähnlich war es an ihm selbst bereits zu Haus in Augsburg geschehen, und er tat es seinerseits wieder. Er ordnete diesem Zweck vieles unter, aber nicht alles: Er versah seinen Dienst – auch wenn er seinen Posten wiederholt riskierte, was der sicherheitsbewusste Mann vermutlich hasste – und setzte nebenher selbst ein reiches musikalisches Werk in die Welt, das sich der umfassenden Beurteilung entzieht, denn nur ein kleiner Teil ist auf uns gekommen. Um seine Kinder zu fördern, nutzte er sicherlich alle Chancen, aber er konnte sie auch vor Überforderung schützen: Als der Naturwissenschaftler Daines Barrington in London Wolferls Talent untersuchen will, stellt Leopold seine Zusage unter den Vorbehalt von Wolferls Zustimmung. Leopolds Druck und Wolfgangs Begeisterung wirken zusammen und schaffen eine einzigartige Mixtur von Kreativität und Produktivität: Wolfgang Amadé Mozart. Niemals zeigt sich Wolferl erkennbar reisemüde, und Nannerl übernimmt sogar den Part der Chronistin, die mit Interesse die besuchten Sehenswürdigkeiten verzeichnet. Leopold verhilft dem erwachsenen Wolfgang am Salzburger Hof zu einer festen Stelle, dem Gegenteil von Glanz und Gloria eines großen Maestro, eher dem Posten eines Musik-Handwerkers. Es ist Wolfgang, der diese behäbige Perspektive ausschlägt.

Ob eine durchschnittliche Augsburger Handwerker-Kindheit wie die, die Leopolds Geschwister ihren Kindern bieten konnten, mit ihren Verpflichtungen und Zwängen eine verlockende Alternative zum Spiel mit der Musik gewesen ist, darf ebenfalls bezweifelt werden. Leopold Mozart bei allem eine plumpe Bereicherungsabsicht zu unterstellen heißt, einem Mann von unbestreitbarer innerer Größe Kleinheit vorzuwerfen. Er konnte frühzeitig erkennen, dass das eine Rechnung mit vielen Unbekannten war, die oft genug an Willkür und Launen hochgeborener Auftraggeber scheiterte.

Spekulationen, Erfolge und Misserfolge – Vom Kammerdiener zum bürgerlichen Musikunternehmer

Der 23-jährige Jüngling, der im Januar 1779 lustlos seinen Dienst an der Salzburger Domorgel antritt, ist aus der Sicht seiner Zeitgenossen keineswegs gescheitert. Er hat seinen Posten, so sicher wie nur einer sein kann, an einem renommierten deutschen Fürstenhof, er hat ein akzeptables Auskommen und nach wie vor alle Möglichkeiten, sich anderswo bescheiden zu entwickeln oder einen älteren musikalischen Würdenträger in Salzburg im Falle von dessen Ableben oder Demission zu beerben. Was nach dem Tode Cajetan Adlgassers geschehen war, konnte sich jederzeit wiederholen. Wenn Leopold Mozart Bilanz mit Blick auf seinen Sohn zog, brauchte er also objektiv nicht unzufrieden zu sein. Er freut sich trotz Scheitern und Schulden auf einen Neuanfang in Salzburg. Eine Schlacht mag verloren gegangen, nicht der gesamte Feldzug. Dass Wolferl seine Mutter und er seine Frau verloren hat, ist ein Schicksalsschlag, wie er jeden Menschen jederzeit treffen kann, und es gilt ihn mit Gottes Hilfe zu erdulden und zu bewältigen. Das Leben ging weiter, hatte weiterzugehen, und wenn wir etwas bewundern dürfen an den Menschen dieser Zeit, so war es ihre Fähigkeit, die widrigsten Umstände seelisch zu bewältigen.

Zu bewältigen galt es nun einen neuen Alltag. Schulden abzuzahlen. Wieder kreditwürdig zu werden. Und sich zu orientieren auf neue Leitsterne hin. Nichts deutet darauf hin, dass die Mozarts sich nun resigniert in ein bescheidenes Auskommen geschickt hätten. Die Niederlage von Paris bedeutet nicht die Niederlage der Mozarts. Mag sein, dass Wolferl noch ein paar Jahre braucht, aber das Ziel bleibt bestehen: Er soll sich einen ruhmvollen Namen unter den anerkannten Komponisten Europas machen und dereinst »nach einem christlich hingebrachten Leben mit Vergnügen, Ehre und Reichthum, mit Allem für seine Familie wohl versehen, bei aller Welt in Ansehen sterben«.

Hierhin geht seit nunmehr fast zwanzig Jahren das Streben von Leopold und den Seinen, darauf arbeiten alle leidenschaftlich hin, jeder auf seine Weise: Anna Maria bis zu ihrem Tod als emotionales Gravitationszentrum der Familie und als Quelle der Wärme, wenn der Vater kühl tadelt und fordert; Nannerl als Interpretin und Virtuosin, Wolfgang selbst als immer wieder neugieriger, immer wieder begeisterungsfähiger Spieler, Schauspieler und Schwerarbeiter; und schließlich Leopold, der Steuermann, dessen pädagogisches Genie ein musikalisches Genie brauchte, um sich entfalten zu können.

Das war die Arbeitsteilung, die die Mozarts zu ihren Höchstleistungen im Spiel um den großen Durchbruch befähigte. Besonders die Reisen zeigen, wie bewusst Leopold diese Figuren auf ihrem Spielfeld aufstellte. In Leopold zeigt sich ein Handwerker der Musik, aber viel mehr noch: ein wirtschaftlicher Dirigent und Manager; und die Familie war gleichzeitig sein Ensemble und sein Unternehmen – eine wahre »Compagnie Mozart«.

Geschäftszweck dieser »Compagnie« ist für Leopold folgender: leicht zugängliche Musik – »popular« nennt er sie – gleich welchen Genres meisterhaft zu schreiben und virtuos aufzuführen und sich dadurch einen so guten Ruf zu erwerben, dass lukrative Aufträge, Engagements und Posten dabei herauskommen. Wie die Kräfte und Mittel zu organisieren waren, um diesen Zweck zu erreichen, konnte keiner besser wissen als er selbst, der Vater und Vormund seiner Familie.

Die Begeisterung für die Musik war es zunächst, was die »Compagnie Mozart« zusammenschmiedete und motivierte. Sie hielt seitdem Vater und Sohn zusammen, mehr als ein Vierteljahrhundert lang und über alle Differenzen in strategischen und taktischen Fragen hinweg. Selbst in Zeiten, in denen die menschliche Beziehung extrem belastet ist – so in der frühen Wiener Zeit, auf die wir noch zu sprechen kommen werden –, geht Wolfgang selbstverständlich davon aus, dass Leopold sich für seine musikalischen Erfolge interessiert, und fordert dies von dem als Leiter der »Compagnie« abgesetzten und in Salzburg grollenden Vater ein, als dieser der Partitur der »Entführung aus dem Serail« den gebührenden Beifall vorenthält:

> *Ich glaubte (nach meiner Empfindung zu schließen) Sie würden vor Begierde kaum das Paquet eröffnen können, um nur geschwind das Werk Ihres Sohnes besehen zu können, welches in Wien (nicht platterdings gefallen,) sondern so Lärm macht, daß man gar nichts anderes hören will, und das Theater allzeit von Menschen wimmelt.*

Und was immer der Alltag an Problemen aufwarf: Wolfgangs erster Ratgeber in Musikdingen war wie kaum vermeidbar Leopold. Schon in Wolfgangs ersten kompositorischen Versuchen, wie sie im Notenbuch für Nannerl uns erhalten sind, finden sich detaillierte Anmerkungen und Korrekturen von Leopolds Hand. Bis in die frühen 1770er-Jahre findet sich kaum ein Manuskript, in dem der Vater nicht zumindest kleine Änderungen oder Ergänzungen vorgenommen hat. In den Erwachsenenjahren gilt dies weiter, etwa während der Arbeiten an der Oper »Idomeneo« 1780/81 in München, als Leopold schreibt:

> *Ich empfehle dir bey deiner Arbeit nicht einzig und allein für das musikalische, sondern auch für das ohnmusikalische Publikum zu denken, – du weist es sind 100 Ohnwissende gegen 10 wahre Kenner, – vergiss also das so genannte Populare nicht, das auch die langen Ohren [gemeint sind die Ohren der Esel – ein Lieblingsschimpfwort der Mozarts] kitzelt.*

Musikalisch bestand allerdings keine simple Lehrer-Schüler-Beziehung, sondern ein intensives Verhältnis gegenseitiger Inspiration und Befruchtung. So waren der als Musikhandwerker abgeurteilte Leopold und der als Genie gepriesene Wolfgang musikalisch oft erstaunlich nahe beieinander – so nahe, dass zum Beispiel die Gelehrten sich lange nicht einigen konnten, wer welche der beiden »Lambacher Sinfonien« geschrieben hat.[15]

Wie verliefen die väterlichen Lektionen? Wie die Proben für die Auftritte der Wunderkinder, die der effekt- und sicherheitsbewusste Leopold einer strikten Regie unterwarf? Durften die Kinder eigene Ideen einbringen? Wie ging Leopold beim Üben mit seinen Kindern um? Machte er das künstlerische Spiel zum Kinderspiel? Lobte er die beiden für Fortschritte, gute Leistungen und Fleiß? – Nein, er war weit entfernt von dem, was wir als moderne Pädagogik kennen, von den Fleißsternchen und Grinsegesichtern, mit denen heutige Lehrer die Hefte ihrer kleinen Schulkinder verzieren. »Verspielt« war der Vater nur dann, wenn es nicht um Musik ging. Die Mozarts, ob in Salzburg oder Wien, liebten Gesellschaft und Spiele. Sie verstanden zu feiern, dass die Schwarte krachte. Ihre Briefe sind voll von Reminiszenzen an champagnerselige Nächte, in denen sie sich die Anspannung stumpfsinnigen Routinedienstes und vorangegangener riskanter Premieren von der Seele tanzten. Leopold konnte sich, zum Beispiel beim Bölzelschießen, köstlich amüsieren – gern über andere, wie über das auf die Schießscheibe gemalte nackte Gesäß der Balbierer-Catherl. Witzig und verspielt war er in seinen Briefen und Aufzeichnungen. Ging es aber um Musik, scheint heiliger Ernst über jeder Szene gelegen zu haben. Seine Anmerkungen in den Notenbüchern für die Kinder sind im Wesentlichen stocknüchtern und beziehen sich auf das Was, auf die Sache, nicht auf das Wie, auf den Weg dorthin. Anders Wolfgang: Aus seinen Kritzeleien in den erhaltenen Unterrichtsmaterialien lässt sich schließen, dass zumindest zwischendurch entspannende Blödeleien zu ihrem Recht kamen.

Leopold nutzte andere Mittel, um seine Mitmenschen zu Höchstleistungen anzuspornen. Schlichter Druck war nicht das geringste darunter. Wiederholt klagt er brieflich seine Frau der Faulheit an, kritisiert Wolfgangs Passivität in Karrieredingen. Seinen Forderungen kann er unter Hinweis auf seine beispielhafte Arbeitsmoral zusätzlichen Nachdruck verleihen, unter Bezug auf seine permanente und aufmerksame Sorge um das Wohl der Familie, auf seine stete Dienstbarkeit seinem jungen »Maestro« gegenüber, was es sicherlich zusätzlich erschwerte, seinem Druck eigene Dispositionen entgegenzusetzen. Dass er sich in körperliche Züchtigungen flüchtete, weil ihm kein anderes Mittel mehr einfiel oder weil es selbst bei Gebildeten der Brauch der Zeit war, darauf deutet nichts hin. Im Gegenteil hält er sich etwas zugute darauf, kein »scharfer Vatter« wie so viele andere Männer der Zeit zu sein, und gründete seine Forderungen gerade auf die hohe emotionale Nähe zu seiner Familie.

Dabei müssen seine Kinder von frühester Jugend an bewundernswert diszipliniert gewesen sein. Nannerls hohe Virtuosität ist sicherlich nicht vom Himmel gefallen. Und als Erwachsene spielt sie aus Gewohnheit mindestens drei Stunden am Tag Klavier, obwohl sie nicht mehr im Rampenlicht glanzvoller Auftritte steht. Wolferls Eifer ist, wenn die Sache dafür zu stehen scheint, schier exzessiv. Gleich einem Rennpferd reagiert er auf die Sporen mit immer wachsender Anstrengung, bis Erkrankungen dem erschöpften Körper die nötigen Ruhephasen verschaffen. Rücksichtnahme, gar jene auf die Bedürfnisse seines Körpers, scheint ihm in solchen produktiven Hochphasen fremd gewesen zu sein.

Ein Musikbegeisterter hatte einen Musikbesessenen hervorgebracht. In Wolferls Händen wird alles Musik und Partitur – selbst die Sprache und die Zahlen. Die Rolle des Antreibers, des Motivators bleibt Leopold dadurch weitestgehend erspart. Von frühester Jugend an übt und arbeitet Wolfgang begeistert und diszipliniert – sofern die Aufgabe ihn nicht langweilt. Doch schnell wurde Leopold klar, dass mit Fleiß allein nicht viel zu gewinnen war, wenn es um die große Aufgabe ging, Europa vom Genie seiner Kinder zu überzeugen. Es galt sie den Menschen zu zeigen und diese zu mobilisieren und zu begeistern. Ohne »Ehre und Ruhm«, wie Leopold es einmal ausdrückte, war das große Ziel nicht zu erreichen. Diesem Zweck dienten die Reisen und Tourneen, auf denen Leopold alle Register der Werbekunst zog. Wo immer es möglich war, lancierte er lobende Beiträge über die Kinder in der Presse. So druckte die Salzburger »Europäische Zeitung« 1763 eine eigens von Leopold in Augsburg verfasste Pressemitteilung ab – freilich anonym, denn öffentlich geißelte er Selbstlob als unzulässige Verletzung des Anstandes:

> *Vorgestern ist der Salzburgische Vice-Kapellmeister Hr. L. Mozart mit seinen zwei bewunderungswerten Kindern von hier nach Stuttgart abgereist, um seine Reise über die größten Höfe Deutschlands nach Frankreich und England fortzusetzen. Er hat den Inwohnern seiner Vaterstadt das Vergnügen gemacht, die Wirkung der ganz außerordentlichen Gaben mit anzuhören, die der große Gott diesen zwei lieben Kleinen in so großem Maße mitgeteilt und deren Herr Capellmeister sich mit so unermüdetem Fleiße als ein wahrer Vater bedient hat, um ein Mägdlein von eilf und, was unglaublich ist, einen Knaben von sieben Jahren als ein Wunder unser und voriger Zeiten auf dem Claveßin der musikalischen Welt darzustellen. Alle Kenner haben dasjenige, was ein Freund von Wien ehedem von diesen berühmten Kindern geschrieben und in den allhiesigen Intelligenz-Zettel ist eingerückt worden, so unglaublich es schien, nicht nur wahr, sondern noch weit bewunderungswerter gefunden.*

Drei Jahre später ließ sich dieselbe Zeitung erneut aus:

Es war ganz etwas Bezauberndes, die vierzehn Jahre alte Schwester dieses kleinen Virtuosen mit der erstaunlichsten Fertigkeit die schwersten Sonaten auf dem Flügel abspielen … zu hören. Beide Thun Wunder.

Und damit die Menschen nicht nur über die Mozarts lesen, sondern sich auch ein Bild von ihnen machen konnten, sorgt Leopold für Bildmaterial. Einer Anregung Melchior von Grimms folgend, beauftragt er 1764 in Paris den Kupferstecher Jean Baptiste Delafosse, die Mozarts nach einem Aquarell von Louis Carrogis de Carmontelle als musizierendes Trio zu stechen. Mit mehr als zwölf Zoll Höhe ist die Abbildung schon ein kleines Plakat. Der Slogan darauf soll lauten: »Leopold Mozart, Pere de Marianne Mozart, Virtuose âgée de onze ans et de J. G. Wolfgang Mozart, Compositeur et Maitre de Musique âgée de sept ans« (Leopold Mozart, Vater von Marianne Mozart, der elfjährigen Virtuosin, und von J. G. Wolfgang Mozart, dem siebenjährigen Komponisten und Meister der Musik). Leopold Mozart lässt eine größere Anzahl Abzüge des Stiches machen, die er zu Reklamezwecken benutzt, immer als Geschenk mitführt und sogar in den Handel bringt. Das Plakat findet großen Absatz und wird zum Sammlerstück. Noch Jahrzehnte später wird sich die Nannerl auf diese Grafik stützen, indem sie sie an den Verlag Breitkopf & Härtel schickt, wo die erste Mozart-Gesamtausgabe erscheint:

Ich übersende Ihnen auch einen Kupferstich, der, wie wir in Paris waren, gestochen worden ist. Hieraus sehen sie, daß mein Bruder ein recht hübsches Kind war. Erst nach den Blattern hatte er sich so verunstaltet: Und noch mehr, wie er von Italien zurückgekommen, bekam er die welsche gelbe Farbe, die ihn ganz unkenntlich machte. Es war ein kleines, doch proportioniertes Kind.

Unabdingbare Voraussetzung für repräsentative Abbildungen war natürlich ein repräsentativer Auftritt. Dabei galt es, sich deutlich abzusetzen von den abenteuernden Hungerleidern, die von Hof zu Hof, von Jahrmarkt zu Jahrmarkt zogen und ihre Künste anboten oder ihre Tricks ausprobierten. So entstand die Idee, mit eigener Chaise und livriertem Diener vorzufahren, gekleidet in elegante, modische Gewänder. Die Mozarts waren hoch interessiert an der Mode. Sie beobachteten und kommentierten auf ihren Reisen, was man am Ort ihres jeweiligen Gastspiels trug, und wenn nur Vater und Sohn unterwegs waren, berichteten sie detailliert nach Hause, was sie in der Fremde sahen, oder kauften modische Artikel und Accessoires, damit ihre Frauen zu Hause damit glänzen konnten. Kein Zufall, dass Wolfgangs Verlobte Constanze sich ausgerechnet mit zwei selbst gefertigten Hauben nach neuester Wiener Mode um Nannerls Freundschaft bewarb. Anna Marias einziges erhaltenes Porträt von der Hand der Salzburger Malerin Rosa Hagenauer-Barducci zeigt die etwa 55-Jährige würdevoll in pelzbesetztem bordeauxrotem Kleid, in der Hand ein Stück Spitze – hatte sie selbst es geklöppelt? Wenn Porträts etwas über das Selbstverständnis der Dargestellten aussagen, dann zeigt dieses Bildnis eine arrivierte Handwerkergattin in ihrem persönlichen Metier. Und auch Leopold setzt früh auf Selbststilisierung: 1755, während seine Schwiegermutter im Sterben liegt, lässt er sich in seinem Brief an Johann Jacob Lotter kritisch aus über das vorgeschlagene Frontispiz, das damals übliche in Kupfer gestochene Autorenporträt neben dem Titelblatt. Und 1763, vor der Grand Tour, greift er tief in die Tasche: Er beauftragt den Hofmaler Pietro Antonio Lorenzoni, seine Kinder und ihn in Öl zu malen. Die Kinder tragen vermutlich die Galagewänder, die noch im Vorjahr habsburgische Prinzen getragen hatten: Nannerl ein weinrotes, brokat- und spitzenbesetztes Kleid mit schmaler Taille und Volants an den halblangen Ärmeln, unter denen üppige Spitzensäume hervorschauen und über die Unterarme fallen, deren einen sie auf der dilettantisch wiedergegebenen Tastatur eines Clavichords abstützt. Wolferl im goldbetressten fliederfarbenen Anzug seines Altersgenossen Erzherzog Maximilian Franz[16] mit Weste, Zopf und schwarzer Halsbinde, die Linke in die Knopfleiste geschoben und so den schwarzen Dreispitz unter dem linken Arm festklemmend, während der zurückgeschlagene Rockschoß Heft und Korb eines winzigen Degens gerade noch zeigt – wer weiß, ob er ihn jemals ziehen durfte. Leopolds Porträt – vermutlich erst nach der Grand Tour entstanden – zeigt einen Gentleman von Mitte vierzig in tadelloser Haltung im reich dekorierten, modisch braunen Rock, blauer Weste und überbreitem Zopfband. Seine Rechte liegt auf dem Rücken eines großformatigen Buchrückens – des Rückens seiner Violinschule, des wie sein Wolferl 1756 »geborenen« papierenen »Zeitgenossen«, auf den Leopold zeitweise so stolz war wie auf seinen Sohn aus Fleisch und Blut. Ein strenger Zug liegt um seine Mundwinkel – oder weist diese Strenge schon auf die Magenkrankheit voraus, der Leopold weniger als 25 Jahre später erliegen sollte?

Gesund oder krank – Lorenzonis Porträt zeigt Leopold Mozart auf dem Höhepunkt seines Selbstbewusstseins. Die Triumphe der Europatournee mit Frau und Kindern liegen gerade hinter ihm. In der Folgezeit zeigt sich immer wieder, wie es ihm über alles geht, auf seine Fähigkeiten und Verdienste zu bauen, im Verkehr mit der Obrigkeit seine Würde zu bewahren und sein Recht durchzusetzen. Eine Haltung, die ihn manchmal hochmütig erscheinen lässt und mit der er aneckt – wenn nicht beim »Serenissimus«, dem Fürsten persönlich, dann doch bei den Hofbediensteten, die sich gewöhnt haben ans Katzbuckeln und an das Buhlen um Protektion durch Höhergestellte, statt auf die eigenen Talente zu setzen. Die genau wissen, wie die erforderlichen »Bittschreiben« zu lauten haben, sobald es gilt, etwas Besonderes für sich oder andere herauszuschlagen oder zu erschleichen.

Natürlich weiß auch Leopold, wie man »politisch« Strippen zieht, Menschen für sich gewinnt und zu seinen Zwecken instrumentalisiert und wie man »artig« und doch wirksam seine Wünsche höheren Ortes vorbringt. Dennoch ist seine Haltung dafür mitverantwortlich, dass er nicht Karriere macht bei Hofe. Denn seine Bittschreiben argumentieren und appellieren häufiger an das Gemeinsame der Interessen von Bittsteller und Gönner oder stellen heraus, dass die Bitte um Gnade eine Erinnerung an unveräußerliche Rechte ist. Sie winseln nicht.

So derb und mitunter komisch es in der »Compagnie Mozart« zuging – die »Dehors«, der gute Eindruck nach außen, durften nicht in Gefahr geraten. Nach außen – auf Reisen, bei ihren Visiten an den Höfen, bei Auftritten oder beim Unterrichten – traten die Mozarts völlig anders auf: straff, elegant, geputzt, professionell. Distinktion auf allen Ebenen war das Gebot der Stunde. Selbstverständlich, dass diese ihren Preis hatte. Aber sie brachte auch Erfolge.

Die Reisegemeinschaft der Mozarts ist – und bleibt auch nach den großen Touren – eine produktive Arbeitsgemeinschaft. Anfangs ist die Nannerl mit von der Partie. Als ausgezeichnete Instrumental-Virtuosin konnte sie musikalisch weitaus mehr als nur mithalten. Bereits als Elfjährige spielte sie bravourös die schwierigsten Stücke, wird ihr attestiert: »Stellen Sie sich einmal ein Mägden von 11 Jahren vor, das die schweresten Sonaten und Concert der grösten Meister auf dem Clavessin oder Flügel auf das Deutlichste, mit einer kaum glaublichen Leichtigkeit fertiget und nach dem besten Geschmack wegspielt. Das muß schon viele in eine Verwunderung sezen«, war 1763 im augsburgischen Intelligenz-Zettel zu lesen. Verfasser dieses anonymen Briefes »von Wien an einen hiesigen guten Freund« war kein anderer als Leopold selbst.

Leopold schenkt seiner Tochter, als sie sieben Jahre alt ist, ein dickes Buch aus rastriertem Papier, das als »Notenbuch für Nannerl« in die Musikgeschichte eingehen sollte. Etwa fünf Jahre lang tragen

Leopold und drei unbekannte Salzburger Musiker kurze pianistische Übungsstücke für Nannerl dort ein. Auch Wolfgangs musikalische und tatsächliche Handschrift trägt das »Notenbuch«. Unter anderem sind seine ersten offiziell gezählten Werke, ein Satz Menuette, hier dokumentiert.

Auffälligerweise fehlt die eigentliche Adressatin des Buches: Nannerl. Warum kam sie als eigenständig schöpferische Person in ihrem eigenen Notenbuch nicht vor? Wollte, konnte oder durfte sie damals nicht komponieren?

Tatsächlich ist überliefert, dass Leopold ihr Klavierspiel intensiv förderte, ihre Kompositionsversuche aber nicht konsequent unterstützte. Er unterrichtete sie in Kompositions- und Generalbasslehre, dies verraten Notizen in ihrem Notenbuch. Er gab ihr aber keine Chance als öffentlich bestellte Berufsmusikerin. Das zeigt allein schon die Unterschrift unter dem französischen Werbeplakat, die nur dem Wolferl den Rang eines »Compositeur et Maitre de Musique« einräumt, während die Nannerl sich mit der Position einer »Virtuose« begnügen muss. Die Rolle des Förderers blieb dem in dieser Hinsicht freisinnigeren Wolferl vorbehalten, der der 19-Jährigen 1770 schrieb: »Ich habe mich recht verwundert, daß du so schön componiren kanst, mit einem Wort, das Lied ist schön, und probiere öfter etwas.« Derartige Ermutigungen liegen vom Vater und erst recht von der fast völlig stumm gebliebenen Mutter nicht vor. Und was immer entstanden sein mag an Nannerl-Stücken, ist untergegangen – oder es steckt anonym im »Notenbuch« oder in Wolfgangs Werken, ähnlich wie zwei Generationen später die meisten Werke der Fanny Mendelssohn-Hensel im Œuvre ihres jüngeren Bruders Felix.[17]

Es darf vermutet werden, dass Leopolds ausgeprägte Vorsicht es ihm als inopportun erscheinen ließ, wenn seine Tochter Musik schrieb, dirigierte und veröffentlichte. Auch fehlte es im 18. Jahrhundert im deutschen Bürgertum weitgehend an Rollenvorbildern.

Als öffentliche Person hatte Nannerl nur geringe Chancen auf Wirksamkeit und ging gleichzeitig das Risiko ein, im zeittypischen Eheschacher an Attraktivität zu verlieren. Selbstständige Frauen wurden noch bis ins 20. Jahrhundert hinein mit Misstrauen behandelt. Vielleicht aber entwickelte Leopold eine Art »blinden Fleck« und ignorierte Nannerls Können und Bedürfnisse, nachdem er es zu seiner Mission gemacht hatte, Wolferls Begabung zu fördern. Dabei dürfen wir davon ausgehen, dass es Nannerl war, die Wolferl mit ihrer Musikbegeisterung ansteckte. Mit sieben Jahren erhält sie erstmals regelmäßigen Klavierunterricht und muss nicht nur fleißig geübt haben, wenn sie mit elf bereits die erwachsenen Zuhörer beeindruckte. Stolz schreibt Leopold 1764 in einem Brief: »Mein Mädl ist eine der geschicktesten Spilerinnen in Europa.«

Diese Einseitigkeit musste später Kritik auf sich ziehen. Aber wenn Leopold auf einem Auge blind war, dann gab es Gründe dafür. Nannerl ist exzellent und virtuos – manche erinnern sich noch nach Jahren an ihre Auftritte –, aber Wolferl ist eine Sensation. Man würdigt die Geschwister als Duo oder ihn allein – Puffendorfs Preisgedicht von 1762 gilt nur ihm. Wolferl ist extrovertiert – ein Mensch, der die Bühne sucht und beherrscht, der sich in den Vordergrund und an die Menschen drängt. Nannerl lernt schnell, Wolferl in atemberaubendem Tempo – manche schwierigen Dinge muss er überhaupt nicht üben, er kann sie einfach, wie das Orgelspiel. Nannerl ist »vernünftig«, was damals für Mädchen »folgsam und zurückhaltend« bedeutete, und fällt damit weniger auf als Wolferl. Wolfgangs Betätigungsdrang ist unwiderstehlich und übergriffig – er bemächtigt sich des Notenbuchs, das eigentlich Nannerl gehört, und trägt darin eigene Kompositionen ein, die Leopold korrigiert und kommentiert. Wolferl ist zeitlebens kränklich und zieht damit sorgende Aufmerksamkeit auf sich. Nannerl machte, wie viele Mädchen, vielleicht nicht so viel Aufhebens um sich, wenn sie sich schlecht fühlte.

Die fortwährende Zurücksetzung provozierte keine erkennbare Eifersucht oder Rivalität. Auch in Wolfgangs Wiener Jahren, als handfeste Interessen der Geschwister aufeinanderprallen, vor allem in Geldfragen, bleibt der Ton der erhaltenen Briefe freundlich. Es ist, als ob sie sich in die Norm gefügt hätte, dass es für beide Geschlechter galt, Glücksverzicht zu üben, und für Mädchen nun mal mehr als für Knaben. Dass Wolferl eben ein Mann werden würde, der später für sich und andere zu sorgen hatte. Es hinderte sie nicht daran, mit Mitte zwanzig zur besten Klavierlehrerin Salzburgs zu avancieren. Aber auf öffentlichen Beifall musste sie verzichten – für sie, die ihn kennen und schmecken gelernt hatte, sicherlich besonders bitter. Dieser Glücksverzicht sollte allerdings nicht der bitterste sein, den ihr Vater ihr abverlangte. Sie folgte ohne erkennbaren Widerspruch, ein Leben lang.

Wolfgang dagegen konnte früh den Einfluss erproben, den er auf den Vater ausübte. Denn Leopold konnte sich – dem gottgegebenen Ziel zuliebe – in einer für die Zeit beispiellosen Weise seinem überragenden Sohn unterordnen. Als erfahrener Berufsmusiker erkennt er Wolferls musikalische Überlegenheit an und trägt ihr Rechnung – ob tatsächlich völlig neidlos, ob in typisch leopoldscher Selbstbeherrschung oder schlicht aus väterlicher Dankbarkeit und Demut dem göttlichen Wunder gegenüber, lässt sich aus den Dokumenten nicht herauslesen. Als Leopold und der neunjährige Wolferl 1765 vor dem englischen Gelehrten Daines Barrington ein kompliziertes Duett aufführen, zeigt sich Leopold den musikalischen Schwierigkeiten des Stückes nicht gewachsen und verliert mehrfach den Anschluss. Die Musik muss unterbrochen werden. »Als dies geschah, sah sich der Sohn unwillig um, zeigte ihm seine Fehler und wies ihn wieder zurecht«, lautet Barringtons Bericht. So bringen sie das Stück glücklich zu Ende. Und überdeutlich wird, wer bei dieser Aufführung »Kapellmeister« ist und wer »Vizekapellmeister«.

Doch bei allem erzieherischen Talent besaß Leopold eines nicht: die Gabe zu vertrauen. Sein beherrschter, tadelloser Auftritt nach außen ist der professionelle Auftritt des gewandten Dienstleisters. Ihm glaubt er seinen zäh gegen alle Rivalen erkämpften Erfolg als Musiker zu schulden. Und diese Haltung vermisst er bei seinem heranwachsenden Sohn. Wolferl ist in Leopolds Augen viel zu »leichtsinnig«. So häufen sich die Mahnungen vor allem in den Briefen, die er den beiden auf ihre Mannheimreise 1777 nachsendet. Wolferl soll sich Fremden gegenüber nicht zu vertrauensselig öffnen – diese könnten daraus ihren Nutzen ziehen und Wolferl und dessen Karriere schaden. Wolferl soll daran denken, Geld zu verdienen, um beim Abtragen der Schulden zu helfen. Und er soll sich vor allem von »den Weberischen« fernhalten, in denen Leopold beide Bedrohungen des »leichtsinnigen« Wolferl verkörpert sieht: die Bedrohung der glanzvollen, materiell gesicherten Musikerlaufbahn und die Bedrohung der Familienfinanzen. Dass der Wolferl in Mannheim die Familie des Kontrabassisten und Notenkopisten Weber und seiner reizenden Töchter Aloisia und Constanze kennen- und lieben lernt, ist für Leopold ein neuer Eskalationspunkt im mozartschen Krisen- und Katastrophenjahr 1777/78. Für den geselligen, vertrauensvollen Wolfgang selbst ist es eine Art innerer Ankunft in einem seelisch-künstlerischen Milieu, das er so lebendig in der »Compagnie« nie gefunden hat. Leopold merkt, dass der Wolferl ihm entgleitet – und umso heftiger werden seine Beschwörungen, die er nicht nur an seinen Sohn, sondern auch an seine mitreisende Frau richtet. Und nach Anna Marias elendem Tod in Paris geht ein erkennbarer Riss durch Familie und »Compagnie« Mozart.

Jedes Unternehmen – auch ein künstlerisches wie die »Compagnie Mozart« – vergleicht sich mit den Konkurrenten und wird mit diesen verglichen. Die Mozarts standen dabei unter besonderer Beobachtung. Dafür sorgte die sagenhafte musikalische Frühreife der Kinder, deren Ruf der Stratege Leopold in Europa so erfolgreich verbreitete. Bis zu ihrem vierzehnten und seinem zehnten Lebensjahr hatten Nannerl und Wolferl die größten Städte des Kontinents und Dutzende kleinerer renommierter Residenzen kennengelernt. Ihre Darbietungen riefen dabei zwiespältige Urteile und Gefühle hervor, sowohl unter den Zuschauern der musikalischen Spektakel, zu denen eine sorgfältige Inszenierung ihre Auftritte machte, als auch unter den Kollegen. Naturgemäß fiel es unter den Laien leichter, ehrliche Bewunderer und Förderer zu gewinnen, als unter den Musikern, die um dieselben Bewunderer, Förderer, Auftrag- und Postengeber konkurrierten. Aber selbst in Adel, Klerus und künstlerisch interessiertem Bürgertum gab es durchaus Kritiker und Zweifler. In Goethes »kleinem Mann in seiner Frisur und Degen« und Zinzendorfs »der arme Kleine« klingt etwas von Befremden über die schaustellerhafte Grellheit durch, die die Spektakel auf sensiblere Naturen ausstrahlen mochten. Die Tricks, die das »Zirkuspony« Wolferl im Bestreben nach »Popularität« zu vollführen hat, haben mit Musizieren wenig zu tun: Da wird mit dem Rücken zur Tastatur oder auf abgedeckter Tastatur gespielt, da werden auf Zuruf ohne Stocken Melodien zu bekannten Texten erfunden oder vorgespielte Melodiefetzen weiter improvisiert, da hat der Wolferl sein absolutes Gehör unter Beweis zu stellen, indem er Töne und Akkorde korrekt benennt, die einmal anklingen – egal auf welchem Instrument. Der Kindernarr Fürsterzbischof Schrattenbach bringt es gar so weit, dass der kleine Wolferl sich samt seinem Cello unter einer riesigen Pastete verborgen als Überraschungsgang eines Banketts servieren lässt.

Es ist also leicht vorstellbar, dass die Mozarts neben allem bewundernden Erstaunen eine Portion gequältes Augenrollen hervorrufen, wo sie auftauchen. Für die Musikerkollegen dürfte dies umso mehr gelten, da fast alle gewiefte, vom Futterneid gezeichnete Überlebenskünstler sind. Um die raren Planstellen als Kapellmeister,

Solist oder Orchestermusiker in der Hof- oder Kirchenmusik oder an einem der Theater, die private Impresarios in öffentlichem Auftrag betrieben, gilt es zu kämpfen, und man ist dabei nicht zimperlich. Seilschaften zu gegenseitigem Lob, Intrigen und üble Nachrede zählen zum Arsenal der Waffen, die es geschickt zu meistern gilt. Die Mozarts erwiesen sich, wie wir mehrfach sahen, als minder talentiert in diesem Wettbewerb. Und sie haben sich ungünstigerweise auf eine Seite geschlagen, die zu ihrer Zeit tendenziell in der Defensive ist: Sie spielen die Rolle der »ehrlichen Teutschen«, deren natürliche Gegner, die »Wälschen« und deren Musik, bei Höfen und Bürgertum besser ankommen.

Leopold reagiert mit Ressentiment und Misstrauen auf derlei Zurücksetzungen. Italienischen Kollegen spricht er als »wälschen Ciarlattani« ihr Können ab. Souveränität spricht aus alledem nicht – eher die Unsicherheit eines ehrgeizigen Handwerkerkindes, das in kulturelle und gesellschaftliche Sphären vorgestoßen ist, in denen es sich nicht völlig heimisch fühlt. Er entwickelt einen mikroskopischen Blick für Rivalen, Neider und Schmarotzer und wittert überall Verschwörungen. Salzburger Hofschranzen, die Wiener Kamarilla, Pariser Freimaurer oder gar die Weberischen – alles wartet nur darauf, Wolferl die Ehre abzuschneiden und ihn von den lukrativen »Futtertrögen« wegzudrängen oder ihm sein sauer verdientes Geld abzuluchsen.

Diese paranoid gefärbte Sicht auf den Markt und auf den Wettbewerb kommt vom Vater nicht auf den Sohn – zu seinem großen Leidwesen. Immer wieder entzündet sich Streit an der aus Leopolds Sicht viel zu großen Offenheit, Spontaneität und Vertrauensseligkeit Wolfgangs. Sie verspiele dessen Autorität und versorge die Feinde mit Munition, die diese anschließend aus dem Hinterhalt erfolgreich ausgerechnet gegen den verschießen würden, den Gott mit der überlegenen Begabung gesegnet hat. Und Leopold hat ja teilweise recht: ein junger Mann, der körperlich wenig hermacht und, um diesen Mangel auszugleichen, herumkaspert, der mit offenem Visier geht, weil er stets Sehnsucht nach menschlicher Nähe verspürt, der bietet große Angriffsflächen.

Aber Wolfgang ist eben kein beherrschter, distanzierter Stratege. Eher ist er ein von der Intuition geleiteter Taktiker. Er produziert schnell und »verkauft« das Produzierte, indem er die Kleinräumigkeit der Wiener guten Gesellschaft selbstbewusst und so virtuos nutzt, wie er Klavier spielt. Mag sein menschliches Urteil ihn auch irreführen – sein musikalisches Urteil ist tadellos, das bescheinigt ihm selbst sein Vater. Der »Markt«, den er erobern will, ist ein anderer als der, den sein Vater anvisiert: Nicht das »Popolare« möchte er schreiben, sondern das, was die wenigen Verständigen verstehen und gutheißen. Er vertont anstößige und aufsässige Libretti. Er assoziiert sich mit Außenseitern der Gesellschaft: mit Armen, Juden, Ausländern, mit Exoten wie dem afrikanischen Prinzenerzieher und Logenbruder Angelo Soliman.[18] Er vertraut darauf, dass er sich mit dieser universalistischen und elitären Strategie durchsetzt, dass aus den wenigen viele werden, und er behält recht. Dieses Selbstvertrauen haben ihm seine frühen Erfolge geschenkt – aber nicht zuletzt das unerschütterliche Vertrauen in seine Gaben, das sein Vater und sicherlich seine Mutter über Jahrzehnte in ihn gepflanzt haben. Es ist das Selbstvertrauen eines bürgerlichen Künstlers, als der sich Wolfgang selbst definiert in dem anbrechenden Zeitalter, in dem der Genuss von Kunst vom adeligen oder klerikalen Privileg zum Lebensstil einer bürgerlichen Mitte der Gesellschaft wird.

Für den Erfolg der Familienfirma Mozart wären gemeinsame Strategien, die auf gemeinsamen Werten beruhen, unerlässlich gewesen. Die »Compagnie Mozart« scheitert aber – auch an unterschiedlichem Umgang von Vater und Sohn mit der Konkurrenz und an unterschiedlichen Erwartungen: Leopold ist im Grunde ein konservativer Musikbeamter, der nicht wirklich will, dass sich etwas ändert – nicht in der Gesellschaft und schon gar nicht in seiner Beziehung zu Wolferl. Wolfgang dagegen transzendiert die Rolle des Musikhandwerkers hin zu der des freien, selbstverantwortlichen Musikunternehmers und wird in dieser Rolle erheblich erfolgreicher, als Leopold jemals war. In dem Augenblick, in dem er gegenüber seinem Vater die maßgebende Position darin beansprucht, ist die »Compagnie Mozart« am Ende.

Kapitel 4
Vom aufgeklärten Höfling zum Individuum

Von der Salzach an die Donau – Wie der Wolferl zu Wolfgang wurde

Im Januar 1779 sehen wir einen gescheiterten Wolfgang nach Salzburg zurückkehren. Seine Reise nach Paris war nicht nur wirtschaftlich ein völliges Desaster. Die Protektionsnetze, die sein Vater in jahrelanger Diplomatie kunstvoll geknüpft hatte, hatten komplett versagt. Die geliebte Aloisia Weber hat ihm in München einen Korb gegeben. Und Wolfgang kehrt heim ohne seine Mutter. Leopold lastet diese Katastrophe seinem Sohn an, der sich nicht ausreichend um die Kranke gekümmert habe, kündigt ihm aber andererseits einen »zärtlichen und vergnügten Empfang« an und weist darauf hin, dass sogar die »Herbstunterhaltung aus der Schützencassa« Wolferls wegen verschoben worden sei. Wie viel Einsamkeit und wie viel Sehnsucht nach dem lang entbehrten Sohn und der Normalität des Alltags daraus spricht!

Wolfgang betont seinerseits, dass er dem Weiter-so mit sehr gemischten Gefühlen entgegensehe: »Ich versichere Sie, mein liebster Vater, daß ich mich nun ganz zu Ihnen (aber nicht nach Salzburg) freue«, um weiter zu flunkern: »Es war niemals keine andere Ursach an dem langen Verzögern nach Haus zu reisen, an der Betrübnis« – hier spielt er auf den Tod der Mutter an – und sich endlich einmal mehr zu rechtfertigen:

Was könnte ich denn sonst für eine Ursache haben? Ich weiß mich nichts schuldig, daß ich von Ihnen Vorwürfe zu befürchten hätte; ich habe keinen Fehler … begangen. Mit einem Wort, ich freue mich, und ich verspreche mir schon im Voraus die angenehmsten und glücklichsten Täge, aber nur in Ihrer und meiner liebsten Schwester.

Vorwürfe stehen also im Raum, und nicht nur an Wolfgang. Welche Vorwürfe Leopold sich selbst macht, können wir nur ahnen. Dass er es in der Hast des Aufbruchs im September des Vorjahres versäumt habe, den Reisesegen über seiner Familie auszusprechen, hat er selbst einmal geäußert. Vielleicht gab es noch andere Selbstvorwürfe und -zweifel: dass es ihm am nötigen Vertrauen in Wolferl fehlte, ihn allein statt zusammen mit seiner Mutter auf die Reise zu schicken, dass er den Mut nicht besaß, die Sicherheit der Salzburger Stelle aufzugeben, mitzureisen und auch für sich selbst noch mal sein Glück zu versuchen. Die »Compagnie Mozart« auf eine neue Stufe der Entwicklung zu heben vielleicht. Leopold war 56 Jahre alt – nach damaligen Begriffen ein »alter Mann«. Aber hatte nicht Christoph Willibald Gluck, der Opernkomponist und Vorbild aller Komponisten, sogar mit 59 neu angefangen und war nach Paris gegangen? Oder auch umgekehrt – hätte er sich nicht besser begnügen und seinem Sohn die Ambitionen auf einen größeren Wirkungskreis ausreden sollen – und die »Compagnie« auf bescheidenerem Niveau im Schutz zweier festbesoldeter Musikbeamtenstellen in Salzburg fortführen? Wolferl war noch jung, ihm wäre im Lauf der Jahrzehnte die Position des Kapellmeisters bestimmt zugefallen, deren Erreichung ihm, Leopold, verwehrt geblieben war. Hatte er im Taumel des Größenwahns die Schraube überdreht und stand jetzt, nach fast zwanzig Jahren, mit leeren Händen vor dem Scherbenhaufen übersteigerter Ambition? War dies nun der Bankrott der »Compagnie«?

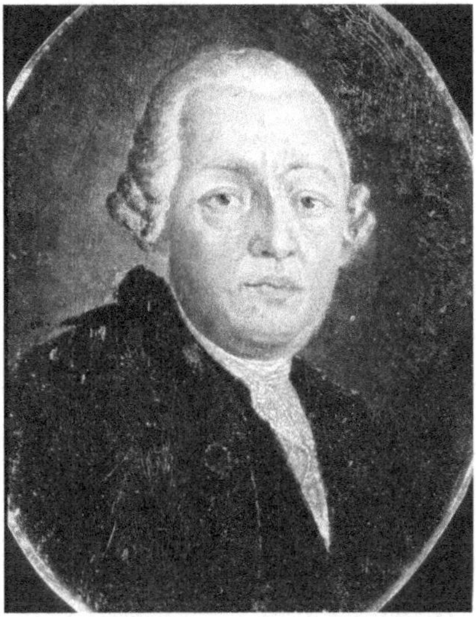

Johann Lorenz von Hagenauer, Hauswirt, Freund und Gläubiger um 1770. Gemälde von Rosa Hagenauer-Barducci.

Nun, ganz leer sind seine Hände nicht. Immerhin konnte er seine Stelle als Stellvertretender Kapellmeister verteidigen, mit 400 Gulden nicht üppig, aber akzeptabel dotiert. Möglicherweise weiß er sogar schon von der im Mai bevorstehenden Erhöhung seiner Bezüge um 100 Gulden. Und für den Wolferl hat er ja vorgesorgt: Am 17. Januar 1779 erhält dieser die versprochene Ernennungsurkunde zum Hoforganisten. Das »Zuckerl« für die bittere Pille, die Wolfgang nun schlucken muss: 450 Gulden im Jahr. Statt nur eines festen Einkommens waren nun zwei im Tanzmeisterhaus – in dem allerdings eine Stimme verstummt war, die der fröhlichen, herzenswarmen Anna Maria. Dazu ist noch die Nannerl im Haus. Aber mit ihren Honoraren als private Klavierlehrerin kann nicht geplant werden. Und die Schulden für die Parisreise sind abzuzahlen: 700 Gulden bei Hagenauer, 400 Gulden bei Bullinger. Auch bei Nannerl steht Wolfgang in der Kreide. Private Schulden, also Ehrenschulden. Wirtschaftlich ist die »Compagnie Mozart« an einem Tiefpunkt angelangt.

Die Stimmung dürfte also nicht heiter gewesen sein im Tanzmeisterhaus. Wolfgang hatte bereits vor seiner Ankunft deutlich gemacht, dass es nicht sein höchstes Lebensziel war, im Dom die Orgel zu schlagen: »Ich schwöre Ihnen bey meiner Ehre, daß ich Salzburg und die Einwohner (ich rede von geborenen Salzburgern) nicht leiden kann.« Fürsterzbischof Colloredo, verhasst in der gesamten Familie, bleibt Wolfgangs Lieblingsfeind: »Lügner« nennt er ihn und »hochmütigen, eingebildeten Pfaffen«. Ob die Zensur hier mitliest?

Und solche Urteile dürfte er mehr als einmal auch mündlich geäußert haben. Konnte er, Leopold, es ihm verübeln, der ja selbst immer wieder unter dem sparsamen, herrischen und standesbewussten Fürsterzbischof Colloredo und der Enge der Salzburger Verhältnisse litt? Andererseits: Hatte der Wolferl auf der Parisreise nicht selbst gezeigt, dass er noch zu unreif war, als dass er es ihm anvertrauen konnte, seine Angelegenheiten in die Hand zu nehmen und für sein Fortkommen selbst zu sorgen? Dass ein paar Jahre in väterlicher Obhut und Voraussicht ihm noch notwendig seien?

So könnte er auch eine zusätzliche Gefahr von Wolferl abwenden: die Weberischen. Die Familie, ihrerseits wirtschaftliche Versager, hatten sich klettengleich an den Wolferl angehängt. Ihm den Kopf verdreht mit ihren vier temperamentvollen, unversorgten Töchtern mit ungewissen künstlerischen und finanziellen Aussichten. Den Wolferl fast verleitet, entgegen den väterlichen Plänen sein Glück in Italien zu suchen. Und nun hatten sich die Weberischen selbst auf den Weg nach Süden gemacht und waren schon rein geographisch beunruhigend nah gerückt. Waren sie einfach dem kurfürstlichen Hof von Mannheim nach München hinterhergezogen, oder wollten Cäcilia und Franz Fridolin Weber gar eine andere Tochter an Wolfgang losschlagen? Vorrat hatten sie ja genug.

Sein Verdacht sollte Leopold nicht völlig täuschen. Wolfgang war vielleicht klug genug, den Namen Weber nicht allzu oft in den Mund zu nehmen – jedenfalls nicht in Gegenwart des Vaters. Aber des Sohnes auffälliges und wachsendes Interesse an Wien ließ sich in dieser Richtung deuten. Denn die Weberischen gaben in München nur ein kurzes Intermezzo und zogen 1779 allesamt weiter an die Donau. Dort machte Aloisia Karriere als Sopranistin.

Wien war in künstlerischer Hinsicht ein Mittelpunkt des Deutschen Reiches. Nach dem Tod Maria Theresias Ende November 1780 übernahm ihr aufklärerisch gesinnter Sohn, Joseph II., den Thron, ein öffentliches Signal des Aufbruchs und der Hoffnung für das intellektuelle Europa. Denn der neue Kaiser hatte die Devise des Preußenkönigs Friedrich des Großen, den er verehrte, vom Regenten als erstem Diener des Staates in die Praxis umgesetzt und kurzerhand seinen Hofstaat gestrichen. Wenn er Gesellschaft, Amüsement oder diskreten Rat suchte, so besuchte er seine Fürsten in deren Stadtpalais. Diese trumpften umso großartiger auf: die Esterhazy, Kinsky, Auersberg, Harrach und Lobkowitz. Sie übernahmen an Kaisers statt die Repräsentationspflichten, die eine Residenz auch dem Ausland gegenüber hatte. Zu dieser Repräsentation gehörte auch die Musik, und viele Adelige hielten sich Instrumentalensembles, die vor erlauchten Ohren aufspielten. Das aufstrebende wohlhabende Bürgertum tat es ihnen gleich. Joseph II. akzeptierte das Bürgertum, in Habsburgischer Tradition hatte er sogar das Handwerk des Buchdruckers gelernt. Der Kaiser versuchte Deutsch als Amtssprache in seinen gesamten Erblanden durchzusetzen und interessierte sich – anders als seine Mutter Maria Theresia – auch für deutschen Gesang und eine deutsche Nationaloper. In Wien »roch« es also nach angemessenen Honoraren für künstlerische Leistungen und nicht nur nach dem lockenden Duft Weberischer Weiblichkeit.

Im Tanzmeisterhaus ging fürs Erste alles seinen gleichmäßigen Gang, die drei Mozarts gingen ihren Beschäftigungen nach, besuchten die heilige Messe oder amüsierten sich wie in alten Tagen. Aber die möglicherweise endgültige »Liquidation« der »Compagnie Mozart« lag seitdem wie ein Schatten über dem Tanzmeisterhaus.

Wolfgang war nun 24 Jahre alt. Ein erwachsener Mann nach damaligen Begriffen. Er konnte etwas und wusste genau, was er konnte. Warum ging er nicht einfach? Es fehlte ja nicht an Generationsgenossen, die im Streit mit ihren Eltern alle Brücken abbrachen. Was ihm allerdings fehlte zu diesem Zeitpunkt, war die innere Freiheit. Was hatte er denn schon gezeigt – nicht musikalisch, sondern in Bezug auf seine Überlebenstüchtigkeit als Musiker? Vor allem aber dürfte ihn die enge Gefühlsbindung an Vater und Schwester unfrei gemacht haben. Nie hat Wolfgang sich in seinen Briefen an den Vater respektlos oder zornig gezeigt, immer sprach er mit der höchsten Ehrerbietung, fragte um Erlaubnis für diesen oder jenen Schritt. Lediglich der Zeitpunkt, zu dem er solcherart um Erlaubnis fragte, weist auf seine wachsende Autonomie hin.

Wolfgang befreit sich auf eine Weise, die nicht nach Rebellion schmeckt, aber vielleicht genau deswegen für die Mozarts umso quälender verläuft. Er wartet auf die passende Gelegenheit zum Absprung.

Diese bietet sich im März 1781, volle zwei quälende Jahre später. Wolfgang hält sich in München auf, wo er am Residenztheater seine Oper »Idomeneo« einstudiert. Orchesterdirigent ist Christian Cannabich, wie das ganze Orchester zählt er zu Wolfgangs Bekannten aus der Mannheimer Zeit. Wolfgang fühlt sich ihm freundschaftlich verbunden, logiert bei ihm und entschädigt ihn, indem er dessen Tochter Rosina im Klavierspiel unterrichtet. In den freien Stunden diskutieren sie über die Zeitläufte, über Mannheim – sicherlich auch über die Weberischen, denn Cannabich hat eng mit dem Notenkopisten Franz Fridolin Weber zusammengearbeitet – und vor allem über die Oper.

Diese Zeit und der »Idomeneo«, diese letzte Repräsentantin der italienischen Opera Seria in Mozarts Werk, bringt dem Komponisten eine intensive Steigerung des Lebensgefühls. Sie bringt ihm ein Honorar – zufriedenstellend dürfte dies nicht gewesen sein, denn Leopold krittelt im Dezember 1780 brieflich daran herum und gibt seinen kaufmännischen Rat dazu: »Wie wird es mit der Spart [Partitur] gehen? wird sie nicht copirt? Du mußt darauf Bedacht nehmen. Um so eine Bezahlung, wie diese, kann man eine Spart nicht zurücklassen.« Und Wolfgang versichert: »Wegen der Spart zu copiren braucht ich es gar nicht fein zu machen, sondern sagte es ganz gerade dem Grafen. Es war allezeit in Mannheim der Brauch (wo der Kapellmeister gewiß gut bezahlt war), daß er das Original zurückbekommen.«

Im Klartext überlegen beide, offiziell oder heimlich eine Abschrift der Partitur vornehmen zu lassen – zu eigener weiterer Verwendung oder vielleicht zur Publikation. Eine Oper entstand damals unter sehr improvisatorischen Bedingungen. Ein Komponist hatte auf vieles Rücksicht zu nehmen: den Stimmumfang der Solisten – Aloisia war nicht zuletzt wegen ihres sagenhaften Stimmumfangs als Solistin so begehrt –, die aktuelle Besetzung des Orchesters oder die technisch-akustischen Möglichkeiten des Aufführungsraums. Nicht selten wurde die Ouvertüre am Tag der Premiere hastig hingeschludert, und die Instrumentalisten hatten sie praktisch ohne Probe vom handschriftlich kopierten Blatt zu spielen. Der Druck auf die Musiker am Premierentag – der über Wohl und Wehe eines Werkes entscheiden konnte – ist leicht vorstellbar: Da galt es, Instrument und Gewand in Ordnung zu bringen, Unklarheiten in der Partitur mit den Kollegen abgestimmt zu korrigieren, in privatem Studium an der Meisterung der eigenen Instrumental- oder Vokalstimme zu feilen, sich um die an Zahl stündlich zunehmenden, aber immer raren Kopien der Ouvertüre zu rangeln, damit man bis zur Generalprobe die schwierigsten Stellen einmal anspielen oder wenigstens anschauen konnte, die Noten vielleicht sogar selbst abzuschreiben und dabei das Essen und Trinken nicht zu vergessen. Gut vorstellbar auch die Erleichterung, wenn der Druck im Applaus und Getrampel des begeisterten Premierenpublikums oder der bezahlten Claqueure und in den strahlenden Gesichtern allenthalben von ihnen abfiel – und die intensive Weise, wie solche gemeinsamen Wechselbäder der Gefühle die Musiker zusammenschweißten.

Was München und der »Idomeneo« Wolfgang einmal mehr nicht brachten, das war eine feste Anstellung. Cannabich saß fest im Münchner Sattel und war mit 50 Jahren zwar nicht mehr jung – aber zu jung für Hoffnungen des 25-jährigen Wolfgang auf ein Musikeramt im Umfeld der Münchner Residenz. Wien war die einzige Option für Wolfgang – und dennoch zögert er erstaunlicherweise, energisch zuzugreifen.

Fürsterzbischof Colloredo weilte derweil seit Januar 1781 in Wien am Krankenbett seines Vaters, des Reichsvizekanzlers Rudolph Joseph Graf von Colloredo-Waldsee. Ein solcher »Krankenbesuch« konnte sich über Wochen und Monate hinziehen und diente nicht nur der Pflege familiärer Beziehungen und in diesem Fall vielleicht der Seelsorge, sondern auch und vor allem fürstlicher Repräsentation. Daher musste sein Hofstaat mit, zu dem neben vielen anderen Bekannten der Mozarts auch Colloredos Kämmerer Carl Graf Arco gehörte, mit dessen Stiefelspitze Wolfgang wenig später unliebsame Bekanntschaft machen sollte.

Auch die Salzburger Hofmusik hatte in Wien zu repräsentieren. Daher ließ Colloredo Wolfgang aus der wittelsbachischen Residenzstadt in die habsburgische beordern und kam für den Reiseaufwand von etwa achtzig Gulden auf – den Gegenwert von etwas weniger als einem Fünftel des jährlichen Hoforganistengehalts. Erst nach mehrwöchigem Zögern kommt Wolfgang dem Befehl nach. Wie die anderen Hofbediensteten hat Wolfgang sich zur Verfügung seines Dienstherrn zu halten und Musik zu machen, wann und wo es Colloredo und seiner Gesellschaft beliebt. Anders als seine Kollegen wohnt er im Haus des Deutschen Ritterordens, wo auch Colloredo logiert, was Wolfgang ironisch mit dem Ausruf »Welche Auszeichnung« kommentiert, denn er spürt, dass sein Landesherr ihn in Wirklichkeit nicht privilegieren, sondern vor allem unter Beobachtung haben will. Grund genug dazu gab es, und der lag ausschließlich in Mozarts Person. Um nicht weniger als drei Monate hatte Wolfgang seinen allergnädigst gewährten und vermutlich bezahlten München-Urlaub überzogen – einmal mehr hatte ein Mozart sich in Colloredos Augen als unzuverlässig erwiesen. Oder hatte er es bewusst oder unbewusst bereits auf eine Eskalation mit Colloredo angelegt?

»Stolz wie ein Pavian« – Die Befreiung des Genies

Gleich am Tag seiner Ankunft in Wien – es ist der 16. März 1781, ein Freitag – muss Mozart um vier Uhr nachmittags auf allerhöchsten Befehl konzertieren. Egal, dass er bereits um zwei Uhr morgens aufgestanden war und eine lange, strapaziöse Reise von St. Pölten hinter sich gebracht hatte. Wolfgang fühlt sich auch aus anderen Gründen schikaniert: »Der Herr Erzbischof hat die Güte und gloriert [brüstet] sich mit seinen Leuten – raubt ihnen ihre Verdienste – und zahlt sie nicht davor«, räsoniert er am Tag seiner Ankunft. Ressentiment gegenüber der unverdienten Anmaßung des Höhergestellten schwingt da mit – und ein erwachendes Selbstbewusstsein, das für das künstlerische Verdienst auch eine angemessene Honorierung und Behandlung fordert. Entsprechend deplaciert und verloren fühlt er sich unter den niederen Hofchargen, mit denen er die Mahlzeiten »leider für mich ein Bischen zu frühe« einnehmen muss: »Ich habe doch wenigstens die Ehre vor den

Köchen zu sitzen – Nu – ich denke halt ich bin in Salzburg – bey Tische werden einfältige grobe Spasse gemacht; mit mir macht keiner Spasse, weil ich kein Wort rede.«

In Briefen an seinen Vater wie diesem – er schreibt oft, etwa jede Woche, denn er scheint zu wissen oder zu spüren, dass seine Beziehung zum Vater vor einer entscheidenden Belastungsprobe steht – zeigt Wolfgang aber nicht nur, dass er sich unglücklich fühlt. Er inszeniert sein Elend zusätzlich. So verschweigt er, dass der Fürsterzbischof ihm ein sehr solides Mahlgeld von drei Dukaten auszahlen lässt und das erwähnte Konzert am Anreisetag ihm ein Extrahonorar von mehr als einem Monatssalär eingebracht hatte. Und vielleicht spukt gar schon ein konkreter Plan in Wolfgangs Kopf herum, wie er es durchsetzen könnte, dass sein Vater in die Beendigung des ungeliebten Dienstverhältnisses einwilligt.

Was genau Mozart im Sinn trug, darüber kann nur spekuliert werden, denn seine vielen Briefe an den Vater strotzen zwar von ephemeren Erfolgsmeldungen, Beschwichtigungen, Rechtfertigungen und Loyalitätsbekundungen, verraten aber wenig von dem, was ihn tatsächlich antreibt. Es schwebt ihm erkennbar und naheliegenderweise vor, an dem anzuknüpfen, was den Mozarts während ihrer Tourneen wiederholt halbwegs verlässlich über finanzielle Durststrecken hinweggeholfen hat: privater Musikunterricht für hochgestellte Fräuleins und Jünglinge. Von diesen hat es, wie wir gesehen haben, in Wien eine ganze Menge. Aber er wäre nicht eines der größten Musikertalente Europas, wenn er sich damit zufriedengäbe. Auch der Instrumentalvirtuose und -komponist möchte aus ihm heraus- und zur Geltung kommen: Akademien sind das Mittel der Wahl.

Ihm fehlt es nicht an der Courage und an der persönlichen Überzeugungskraft, die erforderlich sind, um höherer Ziele willen ins wirtschaftliche Risiko zu gehen. Dies konnte er definitiv von Leopold lernen. An Berufsmusikern, die sich nebenher etwas hinzuverdienen müssen, fehlt es im musikbegeisterten Wien ebenso wenig wie an großen und repräsentativen Aufführungsstätten – die Stadtpalais des hohen Adels haben solche Säle ebenso zu bieten wie die Paläste des aufstrebenden Bürgertums vom Schlage eines Johann Thomas von Trattnern, in dessen Stadtpalast am Graben Mozart nicht nur wohnen, sondern auch konzertieren wird.

Als weitere wichtige Antriebsfeder für Mozart in seiner frühen Wiener Zeit darf allerdings seine Beziehung zu Joseph II. gelten. Seit Kindertagen ist er ihm zweimal begegnet, aber er macht sich sicherlich wenig Hoffnungen, dass der Kaiser ausgerechnet auf ihn persönlich gewartet hat. Immerhin teilt er mit dem Regenten das Interesse an einer deutschsprachigen »Nationaloper«. Den »Wälschen« und ihrer Dominanz im Musikleben fühlte er sich gewachsen. Mit italienischen Musikern kann sich Wolfgang bestens arrangieren – auch mit seinem Konkurrenten und späteren Vorgesetzten Antonio Salieri, dessen Ruf in Wien den Ruf Mozarts zeitlebens überstrahlt – auch als Opernkomponist. Dass Mozart mit Salieri rivalisierte, ist offenkundig – aber der Hass, der der Beziehung der beiden angedichtet wurde und in einem Mordanschlag gipfeln soll, ist nicht belegbar.

Mozart hat schlicht Pläne für sich. Er strebt als höchstes Ziel seine Durchsetzung als Komponist eines neuen Operntyps an – egal in welcher Sprache und egal welchem Genre eine »Opera« zugerechnet werden mag –, ob Buffa, ob Seria. Der Kaiser kommt als Helfer und Geldgeber für dieses Ziel infrage. Deswegen sucht Wolfgang mit allen Mitteln die Bekanntschaft wiederzubeleben und Joseph auf sich aufmerksam zu machen. Er scheint ihm geradezu nachgestellt zu haben, wie ein Brief an den Vater vom April 1781, noch ist er in Colloredos Diensten, erkennen lässt. Wolfgang schäumt geradezu vor Wut:

Was mich aber halb desperat macht, ist, daß ich an dem nemlichen Abend als wir die Scheis-Musick da hatten, zur Gräfin Thun invi-

tiert war – und also nicht hinkommen konnte, und wer war dort? – Der Kayser. – Adamberger und die Weigl waren dort, und hat Jedes 50 Dukaten bekommen! – Und welche Gelegenheit! – Ich kann ja doch dem Kayser nicht sagen lassen, wen er mich hören will, so soll er bald machen, denn inn soviell Tägen reise ich ab.

Nein, das kann er nicht – aber er kann verpasste Gelegenheiten dieser Art als Argument nutzen, warum eine Entlassung aus colloredoschen Diensten für seine Musikerkarriere unabdingbar ist, und somit die Zustimmung des Vaters gewinnen. Schließlich darf er unterstellen, dass Leopold nicht zwanzig Jahre seines Lebens umsonst dem Fortkommen des Sohnes geopfert haben möchte und dass insoweit die »Compagnie Mozart« unabhängig vom Zusammenleben der Familie fortbesteht.

So bombardiert der Sohn den Vater mit Briefen, die einerseits seine künstlerische und vor allem seine wirtschaftliche Zukunft in rosigen Farben schildern, andererseits bittere Klagen über die Zumutungen des colloredoschen Dienstes endlos variieren. Erkennbar ist sein Widerstreben, sich über den Willen des Vaters einfach hinwegzusetzen. Einerseits ist er mit 25 Jahren mündig und muss mit Leopold nichts abstimmen. Andererseits sind die Familienbande – und vielleicht eine latente Furcht vor dem Versagen und erneuter Bedürftigkeit – noch so stark in ihm, dass er auf Überredung, wenn nicht auf Überzeugung setzt. Gleich im ersten seiner Wiener Briefe wechselt er auffällig die Anrede: Aus dem »mon très cher père« wird, Vertrauen und freundschaftliche Unterstützung heischend, »mon très cher amy«, also »mein sehr teurer Freund«, wo vorher der »sehr teure Vater« war …

So fleht er mehr als einmal förmlich und fromm um die väterliche Zustimmung, beispielsweise am 8. April 1781: »Izt bitte ich mir, so bald möglich einen Brief aus, und über folgendes einen vätterlichen und mithin den freundschaftlichsten Rath aus… Ich habe also im Sinn dem Erzbischof zu bitten mir noch hier zu bleiben zu erlauben« – man stelle sich vor, mit welchen Gefühlen der junge Mann einem solchen Gespräch mit dem herrischen, fast eine ganze Generation älteren Würdenträger entgegengesehen haben mochte –, um schmeichelnd und lockend fortzufahren:

> *Liebster Vatter, ich habe Sie wohl recht lieb, das sehen Sie aus diesem. weil ich Ihnen zu lieb allem Wunsch und Begierde entsage – denn wenn Sie nicht wären: So schwöre ich Ihnen bey meiner Ehre das ich keinen Augenblick versäumen würde, sondern gleich meine Dienste quittirte – ein grosses Concert gäbe, – vier Scolaren nämme, und so weit kämme, dass ich wenigstens jährlich auf meine Tausend Thaller kämme.*

Tausend Taler, das wären 2000 Gulden – fast das Doppelte dessen, was die Mozarts in Salzburg gemeinsam verdienten. Und so viel Geld mit nur vier Schülern? Wenn ein Musiklehrer viel Glück hatte, verdiente er 100 bis 200 Gulden pro Schüler und Jahr. Kein Wunder, dass der kühle und skeptische Leopold diesen Köder nicht nur nicht schluckt, sondern nur noch misstrauischer wird. Aber weiter Wolfgang:

> *Ich versichere Sie, daß es mir oft schwer genug fällt, daß ich mein Glück so auf die Seite stellen soll – Ich bin noch jung, wie Sie sagen, das ist wahr, aber wenn man seine junge Jahre so in einen Bettel Ort in Unthätigkeit verschlänzt, ist es auch trauerig genug, und auch – Verlust.*

Da ist er wieder, der – in diesem Fall unzureichende – Appell an des Vaters Finanzverstand und Versessenheit aufs Geld. Und schließlich: »Darüber bitte ich mir ihren vätterlichen und wohlmeinenden Rath aus – aber bald – – denn ich muß mich erklären – übrigens haben sie nur alles Vertrauen auf mich – denn ich denke nun gescheider.«

Worauf spielt Wolfgang hier an? Es kann nur sein »Versagen« auf der Parisreise vor nunmehr fast vier Jahren gemeint sein. Eine lange Zeit für einen jungen Menschen – und die alten Vorwürfe stehen noch immer im Raum. Um den Druck zu erhöhen, schiebt er nur drei Tage später – eine Antwort auf das vorige Schreiben kann noch gar nicht vorgelegen haben – einen neuen Appell hinterher:

> *Ich hoffe nächsten Posttag zu lesen, ob ich noch ferners in Salzburg meine jungen Jahre und mein Talent vergraben solle; – oder ob ich mein Glück, wenn ich es machen kann, machen darf – oder warten soll bis es zu späth ist.*

Dann ein Satz, den man als Lüge lesen kann: »Übrigens ist es doch mit tausend Gulden das jahr – angenehmer zu warten…, denn so weit hab ich es izt schon gebracht.« Zu warten nämlich auf eine feste Anstellung, das höchste Objekt leopoldscher Begierde, die Wolfgang gleich anschließend als Beweis seines strategisch geschickten Denkens nach väterlichem Vorbild ins Gespräch bringt. In Wirklichkeit hat er bis zum Herbst desselben Jahres nicht einmal Einkünfte von 250 Gulden. Und Wolfgang schließt wirr, aber mit listigem Ausblick:

> *Ich darf nur sagen das ich hier bleibe – denn, was ich componiere ist nicht dazu gerechnet – und dann, Wienn, und – Salzburg? – wenn der Bono stirbt, so ist Salieri Kapellmeister – dann anstatt Salieri – wird Starzer einrücken, anstatt Starzer – weis mann noch keinen. – Basta; – ich überlasse es ganz ihnen mein bester Vatter!*

Dieses systematische Bombardement setzt er fort bis zum Juli 1781. Er schreibt ein-, zweimal pro Woche und wartet gar nicht erst, bis aus Salzburg Antwort eintrifft. Bei Leopold deutet nichts darauf hin, dass diese brieflichen Bomben einschlagen. Die überlieferten Antworten werden im Gegenteil derart rar, dass uns nichts anderes übrig bleibt, als seinen Standpunkt aus Wolfgangs Gegenbriefen herauszulesen. Und dieser Standpunkt hat sich nicht geändert: Der Wolferl soll vorderhand im fürsterzbischöflichen Dienst bleiben, die servierten Kröten schlucken und auf eine andere Gelegenheit warten. Vielleicht fürchtet Leopold zusätzlich Sanktionen gegen sich selbst, wenn Wolferl den Bogen wieder überspannt. Primär aber treibt ihn wohl echte Sorge um den Sohn um, den er noch nicht für reif genug hält, im musikalischen Haifischbecken Wien umherzuschwimmen und heil zu bleiben – was durch den Umstand nicht ungefährlicher wird, dass sich darin ein Schwarm parasitärer »Fische« mit dem Namen Weber herumtreibt.

Leopold wäre nicht der schlaue Fuchs, der er war, wenn er nicht vorausgesehen hätte, dass der Wolferl den drängenden Worten Taten folgen lassen – sprich: noch an Ort und Stelle in Wien ein Entlassungsgesuch bei Colloredo einreichen – würde. Er weiß auch, dass Wolfgang nicht so mir nichts, dir nichts in den Salon des Fürsten hineinmarschieren oder ihm auf dem Weg in den Stephansdom ein Kündigungsschreiben überreichen kann. Der Dienstweg führt über Colloredos Vorzimmer, und über dieses wacht Oberstkämmerer und Geheimrat Carl Graf Arco – ein erfahrener Hofbeamter.

Natürlich ist man allseits lange bekannt miteinander, Graf Arco wohnt 200 Schritte entfernt vom Tanzmeisterhaus am anderen Ende des Mirabellgartens. Er dient dem hochfürstlichen Salzburg bereits seit den Tagen von Fürsterzbischof Firmian. Man geht seit vielen Jahren miteinander um, hat oft miteinander verhandelt. Arco mag gelegentlich Verständnis geäußert haben für die besonderen Nöte der Musikerfamilie. Er ist sogar eine Art persönlicher Vertrauter des Vaters. Dieser spannt ihn in einem nicht erhaltenen Brief dafür ein und munitioniert ihn, Wolferl wieder auf den Weg der Vernunft zurückzuführen – ein schwerer Fehler Leopolds, der sich rächen wird.

Aber aus seiner Sicht ein notwendiger Schritt, denn in Wien deuten alle Zeichen auf Eskalation. Wolfgang lässt alle Rücksichtnahme fahren. Am 28. April nutzt er die Zensur planvoll – in einem hilflosen und ambivalenten Versuch, den Fürsterzbischof vom Ernst seines Anliegens wissen zu lassen. Ambivalent deshalb, weil er die Bereitschaft signalisiert, nun doch mit dem Hofstaat zurückzureisen – jedoch nur unter der Bedingung, dass sein Vater ihm fest zusichert, ihn kommende Fasten nach Wien fahren zu lassen.

Ein langer Zeitraum, fast ein Jahr – hat Wolfgang dieses Angebot ernst gemeint oder ist es von taktischen Erwägungen diktiert? Sein Selbstbewusstsein ist auf dem Höhepunkt, denn er hat konkrete Pläne: Ein Libretto für »Die Entführung aus dem Serail« steht in Aussicht. So trumpft er auf:

> *»Ich schreibe das alles nun in der natürlichen teutschen Sprache, weil es die ganze Welt wissen darf und soll, daß es der Erzbischof von Salzburg nur Ihnen, Mein Bester Vatter zu danken hat, daß er mich nicht gestern auf immer verloren hat.*

Sein Zorn hat sich erneut entzündet an den diesmal nicht näher bestimmten »Hindernissen S. Erzbischöflichen Gnaden« um eine »recht gut ausgefallene« Akademie.

Es geht Wolfgang um die Musik, um seine beruflichen Aussichten – aber auch deutlich darum, nicht wie jedes beliebige Subjekt herumgestoßen und wie jede x-beliebige bewegliche Habe verschoben zu werden:

Es ist doch traurig, daß man bei diesen Herren nichts wissen kann. Auf einmal wird es heißen: Allons, weg! Bald sagt man, es ist ein Wagen beim Machen, worin der Kontrolleur, Ceccarelli und ich nach Hause reisen sollen; bald heißt es wieder, mit der Diligence, bald wieder, man wird jedem das Diligencegeld geben, und da kann jeder reisen, wie er will, welches mir auch in der Tat das liebste wäre; bald in acht Tägen, bald in vierzehn Tägen, bald in drei Wochen, dann wieder noch ehender. Gott, man weiß nicht, wie man daran ist, man kann sich in nichts helfen.

Und, erneut an die Adresse seines Brotherrn gerichtet: »Wenn, wie ich aber nicht hoffen will, wieder so etwas vorgehen sollte, so kann ich Sie versichern, daß ich die Geduld nicht mehr haben werde.« Es folgt das stereotype, flehentliche »Nur auf Sie kömmt es an, nicht auf den Erzbischof« und schließlich – gedachter Adressat ist Colloredo – »dann will er es nicht erlauben, so gehe ich doch; es ist mein Unglück nicht, gewiß nicht! O, könnte er dies lesen, mir wäre es ganz recht.«

Wir dürfen davon ausgehen, dass sich Leopold die Haare gesträubt haben angesichts solcher Impulsivität. Denn er saß in der Zwickmühle: Drückte er seinem Sohn gegenüber Verständnis aus, konnte ihm das schaden und vielleicht sogar seine Existenz bedrohen. Hielt er mit unpassenden Mitteln dagegen, bestärkte er Wolferl in seinem Trotz. Denn auch seine, Leopolds, Briefe konnten von der Zensur beobachtet werden, der gesamte Briefwechsel war vielleicht in diesem Moment schon kopiert und lag dem Erzbischof vor. Einen Mittelsmann wie Graf Arco einzusetzen, das war für den gewieften Taktiker das Gebot der Stunde – umso mehr, als er am 9. Mai von offenbar mehreren erregten Wortwechseln zwischen seinem Sohn und dem gemeinsamen Brotherrn erfährt, den Wolfgang brieflich detailliert Revue passieren lässt – nicht ohne erneut den quälenden Versuch zu unternehmen, Leopold auf seine Seite zu ziehen:

Ich bin noch ganz voll der Galle! – Und Sie, als mein bester liebster Vatter, sind es gewiß mit mir – man hat so lange meine Geduld geprüft – endlich hat sie aber doch gescheitert. Ich bin nicht mehr so unglücklich, in Salzburgerischen Diensten zu seyn – heute war der glücklichste Tage für mich; hören Sie – schon zweymal hat mir der – ich weiß gar nicht, wie ich ihn nennen soll – die größten Sottisen und Impertinenzen ins Gesicht gesagt, die ich Ihnen, um Sie zu schonen, nicht habe schreiben wollen. Als ich also zu ihm hineinkam, ging's in einem Odem fort. Ich seye der liederlichste Bursch, den er kenne – kein Mensch bediene ihn so schlecht wie ich – er rathe mir noch heute weg zu gehen, sonst schreibt er nach Haus, daß die Besoldung eingezogen wird – man konnte nicht zu Rede kommen, daß gieng fort wie ein Feuer – ich hörte alles gelassen an – er lügt mir ins Gesicht ich hätte 500 fl. Besoldung, hiesse mich einen Lumpen, Lausbub, einen Fexen[19] *– o ich möchte Ihnen nicht alles schreiben – Endlich, da mein Geblüt zu starck in Wallung gebracht wurde, so sagte ich – sind also Ew: H. Gnaden [Euer Hochfürstliche Gnaden] nicht zufrieden mit mir?*

Diesen ironisch gemeinten Satz muss Wolfgang derart schneidend-gelassen vorgebracht haben, dass er den Kirchenmann völlig aus der Contenance bringt:

Er Fex, O er Fex! – dort ist die Tühr, schau er, ich will mit einem solchen elenden Buben nichts mehr zu thun haben – endlich sagte ich – und ich mit Ihnen auch nichts mehr – also geh er – und ich: im Weggehen – es soll auch dabey bleiben; morgen werden Sie es schriftlich bekommen. – sagen Sie mir also bester Vatter ob ich das nicht eher zu spätt als zu frühe gesagt habe? – – Nun hören Sie; – Meine Ehre ist mir über alles, und ich weis, dass es Ihnen auch so ist. Ich war zweimal Hundsfut – das drittemal konnte ich es halt doch nicht mehr seyn.

Ist nach diesem Wortwechsel nicht das Tischtuch endgültig zerschnitten? War das nicht der Rauswurf? Zumindest der Fürst hat es nicht so aufgefasst – vermutlich ist das geschilderte Gebrüll seine übliche Methode, Bedienstete »zur Räson« zu bringen. Wolfgang dagegen ist es ernst. Er setzt tatsächlich das angekündigte förmliche Entlassungsgesuch auf. Er macht Pläne und schildert sie dem »Vatter«, nicht ohne ihn damit erneut auf die Palme zu bringen – obwohl er seine Schilderung geschickt mit dem Versprechen garniert, Geld zu schicken – ein Versprechen, das ihm sichtlich schwerfällt und das er erst sechs Wochen später erfüllen wird.

Irgendwo muss Wolfgang aber abbleiben, sobald sein Dienstherr nicht mehr für sein Logis aufkommt. Welcher Gedanke liegt da näher als der, bei Cäcilia Weber einzuziehen, »die so gütig war mir ihr Haus zu offriren«. Und bei ihren Töchtern, versteht sich. Dies gilt es für Leopold unter allen Umständen zu verhindern. Denn Franz Fridolin hatte kurz zuvor das Zeitliche gesegnet, und nun lauerte die Witwe mit ihren unversorgten Töchtern auf Schwiegersöhne. Hatte der Wolferl sich erst einmal in ihrem »Spinnennetz« verfangen, gab es sicherlich kein Entkommen mehr, und sein Ruin war unausbleiblich.

Nun fand sich kein Mittel mehr, als die »Karte« Graf Arco zu ziehen. Und das Familiendrama ging seinem berühmten, gewalttätigen Höhepunkt entgegen, der Wolfgang erneut die Gelegenheit schenkte, sich ausgiebig als unschuldiges Opfer zu inszenieren.

Greifbarer Zankapfel ist Mozarts Entlassungsgesuch. Graf Arco, Herr des Vorzimmers Seiner Durchlaucht und durch Leopold »geimpft«, weigert sich nämlich, dieses entgegenzunehmen. Ein ausgesprochen listiger Schachzug – und ein effektiver zugleich, denn es gelingt Wolfgang tatsächlich nicht, dieses zuzustellen und sich damit formaljuristisch vom ungeliebten Salzburger Organistenposten zu trennen. Die unerlaubte Entfernung von der höfischen »Truppe« eines Feudalfürsten konnte im 18. Jahrhundert durchaus als eine Art Desertion bewertet und entsprechend mit Haft, Geldstrafe oder, schändlicher noch, mit öffentlicher »Rutenzucht« geahndet werden.

Das Europa der Barockzeit war in schockierende und sadistische Körperstrafen so verliebt, wie es kaum 200 Jahre später weite Teile der Welt – über die wir uns heute gern moralisch erheben – noch immer sind. Das öffentliche »Staupenstreichen« an den Pranger gefesselter »Buben« oder »Schelme« mit Zuchtpeitschen, Neunschwänzigen Katzen, Lederriemen oder Bündeln aus Birkenreisig, in die zur Verschärfung der Strafe auch mal scharfkantige Metallsplitter oder Steine eingearbeitet sein konnten, gehörte zum Repertoire der Rechtspflege nach damaliger Vorstellung. Noch das Allgemeine Landrecht für die Preußischen Staaten von 1794 sieht – Aufklärung hin, Menschenrechte her – den Staupenschlag als Strafe für verschiedene Vergehen und Verbrechen vor. Und so ist es nicht verwunderlich, wenn Wolfgang noch Jahre später brieflich die Sorge bekennt, im Falle einer Rückkehr auf hochfürstliches Territorium aufgegriffen zu werden.

Was war es nun, das den endgültigen Impuls zur mozartschen »Fahnenflucht« gab?

Wir wissen es nur von Wolfgang. Er schildert es brieflich seinem Vater – drei Tage nach seinem letzten Schreiben, am 12. Mai. Der andere unmittelbar Beteiligte, Carl Graf Arco, hat den Vorfall, soweit wir wissen, nie kommentiert. Vielleicht, weil er ihn zu unbedeutend fand – dass ein widerspenstiger Diener gezüchtigt wurde, kam schließlich öfter vor. Mozart dagegen – so viel dürfen wir ihm glauben – empfand die Affäre als eine unfassbare Demütigung. Als Klingenwechsel in einem Duell, als Klimax in einem Drama, das mit ihm aufgeführt wurde, um ihn auf einen untergeordneten Platz in der Gesellschaft zu verweisen. Ihn, den sein Vater schon als kleines Kind mit »Maestro« anredete. Dem die gekrönten Häupter Europas huldigten – nicht aufgrund seiner Geburt, aufgrund der

Namen seiner Vorfahren oder seines Besitzes. Sondern weil er höchstpersönlich es verdiente durch sein eigenes Talent und durch die harte Arbeit, mit der er von frühester Kindheit an dieses Talent entwickelt hatte. Dem Fürstinnen und Fürsten zwanzig Jahre lang zujubelten dafür, dass er als das eigentliche Zentrum der »Compagnie Mozart« deren Wert buchstäblich verkörperte.

Aber hören wir Mozart selbst:

> *Mon très cher Pére!*
> *... Sie wissen aus meinem letzten Schreiben, daß ich den Fürsten um meine Entlassung gebeten habe, weil er mir es selbst geheißen hat. Dann schon in den zwei ersteren Audienzen sagte er mir: ›Scher Er sich weiter, wenn Er mir nicht recht dienen will!‹ Er wird es freilich leugnen, aber deswegen ist es doch so wahr, als Gott im Himmel ist.*

Ein unerwarteter Satz! Woher will Mozart wissen, dass Colloredo seine Worte nicht wörtlich meint? Aber die Fakten sprechen dafür, dass der Fürst ihn tatsächlich behalten will – nicht halten, nicht überreden, nicht verwöhnen, nicht kaufen. Nein, behalten wie ein Stück Inventar. Ein gutes Sensenblatt, das man mit dem Hammer haut und mit dem Wetzstein dengelt, bis die Funken sprühen, wenn es verbogen ist, aber deswegen allein doch nicht hinter die Scheune schmeißt! Versteht sich, dass diese Weigerung, ihn zu entlassen, aus Wolfgangs Sicht die Demütigung auf eine neue Spitze treibt. Lassen wir ihn fortfahren und stellen wir uns vor, wie ihm noch beim Schreiben der Schaum förmlich vorm Mund steht:

> *Was Wunder dann, wenn ich endlich (durch Bub, Schurke, Bursch, liederlicher Kerl und dergleichen mehr im Munde eines Fürsten rühmliche Ausdrücke ganz außer mir) das ›Scher Er sich weiter‹ endlich für bekannt angenommen habe!*

Ich gab den folgenden Tag dem Graf Arco eine Bittschrift, um sie seiner hochfürstlichen Gnaden zu überreichen, und auch wieder das Reisegeld, welches in fünfzehn Fl. vierzig Kr. als das Diligencegeld und zwei Dukaten Verzehrungsgeld besteht. Er nahm mir beides nicht an, sondern versicherte mich, daß ich gar nicht quittieren könnte, ohne Ihre Einwilligung zu haben, mein Vater. ›Das ist Ihre Schuldigkeit‹, sagte er mir. Ich versicherte ihm gleichfalls, daß ich so gut als er und vielleicht besser meine Schuldigkeit gegen meinen Vater kenne, und es wäre mir sehr leid, wenn ich sie erst von ihm lernen müßte. ›Gut also‹, sagte er; ›ist er damit zufrieden, so können Sie Ihre Entlassung begehren, wo nicht, so – können Sie sie auch begehren.‹

Wenn Arco tatsächlich diese Worte gesagt hat, konnten sie nur bedeuten, dass der Ausgang des Entlassungsgesuches nur von einem abhing: dem Fürsterzbischof. Oder war Graf Arco so fest überzeugt davon, dass Leopold seine Einwilligung ohnehin verweigerte, dass er nur mit seinen Worten spielte?

Wolfgang jedenfalls ist es bitterernst mit der Trennung. »Ich hasse den Erzbischof bis zur Raserey«, hat er dem Vater erst vor drei Tagen geschrieben. Er quält sich sogar körperlich und schildert dies seinem Vater detailliert, und diesmal dürfen wir ihm tatsächlich glauben:

Alles, was mir der Erzbischof in den drey Audienzen Erbauliches sagte, besonders in der letzten … machte eine so treffliche Wirkung auf meinen Körper, dass ich abends in der Opera mitten im Ersten Ackte nach Hause gehen musste, um mich zulegen. – Denn ich war ganz erhizt – zitterte am ganzen Leibe – und taumelte wie ein Besoffener auf der Gasse – blieb auch den folgenden Tag zu Hause – den ganzen Vormittag aber im Bett, weil ich das Tamarindenwasser genommen.

Tamarinde ist heute aus der asiatischen Küche bekannt. Seit dem Mittelalter wurde der vitamin- und nährstoffreiche Saft zur Heilung der Milz, aber auch zum Gurgeln bei Halsschmerzen verordnet. Oder zum Löschen quälenden Durstes bei den beliebten Badekuren, bei denen Anna Maria Mozart wiederholt die Linderung ihrer Leiden gesucht hatte, und ihr Ruf »das Tamarindenwasser!« mag Wolfgang seit früher Kindheit geläufig gewesen sein. Was genau er mit diesem Hausmittel kurieren wollte, bleibt sein Geheimnis. Vielleicht ist es seiner periodisch aufbrechenden Hypochondrie geschuldet. Dass er den Anfall mit seinen Symptomen ausführlich schildert, zeigt, dass er damit rechnet, den gesundheitsbewussten und ängstlichen Vater damit zu bewegen. »Ich will nur«, spielt Wolfgang auf dieser Klaviatur weiter,

> *ohne mich zu beeifern, dann mir ist meine Gesundheit und mein Leben lieber (ist mir leid genug, wenn ich dazu gezwungen bin) – ich will also nur noch den Hauptvorwurf, den man [Graf Arco] mir über meine Bedienung macht, hersetzen. Ich wußte nicht, daß ich Kammerdiener wäre, und das brach mir den Hals. Ich hätte sollen alle Morgen so ein paar Stunden in der Antekamera verschlendern. Man hat mir freilich öfters gesagt, ich solle mich sehen lassen; ich konnte mich aber niemalen erinnern, daß dies mein Dienst seie, und kam nur allzeit richtig, wenn mich der Erzbischof rufen ließ.*

Er bekräftigt erneut, dass er sich seiner Dienstpflicht ledig betrachtet, und appelliert nun an die Fürsorge des Vaters:

> *Ich hoffe also bei aller väterlichen Liebe, die Sie mir von Kindheit auf in so hohem Grade erwiesen haben und wofür ich Ihnen zeitlebens nicht genug dankbar sein kann (am allerwenigsten aber in Salzburg), wenn Sie Ihren Sohn gesund und vergnügt*

haben wollen, mir von dieser ganzen Sache gar nichts zu schreiben und sie ganz in die tiefste Vergessenheit zu vergraben; dann ein Wort davon wäre schon genug, um mir neuerdings und Ihnen selbst, gestehen Sie es nur, Ihnen selbst Galle zu machen.

Die Galle wird Leopold mehr als einmal hochgestiegen sein, zumal Carl Graf Arco – wie er Wolfgang selbst erzählt zu haben scheint – über den Ungehorsam des Sohnes Bericht an seinen eigenen Vater, den Salzburger Geheimrat Georg Anton Felix Graf Arco, erstattet hat. Wolfgang selbst geht – vermutlich nicht zu Unrecht – davon aus, dass sein Streit mit Seiner Durchlaucht Salzburger Hof- und Marktklatsch ist. Es ist ihm egal, dass er seinen Vater damit desavouiert.

Wolfgang ist sich aber klar über sich und seine Pläne. Er hält gegen Arco in dem Drama, das sich noch weitere vier quälende Wochen, bis zum Eklat am 9. Juni 1781 hinziehen wird. Das liegt auch daran, dass im Hintergrund die diplomatischen Drähte glühen. Der Graf Arco ist kein Feind Wolfgangs, sondern ein Freund der Familie. Der 13 Jahre Ältere lässt es, Leopolds Bitten entsprechend, nicht an freundschaftlichen Ermahnungen fehlen, wie Wolfgang berichtet:

Und als er mir sagte, daß Sie ihm geschrieben und sich sehr über mich beschwerten, so fiel ich gleich in die Rede und sagte: ›Mir gewiß nicht? Er schrieb mir so, daß ich öfters glaubte närrisch darüber zu werden. Allein ich mag die Sache bedenken, wie ich will, so kann ich halt nicht‹ usw. Als er mir sagte: ›Glauben Sie mir, Sie lassen sich hier zu sehr verblenden; hier dauert der Ruhm eines Menschen zu kurz; von Anfang hat man alle Lobsprüche und gewinnt auch sehr viel, das ist wahr. Aber wie lange? Nach etwelchen Monaten wollen die Wiener wieder was Neues‹ … Unter anderm sagte er mir auch, ob ich denn nicht glaube, daß er auch öfters üble Worte einschlucken müßte. Ich schupfte die Achseln und sagte: ›Sie werden Ihre Ursachen haben, warum

> *Sie es leiden, und ich habe meine Ursachen, warum ich es nicht leide.‹*

Diese offenbare Geringschätzung seines Vorgesetzten dürfte sich für diesen wie eine Unverschämtheit angehört und im Folgenden auch die bislang gute Beziehung zwischen Wolfgang und dem Grafen Arco abgekühlt haben, denn am 9. Juni hat sich der Umgangston drastisch gewandelt. Wolfgang berichtet seinem Vater noch am selben Tag, sichtlich in höchster Aufregung, von der Eskalation. Von der Gegenseite gibt es keine Aufzeichnung des Vorfalls. Für das Unglaubliche, was sich zugetragen haben muss, sind wir also allein auf Wolfgangs Schilderung angewiesen.

Dieser ist demnach am Vorabend mit einer Menge Wut und Angst im Bauch in das Vorzimmer Seiner Durchlaucht vorgedrungen – in der Hand ein Entlassungsgesuch oder »Bittschreiben«, wie er es nennt, das vierte bereits, wie er versichert. Alle früheren seien »zurückgeschlagen« worden. Annahme verweigert, bedeutet diese sportliche Vokabel. In Wolfgangs Schilderung liest sich das so:

> *Endlich, da ich abends das Memorial durch Herrn von Kleinmayrn zurückgesandt bekam (dann er ist hier dazu bestellt), und als den andern Tag darauf wäre die Abreise des Erzbischofs, so war ich für Zorn ganz außer mir; wegreisen konnte ich ihn so nicht lassen, und da ich von Arco gewußt (wenigstens sagte er mir es so), daß er nichts darum wisse, mithin wie böse könnte der Erzbischof nicht auf mich sein, so lange hier zu sein und dann auf den letzten Augenblick erst mit einer solchen Bittschrift zu weiterkommen.*

Grund genug gab es also für Wolfgang, wütend zu sein. Dazu kommt Angst – Angst, dass die Sturheit der Höflinge Wolfgangs großen Lebensplan durchkreuzen und ihn selbst auf den untergeordneten Rang des willenlosen Subjekts zurückwerfen könnte, den er so hasst. Denn der Fürst beabsichtigt, am folgenden Morgen nach Salzburg zurückzureisen. Und zumindest offiziell – mehr weiß Wolfgang selbst nicht – weiß er nichts von einem förmlichen Entlassungsgesuch.

Der Brief beginnt mit einem kaum verhüllten Vorwurf an den Vater: dass dieser den Grafen Arco ins Vertrauen gezogen und mithin den Konflikt auf die Ebene eines privaten Vater-Sohn-Konfliktes verschoben habe. Das ist der Vorwurf der Entmündigung, die Wolfgang nicht mehr auf sich sitzen lassen will. Sonst war es an Leopold, Vorwürfe zu machen, und an Wolfgang, sich dafür zu rechtfertigen oder sie stumm zu kassieren. Aber etwas in der Beziehung zwischen Sohn und Vater hat sich dramatisch gewandelt – nun ist es der Vater, der wiederholt mit Schweigen auf Wolfgangs Briefe reagiert. Warum? Um Wolfgang unter Druck zu setzen? Oder weil er selbst ahnt, ohne es sich einzugestehen, dass der Wolferl nun ein Wolfgang ist und tatsächlich in Wien besser aufgehoben ist? Schließlich ist er selbst über Jahrzehnte in ganz Europa hausieren gegangen mit dem Anspruch, der Welt ein epochales Wunderkind zu präsentieren. Soll dieses Wunderkind mit seinen Ambitionen, der Nachfolger Glucks und Salieris als Opernkomponist zu werden, in Salzburg verkümmern?

Wolfgang also, so viel lässt der Brief uns weiter erahnen, hat sein Schicksal in die eigene Hand und seinen ganzen Mut zusammengenommen – weiß Gott, wie schwer ihm das gefallen sein mag, denn er deutet an, welchen »Respekt« ihm die unmittelbar vor ihm liegenden fürstlichen Zimmer einjagen. Er versucht dem Grafen Arco, der im Vorzimmer herumlungert, sein neues, endgültiges Kündigungsschreiben zu übergeben. Dessen erste Reaktion scheint dünnlippiger ausgefallen zu sein, als Wolfgang es erwartet. Vielleicht ist das letzte Gespräch noch in lebhafter Erinnerung, in dem Wolfgang ihm Kriecherei unterstellt hat - »Fuchsschwanzerey«

schreibt Wolfgang barock-vulgär. So etwas hört keiner gern, selbst ein Freund der Familie nicht.

Die folgende Schilderung ist verworren und sichtlich von allen möglichen Störgefühlen verunklärt, jedoch fand sich offensichtlich der aufgeregte Wolfgang einem gelassen-arroganten Grafen Arco gegenüber, der sich erneut weigerte, Seiner Durchlaucht das Entlassungs-»Memorial« zu übergeben. Einen Moment lang scheint Wolfgang unschlüssig gewesen zu sein, ob er das »Allerheiligste«, die Privaträume des Erzbischofs, verletzen und sein Schreiben persönlich übergeben solle, schreckt aber dann vor dieser Entheiligung zurück, »dann ich wollte für die fürstlichen Zimmer den Respekt nicht verlieren, wenn ihn schon der Arco verloren hatte«.

Stattdessen folgt ein erbitterter Wortwechsel – vielleicht im erregten Flüsterton beginnend und sich allmählich steigernd. Graf Arco dürfte Wolfgang darauf hingewiesen haben, wie man bei seinem Herrn etwas erreiche: durch Antichambrieren, also das geduldige Warten im Vorzimmer, bis Seine Durchlaucht geruhen, sich neben all den anderen dringenden Angelegenheiten Zeit für das unbedeutende Anliegen des Subjekts zu nehmen. Eine solche Demutshaltung weist Wolfgang empört von sich und verlangt, dass Arco jetzt – sofort – dem gemeinsamen Brotherrn das Entlassungsgesuch übergibt. Er hat es darin nicht an Respekt fehlen lassen, dem Fürsten auseinandergesetzt, dass die Umstände – nämlich seine vorangegangenen Fehlversuche – ihn unter Druck setzen. So erklärt er dem Vater:

> *Ich machte also ein anderes Memorial, worin ich ihm entdeckte, daß ich schon bereits vier Wochen eine Bittschrift in Bereitschaft hätte, und da ich mich, wüßte nicht warum, so lange damit herumgezogen sähe, so seie ich nun genötiget, sie ihm selbst und zwar auf den letzten Augenblick zu überreichen.*

Graf Arco scheint, statt Wolfgang den Zutritt zum Fürsten zu gestatten, die Aushändigung des »Memorials« verlangt zu haben. Mozart befürchtet wohl, dass das unwürdige Spiel um Abgabe und Nichtannahme sich wiederholt, und macht dem Grafen deutlich, »ich habe nichts mit ihm zu reden, weil er mich das erstemal so angefahren und wie einen Spitzbuben ausgemacht hat, welches ihm nicht zusteht«.

Spätestens hier wird Graf Arco laut und fängt an, Mozart zu beschimpfen, unter anderem als »Flegel und Bursch«, drängt den schmächtigen Jüngling zur Tür, schleudert ihn mit einem Tritt aus dem Vorzimmer und wirft hinter ihm die Tür zu, dass es kracht.

Es ist schwer vorstellbar, was Wolfgang empfunden haben muss, als er sich draußen aufrappelt – umstanden vielleicht von grinsenden Hausdienern und Hofschranzen, die der Lärm herbeigerufen hat. Sein Brief an den Vater gibt darüber ungenügenden Aufschluss. Aber selbst dieser Brief noch strotzt wie die vorigen von Ambivalenz. Er beendet die Schilderung mit den Worten:

> *Ich brauche nun gar keine Bittschrift mehr nachzuschicken, die Sache ist nun geendiget. Ich will nun von der ganzen Affäre nichts mehr schreiben, und wenn mir der Erzbischof nun zwölfhundert Fl. Besoldung gäbe, so ging ich nicht nach einer solchen Behandlung. Wie leicht wäre ich nicht zu bereden gewesen! Aber mit Art, nicht mit Stolz und Grobheit.*

Immerhin: Da jammert kein Subjekt mehr über erlittene Unbill. Da klagt ein Mensch und Bürger den gebührenden Respekt ein und stellt diesen sogar über den eigenen künstlerischen Lebensplan: »Wenn ich sehe, daß mich Jemand verachtet und gering schätzt, so kann ich stolz seyn wie ein Pavian«, schreibt er.

Der Brief vom 9. Juni wirft weitere bezeichnende Lichter auf Wolfgang und auf seine Beziehung zu Leopold. Wolfgang stellt seine Entlassung – obwohl er sie nicht schriftlich hat – als fait accompli dar. Daher verbittet er sich nicht nur mit deutlichen Worten weitere väterliche Einmischungsversuche: »Ich bin der ganzen Sache so müde, daß ich gar nichts mehr davon zu hören wünschte.« Er fordert Respekt ein für seine Entscheidung: »Nach der ganzen Ursach, warum ich quittierte …, würde es keinem Vater einfallen, mit seinem Sohn darüber böse zu sein; vielmehr wenn er es nicht getan hätte.« Er bezichtigt Leopold, ihn auch aus Unterwürfigkeit von der Kündigung abbringen zu wollen: »Ernst kann es Ihnen ohnmöglich sein, Sie müssen sich wegen dem [Salzburger] Hof also verhalten. Doch bitte ich Sie, mein bester Vater, nicht zu viel zu kriechen, dann der Erzbischof kann Ihnen nichts tun.«

Und – der Gipfel des Ganzen – er beansprucht jetzt gleichsam die Führung über die »Compagnie Mozart«, indem er ihm direkt rät, seinerseits einen Bruch mit dem Erzbischof nicht zu scheuen: »Der Kaiser kann ihn nicht allein nicht leiden, sondern er haßt ihn. Wenn Sie nach einer solchen Behandlung nach Wien gehen und dem Kaiser die Geschichte erzählen, so erhalten Sie wenigstens die nämliche Gage von ihm, dann in solchen Fällen ist der Kaiser zu verehren.« Und »sollte Ihnen aber der Erzbischof ohngeacht dessen die mindeste Impertinenz tun, so kommen Sie allsogleich mit meiner Schwester zu mir nach Wien; wir können alle drei leben, das versichere ich Sie auf meine Ehre«.

Auch der Nannerl will der Bruder später zum Lebensglück in Wien verhelfen. Mitte September 1781 – die Künstlerexistenz ist noch längst nicht gefestigt – rät er ihr nicht nur, dass »die beste Kur für Dich ein Mann wäre«. Auch empfiehlt er ihr dringend, unabhängig von väterlicher Zustimmung den Mann ihres Herzens – den Ex-Hofkriegsrat und jetzigen Kammerherrn Armand d'Ippold – zu heiraten und in seine Nähe zu siedeln:

Könnte dann D'Yppold hier nichts für sich zuwegen bringen? Er für sich selbst wird auch wenigstens nicht ganz leer sein. Frage ihn darum, und glaubt er, daß die Sachen gehen könnten, so soll er mir nichts als den Weg zeigen; ich werde gewiß das Ohnmögliche tun, weil ich den stärksten Anteil an der Sache nehme. Wäre das ausgemacht, so könnt Ihr Euch sicher heiraten; dann glaube mir, Du würdest Dir hier Geld genug verdienen, z. B. in Privatakademien zu spielen und mit den Lektionen, man würde Dich recht darum bitten und gut bezahlen.

Der Vater bleibt Teil von Wolfgangs selbstbewusstem Plan, die Mozarts und die Weberischen im Geist der künstlerischen und menschlichen Freiheit zusammenzuführen, denn Wolfgang fährt fort:

Da müßte aber mein Vater quittieren und auch mit, dann könnten wir wieder recht vergnügt zusammenleben. Ich sehe kein ander Mittel, und ehe ich gewußt habe, daß es Dir mit dem D'Yppold recht ernst ist, so hatte ich schon mit Dir so was im Sinn. Nur unser lieber Vater war der Anstoß, dann ich möchte, daß der Mann in Ruhe käme und sich nicht plagen und scheren sollte. Auf diese Art könnte es aber sein, dann durch das Einkommen Deines Manns, durch Dein eigenes und durch das meinige können wir schon auskommen und ihm Ruhe und ein vergnügtes Leben verschaffen. Rede nur bald mit dem D'Yppold und gib mir gleich Anleitung; dann wie ehender man die Sache zu betreiben anfängt, desto besser.

Leopold denkt nicht daran, sein Salzburg zu verlassen. Sei es, weil er zu viele Rücksichten zu nehmen hat – etwa auf die noch unversorgte Nannerl, von deren Herzensmann er nicht überzeugt ist –, sei es, weil er das Risiko scheut, oder sei es schließlich, weil der erfahrene

Vater Kaiser Joseph II. realistischer einschätzt als Wolfgang. Zumindest damit sollte er recht behalten – der Kaiser behandelte später Wolfgang zwar stets respektvoll, engagierte sich aber niemals tatsächlich in größerem Maß für dessen Ziele. So wird Wolfgangs Abschied ein Abschied für immer. Noch ganze zwei Mal sehen sich Vater und Sohn in den verbleibenden sechs Jahren.

Wolfgang macht noch einen Versuch, den Vater aus Salzburg loszueisen und nach Wien zu holen. 1784, am Vorabend von Nannerls Hochzeit mit dem ungeliebten Freiherrn von Berchtold zu Sonnenburg und im Vollgefühl seiner Herrlichkeit als Wiener Musikerfürst, macht er sich Gedanken über »unsern lieben Vater, welcher nun so ganz allein leben soll«, und bittet seine Schwester, ihn bei seinen Ruhestandsplänen für Leopold zu unterstützen: Anstelle seines Vaters »begehrte ich meine Entlassung und ging zu meinem Sohne nach Wien, und das ists, was ich Dich hauptsächlich bitte, daß Du Dir Mühe geben möchtest, ihn dazu zu bereden«.

Die Offerte verfängt nicht, die Mozarts bleiben dort, wo das Schicksal sie jeweils hingeführt hat. Der Salzburger: ein innerlich kritischer, äußerlich angepasster Höfling und Musikbeamter. Der Wiener: eine äußerlich und innerlich emanzipierte Bürgerpersönlichkeit, die kraft ihrer Talente unabhängig ist. Ein geordneter Generationswechsel in der Führung der »Compagnie Mozart« scheitert an unvereinbaren Vorstellungen über deren strategische Ausrichtung. Wolfgang und Constanze wird es später nicht gegeben sein, sie ihrerseits und mit ihren eigenen Kindern wiederaufleben zu lassen. Nicht nur fehlt es ihnen als freischaffenden Musikern an der – äußeren und inneren – Stabilität. Die musikalischen Talente, die Gott ihnen zur Entwicklung überantwortet hatte, sind auch nicht so offensichtlich überragend wie die, die Gott Anna Maria und Leopold Mozart geschenkt hatte.

Imperium der Intrigen – Wolfgangs Wien

Das Wien, in das sein Brotherr Wolfgang Amadé Mozart im März 1781 gebieterisch zitierte, hatte nicht mehr viel gemeinsam mit dem Wien, das er von seinen früheren Reisen kannte. Der Weg war ihm aber noch geläufig: Die »Wiener Postroute« durchquerte, von St. Pölten kommend, den Wienerwald parallel zur Wien, zog am Lainzer Tiergarten vorbei und trat bei Penzing, noch weit draußen vor der Stadt, aus den Hügeln heraus in die Donauebene. Kurz darauf passierte sie Maria Theresias geliebtes Schloss Schönbrunn in einigen Hundert Schritt Entfernung, um beim Mariahilfer Tor den gegen osmanische Einfälle errichteten Linienwall und die Wiener Vorstädte zu durchschneiden. Der Musiker ist seit zwei Uhr früh auf den Beinen und todmüde von der Übernächtigung und vom Schaukeln und Schüttern des Extrapostwagens, den er sich leistet, denn der Fürsterzbischof kommt für die Fahrtkosten auf. Im Dahindämmern mag ihn ein Schlagloch hochgerissen und ihm durch die knospenden Zweige der Bäume einen kurzen Blick auf das Schloss geschenkt haben. Sicherlich erinnerte er sich noch gut an seine erste Fahrt hier entlang vor 19 Jahren und an seinen Besuch bei der Kaiserin mit dem glanzvollen Auftritt im Spiegelsaal. Drei Stunden ihrer Zeit hatte die Kaiserin ihm geschenkt, auf den Schoß gesprungen war er ihr.

Das einst von Johann Bernhard Fischer von Erlach, dem Erneuerer Salzburgs, entworfene und auf den Ruinen eines von osmanischen Truppen zerstörten Vorgängerbaus errichtete Schloss hatte Kaiser Karl VI. 1740 Maria Theresia geschenkt, die schon immer eine Vorliebe für das Schloss und die umliegenden Gärten hatte. Sie hatte es in mehrjähriger Arbeit zu seiner heutigen Größe erweitern und als Sommersitz der kaiserlichen Familie herrichten lassen, als welcher Schönbrunn bis nach dem Ersten Weltkrieg diente.

Maria Theresias Sohn und Nachfolger Joseph II. war an einem luxuriösen feudalen Landsitz nicht sonderlich interessiert. Damit der Bau nicht verfiel, ordnete er lediglich an: »In Schönbrunn soll alles in dem Stand, wie es dermalen ist, bis jetzt annoch belassen werden.« Sein Platz als Regent war im Herzen seiner Stadt und inmitten seiner Untertanen, deren erster Diener er sein wollte. Auch die riesige, geldverschlingende Hofburg, der größte weltliche Baukomplex Europas und seit dem 13. Jahrhundert die Residenz der Habsburger, war dem sparsamen Kaiser ein Dorn im Auge. Er hatte mit imperialer Repräsentation nichts im Sinn. Er persönlich begnügte sich für seine privaten Zwecke mit der Beletage der Amalienburg und ließ die Fenster der nicht für die Regierungsarbeit benötigten Trakte mit Brettern vernageln. Die Hofburg muss damals einen traurigen Anblick geboten haben.

Umso höher trumpfen der hohe Adel und das Bürgertum auf. Überall in Wien wird gebaut, Paläste, Mietshäuser – hier beziehungsreich »Zinsburgen« genannt –, Krankenhäuser, Schulen, Kasernen, Fabriken. Die Bevölkerung der Stadt hat sich seit der letzten türkischen Belagerung von 1683 verdoppelt auf nunmehr eine runde Viertelmillion Menschen. Wien gehört damit in die erste Reihe der europäischen Residenzstädte, wenn sie sich auch bei Weitem nicht mit den Metropolen der europäischen Zentralmächte wie dem mehr als doppelt so großen Paris oder dem mehr als dreimal so großen London messen konnte. Sogar Neapel war mit 430 000 Einwohnern weit bevölkerungsreicher als Wien. Berlin hingegen fehlten zu Wiens Größe rund 100 000 Menschen. Weniger als hundert Jahre später allerdings sollte die Bewohnerschaft beider Städte die Millionengrenze sprengen. Kein Zweifel: Die so kopfstarke, aber gegenüber ihren Nachbarn verspätete deutsche Nation holte nun ihren Verzug mit Riesenschritten auf. Und Mozart konnte es, durch die Linzer Poststraße einfahrend, sehen.

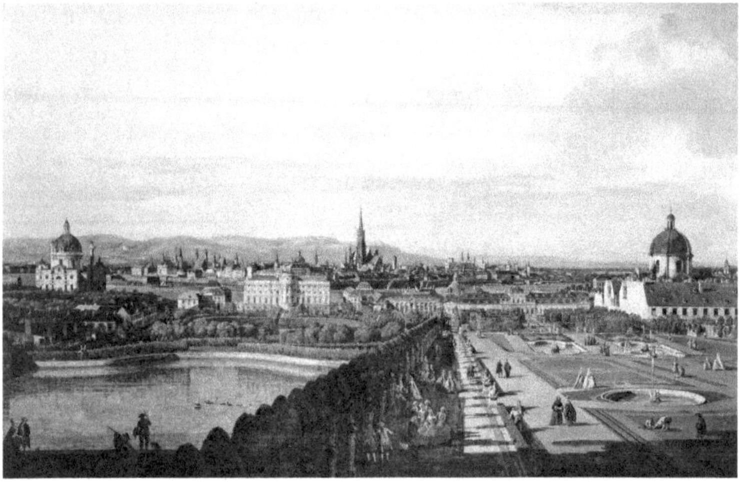

Wien, vom Belvedere aus gesehen, um 1759.
Der berühmte »Canalettoblick«.

Wien hatte sein mittelalterliches Gepräge weitgehend verloren. Ungewollt hatte das Osmanenheer um Großwesir Kara Mustafa Pascha dabei makabre Hilfe geleistet. 300 000 Mann stark war es im Frühjahr 1683 gegen Habsburg zu Felde gezogen. Während der zweimonatigen Belagerung von 1683 hatte nicht nur die türkische Artillerie von den umliegenden Hügeln des Wienerwaldes aus die Stadt mit Feuer bestrichen. Zusätzlich hatten osmanische Pioniere die Befestigungswerke unterminiert und in die Luft gesprengt. Zeitgenössische Illustrationen geben einen Begriff von der Erbitterung, mit der die Gegner einander bekämpften, und von den Verheerungen, die diese Kämpfe anrichteten. Kein Wunder, dass diese Schrecknisse sich in die kollektive Erinnerung tief eingegraben hatten. Zu Mozarts Lebzeiten sollte der Kaiser erneut gegen die Osmanen zu Felde ziehen, was nicht ohne Folgen für Mozart persönlich blieb.

Der Stephansdom hatte unter den Folgen des Beschusses gelitten, das Dach der Kapuzinerkirche war eingestürzt, Breschen klafften in den Befestigungen, und ganze Straßenzüge waren niedergebrannt. In die Lücken setzten Österreichs Fürsten und der aufkommende Kaufmanns- und Fabrikantenadel schon ab dem späten 17. Jahrhundert barocke Bauten und machten Wien zu der »Vienna gloriosa«, wie wir sie von Canalettos Stadtvedute von 1759 vom Schloss Belvedere aus kennen und als die es bis zum Zweiten Weltkrieg glänzte. Der Architekt Johann Bernhard Fischer von Erlach und der »Kaiserliche Hofingenieur« Johann Lucas von Hildebrandt wetteiferten um die fettesten Aufträge, bestgelegenen Baugründe und spektakulärsten Entwürfe. Innerhalb des noch aus dem Mittelalter stammenden Befestigungsringes war und blieb der Raum knapp, und der alte Donauarm – der dem heutigen Donaukanal entspricht, aber erheblich breiter war – und die Wien begrenzten anfangs den Expansionsraum nach Osten und Süden. Der Zuzug von Menschen hielt aber an, schon allein durch die immer aufwendigere Verwaltung und Hofhaltung bedingt. Jeder Wiener Hausbesitzer hatte Hofbediensteten Wohnraum zu sehr geringem Zins zu überlassen. So blieb Wien nichts anderes übrig, als in die Höhe zu wachsen, und siebenstöckige Wohnhäuser, deren Fassaden man infolge der Enge der Bebauung gar nicht in voller Höhe überblicken konnte, setzten die Reisenden des 18. Jahrhunderts in Erstaunen. Außerhalb der wiederhergestellten frühneuzeitlichen Wälle erstreckten sich, auf Canalettos Stadtansicht gut erkennbar, die weiten, 600 Schritt breiten Grünflächen der Esplanade – im Kriegsfall sollten sie ein freies Schussfeld auf die Angreifer bieten, im Frieden dienten sie den Truppen als Exerzier- und Paradeplatz, und hier genossen Reich und Arm ihre Spazierritte, -fahrten oder -gänge. Das Gras wurde abgeweidet von den weißen Ochsen, die ungarische Hirten jährlich zu Zehntausenden auf dem Weg zu Süddeutschlands Schlachthöfen über die einzige Donaubrücke und buchstäblich durch die Kaiserstadt trieben. Der Wiener Magistrat verdiente nicht schlecht an den Weidegeldern, die für die Tiere zu entrichten waren.

Nachdem allerdings die Flächen innerhalb des alten Befestigungsringes wieder komplett bebaut waren, wandte man sich der Esplanade zu. Prinz Eugen von Savoyen, »der edle Ritter«, hatte 1718 die Osmanen endgültig aus Mitteleuropa vertrieben, die feindseligen ungarischen Stände waren nach dem fehlgeschlagenen Kuruzenaufstand befriedet. Unbedrohter Friede lag seitdem über der Stadt, der anhalten sollte, bis Napoleons französisches Volksheer die europäischen Verhältnisse umstürzte. So entstanden auf der Esplanade die glanzvollsten, prägendsten Gebäude Wiens wie Hildebrandts Belvedere, der Sommersitz des Prinzen Eugen, oder, direkt benachbart, Fischer von Erlachs Palais Schwarzenberg für den gleichnamigen Obersthofmarschall, das sein Sohn Joseph Emanuel fertigbaute. Fischer von Erlach verewigte sich noch einmal unübertrefflich auf einer Anhöhe über der unteren Wien-Aue am südlichen Rand der Altstadt: mit seiner Karlskirche. Fischer verschmilzt Ost und West, Rom und Byzanz gestalterisch miteinander, indem er dem Kuppelbau statt Türmen zwei minarettartige Obelisken zur Seite stellt, die wie die antike Trajanssäule mit einem spiraligen Reliefband verziert sind und an der Spitze gekuppelte Laternen tragen.

Die großen Vorstädte – die Leopoldstadt, Margareten und wie sie alle hießen – blieben selbstständig, profitierten aber von der rastlosen Bautätigkeit und von der Zunahme der Bevölkerung. Um den Hofstaat, die Hofkanzlei und ihre Tausende von Bediensteten als Gravitationszentrum entstand eine neue gesellschaftliche Ordnung, in der auch das gehobene Bürgertum politische Geltung beanspruchte und an deren unterem Ende gleichzeitig ein zahlreiches Proletariat von Haus- und Hofbediensteten, Arbeitern und Tagelöhnern, Fuhrleuten und kleinen Handwerkern erstand.

Wer nach und nach an Einfluss verlor, das war die katholische Kirche. Ähnlich wie in anderen Teilen des Reiches stand ihr auch im Wien des 18. Jahrhunderts eine Bewährungsprobe bevor. Und ähnlich wie anderswo saßen ihre mächtigsten Gegner auf den Fürstenthronen.

So Joseph II. Er zog das komplette materielle Vermögen der Kirchen ein und überführte es in einen staatlichen »Religionsfonds«. Heerscharen von mit seelsorgerlichen Pflichten kaum zureichend beschäftigten Klerikern und von bettelnden Ordensleuten passten nicht in sein aufgeklärtes Konzept einer Verbesserung von Regierung, Ökonomie und Volk. »Die Kirche«, verkündete der Verwaltungsreformer Joseph von Sonnenfels radikal, »ist eine Abteilung der Polizei [hier gemeint als ordnende Instanz], die den Zielen des Staates zu dienen hat, bis die Aufklärung des Volkes so weit gediehen ist, dass sie ihre Ersetzung durch die weltliche Polizei erlaubt«. Dementsprechend erlegte der Kaiser der Kirche zusätzlich konkrete soziale Verpflichtungen auf: in der Krankenpflege, in der Armenfürsorge oder in der Volksbildung. Die Schließung von Klöstern reduzierte die Zahl der Ordensleute um zwei Drittel. Viele Stiftsgebäude fanden als Schulen eine neue Verwendung. Kirchengemeinden ließ er nach einem übergreifenden Konzept zusammenlegen, damit sie eine flächendeckende Seelsorge mit äußerster Wirtschaftlichkeit vereinbarten. Seine »Seuchen- und Hygieneverordnung« verbot jede Bestattung innerhalb der Wiener Linienwalles, um der Verunreinigung des Grundwassers nicht weiter Vorschub zu leisten, fünf neue »communale Friedhöfe« wurden in den Vorstädten angelegt – unter ihnen der heute noch erhaltene Sankt Marxer Friedhof, Mozarts letzte Ruhestätte.

Sogar die Begräbnisriten waren Joseph und seinen Beamten ein Dorn im Auge. Sie sahen es als Verschwendung an, wenn ein mühsam von Hand geschreinerter und mit knappem Geld bezahlter Sarg zusammen mit dem Leichnam in der Erde vermoderte, und erfanden und verordneten stattdessen den wiederverwendbaren Sparsarg oder Josephinischen Gemeindesarg. Jeder sollte sich eine Bestattung seiner Angehörigen leisten können. Jede Pfarre musste unentgeltlich derartige Särge zur Verfügung stellen. Sie waren mit einem beweglichen Boden versehen. Löste der Bestatter am Grab einen Hebel aus, fiel der in einen Leinensack gehüllte Körper des Verstorbenen, für die Trauergemeinde fast unsichtbar, in das Schachtgrab, das mit sechs Leichen belegt werden konnte, und wurde mit gelöschtem Kalk bedeckt, um den Geruch zu bannen.

Tatsache ist, dass das »allgemeine einfache Grab«, die sogenannte »Gratisleych«, kein Armengrab war, sondern gesetzliche Vorschrift im josephinischen Wien. Der Kaiser wünschte nämlich nicht, dass seine Untertanen sich ruinierten, indem sie mit aufwendigen »Pompes funèbres« vor ihren Nachbarn protzten. Regelungswütig, wie er sein konnte, ließ er detailliert vorschreiben, was erlaubt war und was verboten. Er machte sich damit, wie mit vielen anderen Regelungen, beim Volk nicht beliebt, das diese Vorschriften nach Herzenslust unterlief und dessen Protest später zur Abschaffung des Klappsarges führte. Da sie zum Zeitpunkt von Wolfgangs Tod allerdings neu waren, wurden sie strikt exekutiert – und haben die Nachwelt dadurch zu dem folgenschweren Missverständnis veranlasst, Mozart sei in einem Armengrab gleichsam verscharrt worden, weil mehr Geld nicht da gewesen sei.

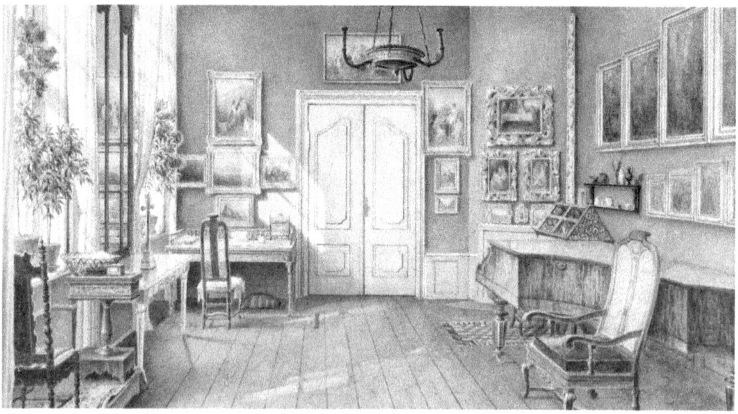

Ein bürgerlicher Salon: Fanny Mendelssohn-Hensels Empfangs- und Musikzimmer 1848. Aquarell von Julius Helfft.

Als Mozart 1781 nach Wien übersiedelte, stand das josephinische Reformwerk in voller Blüte. Für Wolfgang bedeutete dies zunächst, dass er die katholische Kirche als Brotherrn oder Auftraggeber von Kompositionen nicht ernsthaft in Betracht zu ziehen hatte. Gleichzeitig waren ihm in Stadtadel und Bürgertum neue Abnehmerkreise erstanden. Deren Salons dienten nicht nur als Ersatz für die noch weithin fehlenden öffentlichen Aufführungsstätten. Sie dienten zusätzlich als Orte, an denen junge Talente – und nicht nur künstlerische – sich in einflussreichen Kreisen bekannt machten. Im 18. und 19. Jahrhundert spielten sie eine tragende Rolle bei der Entwicklung der bürgerlichen Zivilgesellschaft. Im Salon kamen Repräsentanten aller einflussreichen Stände zusammen: grundbesitzender Adel, Beamte, hohe Militärs, Kaufleute, Industrielle, Klerus und als »Schmuck« und freidenkendes intellektuelles Ferment die Wissenschaftler, Schriftsteller und Dichter, die Theaterleute, Musiker und Künstler. Unbeeinflusst von der Zensur durfte in ganz Europa in den Salons all das ausgesprochen werden, was nicht gedruckt werden durfte. Treibende Kräfte waren sehr oft intellektuell interessierte Frauen, die sich von Berufs wegen mit geistigen Angelegenheiten nicht befassen durften. Sie luden gern an einem »jour fixe«, einem bestimmten Wochentag, ein – danach konnten sich andere Salons mit ihrem Zeitplan anpassen. So war jeden Tag geistige Nahrung geboten in den großen Städten. Sie stellten bereit, was die Gäste brauchten – den Raum, Speise und Trank –, und sorgten für das künstlerische oder wissenschaftliche Begleitprogramm, das einerseits den Gesprächsstoff abgab, andererseits aufstrebenden Kreativen als Werbeplattform für Aufträge oder Anstellungen diente. Stadtadel und Bürgertum traten entweder direkt als Auftraggeber auf oder indirekt dadurch, dass sie die Theater der Stadt besuchten. Die wichtigste dieser Institutionen war das kaiserliche Burgtheater, die älteste das 1708 gegründete Theater am Kärntnertor. Die Theater wurden unter kaiserlichen Privilegien von Pächtern betrieben und zogen vor allem das adelige und begüterte Publikum an. Für die einfacheren Schichten gab es rein private Bühnenunternehmen wie etwa das heute noch bespielte Theater in der Josefstadt und ab 1787 das Schikanedersche und das Freihaustheater oder Theater auf der Wieden, das für Mozarts Laufbahn eine bedeutsame Rolle einnehmen sollte.

»Mein andertes Ich« – Wolfgang und Constanze

In diesem Wiener Kreis spielt sich das mozartsche Leben ab dem Sommer 1781 ab – von kurzen Reisen abgesehen, fast zehn Jahre. Der Mann ist angekommen in seinem eigenen Leben. Er kann nun das tun, woran er glaubt und was er für richtig hält. Er macht sich bekannt in der Stadt und findet Freunde und Förderer. Er ist umgeben von den Menschen, die ihm das geben, was er braucht: auch von den Weberischen. Denn seit seinem Hinauswurf aus dem Haus des Deutschen Ordens logiert er unter ihrem Dach am Petersplatz, günstig zwischen Stephansdom und Burgtheater gelegen – sehr zum Verdruss des alarmierten Leopold. Denn Cäcilia ist seit dem Spätherbst 1779 Witwe und hat von Fridolin vor allem dessen Schulden geerbt. Kein leichtes Leben ohne Ernährer in der teuren Residenzstadt. Immerhin ist Aloisia aus dem Haus, seit einem Dreivierteljahr verheiratet mit dem erfolgreichen Hofschauspieler Joseph Lange und ihrerseits eine der erfolgreichsten Sopranistinnen in Wien. Aber da sind noch Josepha, die älteste, Constanze und Sophie zu versorgen. Als ihr Vormund fungiert der Sekretär des Nationaltheaters, Johann Thorwart. Ein Mann, der über Künstlerkarrieren mitentscheidet und daher mit Samthandschuhen anzufassen ist. Josepha und Sophie, die Jüngste, haben mal ein Engagement, mal nicht, Constanze trägt zu dieser Zeit nicht erkennbar zum Familieneinkommen bei, Joseph Lange hilft zwar mit Geld aus, ein paar

Zimmerherren zahlen Miete – unter ihnen auch Wolfgang. Aber für ein sorgenfreies Leben reicht es nicht. Ob der neue, aber altbekannte Untermieter sich wohl noch zum Schwiegersohn qualifiziert, nachdem das ursprüngliche Objekt seiner Begierde, Aloisia, nun definitiv nicht mehr frei ist? Seine finanziellen Verhältnisse sind keineswegs sicherer als die der Weberischen, er kämpft noch mit Stundengeben und kleinen Aufträgen um seine Etablierung im Wiener Musikleben. Es gibt also zunächst keinen Grund anzunehmen, dass Cäcilia einer Verbindung mit dem mozartschen Sohn aufgeschlossener gegenüberstand als Leopold.

Allerdings machen die Alten ihre Rechnung ohne die jungen Leute und deren Leidenschaften. Wolfgang hat seinen Liebeskummer wegen Aloisia überwunden und das Bäsle ad acta gelegt – das Leben geht weiter. Irgendwann im Sommer 1781 muss der Funke übergesprungen sein zwischen Wolfgang und Constanze – vielleicht weil die junge Frau mit ihren geringfügigen täglichen Verpflichtungen für den tastenden Musiker »als Zuhörerin, als Mit-Träumerin und Ratgeberin zur Stelle« ist, wie die Mozart-Forscherin Silke Leopold vermutet. Vielleicht auch im Verlauf endloser Blödeleien oder Parodien bekannter, aber verhasster oder minder begabter Persönlichkeiten des Wiener Musiklebens, in denen Wolfgang brillierte und denen die junge Frau angemessen Kontra gab. Die beiden missgönnen uns alle Details der Romanze, die sich da anspinnt, aber wir dürfen davon ausgehen, dass Wolfgang Constanze beeindruckt und Constanze – »Stanzi-Marini« nennt er sie beim melodiösesten aller Kosenamen – Wolfgang gefällt. Einerseits weil sie eine Weberische ist, andererseits weil sie Constanze ist. Bekanntlich ist das Interesse einer erotisch interessanten Person das beste Aphrodisiakum, und so dürfte das Blut des triebstarken Wolfgang bald in Wallung geraten sein. »Die Natur spricht in mir so laut, wie in Jedem anderen, und vielleicht läuter als in Manchem großen, starken limmel«, rechtfertigt der kleine Mann dem Vater gegenüber sein Begehren. So beginnt eine der tragisch-schönsten Künstlerbeziehungen des 18. Jahrhunderts, die vom Tod des Mannes nicht beendet, sondern gleichsam nur unterbrochen wird.

Bis die beiden allerdings im Stephansdom vor den Traualtar treten können, dauert es noch mehr als ein Jahr, in dem es einige Stolpersteine aus dem Weg zu räumen gibt. Da ist auf der einen Seite der Dauerkritiker Leopold, von dem Wolfgang sich den Segen über der Verbindung wünscht, wie es sein Glaube und die Familientradition gebieten. Er will mit ihm im Reinen sein, und ausgerechnet jetzt zieht Leopold sich schmollend zurück. Möglicherweise hat er in Salzburg Wolfgangs wegen Scherereien mit Colloredo oder befürchtet welche; das wäre ein zusätzlicher Grund zum Ärger. Auf der bräutlichen Seite steht der naturgemäß geldgierigen Cäcilia Thorwart, der Tugendwächter, zur Seite. Er setzt zweierlei durch: dass Wolfgang in eine eigene Wohnung zieht – der erste Umzug von insgesamt elf in den zehn Wiener Jahren – und dass er einen Verlobungsvertrag zugunsten von »Stanzi-Marini« abschließt: Wenn er sie binnen drei Jahren nicht heiratet, gelobt er ihr eine Rente von jährlich 300 Gulden zu zahlen.

Die Weberische Seite ist nach diesem Schacher vorläufig zufriedengestellt, dafür tobt nun der Vater, den Wolfgang seinerseits informiert, bevor der allfällige Klatsch dafür sorgt, dass er es von unberufenen Dritten erfährt. Die Beziehung der beiden ist auf einem Tiefpunkt angelangt. Dabei hätte Leopold erstmals Grund zur Zufriedenheit mit seinem Sohn, der an seinem ersten Wiener Erfolg arbeitet: der Oper »Die Entführung aus dem Serail«. Auftraggeber ist kein Geringerer als Kaiser Joseph II., der mit seiner Idee eines »Deutschen National-Singspiels« ein Gegenstück zur italienisch geprägten Hofoper schaffen will und bereits zwei Werke am Burgtheater erfolgreich hat aufführen lassen. Zwar ist das übliche Honorar für Opern mit 100 Dukaten, also 450 Gulden, nicht üppig – ein Sänger verdient mehr –, aber Wolfgang klopft damit an musikalische Paradiesespforten an. Und die weibliche Hauptfigur im Libretto heißt Konstanze, was man mit »die Beständige« übersetzen könnte – die Sphären des Künstlerischen und des Amourösen sind in mozartscher Manier verbunden.

Er hat übrigens noch mehr Namen in petto für seine Geliebte, die er nach wie vor fast täglich sieht: Spitzbub, Spitzignas, Herzens-Weibchen, das grotesk-komische Fast-Palindrom »Znatsnoc« und, sicherlich am bewegendsten als Tiefblick in ein bedingungslos liebendes Herz: »mein andertes Ich«.

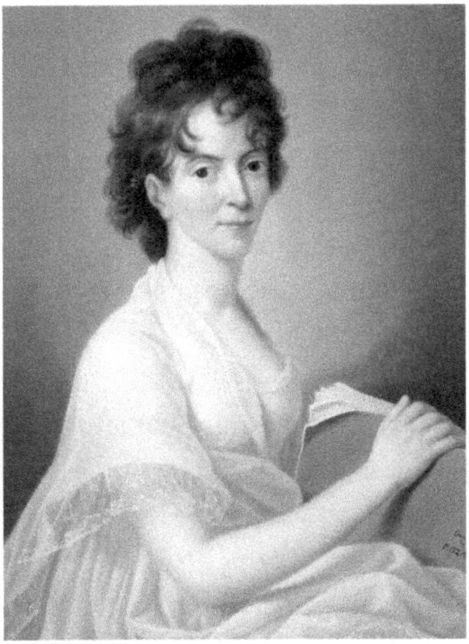

Constanze Mozart 1802. Gemälde von Hans Hansen.

Bis »Znatsnoc« und »Trazom« ein Ehepaar sind, dauert es noch ein rundes Jahr und braucht ein weiteres Drama, wie es sich auch in Mozarts Musik-Komödien abspielen könnte.[20] Während nämlich die »Entführung aus dem Serail« über die Bühne des Burgtheaters geht, spielt sich in Constanzes dürftigem »Serail« am

Petersplatz Cäcilia auf wie ein weiblicher Osmin. Wolfgang vermittelt seiner Braut daher eine Zuflucht bei seiner mütterlichen Freundin und Gönnerin Baronin Martha Elisabeth von Waldstätten. Diese führt, gebildet und musikalisch, mit dem Vermögen ihres Mannes ein lustiges Haus, nimmt bei Mozart Unterricht in Klavier und Gesang und hat ein großes Herz für die Bedrängnisse des jungen Maestros. »Allerliebste, Allerbeste, Allerschönste, Vergoldete, Versilberte und Verzuckerte, Wertheste und schätzbarste Gnädige Frau«, redet Wolfgang sie einmal brieflich an. Allerdings schlägt Cäcilia zurück: Sie beschlagnahmt alle Noten, die Mozart in ihrer Wohnung zurückgelassen hat, und spricht gar davon, die flüchtige unmündige Tochter von der Sittenpolizei ins häusliche Serail zurück verschleppen zu lassen. Diese verheerende öffentliche Kompromittierung lässt Constanzes jüngste Schwester Sophie nicht zu. Heimlich entsendet sie eine Magd zur Baronin, die die Nachricht von Cäcilias Wüten überbringt. Die Waldstätten schaltet sich persönlich ein und bemüht die beste Beziehung, die sie hat: die zum Kaiser persönlich. Auch dieser beweist ein Herz für den Komponisten, der für ihn durch 19 Jahre hindurch schon fast ein alter Bekannter ist. Der Kaiser zeigt sich als gekrönter Übervater und Deus ex Machina: Gemeinsam entwirren die beiden den Knoten und sorgen dafür, dass das »Haferl« Mozart möglichst umgehend seinen »Deckel« Constanze kriegt. Die Baronin erwirkt die notwendigen Einwilligungen – auch die von Leopold, die zu spät kommt und das rollende Rad nicht mehr anhält – und einen Dispens vom damals vorgeschriebenen zeitraubenden Aufgebotsverfahren. Sie besorgt dem jungen Paar eine gemeinsame Wohnung im Haus »Zum roten Säbel« an der Hohen Brücke und richtet sogar noch die Hochzeitsfeier aus. Welche Gnade bei den Menschen Mozart mobilisieren kann! Und endlich am ersten Augustsonntag 1782 stehen Braut und Bräutigam, vor Glück und überstandener Anspannung weinend, im Dom zu St. Stephan vor Kurat Ferdinand Wolf. Sogar dieser und die gesamte kleine Hochzeitsgesellschaft haben Tränen der Ergriffenheit vergossen, informiert der Sohn den Vater, der ebenso wenig wie Nannerl der Zeremonie beiwohnt.

Es ist sicher nicht »das schönste Paar Eheleuthe«, das da vor den Traualtar tritt. In aller festlichen Eleganz haben wir uns Brautleute des Rokokos ganz anders vorzustellen als heutige – die Hochzeit in Weiß ist eine Sehnsucht des 20. Jahrhunderts. Ein Brautbild gibt es heute nicht mehr, aber mehrere Bilder von beiden aus dieser Zeit. Constanze ist attraktiv auf herbe, »sportliche« Weise; schlank gewachsen, und unter ihrem dunklen Lockenkopf blicken uns dunkle, skeptische Augen an. Man nimmt ihr ohne Weiteres das aufbrausende Temperament ab, das manchmal empfindlich mit dem wolfgangschen Temperament kollidierte. Wolfgang selbst beschreibt sich selbstkritisch: »das Gesicht von Herzen hässlich, mit Blattern angefüllt, und eine ziemlich lange Nase. die Statur wird seyn: beyläufig etwas grösser als der Papa.«

Im Tanzmeisterhaus in Salzburg dürfte unterdessen Bitterkeit das vorherrschende Gefühl gewesen sein – Bitterkeit aus unterschiedlichen Gründen. Während Leopold unwiderruflich klar geworden sein dürfte, dass Wolfgang ihm endgültig entglitten war, hat auch die Nannerl eine aus Vatersicht schlecht fundierte Liebesheirat im Sinn – die mit Armand d'Ippold. Seine Position bei Hof war für Leopolds Geschmack zu untergeordnet. Zwischen den Geschwistern ist diese Liebe seit einem Jahr ein offenes Geheimnis, aber Leopold ist offiziell nicht eingeweiht und ignoriert demgemäß nach Väterart das Offensichtliche, bevor ihm eine Entscheidung abgezwungen wird. Nannerl wird sich vermutlich spätestens jetzt bewusst, dass eine weitere »unvernünftige« Ehe über die Toleranzgrenze des Vaters hinausgehen könnte, obwohl dieser selber auch nicht nach dem Geld geheiratet hatte. Aber der Fall Wolfgang liegt anders: rechtlich betrachtet behält ein Vater unabhängig vom Alter die Vormundschaft und Verantwortung für seine Töchter, bis er diese auf deren Ehemann überträgt. So muss sie machtlos zusehen, wie ihre Felle davonschwimmen. Sie macht 1784, schon 33-jährig, das, was man damals eine gute Partie nennt – sie heiratet den Reichsfreiherrn Johann Baptist Berchtold zu Sonnenburg, einen bereits zweimal verwitweten, 15 Jahre älteren Verwaltungsbeamten, der, wie der Biograph Otto Jahn freundlich versichert, »sie zwar hochgeschätzt, aber nicht eigentlich verstanden haben soll«. Gegen die Zusicherung regelmäßiger Reisen nach Salzburg und zu ihrem Vater zieht Nannerl zu ihm nach St. Gilgen – ausgerechnet in das Haus, in dem ihre Mutter ihre ersten Lebensjahre verbracht hat. Zu den fünf vorhandenen Kindern, mit denen sie nicht warm wird und denen sie drei weitere hinzufügt: 1785 Leopold Alois Pantaleon, »das Leopoldl« genannt, Johanna Maria Anna Elisabeth, auch »Jeanette«, und 1790 mit fast vierzig Jahren Maria Barbara, die sie früh verliert. Der stets beschäftigte und kämpfende Wolfgang interessiert sich nicht weiter für sie – wohl aber der Vater. Er möchte – verkündet er fast ultimativ – das Leopoldl in Salzburg erziehen. Der Freiherr hat nichts dagegen, er hat genug eigene Kinder. Nannerl widersetzt sich nicht, sei es, weil sie sich aufgegeben hat, sei es, weil sie den Versprechungen ihres Mannes traut, sie regelmäßig nach Salzburg reisen und ihr Söhnchen sehen zu lassen. Leopold senior setzt also seinen Willen durch, Leopold junior lebt ein Jahr mit ihm im Tanzmeisterhaus. Der Wunsch des Großvaters, ein neues musikalisches Genie zu erziehen, scheitert an Leopoldls offenbarem Mangel an Talent. Aus ehelicher Tristesse in die Musik flüchtet sich dagegen Nannerl. Ihr Vater rät ihr dazu für den Fall, dass Berchtolds Kinder ihr zu sehr zusetzen. Das ist öfter der Fall. Der Rückzug hält sie in der Übung, die sie später gut gebrauchen kann: Wie so häufig, stirbt der wesentlich ältere Ehemann beizeiten, nämlich 1801, und Nannerl genießt erstmals ein selbstbestimmtes Leben als Klavierlehrerin in Salzburg.

Wolfgangs Wiener Jahre verlaufen einförmig in ihrer permanenten Unruhe, auch Leopold muss endlich zugeben: Der Sohn und dessen Frau machen ihre Sache nicht schlecht. Kinder werden geboren – insgesamt sechs – und sterben früh, bis auf zwei: Carl Thomas, der 1784 zur Welt kommt und bleibt, und Franz Xaver Wolfgang – in der Familie ist er der Wowi –, der erst vier Monate alt ist, als sein Vater erkrankt und stirbt. Umzug folgt auf Umzug – hinaus aus der Stadt, hinein in die Stadt, aus großen teuren Wohnungen in kleine billige und umgekehrt, je nach der fluktuierenden Kassenlage. Ein Familienleben, wie die Eltern es aus ihren eigenen Elternhäusern kennen, kann sich da nicht entwickeln. Sicherlich nicht gesund für die Säuglinge und auch nicht für die Ehefrau, die die Anhänglichkeit und die »laute Natur« ihres kleinen »Limmels« zur Dauerschwangeren machen. Die Zeit ihrer Schwangerschaften summiert sich auf rund die Hälfte ihrer Ehejahre. Die öffentlichen Erfolge kommen und gehen – herbeigesehnt und -gebangt, denn jeder Opernauftrag ist ein Risiko und ein finanzielles Großprojekt, dessen Gelingen über den Kassenstand der nächsten Monate entscheidet. Mozart ist unglaublich produktiv, wenn es darauf ankommt. 25 000 Seiten Musik schreibt er in dreißig Jahren, das sind über zwei Seiten Noten am Tag. Sein phänomenales Gedächtnis für Musik unterstützt ihn bestens beim Improvisieren und Skizzieren. Bekannt ist seine Äußerung »Komponirt ist schon alles – aber geschrieben noch nicht« in einem Brief an den Vater aus der »Idomeneo«-Zeit. Für vier Contretänze benötigt er eine halbe Stunde, für zwei dreistimmige Kanons fünf bis sechs Minuten. Für seine letzten drei Sinfonien, fast zwei Stunden Musik, braucht er gute zwei Monate. Oft notiert er gar nicht alle Stimmen, sondern skizziert nur die Melodie und den Bass, oder er überlässt die Begleitung ganz seiner Improvisationskunst. Dennoch kann er es sich nicht leisten, monatelang für ein mageres Resultat oder gar für die Schublade zu arbeiten, denn das verdiente Geld ist schnell wieder ausgegeben. Ein mozartscher Arbeitstag ist streng durchgetaktet, es ist der Arbeitstag eines von seiner Sache Besessenen, er selbst hat ihn einmal beschrieben: aufstehen, bis 6 Uhr fertig frisiert, um 7 Uhr angekleidet. Komponieren bis 9 Uhr, anschließend bis 1 Uhr Lektionen. Dann Mittagessen, zu Hause oder um 2 oder 3 Uhr auf Einladung. Um 5 oder 6 Uhr beginnt das Komponieren wieder; an Tagen ohne Auftritt zieht es sich bis 9 Uhr hin. Anderthalb bis 2 Stunden gehören Constanze. Halb 11 oder 11 Uhr wieder Komponieren, oft bis 1 Uhr. Der Nachtschlaf ist knapp bemessen. Constanze und die Kinder leben ihr eigenes Leben. Den dreijährigen Carl geben sie in Pension ins Internat des Pädagogen Wenzel Bernhard Heeger im fast drei Meilen entfernten und damals ländlichen Perchtoldsdorf und zahlen jährlich 400 Gulden dafür – Geld, das sie auch wieder hereinverdienen müssen.

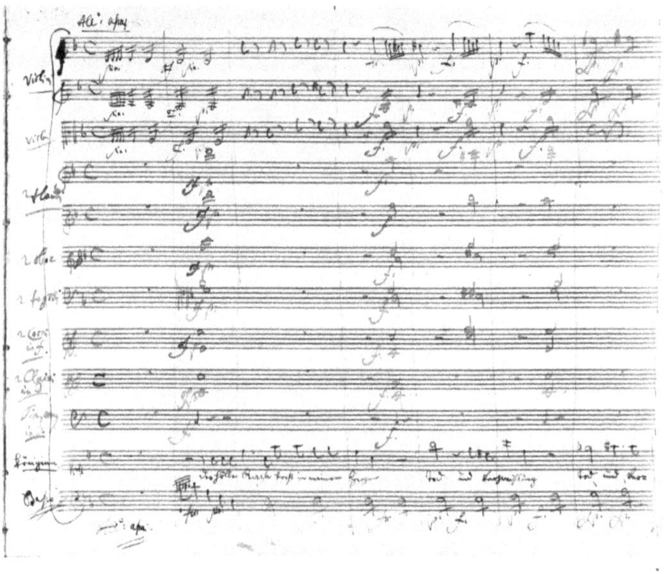

So komponierte Mozart.
Originalhandschrift aus der »Rachearie« der »Zauberflöte«.

Das mozartsche Wiener Leben ist also ein Leben im Dauerstress, unterbrochen durch rauschende Feste, die oft bis in den Morgen dauern und in denen sie den Druck – ähnlich modernen Rockstars – exzessiv und fast gewaltsam abschütteln. Musikalisch schlagen diese Feiern sich in anarchischen Gesängen wie »Freunde, lasset uns beim Zechen« oder »O du eselhafter Peierl!« nieder. Unterbrochen durch Krankheit – insbesondere Constanzes »böser Fuß« macht Wolfgang immer wieder schwere Sorgen. Unterbrochen durch kurze Reisen nach Norden – nach Prag, Leipzig, Dresden, Berlin und Frankfurt. Und schließlich unterbrochen durch Wolfgangs immer wieder geäußerten melancholisch-innigen Wunsch nach innerer Ruhe. Er findet sie allenfalls in der Freimaurerloge.

Was immer bleibt in dieser bewegten Einförmigkeit, ist seine fast verzweifelt tiefe Zuneigung zu seiner Constanze. Liebt sie ihn wieder? Generationen von Mozart-Interpreten, -Exegeten, -Apologeten haben sich an dieser Frage die Zähne ausgebissen und Constanze gehasst dafür, dass sie ihm so nahe sein durfte und so wenig Intimitäten preisgab. Denn was ist der Maßstab für Liebe? Die Worte? Sie fehlen. Constanzes Briefe an Wolfgang sind verschwunden, Constanze ist zu Lebzeiten ihres Mannes noch stummer als ihre Schwiegermutter Anna Maria. Aber selbst wenn Briefe erhalten wären – was sagen Worte schon? Die Taten? Constanze zerreißt vor Wolfgangs Augen den Vertrag mit dem Eheversprechen, den Vormund Thorwart zu ihren Gunsten ausgehandelt hat. Wolfgang erzählt das. So recht glaubhaft ist es nicht, denn er erzählt es in einem Brief, in dem er Leopold von der echten Liebe seiner Braut überzeugen will. Constanze steht neun Ehejahre zu einem zweifellos sehr anstrengenden Mann. Sie organisiert zehn Umzüge und einen Haushalt, der mal groß und üppig ist, mal das Umdrehen eines jeden Kreuzers verlangt. Sie organisiert die Finanzen. Aber all das hätte sich jede Ehefrau angelegen sein lassen, einfach weil sie leben will. Die Treue? Das Künstlermilieu der Kaiserstadt war reich an Versuchungen, und das uns Bekannte deutet darauf hin, dass beide Gatten diesen Versuchungen in nur bescheidenem Ausmaß nachgaben, Vorwürfe und Gegenvorwürfe scheinen einander die Waage zu halten. Und wenn Wolfgangs wenige Fehltritte seiner unbestrittenen Liebe keinen Eintrag taten, könnte dies umgekehrt genau so gelten. Angst und Trauer? Mozarts Todeskrankheit und sein Sterben sind ein Schock für Constanze, wie diejenigen bestätigen, die sie kennen. Aber Trauer kann auch Trauer um Lebensumstände sein, denen ein Todesfall ein unwiderrufliches Ende macht.

Es bleiben Sex und Eifersucht als »Messgrößen«. An beidem lassen es die Mozarts nicht fehlen, wenn wir offenherzigen Briefen wie diesem vom April 1789 aus Dresden glauben dürfen:

> *Und wenn ich es wieder hinein thue; so lasse ich es so nach und nach hinein rutschen, und sage immer, Stu! – Stu! Stu! Aber mit dem gewissen Nachdruck, den dieses so viel bedeutende Wort erfordert; und bey dem Lezten schneller, gute Nacht; Mauserl, schlaf gesund!*

Auf sexuelles Desinteresse Constanzes lässt dieser verbale Erguss nicht schließen. Auch die Eifersucht ist offenbar beiderseitig. Einen Monat später beklagt Mozart sich aus Berlin über die Vorwürfe, die Constanze ihm im Gegenbrief offenbar gemacht hat: »Wie kannst Du denn glauben, ja nur vermuthen, daß ich Dich vergessen hätte?«

Um zu ermessen, ob Constanze Wolfgang liebte, gilt noch ein Prüfverfahren: Hat Wolfgang sich geliebt gefühlt? Es muss in seinen Briefen stehen – nicht in denen an die Salzburger Verwandten –, diese stecken voller Politik und Pose, wie wir wiederholt gesehen haben. Im Übrigen ist sein Briefverkehr in den Wiener Jahren fast völlig verebbt – er hatte ja alle Menschen täglich um sich, an denen ihm lag. Nein, in seinen Briefen an Constanze muss es stehen.

Aus diesen Briefen – es sind vierzig an der Zahl, die allermeisten von ihnen aus den letzten drei Jahren, denn bis 1789 sehen sie einander jeden Tag – blickt uns groß ein überschwänglich, überzärtlich, überängstlich liebender Ehemann entgegen – und klein eine selbstbewusste, autonome, praktisch denkende Frau, die die mozartsche Leidenschaft für das Schreiben ausführlicher Briefe nicht teilt und es sich herausnimmt, etwas vertraulicher mit anderen Männern umzugehen, als es dem übergroß Liebenden recht ist – besonders mit dem Sekretär Franz Xaver Süßmayr. Diese Vertraulichkeit ist ihm ein paar derbe Wortspiele wert, wie sie sich der zu spaßhafter Grausamkeit neigende Mozart hin und wieder erlaubte. Und doch schickt er Süßmayr als Gesellschafter und Aufpasser mit Constanze in den nächsten Kuraufenthalt. »Mit dem N.N. mache, was du willst«, schreibt er ihr einmal. Hat er sie etwa Süßmayr, »dem dalketen [dummen] Buben«, wie er ihn nennt, als Geliebte sozusagen abgetreten, nur damit sie bei ihm bleibt?

Mit wem auch immer Constanze wann ihr Bett teilte – wenn die Atmosphäre zwischen den Eheleuten in diesen letzten drei Jahren je nachhaltig gestört war, dann übergießt Mozart dies in seinen Briefen mit seiner Sucht nach Harmonie, die für die Belange und Bedürfnisse seiner Frau nur wenig Raum lässt. Diese wird nicht klar sichtbar. Es wirkt ein wenig so, als hätte Mozart sein eigenes Gefühl für Constanze nicht weniger geliebt als seine Frau selbst. Wolfgangs Gefühl, das Gefühl dieses Don Giovanni in seinem bürgerlichen Anstand, meint auch ihn selbst. Wie dringend braucht er überhaupt die Liebe einer Frau? »Ich will meine Frau glücklich machen, und nicht mein Glück durch sie machen«, schreibt Mozart 1778 an seinen Vater und meint noch eine andere Weberische als die, die er später zu beglücken versucht.

Liebe hin, Liebe her – Constanze und Wolfgang sind einander nah, sie vertrauen einander, sie erfüllen ihre gegenseitigen Verpflichtungen, und jedes ist für das andere unverzichtbar. Ist es nicht das, was eine gute Ehe ausmacht – damals wie heute? Wir wissen nur, was Mozart Constanze anvertraut – es ist nicht wenig und reicht von der schwierigen Organisation des Haushalts über die Familienfinanzen bis zu musikalischen Fragen. Auch wenn Constanze während ihrer Ehe nicht auftritt und die öffentliche Bühne ihren Schwestern überlassen muss, selbst wenn ihr Wolfgang am Cembalo sitzt, verfügt sie über einen großen Musikverstand und einen sehr guten, wenn auch nicht überragenden Sopran. Eigenem Bekunden zufolge verdankt Wolfgang ihr den Impuls zur Beschäftigung mit der Kunst der Fuge und zu mehreren Kompositionen in diesem schweren Genre, das nur die Meister meistern. Von beiden Talenten wird sie nach Mozarts Tod erfolgreich Gebrauch machen.

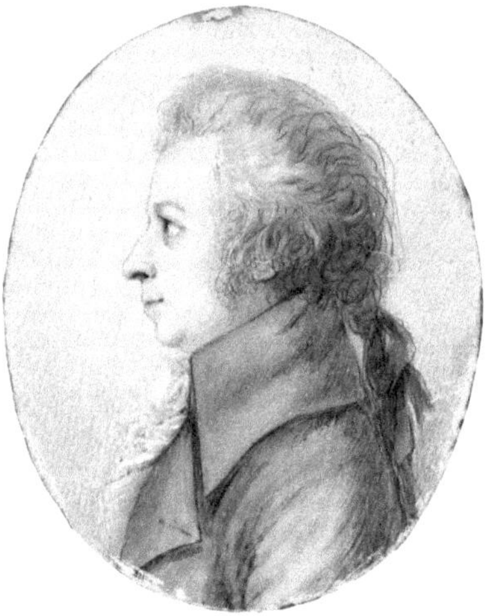

Wolfgang Amadé Mozart 1789.
Authentische Zeichnung von Dora Stock.

Musikalische Erfolge, finanzielle Engpässe – Angekommen in Wien

Drei Wiener Jahre dauert es, bis Wolfgang im Zenit seiner Künstlerlaufbahn angelangt ist. Der Bürger Mozart zieht in einen Palast: in den Trattnerhof, einen für Wiener Verhältnisse riesenhaften klassizistischen Gebäudekomplex am Graben zwischen Stephansdom und Peterskirche. Bauherr ist der Medienunternehmer Thomas von Trattnern. Er hat neben einem Spielcasino für einen Konzertsaal gesorgt – zwei Einrichtungen, die Mozart zustattenkommen. Alle zwei Wochen gibt Mozart dort eine Akademie zum Festpreis von 500 Gulden – das Jahreseinkommen Leopolds aus seiner Tätigkeit am Hof. Doch es darf noch eine Nummer größer sein. Acht Tage nach Carl Thomas' Geburt, zu Michaeli – einer der Heiligentage, zu denen viele Wiener Mietverträge geschlossen wurden –, ziehen die Mozarts in das barocke schmale Haus des Hofstuckateurs Alberto Camesina ein, dort, wo heute die Blutgasse auf die Domgasse stößt. Die 460 Gulden Jahresmiete für die Wohnung sind ein Fliegendreck gegen das, was die Mozarts einnehmen. Im Hof, in den Stallungen stehen ein Salonwagen und ein Pferd, mit dem Wolfgang auch in den Prater ausreitet. In diesem prachtvollen Logis, dem einzigen bis heute erhaltenen in Wien, halten die Mozarts bis zum Frühjahr 1787 aus, länger als in jeder anderen Wohnung – die einzige, die je ein Ankommen im Alltag andeutet. Vier Zimmer und zwei Kabinette – die komplette Bel Étage mit ihren vergoldeten Stuckmarmordecken und vier prachtvollen Doppelfenstern – dürften dem nervösen Komponisten genügend Auslauf geboten haben und reichlich Platz für seine Instrumente und Hobbys – unter anderem für seine Uhrensammlung und einen Billardtisch, von dem er sich bis zu seinem Tod nicht trennte. Und für ein offenes Haus für Kollegen, Verwandte und Freunde, von deren Gesellschaft er, wie es scheint, kaum genug bekommen kann. Auch Schüler dürfen bei ihm logieren, am prominentesten Johann Nepomuk Hummel und Joseph Fiala. Nicht immer zur Begeisterung Constanzes und schon gar nicht zu der des Personals. Die Magd beschwert sich über unzumutbare Arbeitsumstände und schlechtes Essen. Zu allem Überfluss schafft man den Hund »Gauckerl« und einen musikalischen Star an, einen imitationsbegabten Singvogel, der in seinem Bauer zur Unterhaltung der Gäste Mozart-Melodien pfeift.

Hauptsache, es ist Leben in der Bude. Und nachts wird bei Champagner gefeiert und getanzt bis in den Morgen hinein, wie es die Wiener so sehr lieben, dass neben den Ballsälen Räume für Niederkünfte hochschwangerer Tänzerinnen eingerichtet werden. Das ist das Leben, das Wolfgang zum Komponieren braucht. Melancholische Ruhewünsche nehmen gelegentlich überhand – der Ruhelose gönnt sie sich unbewusst, indem er erkrankt. Die Jahre 1784 bis 1786 sind das Hochplateau, von dem aus Mozart wohlgefällig auf wachsenden Wohlstand und wachsende Reputation herabblicken kann – nicht nur in Wien. Auch im rheinländischen Bonn wird man auf ihn aufmerksam, macht sich ein blutjunger Musiker, mit fürstlichem Stipendium versehen, auf nach Wien, um sein Schüler zu werden: Ludwig van Beethoven.

Wolfgang wird Freimaurer, steigt in der Loge auf, führt 1785 Leopold sein Leben und dessen erstes Enkelkind Carl vor – und nicht zuletzt präsentiert er ihm wie einem Wirtschaftsprüfer seine Finanzen. Die permanente Unruhe im Haus strengt Leopold an. Wie sollen da Kinder wie das Söhnchen Carl gedeihen? Väterlich-musikpädagogische Sehnsüchte werden in ihm wach: »Der C. [Th.] soll auch, wenn Gott mich so lange leben läßt, zu mir kommen, und ich werde ihm das Geigen und viel andre schöne Sachen lernen.« Stolz macht Wolfgang seinen Vater mit seinen genialen und erlauchten Freunden bekannt. Alle gemeinsam musizieren sie. Beruhigt reist Leopold zurück ins Tanzmeisterhaus, den Streicherklang noch im Ohr – es ist das Letzte, was er von Wolfgang hört in den zwei Jahren, die ihm noch bleiben.

War der Weg aufs Hochplateau schwierig, so ist der Schritt herab in den folgenden Jahren noch schwerer zu meistern – zumal die Krise sich auf leisen Sohlen nähert. Mozart sitzt 1786 wieder an einer italienischen Oper, »Le nozze di Figaro«. Ein Stoff, wie er ihm am Herzen liegt. Beaumarchais' gleichnamige Vorlage, ein Stück fürs Sprechtheater, brachte seinen Autor 1784 ins Gefängnis Saint-Lazare und löste eine Staatskrise aus, die Napoleon später kommentiert haben soll: »Da war schon die Revolution am Werk.« Auch Schikaneders Theaterinszenierung in Wien 1786 wird auf Allerhöchsten Befehl verboten, Kaiser Joseph II. gibt aber seine Zustimmung zum Druck des Stücks und zu seiner Bearbeitung für das Musiktheater, denn Privilegien und Willkür des Adels, die im Stück kritisiert werden, sind ihm ein Dorn im Auge. Mit diesen hat auch Mozart jahrzehntelange Erfahrung aus erster Hand, aber im Gegensatz zum Kaiser weiß er noch, wie sich ein Leben auf der Seite der Diener anfühlt. So steht am Ende des »Figaro« der adelige Grundherr Graf Almaviva »letztlich als antiquierter, autoritärer Verlierer« (Mark Heinzel) da.

Wir dürfen uns Mozart nebenbei als politischen Menschen vorstellen, auch wenn er sich weder in seinen Werken noch in seinen Briefen explizit revolutionär äußert. Aber in seiner hinterlassenen kleinen Bibliothek finden sich mehr politische als musikalische Schriften. »Was in unsern Zeiten nicht erlaubt ist, gesagt zu werden, wird gesungen«, kommentiert die Wiener Realzeitung die Aufführungen, die der Adel übrigens weitgehend boykottiert. Er hat verstanden.

Projekte wie dieses bringen Ehre und, wenn sie glücken, internationale Aufmerksamkeit, aber auch viel Arbeit und nicht besonders viel Geld. Da fehlt es an Zeit für Akademien und andere lukrative Tätigkeiten. Der Geldfluss kommt ins Stocken – nicht sehr, aber spürbar, zumal die Ausgaben gleich bleiben. Es gilt ja zu repräsentieren, um im Gespräch zu bleiben und neue Auftraggeber und Verdienstquellen aufzutun.

1787 verschärft sich die Lage. Die Osmanen – vor hundert Jahren noch der Todesschrecken der Wiener – sollen in Europa nichts mehr zu melden haben. Das haben sich Joseph II. und Zarin Katharina die Große vorgenommen. Der Feldzug bringt nicht nur Joseph eine tödliche Tuberkulose-Erkrankung, sondern infolge wechselnden Kriegsglücks den Österreichern schwere Lasten. Viele Adelige unterbrechen ihr Luxusleben in der Residenz und kehren in ihre Provinzstädte zurück, um sich persönlich um ihre Güter zu kümmern. Sie fehlen als Gönner und Auftraggeber, aber auch als Zuhörer, als Schüler und als Käufer von Notenausgaben, mit denen sich Mozart ein zusätzliches finanzielles Standbein aufgebaut hat. Auch auf das Bürgertum ist noch kein Verlass, die Finanzkrise des Adels schmälert auch ihre Einnahmen. Und zunächst leise, dann immer vernehmlicher klopft der Bankrott an die verzierte Tür des mozartschen Luxusdomizils. Ein neuer Hagenauer, der freundschaftlich-langmütig und großzügig Geld leiht, steht in Wien nicht zur Verfügung. So weit oben wie Wolfgang jetzt ist, da ist die Luft dünn, und eine Bitte um Kredit, an die falsche Adresse ausgesprochen, kann eine Lawine des Geredes auslösen und in den Ruin führen. Jetzt hat das fremde Geld einen hohen Preis. So lernen die Mozarts neue Leute mit neuen, unangenehmen Seiten kennen: Pfandleiher und Wucherer. Die bringen sie auch nicht heraus aus der Kostenfalle. Bis 1790 gehört der größte Teil von Mozarts Inventar dem Leihhaus.

Wenn in Wien das Geld nicht mehr so reichlich sprudelt, müssen die Mozarts ihr Loch woanders graben. Und nachdem der »Figaro« in Prag noch erfolgreicher lief als in Wien, reisen Constanze und Wolfgang Anfang des Jahres an die Moldau, um dieses Eisen weiter zu schmieden. Die teure Reise – die beiden können sich nicht voneinander trennen, noch nicht – wird ein Erfolg, aber mit Einnahmen von etwa 1000 Gulden kein finanziell durchschlagender.

Immerhin ist der Name Mozart fortan in Prag gesetzt, wie der hochzufriedene Wolfgang seinem engen Freund Gottfried von Jacquin nach Wien meldet:

> *Ich sah aber mit ganzem Vergnügen zu, wie alle diese Leute auf die Musik meines Figaro, in lauter Contretänze und Teutsche verwandelt, so innig vergnügt herumsprangen; – denn hier wird von nichts gesprochen als vom – Figaro; nichts gespielt, geblasen, gesungen und gepfiffen als – Figaro. Keine Opera besucht als – Figaro und ewig Figaro.*

Und immerhin lernen sie die Dušeks kennen, die in der Familiengeschichte noch eine wichtige Rolle spielen werden. Schließlich fahren sie heim mit einem neuen Opernauftrag – dem »Don Giovanni«. Die Zusammenarbeit mit dem Librettisten Lorenzo da Ponte, mit dem »Figaro« triumphal begonnen, bewährt sich auch hier. Da Ponte begreift im Gegensatz zu anderen Autoren, dass das Libretto nicht die Herrin der Oper ist, sondern deren Dienerin, und dass der Schöpfer der Musik Mitschöpfer des Librettos ist – mit allen Rechten, radikale Textänderungen in letzter Minute zu fordern. Gut, dass da Ponte ein Arbeitstier ist wie Mozart auch. Er lässt drei Aufträge für drei Komponisten nebeneinander herlaufen und arbeitet sie in monatelangen Zwölfstundenschichten ab, wie er in seinen Memoiren schreibt.[21]

Den Mozarts in Wien wachsen die Geldsorgen über den Kopf. Ein Umzug in die Peripherie, nach Landstraße, soll ihnen nicht nur einen Garten und frische Luft bringen, sondern auch sparen helfen. Aber die Mozarts sind auch damit nicht zufrieden, denn nun kann man nicht mehr zu Fuß in die Stadt mit ihren Möglichkeiten und Zerstreuungen. Es wird einsamer im Haus, darf man vermuten, denn auch die Freunde sind auf den Fiaker angewiesen, wenn sie die Mozarts besuchen wollen.

Einsamer wird es auch in Salzburg: Das Frühjahr 1787 bringt nach einigen Wochen des Krankenlagers Leopold den Tod. Wolfgang fordert in bestürztem Ton den Vater auf, »mir die reine Wahrheit zu schreiben, damit ich so geschwind als es menschenmöglich ist, in Ihren Armen sein kann; ich beschwöre Sie bei allem was – uns heilig ist«. Soll der Brief Mitgefühl nur simulieren, wie wir es bereits von ihm kennen? Oder unterschätzt er tatsächlich die Erkrankung des fast Siebzigährigen? Jedenfalls bleibt er, obwohl er keine Antwort mehr vom Vater erhält, in Wien und begleitet ihn nicht beim Sterben und bei der Aussegnung. Wolfgang wird Salzburg und die Seinen nie wiedersehen. Im Ton konziliant, aber hart in der Sache, macht er brieflich Ansprüche auf sein Erbteil geltend. Er braucht das Geld, dringender als die Nannerl, bei der er in diesem Moment vielleicht noch Schulden hat. Die Erinnerungsstücke von den Reisen, die letztlich vorwiegend der Wolferl verdient hat, verweigert ihm Nannerl. Man ist einander ferngerückt.

Spätere Biographen haben es Mozart verübelt, dass der Tod eines anderen musikalischen »Kollegen«, seines Stars, wenige Tage später ihn stärker getroffen habe als der Tod seines eigenen Vaters. Es wäre allerdings vermutlich naiv anzunehmen, dass der Sohn den langen schweren Schatten seines Vaters so völlig abgeschüttelt hätte. Und im Freundeskreis, etwa Gottfried von Jacquin gegenüber, lässt Wolfgang eine Winzigkeit aufscheinen, die ehrlicher wirkt als lange Totenklagen: »Ich benachrichtige sie daß ich heute als ich nach haus kamm die traurige Nachricht von dem Tode meines besten Vaters bekam. – Sie können sich meine Lage vorstellen!« Das ist viel für jemanden, der mit Einblicken in sein Seelenleben so geizt wie Mozart. Im Freundeskreis gibt er lieber den Kasper und die unverwüstliche Frohnatur. Das Leben ging eben weiter, hatte weiterzugehen, egal wer gerade am Weg zurückblieb. Seine ausgeprägte Fähigkeit, Störgefühle zu verdrängen, kam ihm sicherlich zustatten.

Das Spätjahr bringt Glück ins Haus Mozart: Mozart erbt das durch Glucks Tod am 15. November frei werdende Amt des »kaiserlich-königlichen Kammer-Musicus«, eine Art lebenslanges Künstlerstipendium mit geringen Verpflichtungen und daran gemessen mit 800 Gulden jährlich sehr gut dotiert. Ob die Ernennung Constanze ruhiger schlafen lässt? 800 Gulden sind für die Mozarts und ihren Bedarf fast nichts. Dass sie sich ernste Sorgen um die Familienfinanzen macht, belegen Wolfgangs Briefe, in denen er es nie versäumt, erwartete oder tatsächliche Einnahmen in rosigen Farben zu schildern. Sie brauchen das Geld, denn die Familie wächst: Zwei Tage nach Weihnachten kommt das erste Töchterchen zur Welt, Theresia Constanzia. Das Mädchen wird in eine frisch bezogene Wohnung geboren, mitten in der Stadt. Mitte Juni folgt der nächste Umzug, nach Alsergrund. Zwei Wochen später stirbt Theresia. Der musikalische Ertrag des Jahres ist überschaubar: Der »Don Giovanni«, in Prag ein Riesenerfolg, fällt in Wien mehr oder weniger durch. Dafür wächst die internationale Aufmerksamkeit: Von London bis Budapest reichen die tausenderschweren Avancen, die man Mozart macht. Doch der bleibt lieber zu Hause in Wien, akquiriert, komponiert, macht Schulden – die er allerdings meist rasch zurückzahlt – und zählt auf bessere Zeiten. Hoffnungslosigkeit ist ihm fremd, kurze Phasen des Selbstzweifels überkommt er mit seiner unbesieglichen inneren Stärke. Zu verlockend sind die Karotten, die das Schicksal ihm vor die Nase hängt – besonders seine Popularität in Prag, wo er sich 1787 mit Constanze zweimal aufhält.

Die zweite dieser Reisen gilt der Uraufführung des »Don Giovanni« und zeigt uns einen Mozart auf der Höhe seines Selbstbewusstseins. So stellt er sich einen erfolgreichen Musiker vor.

Kein Gluck, kein Salieri hätte solchen Aufwand getrieben. Gefahren wird in zwei Wagen mit sechs Pferden. Denn mit von der Partie sind seine schwangere Frau, sein Schwager in spe, der Geiger Franz de Paula Hofer, und Kaspar Ramlo, ein zweiter Geiger, die Geigerin Marianne Crux, mitsamt deren Tante, der Klarinettist Anton Stadler, Mozarts Diener Joseph und sogar Hund »Gauckerl«. Die Reisekosten für diese Entourage übernimmt selbstverständlich Mozart. Logiert wird im Palais des Grafen Johann Joseph von Thun-Hohenstein direkt nördlich des Hradschin in der vornehmen Nachbarschaft der Lobkowicz und Cernin, der Schwarzenberg und Martinitz. Da Ponte ist bereits am Ort, um nach Bedarf letzte Änderungen am Libretto vorzunehmen.

Wolfgangs Pragreisen mit ihrer hoffnungsvollen Stimmung und positiven Dramatik haben dichterische Fantasie mehrfach entzündet. Besonders trugen dazu die möglichen Begegnungen mit berühmten Zeitgenossen bei: Ist Mozart endlich mit Beethoven zusammengetroffen, dessen Plan, in Wien Mozart-Schüler zu werden, zuvor offenbar scheiterte? Hat er Bekanntschaft mit dem Da-Ponte-Freund Casanova gemacht, dem Abenteurer, Verführer, Schriftsteller und wie Mozart Träger des Ordens vom Goldenen Sporn, der eine gute Tagesreise entfernt im nordböhmischen Schloss Dux als Waldsteinischer Bibliothekar enttäuscht sein Gnadenbrot benagt? All dies können wir heute nur vermuten; nichts lässt sich belegen, es bleibt nur, den Dichtern in ihr eigenes Reich zu folgen, um den Reiz dieser Eventualitäten auszukosten. Auch Wolfgangs und Constanzes Erlebnisse im Schloss des Grafen von Schinzberg in Mörikes berühmter Novelle »Mozart auf der Reise nach Prag« sind frei erfunden.

Dichtung oder Wahrheit – in den Mozarts der letzten Jahre tritt uns ein liebendes Paar entgegen, aber keine Familie. Drei Kinder haben sie bereits verloren, und der 1784 geborene Carl hat keinen rechten Platz in dieser Konstellation. Das Kleinkind teilt noch das Leben seiner Eltern, ist neben Constanze der einzige Mensch, der im Zimmer sein durfte, wenn Wolfgang arbeitete. Er ist ein charmantes Kind, das Leopold sehr an seinen Wolferl erinnert: »Das Kind ist übrigens sehr angenehm, denn es ist ungemein freundlich, und lacht so oft man's anredet.« Seit den Pragreisen lebt Carl in Pension in Perchtoldsdorf. Die drei Meilen dorthin sind keine Strecke, die man zwischendurch am Nachmittag absolviert, und das Band zwischen Eltern und Kind und wohl auch zu den Tanten lockert sich naturgemäß. Carl entwickelt sich ganz und gar nicht nach dem Geschmack seiner Eltern. Besser als stundenlanges Lernen oder Musizieren gefällt ihm das Herumtollen im Garten, an dem sein Erzieher Heeger ihn offensichtlich nicht hindern kann. »Er sieht herrlich aus – für die Gesundheit könnte er kein bessers Ort haben, aber das übrige ist leider Elend! Einen guten Bauern mögen sie wohl der Welt erziehen«, berichtet Wolfgang am 14. Oktober 1791 in seinem letzten erhaltenen Brief an die im fünf Meilen entfernten Baden kurende Constanze. Der Plan, Carl wieder nach Wien zu holen und bei den Piaristen einzuschulen, scheitert an Wolfgangs tödlicher Erkrankung. Wenigstens bringt der Vater seinen halb verwilderten Buben, dem offensichtlich vor der herbstlichen Wiederaufnahme der Studien graut, mit seiner glamourösen Welt der Bühne in Berührung. Carl darf mit ins Theater an der Wieden zu einer »Zauberflöte«-Aufführung. Mit in der Loge sitzen Salieri und die Wiener Primadonna Caterina Cavalieri. Neben dem eigenen Vater badet der Sohn im Applaus – welcher Kontrast zu Wolfgang, der bei seinen Auftritten als Kind einen dienernden, schwitzenden, um Contenance bemühten Vater um sich hatte! Dann geht es zu Hofer und Tante Josepha zum Abendessen und anschließend zum Schlafen in die Wohnung in die Rauhensteingasse, wo die beiden miteinander Carls kurzen Urlaub genießen. Gibt es noch Spielzeug in dieser Wohnung? Gibt es Bücher, mit denen ein Siebenjähriger etwas anfangen kann? Oder nur langweilige Musikinstrumente und einen »Tati«, der diesen Instrumenten Wunderklänge entlocken kann? Am folgenden Sonntag immerhin vereinigt sich die Familie für Stunden in Baden.

Constanzes Aufenthalte in Baden gaben wiederholt Anlass zu Spekulationen. War Baden in Wirklichkeit ein von Wolfgang finanziertes Liebesnest, das sie großzügig mit Männern wie Süßmayr teilte und mit dem sie Mozarts finanziellen Ruin riskierte? Wie krank konnte eine Frau tatsächlich gewesen sein, die wenige Jahre später auf ausgedehnte Konzerttourneen und Reisen gehen konnte? Schon zu Mozarts Lebzeiten gab die pikante Konstellation reichlich Zutaten für die brodelnde Wiener Gerüchteküche, die ihrerseits späteren Biographen unzuverlässiges Material für deren Mutmaßungen lieferte. Allerdings spricht vom heutigen Wissensstand her nichts dafür, dass Constanzes böser Fuß in Wirklichkeit ein schlanker Fuß war, den sie sich machte, während ihr Mann sich in Wien überarbeitete, um das nötige Geld zu verdienen, und währenddessen nach seiner Stanzi-Marini schmachtete. Wir erinnern uns an die zuzeiten sehr schwache Gesundheit von Wolfgangs Mutter, die diese genauso wenig daran hinderte, die jahrelangen Strapazen der Grand Tour auf sich zu nehmen. Unbestreitbar aber sind die Krankheitskosten ein Faktor in der mozartschen Bilanz der letzten Jahre, die insgesamt durchaus respektable, wenn auch nicht stabile künstlerische Erfolge und Einnahmen aus den verschiedensten Quellen bringen.

»Und hat anstatt meiner den Profit davon« – Die Mozarts und das Geld

»Ich will besser bezahlt sein als die anderen«, schreibt Wolfgang als frischgebackener Wiener an Leopold. Kein Zweifel: Die Mozarts waren hinter dem Geld her. Es gab zu ihren Zeiten sicherlich

Menschen, die edlere Mittel anwendeten, um es zu erjagen. Aber Monstren waren sie allein deswegen noch nicht. Eine Existenz, die so unsicher war wie damals fast alle bürgerlichen Existenzen, wird zwangsläufig materialistisch, um sich selbst zu schützen – es ging dabei ja nicht allein um das persönliche Wohlbefinden, sondern auch um die Familie, die einem von Gott und der Obrigkeit anvertraut war, und nicht zuletzt um Ehre und Kredit, die man beide riskierte, wenn man sichtlich schlecht bei Kasse war. Nur sorglos Reiche und verzweifelt Arme konnten es sich leisten, diese simple soziale Mechanik zu ignorieren. Nicht so die Mozarts: Gulden, Taler, Dukaten und Louisdor nehmen in ihrer Korrespondenz und zweifellos in ihrem Leben einen Logenplatz ein.

Man macht sich heute nur schwer einen Begriff von der Vielfalt der Währungen im Heiligen Römischen Reich und den Mühen, die diese Vielfalt für Reisende und Handelsleute bedeutete. Die vertrackte gegenseitige Umrechnung der Währungen war einer der großen Beweggründe für die deutsche Einigung im 19. Jahrhundert. Die Mark, deutscheste aller Währungen, war eigentlich eine Gewichtseinheit und diente dazu, den Edelmetallgehalt der tatsächlichen Währungen zu vergleichen. Im Alltag spielte sie kaum eine Rolle. Der Norden bezahlte und kassierte in Talern. Der Taler, aufgeteilt in 24 »Gute Groschen« oder 288 Pfennig, war zur Mozartzeit auch in den Habsburgischen Erblanden bekannt – nicht zuletzt der berühmte silberne Maria-Theresien-Taler, der bis heute geprägt wird und, lange nachdem er in Österreich außer Dienst gestellt wurde, noch offizielle Währung in anderen Ländern wie Abessinien, Mosambik oder Teilen des Osmanenreichs blieb und bis heute in der Zentralsahara gängig ist. In Leopolds und Wolfgangs Zeit- und Lebensraum allerdings war der Silbergulden, abgekürzt fl von »Florin«, aufgeteilt in sechzig Kreuzer, maßgeblich. Etwa zwei Gulden gingen in einem Taler auf, vier Gulden und dreißig Kreuzer in einem Golddukaten, zwei Dukaten in einem Louisdor. Und von diesen galt es den Mozarts möglichst viele zu ergattern.

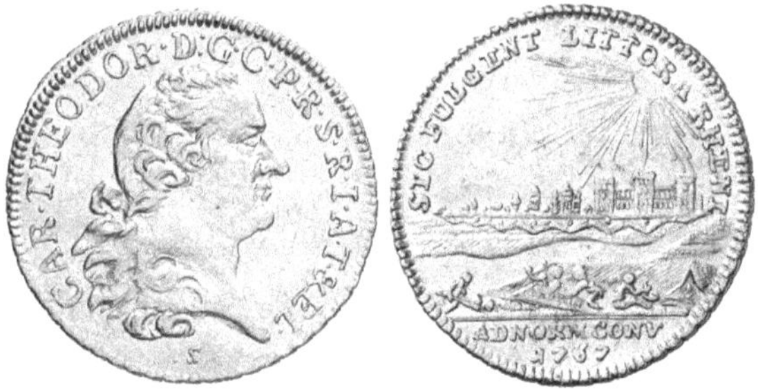

Nach Golde drängte es wie fast alle auch die Mozarts. Rheingolddukaten von 1767 mit dem Porträt Kurfürst Carl Theodors von der Pfalz.

Wie viel dieses Geld in der Praxis wert war, also was man dafür kaufen konnte, darüber ist schwierig zu urteilen, zumal dieser Wert im Lauf der Zeiten beträchtlich fluktuierte. Geldentwertung – spontan oder geplant aus fiskalischen Gründen oder krimineller Energie – brachte als sogenannte »Teuerung« zusätzliche Unsicherheit in das bürgerliche Leben hinein. Ganz besonders gilt dies für das Wien der Mozartzeit, in der ein missglückter Feldzug gegen die Osmanen die Preise in die Höhe schnellen ließ, Wolfgangs letzte fünf Lebensjahre überschattete und vielleicht eine Ursache von dessen frühem Tod war.

Der Feingehalt der Münzen – also der Gehalt an Edelmetallen – ist nur ein sehr grober Anhaltspunkt für den Geldwert, nicht minder der Vergleich von Preisen für Alltagsgüter oder von Einkommen festgelegter Berufsgruppen. Ein Vergleich der konkreten Lebensumstände hilft weiter. Bereits für acht bis zehn Kreuzer konnte man ein viergängiges Menü in einem besseren Restaurant zu sich nehmen. Der Eintritt in eines der Abonnementkonzerte, die Wolfgang als Konzertunternehmer veranstaltete, kostete um die zwei Gulden.

Für ihr teuerstes Wiener Logis zahlten die Mozarts im Jahr 1784 460 Gulden an Mietzins. Sehr teuer war das Reisen. Eine dreitägige Reise mit dem Postwagen kostete 25 Gulden. Es ist leicht vorstellbar, dass Leopold sich trotz eiserner Sparsamkeit für die jahrelangen Tourneen mit der Familie und später allein mit Wolferl in vierstelliger Höhe verschuldete – in existenzbedrohender Weise angesichts nur weniger Hundert Gulden Jahresbezüge. Anna Maria dürfte von diesen Schulden gewusst haben, denn sie musste sparen, wenn es sie abzuzahlen galt – wusste Wolfgang, was sein Vater mit diesen Reisen riskierte? Verstand er, wenn der Vater Dankbarkeit für die Opfer forderte, die er Wolferl gebracht hatte, und wenn er ihn brieflich anherrschte »Fort mit Dir nach Paris« – zum Geldverdienen, statt in Mannheim mit den Weberischen herumzutändeln und noch den Wohltäter für die verarmte Familie zu spielen.

Mit einem Jahreseinkommen in der Größenordnung von 500 bis 1000 Gulden lebten in Mozarts Wien Ärzte oder Universitätsprofessoren, also Mitglieder des gehobenen Mittelstandes, in großzügigen Wohnungen. Sie konnten sich damit zusätzlich Hauspersonal leisten und brachten es oft in den Dienstbotenkammern im Dachgeschoss unter – engen, schlecht beheizbaren Räumen, die oft Verschlägen unter rohen Dachsparren glichen und zu denen eigene Aufgänge führten, damit sie die Herrschaften nicht mehr als unbedingt nötig auf der Treppe belästigten. Sie betraten die herrschaftliche Wohnung durch einen eigenen Hintereingang. Auf der Vordertreppe entfaltete sich großstädtische Pracht mit farbigen Bleiverglasungen, geschliffenen Gläsern, edlen Hölzern und Intarsien, hinten hingen die Zitterspinnen in dämmerigen, staubigen Winkeln. Carl Spitzwegs »Der arme Poet« gibt ein gutes Bild einer solchen Behausung. Die Dienstboten – die oft vom Dorf und aus ärmlichen Verhältnissen stammten – waren den Wiener Herrschaften im Jahr dreißig Gulden oder noch weniger wert, also tatsächlich wenig mehr als ein Taschengeld.

Was aber verdienten die Mozarts unterm Strich? Leopold hatte ein festes Gehalt, aber nie offizielle Einkünfte von mehr als 700 Gulden im Jahr. Dies reichte für einen bürgerlichen Lebensstil, aber nicht, um sich und die Seinen gegen die ruinösen Wechselfälle des Lebens abzusichern. Kaufmann und Stratege, denkt er an alle Möglichkeiten, zusätzliches Geld zu verdienen, und ist bei der Wahl seiner Mittel nicht zimperlich. So bei der Finanzierung der Violinschule. Da der vorsichtige Lotter – der erfolgreichste Musikverleger Süddeutschlands – es nicht nötig hat, mit dem Projekt ins Risiko zu gehen, trägt Leopold die Druckkosten des umfangreichen Werkes und kassiert den Gewinn. Leopold, kaum weniger geschickt als sein Augsburger Partner, spannt Lotter ein: Lotter gelingt es, von Leopold detailliert mit Argumenten munitioniert, dessen Mutter mit List und Tücke 300 Gulden Vorauszahlung auf das zu erwartende Erbe abzuluchsen. Leopolds Gewinn aus dem Lotter'schen Kommissionsgeschäft ist nicht zu beziffern, ein Zubrot. Und der Klavierhandel kann in einer Stadt mit 15 000 Einwohnern kein glänzendes Geschäft gewesen sein. Die Auftritte und Tourneen mit den Kindern und später mit Wolferl allein betreiben die Mozarts als Wirtschaftsunternehmen, als »Compagnie«. Sie gehen dabei Risiken ein, und Leopold rechnet nach jeder Reise genau nach – mal gehen sie auf, mal nicht. Nach der Grand Tour ist Leopold hochzufrieden: Den Auslagen von 20 000 Gulden steht ein erheblich höherer Gewinn entgegen.

Über die finanziellen Verhältnisse seines Sohnes Wolfgang ist mehr bekannt, sind aber auch mehr Legenden in Umlauf. Er selbst war sich bewusst, kein Finanzgenie zu sein: »Wo hätte ich denn das Geld schätzen lernen können«, schreibt er als Erwachsener an seinen Vater, »ich habe noch zu wenig unter den Händen gehabt. Ich weiß, dass ich einmal zwanzig Dukaten gehabt habe, so glaubte ich mich schon reich.« Seine herzzerreißenden Bittschreiben an Gläubiger wie Logenbruder Johann Michael Puchberg erweckten bei der Nachwelt den Eindruck, dass er bitter arm lebte und starb. Die Ingenieure seines Nachruhms, allen voran seine Witwe Constanze, taten wenig, um diesem Eindruck entgegenzuwirken. Denn der Mythos vom überragenden, aber lebensuntauglichen Genie, dessen künstlerischen Rang die Zeitgenossen verkennen und das daher mittellos verkommen muss, hatte bereits seinen Siegeszug durch bürgerliche Salons und Hirne angetreten und konnte mühelos und wertsteigernd auch auf Mozart angewandt werden. Tatsächlich verdiente Wolfgang auf weite Strecken sehr gut und gab das verdiente Geld zwar reichlich, aber im Wesentlichen nicht unklug wieder aus. Er hatte zweifellos seine kleinen Laster, die er sich etwas kosten ließ – so das Rauchen oder Billard, das damals auch um Geld gespielt wurde. In mehreren seiner Wohnungen gab es ein Billardzimmer, und ein Billardtisch scheint zu seiner Grundausstattung gehört zu haben. Wir stellen uns den untersetzten, aber temperamentvollen Mann vor, wie er sich, elegant gekleidet, beschwipst, in bester Laune und ununterbrochen plaudernd, lachend, singend und manchmal Tiere imitierend, über den Billardtisch lehnt und die Kugeln aneinanderkrachen lässt.

Ein mysteriöser Verdacht begleitet Mozart allerdings. Und er scheint mit Geld verbunden zu sein. Er selbst deutet »die bewußte Sache« in seinen wenigen erhaltenen Briefen der Wiener Zeit nur an – sind etwa explizitere Briefe den Säuberungsaktionen der Nachlassverwalter zum Opfer gefallen? »Die bewußte Sache« scheint ihn zeitweise sehr beschäftigt zu haben, und das so sehr, dass er auch mit Constanze darüber korrespondiert – etwa, wenn diese auf einem ihrer wiederholten Kuraufenthalte in Baden Gesundung sucht. Geht »die bewußte Sache« etwa auf zwei Beinen umher und hat eine Mutter, die den Familienunterhalt mit den Folgen des Fehltritts eines angesehenen Musikers bestreitet? Dass er seine Frau ins Vertrauen zieht, lässt dies nicht gerade vermuten. Ein anderer Verdacht richtet sich auf die angebliche Glücksspielsucht des auf starke Reize angewiesenen Künstlers. Es ist in dieser Zeit gang und gäbe, ausgiebig um Geld Karten zu spielen – auch bei den Mozarts. Adel und gehobenes Bürgertum schlugen ihre Langeweile tot mit Pharao, Écarté und vielen anderen Spielen, die heute nur noch aus Romanen bekannt sind. Das einfache Volk hielt es lieber mit Tarock, Doppelkopf oder Deutsch Solo. Es ist also wahrscheinlich, dass auch Mozart des Öfteren zu »des Teufels Gebetbuch« gegriffen hat. Aber noch niemand konnte dem »Angeklagten« schlüssig nachweisen, dass Spielsucht seine temporäre finanzielle Misere hervorbrachte und begünstigte.

Eher schon Mozarts Hang zum luxuriösen Auftritt. Er war sich dessen bewusst, dass er im landläufigen Sinne wenig hermachte: klein, blass, die Gesichtszüge gezeichnet von den Gruben der Pockenerkrankung, die er als Elfjähriger überlebt und die ihm zusätzlich einen leichten Silberblick beschert hatte. Er war sicher nicht der Typ, nach dem Frauen verschämt ausspähten, wenn sie ihn auf der Straße erblickten, und von dem Männer etwas Bedeutendes erwarteten. Anders als sein Vater strahlte er wenig natürliche Autorität aus. In Alltagskleidung – diese Erfahrung machte er mehrfach – war er unscheinbar, leicht zu übersehen. »Ich sah ihn für einen kleinen Schneidergesellen an«, entschuldigt sich in Mannheim ein Schauspieler, der ihm den Zutritt zu einer Aufführung des »Figaro« verwehrt hatte. – Dass Kleider dagegen Leute machten, lernte er früh an den europäischen Höfen.

In diesem Punkt war Wolfgang kein Verschwender, wie ihm vorgeworfen wurde, sondern trat lediglich in die Fußstapfen seines Vaters. Seine »Verschwendungssucht« zahlte sich oft aus: Der Auftritt im karmesinroten Mantel und Zweispitz mit Goldtressen, im blautuchenen Pelzrock oder im weißtuchenen Rock mit Manchester-Weste garantierte ihm zumindest bei denen, die ihn nicht persönlich kannten, das Aussehen eines hohen Hofbeamten und dürfte ihn in den Kreisen des Wiener Adels, des hohen Klerus, des reichen Bürgertums und der oft schreiende Not leidenden Musiker zur leicht erkennbaren »Marke« gemacht haben. Wenn das Geld einmal etwas knapper war oder komplett fehlte, war das kein Grund, in Modedingen zurückzustecken. Im Gegenteil wurde es gerade dann umso wichtiger, zu repräsentieren und Erfolgssignale auszusenden: einerseits, um leichter an neue Kompositions- oder Konzertaufträge heranzukommen, andererseits, um notfalls das Vertrauen neuer Kreditoren zu sichern.

Ein zweites Motiv trieb ihn an: Er hatte auf seinen Reisen den Lebens- und Konsumstil des Adels kennen- und schätzen gelernt, den er selbstverständlich weiterführte, um sich selbst und der Welt zu beweisen, dass nicht nur Titel und lange Stammbäume dazu berechtigten, sondern auch gottgegebene und mit Selbstdisziplin und Fleiß zur Vollendung gebrachte Talente. Er war der Fürst der Musiker, und als solcher stand ihm ein fürstliches Leben zu: »Ich möchte alles haben, was gut, ächt und schön ist«, bekannte er einer seiner Mäzeninnen, der Baronin von Waldstätten, um sie im selben Schreiben dreist um die nötigen Mittel für einen roten »Frock« (langer Rock) nach neuester englischer Mode, der ihn »ganz grausam im herzen kitzelt«, anzuschnorren. Warum es gerade dieses Stück sein muss, liefert er mit dem Charme der Naivität und fast schon femininer Stilverliebtheit nach:

So einen Frok muß ich haben, damit es der Mühe werthe ist die Knöpfe drauf zu setzen, mit welchen ich schon lange in meinen Gedanken schwanger gehe; – ich habe sie einmal, als ich mir zu einem Kleide Knöpfe ausnahm, auf dem Kohlmark [auf dem Wiener Kohlmarkt, schon damals ein Laufsteg des Luxus] in der Brandauischen Knöpffabrique vis a vis dem Milano gesehen. – diese sind von Perlmutter, auf der Seite etwelche weisse Steine herum, und in der Mitte ein schöner gelber Stein.«

Auf den Gedanken, die Knöpfe auf einen gebrauchten Frack setzen zu lassen, kommt er anscheinend nicht. Und dass das gute Stück seinen Preis hat, gibt er zu ignorieren vor: »Daß hab ich ganz vergessen, weil ich nur die Schönheit in Betrachtung gezogen und nicht den Preis.

Wolfgang erhielt dank der Waldstätten seinen »Frok«, seine Knöpfe und mehr. Der »Ritter vom Goldenen Sporn« leistete sich als Mittel zur standesgemäßen Fortbewegung bis kurz vor seinem Tod ein eigenes Reitpferd – zusätzlich zur eigenen Kutsche, die nicht nur angeschafft, sondern auch untergestellt und bei Bedarf repariert werden musste. Ihren erstgeborenen Sohn Carl Thomas – das einzige seiner sieben Kinder, das Mozart aufwachsen sehen durfte – brachten sie auswärts in einem privaten Internat unter. Darauf verwendeten sie einige Sorgfalt und beträchtliche Geldmittel – ein Hinweis darauf, dass es ihnen nicht einfach darum ging, ihn aus den Augen und aus dem Sinn zu befördern. Aber ein Mann wie Mozart war dauernd auf dem Sprung, dauernd bereit, eine sich bietende Chance zu ergreifen. Elfmal zog er um in seinen zehn Wiener Jahren. Vor der Übersiedlung nach England schreckte der anglophile Mozart trotz eines hochattraktiven Angebots schlussendlich zurück, obwohl sie seine finanzielle Sanierung bedeutet hätte – Händel und später Haydn hatten schließlich bereits vorgemacht, wie ein deutscher Musiker in London reich werden konnte.

Der wahrscheinliche Grund für dieses Zaudern war der schlechte Gesundheitszustand seiner Frau, der nachweislich Mozarts Budget wiederholt und aufs Höchste beanspruchte. Constanze litt chronisch an »Ulcus cruris« – offenem Bein. Diese Erkrankung ist heute leicht beherrschbar und allenfalls unangenehm und lästig – im 18. Jahrhundert konnte sie große Schmerzen bereiten, den Knochen angreifen und infolge Sepsis oder Thrombosen sogar tödlich verlaufen. Mehrfach bemühten sich teure Wiener Ärzte um die Kranke und schickten sie in noch teurere Kuren ins niederösterreichische Baden, fünf Meilen außerhalb der Residenzstadt gelegen. Der besorgte, zärtlich bis an den Rand der Hörigkeit liebende Ehemann ließ sich auch hier nicht lumpen. Reisen, Unterbringung, Untersuchungen, Anwendungen, Unterhaltung – das kostete Geld. Mozart gab es aus, ob es nun da war oder nicht. Und wann immer er es ermöglichen konnte, suchte er ihre Gesellschaft – fünf Meilen hin, fünf Meilen zurück.

Wie gut waren die Mozarts nun tatsächlich bei Kasse – in Gulden und Kreuzern? Der Kulturwissenschaftler Volkmar Braunbehrens hat wie ein biographischer Steuerfahnder die lückenhaften Daten über Mozarts Einkünfte gesammelt und genau verglichen sowie durch seine Schätzungen ergänzt. Seine Bilanz über Soll und Haben zeigt uns ab 1782 – dem Jahr, in dem Mozart sich in Wien etabliert – einen Großverdiener, dessen durchschnittliches Einkommen von jährlich 3000 bis 4000 Gulden allerdings stark fluktuierte. 1784 darf als das beste Jahr der Mozarts gelten: Unter anderem 22 Akademien sorgten für ein Jahreseinkommen von mindestens 10 000 Gulden, schätzt Günther G. Bauer, der frühere Rektor des Mozarteums. Dies entspräche einem niedrigen sechsstelligen Eurobetrag. Verglichen mit den Gagen heutiger Spitzenvirtuosen, die pro Abend eine mittlere fünfstellige Höhe erreichen, erscheint dies nicht viel. Aber damals erbrachte erst eine mittelgroße adelige Grundherrschaft ähnliche Summen. Verglichen mit den etwa 700 Gulden, die Leopold 1784 in Salzburg erhielt, war es ein wahrhaft fürstliches Einkommen, das der angehende Musikerfürst sich da erarbeitet hatte.

Aber die verschiedenen Einnahmequellen sprudelten mal reichhaltig, um im nächsten Jahr wieder komplett zu versiegen. Reisen konnten mal äußerst lukrativ sein wie die nach Berlin im Jahr 1789, von der Mozart mit zwei geldgefüllten Dosen im Wert von fast 1300 Gulden zurückkehrte. Die im Jahr 1790 folgende Frankfurtreise zur Kaiserkrönung Leopolds II. dagegen brachte nur enttäuschende 165 Gulden. Stetig floss ab Dezember 1787 ein kaiserliches Jahresgehalt von 800 Gulden an den »Kammerkompositeur«. Dieses »Amt«

war nur mit geringen Verpflichtungen verbunden. Wolfgang enttäuschte es dennoch, denn sein Amtsvorgänger, der alles überstrahlende Gluck, hatte noch für dieselbe Pfründe 2000 Gulden jährlich abrechnen können.

Den kritischen Vater scheint Wolfgang nach Jahren des Zweifels mit diesem Wohlstand überzeugt zu haben. 1785 ist er zu Gast bei Wolfgang und Constanze in Wien in der überaus großzügigen Wohnung im Camesinahaus in der Domgasse. Er bescheinigt der Nannerl brieflich Wolfgangs wirtschaftliche »Volljährigkeit«:

> *Ich glaube, daß mein Sohn, wenn er keine Schulden zu bezahlen hat, jetzt zweitausend Florin in die Bank legen kann; das Geld ist sicher da, und die Hauswirtschaft ist, was Essen und Trinken betrifft, im höchsten Grad ökonomisch.*

Was hat es dann auf sich mit den mozartschen Schulden, die durch seine Bettelbriefe so gut belegt sind? Das, was er Logenbruder Puchberg immer wieder abluchst, belief sich nach allem, was wir wissen, auf 1415 Gulden. Fast diese gesamte Summe konnte er zu Lebzeiten zurückzahlen. Einen anderen Gläubiger, den Fürsten Lichnowsky, konnte er nicht bedienen und wurde von diesem vor Gericht gezerrt. Versteckt sich hinter diesem Vorfall die »bewußte Sache«, die Mozart so bedrückt, und sind die Schulden Spielschulden? Wir wissen es nicht sicher. Auf der Habenseite standen bei seinem Tode Außenstände bei verschiedenen Personen in Höhe von 800 Gulden. Mozart war demnach auch bereit, sein Geld zu verleihen, sofern welches vorhanden war – und das in erheblichen Summen und an Freunde von zweifelhaftem bürgerlichem und musikalischem Ruf. Dem finanziell genauen Leopold hätte das sicher nicht gefallen: Aber Wolfgang ließ das Geld fließen und vertraute darauf, dass es in der Zukunft wieder zu ihm zurückfließen würde – selbst wenn dieses Vertrauen wiederholt enttäuscht werden sollte.

Im Gegensatz zu Leopold dachte er groß und war überzeugt, dass seine außergewöhnlichen Fähigkeiten und sein Glück ihn nicht im Stich lassen würden.

Unter den Vorwürfen, die spätere Biographen Constanze machten, wiegt der der Verschwendung recht schwer. Dabei spricht zumindest in den mittleren Jahren Leopolds sicherlich kritisches Urteil die junge Ehefrau in dieser Hinsicht frei. Und in der Spätzeit sind keine Extravaganzen in Constanzes Lebensstil bekannt, die sie nicht mit ihrem Wolfgang teilte. Bei Mozarts wurde gern gut gelebt, das ist alles. Und wen er zu seinen Freunden zählt, der darf sich auf ihn verlassen. Ihnen schenkt er seit jeher nicht nur Gefälligkeitskompositionen in großer Zahl, erlaubt ihnen gar, diese als ihre eigenen auszugeben, sondern unterstützt sie im Notfall mit Geld.

Zu den Nutznießern seiner Großzügigkeit zählte übrigens nicht sein Personal. Seine soziale Ader mochte sich segensreich auf die Weberischen auswirken, denen er tatkräftig aus deren Bedrücktheit helfen wollte. Aber seine Wiener Magd durfte sich über gerade einmal einen Gulden im Monat »freuen«.

Glasharmonika, Musikautomat, Totenmesse – Wolfgangs letzte Jahre

Die späten Wiener Jahre bringen ein gewaltiges Arbeitspensum mit sich: Eine Reihe von Sommerkonzerten 1788 im Trattnerhof, die Deutschlandreise zu Kurfürst Friedrich August III. von Sachsen und König Friedrich Wilhelm II. von Preußen und erste Pläne zur Herausgabe des Gesamtwerks 1789, verschiedenste Auftragskompositionen, unter ihnen die dritte nach einem Libretto von da Ponte entstandene Oper »Così fan tutte«. Wolfgang ist es gewohnt, bei intensiver Arbeit inneren Halt zu gewinnen, das hat er – zu seinem Schaden – in der väterlichen Schule gelernt und nimmt es auf sich.

»Così fan tutte« geht kurz vor dem Tod Josephs II. im Februar 1790 im Burgtheater über die Bühne und zieht infolge der Frivolität der Handlung Kritik auf sich. Ein erneuter tiefer Einschnitt folgt dem Tod des Monarchen. Die monatelange Staatstrauer und die Schließung aller Theater führen zu einer musikalischen Zwangspause und setzen Mozart das ganze Sommerhalbjahr über erneut unter hohen Druck. Seine Reise nach Frankfurt von September bis November zur Krönung von Leopold II. gerät zum fast totalen Fehlschlag. Er reist nicht als geladener Musikerfürst, sondern muss auf eigenes Risiko ein Musikprogramm organisieren. Es geht unter in der Menge der musikalischen Ereignisse dieser Tage und erregt keinerlei lukrative Aufmerksamkeit bei den Fürsten des Reiches. Der neue Kaiser interessiert sich übrigens nicht im Geringsten für Musik oder gar die Oper und vergibt keine Aufträge und Ämter an Mozart. Immerhin endet das desaströse Jahr mit der Aussicht auf die Stelle des »Dom-Capellmeisters« an St. Stephan. Die ist mit 2000 Gulden gut dotiert, aber die Voraussetzung ist die, dass der Titular Leopold Hofmann sein Amt für immer aufgibt. Bis dahin ist Wolfgang nur unbesoldeter Kapellmeistersadjunkt, und allein von der Hoffnung, den kranken Hofmann einst zu beerben, lässt sich nichts herunterbeißen.

Dafür lebt im Folgejahr 1791 die Konzerttätigkeit wieder auf. Die Verleger stehen Schlange nach Klavierauszügen der populären Opern und nach originären Kompositionen, an denen Mozart besessen wie nie arbeitet. Ein neuartiges Musikinstrument macht von sich reden: die Glasharmonika, damals schlicht »Harmonika« genannt. Ähnlich einem Baumkuchen rotieren auf eine drehbare Spindel gereihte gestimmte Glasscheiben und erklingen beim Kontakt der angefeuchteten Finger mit den Scheibenrändern. Erfinder war dreißig Jahre zuvor der Amerikaner Benjamin Franklin. Marie Antoinette hat sie bereits gespielt. Nun ist die Zeit reif, und sie tritt ihren Siegeszug durch ganz Europa an. Mozart ist sofort dabei. Er kennt die »Gläser Machine« bereits aus seiner Kindheit, von seinen Besuchen im Palais Mesmer, dessen Hausherr sie nicht nur Gluck zur Unterhaltung spielte – zur Bewunderung von Meistern wie Haydn –, sondern auch als Begleitinstrument seiner Trancetherapien einsetzte.[22] Die Harmonika blieb ein Faszinosum bis in die Zeit der Romantik hinein und reizte die Fantasie von Autoren wie Goethe, Herder, E. T. A. Hoffmann, Jean Paul, Schiller oder Wieland. Auch in der Trivialliteratur spielt sie eine Rolle – bis hin zu den heutigen Harry-Potter-Romanen.

Was war es, das die Menschen so hinzog zur Glasharmonika? Das war zum einen ihre Materialität – Glas war immer noch ein kostbarer und seltener Werkstoff, dessen Transparenz die Menschen faszinieren konnte. Dann die relative Unbewegtheit des Spielers, der zwar mit einer Fußmechanik die Spindel in Bewegung hielt, aber die Töne mit sehr behutsamen Fingerbewegungen auslöste. Standen die Körperwindungen eines Violinisten oder das brachiale Hämmern eines Pianisten für Ekstase, so die Körperstille des Harmonikers für meditative Ruhe. Das Aufregendste ist ihr Klang, der am ehesten an den eines Glockenspiels erinnert – mit dem Unterschied, dass die Töne der Harmonika nicht verklingen, solange die Spindel sich dreht und der Spieler die Scheibenränder berührt. Die Schwäche der Glasharmonika ist ihre eigentliche Stärke: Sie ist kein lautes Instrument. Sie zwingt den Zuhörer zur Aufmerksamkeit wie eine Autoritätsperson, die es ablehnt, ihre Stimme zu erheben. Alle diese Sinnesreize machten die Harmonika zum spirituellen, mystischen, spukhaften, »romantischen« Instrument. Die Harmonika weckte im Menschen alle Sehnsüchte, deren Erfüllung das prosaische irdische Leben verweigerte. Zwar sollte es noch gut zwanzig Jahre dauern, bis Beethoven ein Konzert vor den erlauchtesten und reichsten Wiener Gästen mit dem auffahrenden »Für solche Schweine spiele ich nicht« abbrach, weil Graf Palffy sich ungeniert mit einer Dame unterhielt. Aber bereits zur Mozartzeit hatte sich auch die Salonmusik einen numinosen Status errungen – sie war nichts mehr, was man beiläufig mit einer Tasse Tee auf dem Knie und plaudernd konsumierte. Mit der Glasharmonika konnte man den meditativen, sakralen Aspekt der bürgerlichen Musik unübertrefflich zelebrieren.

Die blinde Marianne Kirchgeßner aus dem badischen Bruchsal avanciert zur erfolgreichsten Harmonika-Virtuosin. Mag sein, dass ihr Schicksal in Mozart eine empfindsame Saite berührt – sie erblindete als Kind infolge einer Pockeninfektion, ein Los, das der elfjährige Wolfgang beinahe geteilt hätte. Als Marianne 1791 in Wien gastiert, schreibt Mozart mehrere Stücke für sie, die sie im August aufführt und die für sie den künstlerischen Durchbruch bedeuten.

Musikalische Versuche ganz anderer Art stellt Mozart in diesen Jahren mit »Flötenuhren« an, selbst spielenden Orgelwerken. Ein Gebläse sorgt für konstanten Wind. Nach dem Prinzip einer Spieluhr lösen uhrwerkgetriebene, zackengespickte Walzen die Belüftung der Orgelpfeifen aus. Die Idee ist nicht neu, schon Händel und Carl Philipp Emanuel Bach haben für mechanische Orgel geschrieben. Bei Mozart werden die diesbezüglichen Werke zum akustischen Part multimedialer Schaustellungen im Wiener Wachsfigurenkabinett des Grafen Joseph Deym von Stritetz-Müller in der Himmelpfortgasse, einer Hauptattraktion im Wien um 1790. Auch finanziell lohnen sich Graf Deyms Aufträge, können wir einem von Wolfgangs Briefen aus Frankfurt entnehmen: »Ich habe mir so fest vorgenommen, gleich das Adagio für den Uhrmacher zu schreiben, dann meinem Weibchen etwelche Ducaten in die Hände zu spielen.« Und – die Zuhörerzahlen beweisen es – es macht auch »popolaren« Eindruck, wenn in Deyms »Schlafgemach der Grazien« nach zeitgenössischer Schilderung »ein elastisches, des Abends durch alabasterne lampen sanft beleuchtetes Bett mit einer schönen Schlafenden« steht, hinter dem »die entzückendste Musik, die für den Ort und die Vorstellung eigens komponiert wurde«, ertönt – geschrieben von Künstlern wie Mozart oder auch Beethoven, denn die Musik wechselte jede Woche. Die gesamte Vorrichtung läuft, einmal in Gang gebracht, vollautomatisch ab – die Komponisten schaffen sich selbst als Virtuosen ab.

Zu der zauberischen Stimmung dieser Tage mag es passen, dass Mozart seit dem Frühjahr an der »Zauberflöte« arbeitet, seinem größten Opernerfolg nach einer Idee von Emanuel Schikaneder. Das Stück wird in dem von ihm betriebenen Theater auf der Wieden Ende September uraufgeführt. Mozart dirigiert die ersten Aufführungen vom Flügel aus. Verwandte und Freunde Mozarts beleben die Bühne: neben Schikaneder selbst Josepha Hofer, Benedikt Schack, Anna Gottlieb und etliche Schikaneder-Sprösslinge. Die »Zauberflöte« ist endlich das, was Leopold seinem Sohn Jahrzehnte zuvor angeraten hatte: Sie ist »popolar« im wahrsten Wortsinn. Sie wendet sich nicht mehr an den Adel oder Klerus, sondern ist ein Spektakel für das Volk. Nichts deutet darauf hin, dass dieses die Anspielungen an freimaurerische Lehren verstand. Aber es unterhält sich offenbar prächtig, auch wenn Schikaneders Libretto bespöttelt wurde. Allein im Oktober kann Schikaneder zwanzig Aufführungen verbuchen. Insgesamt bringt er es in elf Jahren auf über zweihundert.

Fast zeitgleich geht in Prag ein Spektakel für die gehobenen Stände über die Bühne: »La Clemenza di Tito«. Ein Festspiel zur Krönung Kaiser Leopolds II. zum böhmischen König. Dem Anlass angemessen, führt es die Zuhörer in die römische Antike. Kaiser Titus vergibt den Attentätern, die ihm nach dem Leben trachteten – Mozarts an die Herrschenden gerichteter Kommentar zur Französischen Revolution: Macht ist nur legitim, wenn sie Maß hält. Die Zeit zur Fertigstellung ist so knapp, dass Wolfgang »in Serie produziert«, also nicht sukzessiv nach dem Verlauf der Handlung komponiert, sondern musikalisch zusammengehörige Nummern zu Arbeitspaketen bündelt. Denkbar, dass Süßmayr ihm die Secco-Rezitative schreibt. Erneut leitet Mozart selbst die Uraufführung – Anlass zur letzten Reise seines Lebens. Wieder begleitet ihn Constanze, Süßmayr ist mit von der Partie.

Ein knappes Vierteljahr vor Mozarts Tod erklingen also zwei seiner Hauptwerke auf führenden europäischen Bühnen und wandern schnell über den Kontinent. Nichts könnte demnach falscher sein als die Vermutung, seine Musik sei abgegriffen und vergessen. Aber Mozart erlebt seinen europäischen Ruhm nicht mehr. Im Gegenteil setzt sein früher Tod diesen aufs Spiel. Ironischerweise ist es eine der von Leopold geschmähten Weberischen, die diesen Ruhm rettet.

> *Es kommt nur auf Deine Vernunft und Lebensart an, ob Du als ein gemeiner Tonkünstler, auf den die ganze Welt vergisst, oder als ein Berühmter Capellmeister, von dem die Nachwelt auch noch in Büchern lieset, – ob du von einem Weibsbild etwa eingeschäfert mit einer Stube voll nothleidenden Kindern auf einem Strohsack, oder nach einem christlich hingebrachten Leben mit Vergnügen, Ehre und Reichthum, mit Allem für Deine Familie wohl versehen bei aller Welt in Ansehen sterben willst?*

So hatte Leopold einst gedonnert und mit dem »Weibsbild« eine Weberische gemeint. Ja, Constanze hat Wolfgang »eingeschäfert«. Doch gleichzeitig hat sie ihn am Leben erhalten und, wie er selbst schreibt, inspiriert bei buchstäblich Hunderten von Werken. Und mit ingenieurhaftem Bedacht und großem kaufmännischen Geschick Werk und Ruf ihres geliebten Mannes sichergestellt. Wir dürfen unterstellen, dass ein kluger, vorurteilsloser Mann wie Leopold dies neidlos anerkannt hätte, wenn er es noch erlebt hätte. Aber er war zu früh geboren, als dass er sich vorstellen konnte, was eine kluge, entschlossene Frau leisten kann.

Dass sein Sohn gut dotierter Kapellmeister an der bedeutendsten Kirche Österreichs werden könnte, lag schon eher im Bereich seiner Vorstellungskraft. Auch Wolfgang setzt einige Hoffnungen in diesen Posten. Zumindest kümmert er sich vermehrt um die in den Wiener Jahren zu kurz gekommene Sakralmusik. Zu Fronleichnam 1791 komponiert er wahrscheinlich für den befreundeten Badener Chorleiter Anton Stoll seine Version des innig-mystischen mittelalterlichen »Ave verum corpus«. »Sei uns Vorgeschmack in der Prüfung des Todes!« heißt es übersetzt in dem lateinischen Gebet. Klingt da etwas wie Todessehnsucht und -bereitschaft an? Keineswegs – in einem Brief an Stoll vier Wochen später werden typisch mozartsche Töne laut. Da reimt er in alter Form: »Liebster Stoll! bester knoll! grösster Schroll! bist Sternvoll! – gelt, das Moll thut dir Wohl?« Wir sollten uns den späten Mozart nicht als chronischen Melancholiker oder gar Depressiven vorstellen, zumal Constanze am 26. Juli zum sechsten Mal Mutter wird. Allerdings ist zweifelhaft, wie viel Anteil Wolfgang in der Atemlosigkeit dieser Monate an seinem Zweitgeborenen nehmen kann. Zu groß ist das Arbeitspensum, zu groß wieder die finanziellen Sorgen: Karl Fürst Lichnowsky will eine Schuld von 1435 Gulden vor Gericht eintreiben, ein Verfahren wäre der Skandal, den Mozart unter allen Umständen vermeiden will. Und es droht nicht weniger als die Pfändung von Mozarts Bezügen als k.k. Kammermusicus durch den Hofkämmerer.

Mitte September kehrt Wolfgang aus Prag zurück, um sich trotz anhaltenden Schwächegefühls und rheumatischer Schmerzen auf die bevorstehende Premiere der »Zauberflöte« zu konzentrieren. Die eigentliche Krankheit, die die Prüfung des Todes über ihn bringt, kommt plötzlich und dauert nur etwa zwei Wochen. »Clemenza« und »Zauberflöte« sind ausgestanden. Sie haben viel Ruhm, aber zu wenig Geld gebracht. Doch da liegt noch aus dem Juli ein lukrativer und strategisch durchaus interessanter Auftrag von anonymer Seite: der für ein Requiem, eine Totenmesse. Der Bote des Auftraggebers, ein in Grau gekleideter unbekannter Herr, hat als Abgabetermin Mittfasten, also den Sonntag Laetare, gesetzt – 1792 fällt Laetare auf den 18. März – und die Hälfte des geforderten Honorars von 50 Dukaten, also 225 Gulden, gleich als Vorschuss dagelassen. An diese Arbeit begibt sich Wolfgang nach seiner Rückreise aus Prag.

Schon seit seiner frühen Kindheit ist Mozart kein gesunder Mensch. Kaum eine Krankheit, die er ausgelassen hat. Wiederholt erkrankt er nach Phasen intensiver Anspannung, die seine Widerstandskraft offenbar auslaugen. So könnte es der Tribut an den mörderischen Arbeitsdruck sein oder auch der gerade verlorene Prozess gegen Lichnowsky samt Gehaltspfändung, was ihn am 20. November 1791 aufs Krankenlager niederdrückt.

Aber dass es sein musikalisches Denkmal ist, was er im Spätherbst 1791 mit schwindenden Kräften in Angriff nimmt, ahnt niemand. Trotz Schwäche arbeitet er zügig. Seine vielfach verbürgte Arbeitsweise, zunächst die melodietragenden Stimmen und den harmonisch wichtigen Bassverlauf auszuarbeiten und in einem separaten Arbeitsgang die restlichen Stimmen und Verdoppelungen auszuschreiben, könnte sich auch hier bewährt haben. So ist die »Kontur« von 35 der insgesamt gut 50 Minuten Musik fertig, bevor Mozart die Kräfte ganz verlassen. Mozarts letzter Eintrag, »Quam olim [Abrahæ promisisti] da capo«, »das heilige Licht, das du einstens dem Abraham verheißen hast«, verweist vertrauensvoll in eine heile, heilige Zukunft. Dass Wolfgang im Requiem seinen »Todesgesang« sieht, den er nicht unbeendet lassen darf, steht in einem Brief an da Ponte, der im 19. Jahrhundert entdeckt wird und wieder untergeht. Die Wissenschaft hat ihn als Fälschung entlarvt. Ein viel näher liegender Grund für seine Hast sind die ausstehenden 25 Dukaten, die erst mit Fertigstellung fällig werden, und die Gefahr einer Rückforderung der ersten Honorarhälfte. Es obliegt später seiner Witwe Constanze, mit Franz Xaver Süßmayrs

Unterstützung dieses Honorar zu verdienen. Da hat der Künstler seinen letzten Kampf bereits hinter sich. Er stirbt am 5. Dezember 1791 kurz nach Mitternacht. Constanze und Sophie sind bei ihm. Kein Priester spendet ihm die Sterbesakramente, er hat sie nicht verlangt.[23]

Sein Tod ist geheimnisumwoben. Kaum ein Jahrzehnt vergeht, ohne dass Gelehrte verschiedenster Disziplinen neue Todesursachen präsentieren. So unklar vieles davon ist, so klar ist eines: am »hitzigen Frieselfieber«, das sein hilfloser Arzt Dr. Closset in den Totenschein eintrug, starb Mozart nicht. Dieser Name bezeichnete keine Diagnose, sondern eine Sammlung von Symptomen. Die ärztliche Zunft hat seitdem nach Kräften nachgebessert. Eine Zählung des British Medical Journal aus dem Jahr 2010 kommt auf 140 mögliche Ursachen. Am anrüchigsten ist der Verdacht, eine gescheiterte Syphilisbehandlung mit quecksilberhaltigen Medikamenten habe Krisis und Tod herbeigeführt. Am wahrscheinlichsten ist, dass Mozarts Rheuma, das ihn schon als Kind geplagt hat, fiebrig ausgebrochen und unglücklich mit einer Streptokokkeninfektion (etwa Scharlach) zusammengetroffen ist. Falsche Selbstbehandlung und anschließend falsche ärztliche Therapien, besonders wiederholter Aderlass, vollendeten das Unglück. Dass die Mutmaßung eines gewaltsamen, meuchelmörderischen Todes darunter ist, dürfte bei einer derartigen Auswahl nicht überraschen. Nacheinander wurden mehr als zehn Personen dieses »Verbrechens« bezichtigt, unter ihnen sogar Constanze. Keine der entsprechenden Theorien hat bisher einer näheren Überprüfung standgehalten. Eine von ihnen war bis hin ins moderne Hollywood besonders wirkmächtig. Daher soll sie hier näher betrachtet werden – mitsamt ihren Folgen für die Betroffenen.

Die meisten Theater Wiens standen unter der künstlerischen Kontrolle italienischer Komponisten, Sänger und Instrumentalsolisten. Sie konnten sich in einer den meisten Wienern nur halb verständlichen Sprache, die meist auch die Bühnensprache war, unterhalten, hielten zusammen und machten deutschen Künstlern das Leben schwer, indem sie die Aufträge und Engagements unter sich aufteilten. So zumindest sahen es die Mozarts. Wolfgang hatte mit den Intrigen der »Wälschen« bittere Erfahrungen gemacht. Privat grenzte er sich zeit seines Lebens ab – die Italiener blieben ihrerseits genauso gern unter sich –, während er öffentlich gute Arbeitsbeziehungen zu ihnen pflegte und sie selbstverständlich dort einsetzte, wo es künstlerisch erforderlich war.

Dies galt auch für Antonio Salieri. Der Veneter, sechs Jahre älter als Mozart, lebte seit seinem 17. Lebensjahr in Wien. Er war exzellent vernetzt – auch mit deutschen Künstlern wie Gluck, Haydn und Louis Spohr –, war verheiratet mit einer Cousine der Pianistin Josepha Barbara Auernhammer, die ihm acht Kinder gebar, und machte zielstrebig Karriere: Mit 23 wurde er kaiserlicher Kammerkomponist und Kapellmeister der italienischen Oper. Mit 38 wurde er zum Kapellmeister der kaiserlichen Hofmusikkapelle ernannt und übte dieses Amt über ein Vierteljahrhundert lang aus. Triumphale Auslandsreisen nach Italien und Frankreich krönten diese Laufbahn. Als der Kaiser die italienische Oper zugunsten des von ihm propagieren deutschen Nationalsingspiels schloss, »überwinterte« Salieri in Italien, um nach der Wiedereröffnung triumphal in sein angestammtes Amt zurückzukehren. Zusätzlich war er als Kompositions- und Gesangslehrer sehr erfolgreich – Komponisten wie Beethoven, Schubert, Liszt und Franz Xaver Mozart verdankten ihm viel und ließen sich von seinen Werken inspirieren – und bekleidete etliche musikalische Ehrenämter. Bis in sein achtes Lebensjahrzehnt erfreute er sich guter Gesundheit und hoher Schaffenskraft, die in Hunderten von Werken resultierte, bevor er mit 74 hochgeehrt »am Brand der Alten«, der arteriellen Verschlusskrankheit, starb. Heute liegen seine Überreste in einem Ehrengrab auf dem Wiener Zentralfriedhof.

Der »Wälsche« Salieri verdient deshalb ausführliche Erwähnung, weil er beispielhaft für die Art steht, wie der Nachruhm eines Menschen nachhaltig manipuliert werden kann. Seine gesamte Laufbahn beweist, dass er sich in jeder Beziehung mit Mozart messen konnte, ja ihn übertraf. Seine angebliche Rivalität mit Mozart war eine eher einseitige. Er selbst jedenfalls hatte es nicht nötig zu rivalisieren, da er für sich selbst alles Erreichbare errungen hatte.

Die Legendenbildung setzte früh ein und stützte sich einerseits auf Mozarts gelegentliche Aussagen – von Constanze mitgeteilt–, andererseits auf ein angebliches Geständnis des »Täters« Salieri, das Beethovens Sekretär Schindler in einem Konversationsheft des ertaubten Meisters kolportiert.

Der mozartsche Verdacht könnte einem momentanen Verwirrtheitszustand des Sterbenskranken entsprungen sein, Constanze die Aussage frei erfunden haben. Ihr späteres Handeln deutet in keiner Weise auf einen Mordverdacht hin – hätte sie sonst ihren Sohn in Salieris musikpädagogische Obhut gegeben? Und so haarsträubend unwahrscheinlich ein Verbrechen Salieris klar blickenden Menschen von jeher erscheinen musste: Der Mordverdacht klebt seitdem an dem Maestro wie Pech. Das einzige noch irgend vorstellbare Motiv konnte den Anklägern zufolge nur der Umstand sein, dass Salieri, obwohl sein Ruf zu Mozarts Lebzeiten stets den des Salzburger Emporkömmlings übertraf, als nahezu Einziger Mozarts wahres Genie erkannt und aus Neid auf dieses Talent Gift gemischt habe.

Zu diesem unterstellten Neid passt so überhaupt nicht, dass Salieri sich Mozart gegenüber bei einem Besuch der »Zauberflöte« begeistert äußerte, Mozarts Werke auch nach dessen Tod oft selbst aufgeführt und sich im Alter noch öffentlich für die Aufstellung eines Mozartdenkmals in der Wiener Karlskirche ausgesprochen hat. Auch dass alle überlebenden Mozarts später offenbar gute Beziehungen zu Salieri pflegten, Franz Xaver mit besten Zeugnissen seinen Kompositionsunterricht bei ihm absolvierte (»er hat ein seltenes musikalisches Talent« und »sein Erfolg wird nicht geringer sein als der seines gefeierten Vaters«) und Constanze selbst bescheinigt, dass Salieri »viele Liebe und Freundschaft« für Franz Xaver zeige. Fürwahr eine seltsame Motivlage für ein Kapitalverbrechen.

Doch selbst wenn man eine solche Eifersucht unterstellt, was unwahrscheinlich genug ist angesichts der Ehren, die Salieri auf sich gehäuft hatte: Hätte ein klar denkender Mensch, der alles hatte, was er wollte, und in einem dichten sozialen Netzwerk geborgen war, das mit einem Mordanschlag verbundene Risiko auf sich genommen?

Die Mordlegende wird im 19. Jahrhundert im Zeichen eines national gefärbten Geniekultes – hier das »teutsche« Genie, dort der »wälsche« Ehrgeizling und Intrigant – begierig aufgenommen, aber auch international mehrfach auf die Bühne und später ins Kino gebracht – zuerst und bereits 1830 von dem russischen Dichter Alexander Puschkin. Wenn das »Mordkomplott« ein Opfer kostete, so ist es der Italiener. Er weiß von den Anschuldigungen, die übrigens nie vor Gericht verhandelt wurden, und er leidet unter ihnen. Noch auf seinem Sterbebett weist er sie gegenüber seinem Schüler Ignaz Moscheles zurück:

> *Sie wissen ja – Mozart, ich soll ihn vergiftet haben. Aber nein, Bosheit, lauter Bosheit, sagen Sie es der Welt, lieber Moscheles; der alte Salieri, der bald stirbt, hat es Ihnen gesagt.*

Kapitel 5
Bürgerliche Existenzen mit bürgerlichen Zwecken

Verkannt, verleumdet und nie vergessen – Constanze Mozart als geliebte Gattin, kluge Geschäftsfrau und Verwalterin des Erbes

Eine andere, noch hartnäckigere Legende um Mozart ist die vom »Armenbegräbnis« auf dem Vorstadtfriedhof: Demnach sollen die Mozarts zu Wolfgangs Tod so absolut mittellos und vergessen gewesen sein, dass Constanze nicht einmal das Geld und die Trauergemeinde für eine angemessene Bestattung haben zusammenbetteln können. Ein Gemeindebediensteter habe Wolfgangs sterbliche Überreste in den Abendstunden des 6. Dezember 1791 ohne jede Trauerbegleitung vor die Stadt zum St. Marxer Friedhof gekarrt und dort anonym und würdelos in einem »allgemeinen einfachen Grab« gleichsam verscharrt. Nur sein treues Hündchen Gauckerl sei hinter dem Leichenwagen hergelaufen. Die Stelle sei über zwanzig Jahre hinweg völlig in Vergessenheit geraten, und als die Nachwelt auf den Gedanken gekommen sei, sie zu suchen, fanden sie weder Grab noch Knochen – ersehnte Reliquien für den beginnenden Mozart-Kult.

Tatsache ist, dass das »allgemeine einfache Grab« kein Armengrab war, sondern gesetzliche Vorschrift im josephinischen Wien. Zwar stand es in keinem Gesetz, dass eine Leiche unbegleitet zum Friedhof gefahren und begraben werden musste. Und es war auch nicht vorgeschrieben, auf eine Beschriftung der Gräber zu verzichten. Aber beides ist zu dieser Zeit offiziell nicht vorgesehen und entsprechend unüblich. Der St. Marxer Friedhof ist sehr neu – einer von fünf Friedhöfen, deren Anlage Joseph II. befohlen hatte, um schädliche Einflüsse auf die Wasserqualität durch Bestattungen innerhalb der Stadtmauern zu vermeiden. Vielleicht spielte auch der Wunsch eine Rolle, dass die Untertanen lieber arbeiten als sich müßig an den Gräbern ihrer Vorfahren herumtreiben sollten. Der Ort der Aussegnung von Mozarts Leiche ist die Kruzifixkapelle im Stephansdom – auch dies kein besonders repräsentativer Rahmen, sondern wiederum der Standard, nach dem Josephs Reformgesetz zufolge Trauerfeiern stattzufinden hatten. Offiziell endeten die Feierlichkeiten mit der Aussegnung. Von dort aus zum St. Marxer Friedhof dauert der Fußweg eine ganze Stunde lang. Ein 6. Dezember lädt nicht unbedingt zu langen Fußmärschen ein, und der Fahrer des Leichenwagens dürfte, den Feierabend fest im Blick, den Weg in scharfem Trab in Angriff genommen haben. Die Trauergemeinde bleibt fröstelnd zurück. Was hätte sie auch am Grab unternehmen sollen, in dem wahrscheinlich bereits eine unbekannte Anzahl an unbekannten Leiden gestorbener Unbekannter lag – vielleicht in durchgebluteten oder aufgeplatzten Leichensäcken? Blumen hinabwerfen? Ein Kreuz oder eine Tafel anbringen? Bei sechs Personen, die für jedes Grab vorgesehen waren, ein unsicheres Unterfangen.

Alles in allem war also Mozarts Bestattung keine fürstliche, aber eine normale bürgerliche.

Hinter der Legende vom vergessenen Genie im Armengrab steht nicht nur eine romantische Verklärungsabsicht, sondern vielleicht noch viel stärker Misstrauen und Ressentiment einer Frau gegenüber: Constanze Mozart, der Witwe. Sie steht bei Mozarts Tod kurz vor ihrem dreißigsten Geburtstag. Einen Sohn hat sie durch die gefährlichen Säuglings- und Kleinkinderjahre gebracht, ein zweiter steht noch mitten in dieser riskanten Phase. Zwei Mädchen und zwei Knaben hat sie unter Schmerzen geboren und schnell verloren, ihre Gesundheit ist dadurch zerrüttet. Sie sitzt mit einem Baby und mit einem teuren Pensionskind in einer riesigen Wohnung mit Billardzimmer. Die Wohnung haben sie erst vor etwas mehr als einem Jahr, im September 1790, bezogen, sie persönlich hatte den Umzug besorgt, Wolfgang war damals auf Reisen, wie er überhaupt in seinen letzten Jahren wieder zum erfolgreichen Reisenden in Sachen Selbstvermarktung geworden war, teils – sehr ungern – allein, teils mit Constanze. In der Zwischenzeit arbeitet er wie besessen, um die vielen Aufträge abzuarbeiten – unter anderem das geheimnisumwobene Requiem, über dem er schließlich stirbt – und die Familie wieder aus der Schuldenfalle herauszuführen.

Was Constanze nämlich nicht hat, ist Bargeld. Über etwaige Konten kann sie nicht verfügen, da diese bis zum Nachlassverfahren immer von Amts wegen gesperrt werden. Wolfgangs Bezüge als Kammerkompositeur enden mit seinem Tod. Wohl kann sie vage auf die Rückzahlung von Geld hoffen, das Wolfgang anderen geliehen hatte, wohl auf ausstehende Honorare aus den Veröffentlichungen. Aber sicher ist nur eines: die Kosten. Die Beerdigung war, anders als heute, kein bedeutender Kostenfaktor: 8 Gulden und 56 Kreuzer war der Tarif für das allgemeine Begräbnis, den die Beamten des um die Finanzen seiner Untertanen besorgten Kaisers ausgerechnet hatten. Aber 330 Gulden jährlich verschlingt allein die Wohnungsmiete und 400 Gulden das Heeger'sche Internat, in dem Carl lebt. Auch die teuren Ärzte, Dr. Closset und der später hinzugezogene Dr. Sallaba, wollen bezahlt werden.

Der Tod ihres Mannes ist also eine finanzielle Katastrophe für Constanze und mag ängstliche Erinnerungen an die dürftige, unsichere Kindheit im Hotzenwald wecken. Auch ihre jüngste Schwester Sophie, die ihren Schwager mit gepflegt, seine Schmerzen gelindert und ihn bei seinem Sterben begleitet hat, erinnert sich an den Schockzustand, in den sein Tod Constanze versetzt hat. So dürfen wir Constanze abnehmen, dass ein gutes Stück Wahrheit in dem sentimental klingenden Nachruf steckt, den sie in das Stammbuch[24] ihres Mannes auf die Rückseite eines seiner älteren Einträge schrieb:

> *Was Du einst auf diesem Blatte an Deinen Freund schriebst, eben dieses schreibe nun tiefgebeugt an Dich, vielgeliebter Gatte; mir, und ganz Europa unvergeßlicher Mozart – auch Dir ist nun wohl - auf ewig wohl!!!--- Um 1, U. nach Mitternacht vom 4te zum 5te Dezember deß Jahres verließ er in seinem 36te Jahre- O! nur allzu frühe! – Diese gute - aber undankbare Welt! – O Gott! – 8 Jahre knüpfte uns daß zärtlichste, hienieden unzertrennliche Band! – O! könnte bald auf ewig mit Dir verbunden seyn. Deine äußerst betrübte Gattin Constance Mozart née Weber.*

Betrübnis hin, Betrübnis her – das Leben geht weiter, hat weiterzugehen. Gut, dass es Freunde gibt im Leben der Mozarts. Gottfried van Swieten zum Beispiel, er organisiert und finanziert die Totenmesse, die am folgenden Samstag in St. Michael angesetzt ist – das Wiener Journal berichtet über die Feier des »großen Tonkünstlers«, der demnach auch im breiten Wiener Publikum nicht vergessen ist. In Prag bringt die Seelenmesse zweitausend bestürzte Menschen auf die Beine – das ist etwa jeder fünfzehnte erwachsene Einwohner. Auf das heutige Wien bezogen, wäre das eine sechsstellige Trauergemeinde!

Natürlich kann Constanze von öffentlicher Trauer nichts herunterbeißen. Gläubiger müssen besänftigt und geduldig gestimmt werden. Gespart muss werden, damit das vorhandene Geld länger reicht. Vor allem aber muss frisches Geld her, und zwar schnell. Was tun?

War es bis zu Wolfgangs Tod infolge widersprüchlicher Quellen schwierig, Wahrheit von Täuschung und Selbsttäuschung zu unterscheiden, so erschwert ab jetzt die Dürftigkeit und Einseitigkeit der Quellen die Differenzierung. Die Biographik ersetzt die Primärquellen. Und jeder Biographie muss unterstellt werden, dass sie Absichten verfolgt. Dies gilt auch für das, was Constanze auf den Weg bringt, denn sie hat eine Mission: ihrem Mann den gebührenden Nachruhm und seinem Werk den damit korrespondierenden Marktwert zu sichern. Was in der Folgezeit Dritte über Mozart aussagen, greift zurück in eine immer tiefer gründende Vergangenheit und wird immer unzuverlässiger. Persönliche Motive verfälschen die Erinnerungen stärker und stärker. Musikwelt, Bürokratie und Öffentlichkeit haben das Buch Mozart zugeschlagen und sprechen nicht mehr über ihn persönlich. Was folgt, ist Privatsache. Privatsache einer jungen, im Daseinskampf erstarkenden Frau. Und diese Frau bringt entschlossen Ordnung in das Chaos ihrer Probleme.

Problem Nummer eins: herunter von den Kosten. Der größte Kostenfaktor ist die Pension für den siebenjährigen Carl – neben den Schulden, die schnell gelindert werden durch Stundung bzw. Verzicht, die die Logenbrüder Michael Puchberg und dem Fürsten Lichnowsky abnötigen. Carl soll ohnehin dem schlechten Einfluss von Heeger und dessen Dorfinternat entzogen werden und an einen Ort kommen, an dem besser auf ihn aufgepasst und er konsequenter zum Lernen angehalten wird. Beratungen mit van Swieten und dessen Verbindungen und finanzielle Mittel eröffnen eine vorteilhafte Lösung: Privaterziehung in Prag bei den Dušeks. Dort soll Carl in deren herrschaftlicher Villa Bertramka wohnen und neben einer allgemeinen eine musikalische Ausbildung erhalten. Als Privatlehrer ist Franz Xaver Niemetschek ausersehen, ein junger Gymnasialprofessor, der wenige Jahre später die erste Biographie Mozarts vorlegen wird. Positiver Nebeneffekt: Constanze ist der laufenden Sorge um den Buben enthoben und kann sich um den kleinen Wowi und ihr eigenes Fortkommen kümmern.

Problem Nummer zwei: eigenes Geld verdienen. Dies bedeutet, persönliche Talente dort einzusetzen, wo andere dafür bezahlen, zu verkaufen, was man hat, oder Gönner zu finden, die bezahlen, ohne eine Gegenleistung zu erwarten.

Den schnellsten Erfolg verspricht die letzte Methode. Und tatsächlich, der Kaiser ist so gnädig, Constanze eine kleine freiwillige Pension zu gewähren – zu viel zum Sterben, aber auch zu wenig zum Leben. Was könnte Constanze also verkaufen? Die gesamte Wohnungseinrichtung ist weniger wert als allein der Billardtisch, der schnell abgestoßen sein dürfte. Das Wertvollste, was sie hat, sind die Autographe ihres Mannes. Sie entscheidet dagegen, sie hastig zu verschleudern – pietätvoll, klug oder beides? Wertvoll ist natürlich auch die nun viel zu große Wohnung. Constanze denkt nicht klein. Bevor sie sich selbst und den kleinen Wowi in ein billiges Loch sperrt, denkt sie daran, Zimmer in der mittlerweile bekannten Mozartwohnung weiterzuvermieten, und behält diese Einnahmequelle über die Jahre bei. Einer dieser Mieter wird fast zwei Jahrzehnte später ihr zweiter Ehemann.

Und schließlich Talente? Das Einzige, was Constanze kann, ist singen und Klavier spielen. Nur: Sie ist seit Jahren nicht mehr öffentlich aufgetreten. Sie ist immerhin geübt: Mozart hat wissentlich oder unwissentlich dafür gesorgt, indem er sie bat, seine Opern einzustudieren, und sie mit ihr spielte und sang – er saß am Flügel, sie bewegte sich durch den Raum. Sie weiß also sehr gut, was er beabsichtigte und wie er arbeitete, und versteht alles in allem eine Menge von Musik. Aber wer in der Wiener Theater- und Musikwelt zu bestimmen hat, kennt weder sie noch ihre Stimme. Und niemand in Wien hat auf eine reife, aber ungeübte und mit den momentanen Gepflogenheiten und Intrigen nicht vertraute Sängerin gewartet. Gut, dass ihr Mann eben nicht vergessen ist, sondern sein Name die Zuhörer auf die Beine bringt – und die Freunde. Noch vor Weihnachten 1791 organisieren diese eine Akademie mit

Werken Mozarts. Constanze sucht sie aus und berücksichtigt nicht nur das Bekannte, sondern riskiert auch neue und fragmentarische Stücke. Sichtlich strategisch geht es ihr auch darum, Mozart im Gespräch zu halten, nicht nur um den schnöden Mammon. Dieser fließt im Übrigen überreichlich, sie nimmt an diesem einen Abend 1500 Gulden ein. Der Hof allein steuert 150 Gulden bei, wer weiß, aus welchem entlegenen Etat. Constanzes Stimme können die Wiener bei dieser Gelegenheit offenbar noch nicht hören, aber sie hat nun den Beweis, dass der Name ihres verstorbenen Mannes nach wie vor zieht.

Dieser Erfolg mag sie in zweierlei Hinsicht ermutigt haben: Einerseits kann und muss sie selbst sich öffentlich in die Schanze schlagen, um Mozarts Gedenken lebendig zu halten. Andererseits sind viele Wege gangbar, sich zu engagieren, um das öffentliche Interesse in die richtigen Bahnen zu lenken. Zu ihnen zählt nicht nur das Konzertieren, sondern auch die publizistische Dokumentation von Werk und Leben ihres Mannes.

Und da ist – Problem Nummer drei: das Requiem. In weniger als drei Monaten endet die Frist zur Fertigstellung, die der unbekannte Auftraggeber gesetzt hat. Und es muss gefallen, denn andernfalls droht nicht nur die Verweigerung des restlichen Honorars, sondern auch die Rückforderung der ersten Tranche. Ob er im Konfliktfall schonungsvoll umgehen würde mit der frisch verwitweten Frau? Mit solcher Galanterie darf nicht gerechnet werden – zumal Constanze nicht die allerleiseste Ahnung hat, wer der Auftraggeber ist, dessen Emissär im grauen Mantel ihren Mann damals so einschüchterte. Constanzes Lösung: Jemand anderes muss das Requiem vollenden. Der erste Kandidat für diese Arbeit ist Joseph von Eybler, einer der vielen Freunde Mozarts, nicht der engste, aber er ist bereit und tüchtig. 26 Jahre alt, sucht er noch nach einer gut dotierten Stellung. Pragmatisch und zeitsparend überlässt Constanze Mitte Dezember Eybler die Originalpartitur zur weiteren Bearbeitung.

Eybler feilt – durchaus zur Zufriedenheit der heutigen Fachwelt – an der längsten Passage, der »Sequenz« mit ihrem »Dies irae«-Einsatz, der markant vor dem Tag des Gerichts und dem Zorn des göttlichen Richters warnt. Sobald Eybler die Sequenz glücklich hinter sich gebracht hat, steht mehr als ein Drittel der kompletten Partitur. Auch das »Lacrimosa« nimmt er in Angriff und notiert alles direkt in Mozarts Partitur. Doch aus ungeklärten Gründen gibt er an diesem Punkt Auftrag und Papier unvollendet zurück. Die Gründe müssen schwerwiegend gewesen sein, denn die Zeit arbeitete gegen das Requiem und Constanze. Wächst Eybler die Arbeit über den Kopf? Fällt ihm nichts ein, dort, wo die Liturgie Musik verlangt, wo aber Mozart keinen Takt hinterlassen hat? Ist Constanze unzufrieden? Scheitert es am Geld? Wie auch immer: Constanze vergibt den Auftrag erneut, und diesmal an den Richtigen: Franz Xaver Süßmayr.

Warum erst jetzt? Der damals 25 Jahre alte Süßmayr war Wolfgangs engster Mitarbeiter. Er besuchte ihn nachweislich am Krankenbett und hatte also Gelegenheit, sich mit ihm über das Stück und Mozarts Absichten auszutauschen. Es wäre ein Wunder, wenn er es nicht collegialiter getan hätte. Er kennt Mozarts Arbeitsweise und kann dessen Schrift nicht nur lesen, sondern sogar nachahmen. Warum hat Constanze ihn nicht sofort beauftragt oder überredet, den Auftrag anzunehmen? Hat sie mit Mozart an dessen Sterbebett gesprochen und ist zunächst seiner Anweisung gefolgt? Immerhin schätzte dieser Eybler hoch und Süßmayr gering, wie seine humoristischen brieflichen Ausfälle gegen seinen Schüler zur Genüge belegen. Lag es an Süßmayrs mangelnder Erfahrung mit Kirchenmusik oder an fehlender Verfügbarkeit?

Was auch immer die Gründe sind – keiner von ihnen spricht für eine außergewöhnliche Nähe zwischen Constanze und Süßmayr, wie sie eine heimliche Liebesbeziehung zweifellos mit sich gebracht hätte. Dabei lassen wir das etwas abwegige Konstrukt außer Acht, dass Constanze ihm die Arbeit vorenthielt, eben weil sie seine Geliebte war. So dürfen wir weiterhin unterstellen, dass Süßmayr für sie der Schüler und Adlatus ihres Mannes und nebenher ein vertrauter Gesellschafter war, mehr aber auch nicht.

Obwohl die Zeit drängt, kopiert Süßmayr zunächst die knapp fünfzig Seiten der originalen Partitur und übernimmt in das neue Skript neben Mozarts Noten nach eigenem Ermessen auch die Zutaten Eyblers und anderer Beiträger. Dann macht er sich an das, was er zweifellos kann: Mozarts vorgegebene Kontur zu geschriebener Musik machen. Die letzten Sätze, zu denen keinerlei Notizen vorliegen, schreibt er allein – auf der Grundlage vorhandenen Materials aus völlig anderen mozartschen Kompositionen und eigener Ideen. Er tut es routiniert – so routiniert, dass er immer mehr eins wird mit dem Werk. Er schreibt in Mozarts Handschrift. Er signiert sogar als Mozart. Hat Constanze dies angeordnet? Oder warum hat sie Süßmayr keinen Einhalt geboten? Zählt sie darauf, dass dem Auftraggeber ein öffentlicher Todesfall über Monate unbekannt bleibt und er sich eine offensichtliche Fälschung widerspruchslos unterschieben lässt? Denkt sie gleich an eine lukrative Mehrfachnutzung des Werks? Rechnet sie gar damit, dass der Urhebername auf der Partitur kurzfristig bedeutungslos, langfristig aber wichtig werden könnte? Falls sie diesen weitgreifenden Schluss gezogen haben sollte, hat sie recht.

Der Auftraggeber beabsichtigt nämlich, das Werk als sein eigenes auszugeben. Es ist der im niederösterreichischen Stuppach domizilierende Franz de Paula Anton Reichsgraf von Walsegg, Mozarts Logenbruder, der sich so sehr danach verzehrt, ein begabter und anerkannter Komponist zu sein, dass er Werke bei anerkannten Meistern kauft, um sie als seine eigenen aufzuführen. Mitte Februar 1791 hat er seine Frau verloren und unter Zuhilfenahme seines Salzburger Geschäftsträgers, des Notariats Johann Nepomuk Sortschan, eine repräsentative Musik für das Jahresgedenken bestellt. Möglicherweise hat Michael Puchberg, sein Hausnachbar und Wolfgangs Dauergläubiger, dem Komponisten gefälligkeitshalber diesen Stein in den Garten geworfen.

Der falsche Mozart liefert richtig, Reichsgraf Walsegg zahlt zufrieden, arbeitet das voll orchestrierte Requiem mit gemischtem Chor und vier Vokalsolisten in ein Streichquintett um und lässt das Stück wiederholt in unterschiedlicher Besetzung aufführen. Was er noch nicht weiß: In Wien ist das Werk bereits öffentlich »gelaufen«, zumindest ein Teil davon. Constanze hatte die Stirn, die zehn Minuten des Introitus und das Kyrie gleich für eine Aufführung bei Wolfgangs Totenmesse an St. Michael freizugeben – unter dem Namen des wahren Urhebers Wolfgang Amadé Mozart. Sie fühlt sich berechtigt dazu. Zugutehalten darf man ihr dabei, dass das Werk eines Künstlers damals längst nicht so sakrosankt war wie im späteren bürgerlichen Zeitalter. Bach bediente sich bei Vivaldi mit Ideen, Mozart bei Händel – sogar für sein Requiem – und so fort. Und kein kluger Komponist gab die Partituren seiner Auftragswerke aus der Hand, ohne sie für eventuelle spätere Verwendung zu kopieren, ganz egal, welche Verträge er schloss. Immer war da die Verlockung, den Mangel an Transparenz zu nutzen, um für ein Werk in der einen oder anderen Weise doppelt zu kassieren.

Spätestens in den ersten Märztagen liegt das Requiem wie vereinbart in Sortschans Notariat. »Di me W. A. Mozart m[anu] p[ropria] 1792«, also eigenhändig, steht auf dem Titelblatt – nur dass es nicht Mozarts, sondern Süßmayrs eigene Hand ist, von der der Schriftzug stammt. Man könnte die Partitur kurz eine Fälschung nennen. Constanze holt in den nächsten Jahren aus dieser Fälschung heraus, was herauszuholen ist. Eine offizielle Uraufführung zum Beispiel zu Neujahr 1793 im Rahmen eines Benefizkonzerts im Wiener Jahn-Saal. Benefiziarin ist Constanze mit ihren Kindern, Veranstalter der Baron van Swieten, musikalische Vorlage eine Abschrift des süßmayrschen Textes. Sie hat von ihrem Schwiegervater und ihrem Mann gelernt. Weiß van Swieten überhaupt von dem Landadeligen unter dem Semmeringpass, der jederzeit unter Berufung auf einen Vertrag die Aufführung untersagen könnte? Um den Betrug perfekt zu machen, verhandelt Constanze 1799 mit dem Leipziger Verlag Breitkopf & Härtel über eine Publikation des Requiems, die 1800 tatsächlich erscheint. Constanze flunkert, dass das Stück bis »nahe ans Ende« von Mozarts eigener Hand stamme, und verweist im Übrigen auf Süßmayr als den Requiem-Experten. Süßmayr widerspricht ihr später – zu spät – öffentlich.[25] Dass sie ihre Rechte sehr, sehr weit auslegt, zeigt auch Walseggs Reaktion auf die Verlagsankündigung. Er bekennt sich über Sortschan als Auftraggeber und meldet Schadenersatzansprüche an. Ein groß besetztes »Gipfeltreffen« in der Kanzlei im Herbst 1800 soll die Claims der Beteiligten abstecken und Rechtssicherheit herstellen. Für Constanze ist dies schon deshalb wichtig, weil ein zweiter Musikverleger, der Offenbacher Johann Anton André, den kompletten Mozart-Nachlass erworben hat und nun auf der Basis bestmöglicher Quellen mit dem Editionsgeschäft beginnen will. Mit in ihrer Delegation ist der Abbé Maximilian Stadler als Mozart-Experte – er hat an der Ordnung von Mozarts Nachlass mitgewirkt, sich in Constanzes Auftrag sogar an der Weiterbearbeitung des Requiems versucht und ein erstes Werkverzeichnis angelegt – sowie der Wiener Geschäftsträger der dänischen Gesandtschaft, Georg Nikolaus Nissen.

Nissen und Constanze kennen einander seit mindestens zwei Jahren. Er ist Jurist und kennt sich aus mit Dokumenten und Papieren. Ursprünglich ihr Untermieter, interessiert er sich bald für sie und für Mozarts Werk und wird über annähernd zwanzig Jahre ihr treuester Verbündeter bei der gigantischen Arbeit an Constanzes Lebenswerk – und unvermerkt ihr Geliebter. Definitiv ein Paar werden sie mit ihrer Eheschließung 1809. Constanze ist zu diesem Zeitpunkt 47 Jahre alt.

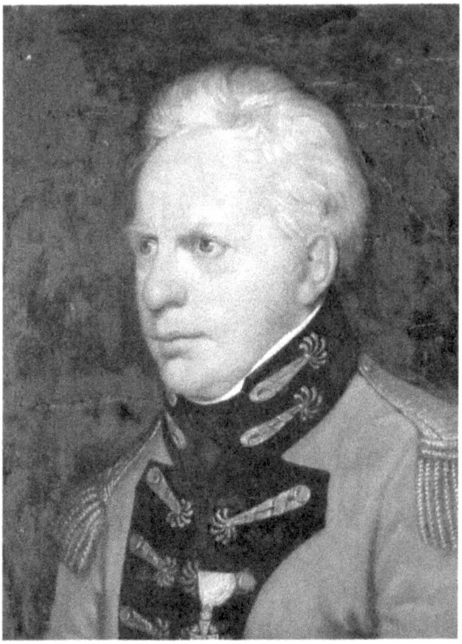

Georg Nikolaus Nissen, Constanzes zweiter Ehemann 1809. Gemälde von Ferdinand Jagemann.

Das Treffen bei Sortschan endet zufriedenstellend für alle Seiten – wie sollte es anders sein, wenn Juristen und Diplomaten miteinander verhandeln? Der Notar siegelt einen Geheimvertrag, und Constanze kann schließlich mit André über einen Klavierauszug ins Reine kommen. Süßmayr ist als Anspruchsteller bereits zuvor zurückgetreten. Zu Breitkopfs Partitur und Andrés Klavierauszug kommen später Ausgaben einzelner Stimmen. Sie lohnen sich. Denn das Requiem wird ein epochaler, stilbildender Erfolg, ja zur »Staatskomposition« (Gernot Gruber), die europaweit bei Prunkbegräbnissen erklingt. Außer Nissen und Stadler kann sich Constanze bei diesem Erfolg auf eine Publizistik stützen, die begierig alles aufsaugt und kolportiert, was wunderbar und mysteriös wirkt – allen voran der Prager Franz Xaver Niemetschek, der 1798 die erste umfangreiche Mozart-Biographie veröffentlicht und sich besonders auf Constanze als Quelle stützt. Romantische Dichter wie E.T.A. Hoffmann etablieren Mozart vollends als Märtyrer der Musik, als Heiligen ihrer säkularen Metaphysik namens Kunst. Der schöpferische Mensch vom Typus eines Mozart hat endgültig den Priester und den Fürsten als sinnstiftende Leitfigur abgelöst.

Dass übrigens Constanze trotz eigener biographischer Absichten Niemetschek mit Informationen unterstützt, zeigt, dass es ihr nicht so sehr um ihre persönliche öffentliche Sichtbarkeit oder kleinlichen Schacher geht oder um ein lukratives Publikationsmonopol, sondern vielmehr strategisch um eine Deutungshoheit über Mozart, sein Wesen und sein Schicksal. Dabei erkennt sie ihre Grenzen: So wie Wolfgangs Leben zwischen Salzburg und Wien eine Bruchlinie aufweist, so weiß sie über seine Salzburger Zeit ausschließlich das, was in den erhaltenen Briefen steht und was er ihr erzählt hat. Sie weiß, dass sie mögliche Konkurrenten nicht ausschließen kann, und verzichtet darauf. Dies gilt natürlich in erster Linie für die Nannerl, die kundigste verbliebende Expertin für den Salzburger Wolfgang, die ihrerseits außer spärlichen Briefen und persönlichen Berichten nichts über den privaten Wiener Wolfgang weiß. Die beiden sind also darauf angewiesen, zu kooperieren, und reichen allfällige Mozart-Interessenten jeweils weiter an die andere Fachfrau. Von Eitelkeit ist wenig zu spüren: Auf der fast tausendseitigen Mozart-Biographie, die dann 1828 bei Breitkopf erscheint, steht nicht Constanzes Name, sondern der ihres zwischenzeitlich verstorbenen zweiten Mannes Georg Nikolaus Nissen. Sie selbst begnügt sich auf dem Titelblatt mit einer Rolle als Herausgeberin. Noch als alte Dame gibt sie Dritten, wie dem englischen Verlegerpaar Novello, bereitwillig Auskunft über all das, woran sie sich erinnert, damit es aufgeschrieben wird.

Neben der Arbeit am menschlichen Denkmal Mozart bleibt die Sicherung von dessen kompositorischem Lebenswerk. Mangels eines einheitlichen und kodifizierten Urhebergesetzes wurde mit den Rechten von Schöpfern und Auftraggebern recht raubeinig umgegangen. Umso wichtiger für Constanzes Absichten, dass renommierte Verlage mittels hochwertigen, verbreitungsstarken Werkausgaben bald für klare Verhältnisse sorgen. Zu ihrer Zeit ist ein solches riskantes Großprojekt alles andere als selbstverständlich. Aber auch hier überstürzt sie nichts. Ab den späten 1790er-Jahren gibt es Hinweise auf Verhandlungen und Korrespondenzen – sie richten sich klug an die zwei uns bereits bekannten Verleger Breitkopf und André. Zum einen ist Goethe-Freund Christoph Gottlob Breitkopf, der sich 1795 mit seinem sächsischen Landsmann Gottfried Christoph Härtel zusammengetan hat und seit 1796 als Breitkopf & Härtel firmiert, besonders qualifiziert für das geplante musikalische Monument: Bei ihm erscheinen Werke fast aller namhaften Komponisten des deutschsprachigen Raums. Auch Leopold Mozart fand hier eine verlegerische Heimat. Breitkopfs blutjunger Mitbewerber Johann Anton André steht erst am Anfang seiner Laufbahn. Er ist selbst Musiker. Für ihn sprechen die Sorgfalt und der Respekt vor den Vorlagen, mit der er sich an die editorische Arbeit macht. Er schreibt mit Mozart auch Technikgeschichte, denn er hat sich die exklusiven Rechte an einem revolutionären Produktionsverfahren gesichert, dem »Geheimnis, Noten und Bilder auf Stein drucken zu können«, das ein Münchner Theaterschriftsteller, Sänger, Musiker und Komponist 1798 erfunden hat: an Alois Senefelders Lithografie.[26] Gegenüber dem bis dahin allein gebräuchlichen Kupferstich reduziert die Lithografie die Druckkosten der Noten um vier Fünftel und ermöglicht dadurch deren massenhafte Verbreitung. Selbst bei einer scheinbar so trivialen Frage wie der, auf welchem Wege Mozarts Musik ihr Publikum erreicht, zeigt sich also, dass Wolfgang einer anderen Zeit angehört: Während Leopold sein Opus 1 noch eigenhändig in Kupfer sticht, wie es seit dem 15. Jahrhundert der Brauch ist, bedient man sich bei Wolfgang modernster Technik, die ins 20. Jahrhundert vorausweist.

Der renommierte und etablierte Breitkopf hat zunächst das Prä, allerdings ist die Arbeit mit ihm mühselig, und er hält sich offensichtlich nicht an alle Absprachen. Constanze muss ihn – Nissen führt ihr dabei die Feder – gelegentlich daran erinnern, dass sie nicht nur eine arme Witwe ist, mit der man nach Belieben umspringen kann:

> *Selbst Geschäftsmänner wie Sie, meine geschätzten Herren, können es mir nicht übelnehmen, daß, wenn man nicht Wort hält, ich etwas derbe werden muß, um meine Geschäfte zu beschleunigen, wo denn allzugroße Schonung und Güte nichts taugen würde. Ich will nicht wiederhollen, wie viele Briefe ich in mildestem Tone ohne Erfolg geschrieben habe. Ich bin nur eine Frau, allein in meinen Geschäften handle ich männlich und pünktlich, und so fordere ich es auch von Denjenigen, die sich mit mir in Geschäfte einlaßen. Dasselbe werden auch Sie thuen, meine Herren; und nun bin ich wieder mit Ihnen ausgesöhnt, da Sie mir versprechen und gewiß Wort halten werden, bis ultimo May d.J. mich zu bezahlen.*

Zwar erscheint tatsächlich bei Breitkopf & Härtel ab 1798 eine 17-teilige Ausgabe der mozartschen »Œuvres complettes«, die unter anderem auf dem von Nannerl gehüteten Salzburger Material basiert. Aber zur selben Zeit streckt auf einen Hinweis Haydns auch der selbstbewusste André, wohl über seinen Wiener Repräsentanten und Mozart-Freund und Logenbruder Paul Wranitzky, die Hand nach dem Werk des Komponisten aus. Im Herbst 1799 kommt André von Offenbach persönlich nach Wien. Constanze und Nissen gewähren ihm Einblick in den Wiener Nachlass, und der begeisterte Verleger möchte ihn für eine weitere »Gesamtausgabe« komplett kaufen. Wenig später laden die beiden Nachlassverwalter Breitkopf zum Karneval nach Wien ein. Das Amüsement soll nicht zu kurz kommen, aber in erster Linie geht es um den Verkauf des gesamten Wiener Mozart-Nachlasses – einschließlich derjenigen Originale, zu denen Breitkopf bereits handschriftliche Kopien vorliegen. Breitkopf legt dieses Angebot ab und rührt sich nicht. So vereinbaren die beiden gegen 3150 Gulden Honorar die Übergabe des Notenmaterials an André – es sind 15 schwere versiegelte Pakete, aber zusammen nicht einmal die Hälfte von Mozarts kompositorischem Lebenswerk. Schlitzohrig vereinbaren die beiden eine zweimonatige Rücktrittsklausel: Falls Breitkopf sich noch melden und ein höheres Gebot platzieren sollte, können sie das Geschäft doch noch mit ihm abschließen. Tatsächlich lässt sich Breitkopf auf erneute Verhandlungen ein, diese verlaufen aber im Sande, wohl auch dem Zaudern der Leipziger geschuldet. Als Breitkopf schließlich mit einem guten Angebot aus der Defensive tritt, ist es zu spät: Die 15 Pakete sind bereits auf dem Weg nach Offenbach – zu Constanzes tiefem Bedauern, die bereit war, einen umfassenden Rechtsverzicht zu leisten, falls Breitkopf sich im Gegenzug zu einem anständigen und friedlichen Umgang verpflichtete, wie Constanze-Biographin Viveca Servatius feststellt. André dagegen triumphiert und lässt in die Zeitung einrücken:

> *Die Frau Wittwe Mozart in Wien, hat mir die sämmtlichen ihr hinterbliebenen Manuscripte ihres Mannes, käuflich überlassen. Dadurch bin ich in den Stand gesetzt, die korrekteste Herausgabe, mehrerer bekannten und unbekannten Werke unsers Mozarts, zu veranstalten.*

Diese Sätze sind der Auftakt für eine große Werbekampagne und gleichzeitig für öffentlichen Streit zwischen André, Breitkopf und Constanze, den diese eigentlich vermeiden wollte, indem sie sich nur mit einem Verlag – aber eben dem besten – einließ. Beide Verlage bestreiten einander die Bedeutung ihrer Editionsarbeit und ihrer Quellen, über die sich nun in Leipzig und Offenbach Heerscharen von Druckern hermachen. Verdrießlich und kostspielig ist auch die Tatsache, dass André, sobald es ums Bezahlen geht, nicht zuverlässiger agiert als Breitkopf, und Nissen damit zu geharnischten Briefen nötigt. Wer einen so kostbaren Nachlass zu verwalten hatte wie Constanze, musste es mit Partnern aufnehmen, die mit allen Wassern gewaschen waren. Dazu musste man ebenso zielbewusst, gerissen und selbstbewusst sein.

Was Constanze bei Wolfgangs Tod an Selbstvertrauen noch gefehlt haben mag, schenken ihr ihre verlegerischen Erfolge und vor allem der öffentliche Beifall, den sie zusammen mit ihren Musikerkolleginnen und -kollegen einheimst, wenn sie die Werke ihres Mannes zu öffentlichem Gehör bringt. Allen voran ist unter diesen Kolleginnen ihre große Schwester Aloisia zu nennen. Zusammen geben sie 1794/95 mehrere große Akademien und führen dabei, für die Wiener eine Premiere, Nummern aus »La Clemenza di Tito« auf. Ein mozartsches Klavierkonzert trennt die Vokalteile voneinander. Solist ist zeitweise Ludwig van Beethoven, der sich 1792 endgültig in Wien niedergelassen hat, als Pianist Phänomenales leistet und am Beginn einer ruhmvollen Laufbahn steht. Der Erfolg der Akademien macht Constanze zuversichtlich, dass auch anderswo die Menschen ein offenes Ohr für Mozarts Musik in der Interpretation der »Frau Wittwe Mozart« haben. Nun projektiert sie eine Tournee durch Ost- und Norddeutschland. Mit dabei sein soll Aloisia, die seit einiger Zeit auf dem Absprung vom musikalischen Wien ist, das ihr zunehmend die kalte Schulter zeigt. Jede ihrer sieben Schwangerschaften gab ihren Kolleginnen Anlass, an ihrem Stuhl als Primadonna zu sägen. Nach dem Tod Josephs II. wurde sie endgültig aus dem Ensemble des Hoftheaters entlassen. Auch ihre Ehe mit dem Hofschauspieler Joseph Lange ist völlig zerrüttet. Dieser unterhält – kaum verborgen vor der Wiener Öffentlichkeit – eine Zweitfamilie mit mehreren Kindern und verschleudert sein

Vermögen am Spieltisch. Nichts hält sie mehr in Wien. So brechen beide Frauen im Herbst 1795 auf. Ihr Weg führt sie zunächst nach Prag, wo sie nun auch den vierjährigen Wowi bei den Dušeks und seinem Bruder Carl zur musikalischen Früherziehung lassen. In Prag endlich ist es den beiden einzigen Nachkommen Mozarts gegeben, einander kennenzulernen. Die beiden Frauen reisen weiter über Leipzig und weiter via Berlin nach Hamburg. Über Dresden kehrt Constanze im Sommer 1796 allein zurück. Aloisia versucht ihr Glück in Hamburg. Nach mehr als zwanzig Wanderjahren, die sie unter anderem in Amsterdam, Paris, Frankfurt und Zürich verbringt – immer mit der Musik ihres Schwagers im Programm und meistens erfolgreich und hochgepriesen –, schlägt sie erneut in Wien auf und wirkt als Gesangslehrerin. Von ihrem Mann erhält sie 600 Gulden Unterhalt im Jahr; die Ehe ist zwar nicht geschieden, aber die Trennung unumstößlich. Ob sie manchmal bedauert, nicht an Constanzes Stelle Madame Mozart geworden zu sein?

Constanze verbringt die nächsten Jahre zwischen Wien, Prag – wo ihr Carl gemeinsam mit Wowi die Jahre verbringt, die er später die glücklichsten seines Lebens nennen wird – und mit kurzen Gastspielen in österreichischen und süddeutschen Städten. Wiederholt verspürt sie mit Genugtuung, wie ihr die Sympathie der Menschen für ihren Mann entgegenschlägt. Die Zeit seines Ruhms ist gekommen. 1797 erlebt das Prager Publikum eine Premiere: den ersten öffentlichen Auftritt des sechsjährigen jungen Maestro Mozart. Constanze ist es über alles wichtig, dass wenigstens eines ihrer Kinder die Fackel der mozartschen Begabung weiterträgt. Nachdem Carl sich zwar für Musik interessiert, sich aber von den strengen Qualitätsmaßstäben der Mutter einschüchtern lässt, konzentriert sie sich auf das musikalische Fortkommen Franz Xavers, den sie in seinen ersten vier Lebensjahren zu unterrichten und zu drillen genug Gelegenheit hatte. Seinem Rufnamen fügt sie »Gottlieb« hinzu, als Franz Xaver zwei Jahre alt ist. Der Name wird offiziell und Lebensprogramm – und anscheinend rechtfertigt Wowi die Hoffnungen, die Constanze in ihn setzt. Das Prager Publikum jedenfalls ist, wenn man den Zeitzeugen glauben darf, hingerissen von dem Knirps, der, auf einem Tisch stehend, das erste Papagenolied aus der »Zauberflöte« seines »Tatis« anstimmt. Am Ende des Konzerts wird der Schlusschor aus »La Clemenza di Tito« zum Mitsingen für alle gegeben.

Wie gut die Mozartwitwe bei Kasse war, ist in der Welt der Musikhistoriker umstritten. Allerdings ist es unwahrscheinlich, dass sie jahrelang darbte. Vermutlich schwankte der Pegel heftig, aber das war sie aus ihren neun Ehejahren mit Wolfgang gewohnt. Und spätestens 1797 ist sie finanziell über den Berg: Den Dušeks leiht sie 3500 Gulden – gegen Zinsen. Daraus ist umgekehrt zu schließen, dass ihre Söhne Logis, Kost und Unterricht in Prag nicht gratis genossen haben, zumindest nicht die ganzen Jahre.

Nachdem Wowi seinen Befähigungsnachweis abgeliefert hat, vor einem freundlichen Prager Publikum, das Constanze zuvor publizistisch ermahnen lässt, »Nachsicht gegen die ersten Aeußerungen seines zarten Talents« zu üben, kehren die drei zurück nach Wien. Constanze will auf Gastspiele verzichten, die Mozarts wollen als Familie leben. Sie beziehen eine Wohnung im Michaelerhaus am Kohlmarkt, das schon viele Musiker beherbergt hat – sesshafte und durchziehende –, und halten ein offenes Haus, in dem sie auch Zimmer vermieten. Gleichzeitig sorgt Constanze für eine bestmögliche musikalische Schulung ihres Wowi mit Kompositions- und Instrumentalunterricht unter anderem bei Antonio Salieri. Frei von offensichtlichen Animositäten und professionell nimmt sich dieser des Buben seines angeblichen Rivalen an, attestiert ihm beim Abschied ein »seltenes Talent« und prophezeit ihm eine Karriere, »die der seines Vaters gleichkommen wird«.

Ehrlich gemeint, höfliche Geste oder von der Mutter bestelltes Gefälligkeitsgutachten – Sätze wie der Salieris sind geeignet, das

Selbstvertrauen des jungen Mozart eher zu unterminieren als zu fundieren. Auf ihm lastet der mütterliche Druck, ein zweiter Wolfgang Amadé zu werden und vor allem seinem Vater durch mangelndes Talent keine Schande zu machen. Solche Festlegungen stehen einer freien Entfaltung seiner spezifischen Begabung im Weg, und es ist auch nicht hilfreich, dass Constanze ihn wie einen Spitzenathleten oder ein empfindliches Rennpferd hätschelt und mit den besten Trainern umstellt. Der ewige Vergleich mit dem Vater wird wie ein schwerer Schatten über Franz Xavers Musikerexistenz liegen.

Das Familienleben in Wien dauert drei Jahre. 1801 verlässt Carl die Stadt, um im italienischen Livorno in einem Handelshaus eine Lehre zu beginnen. 1808 geht auch sein Bruder, um nahe dem galizischen Lemberg eine Stelle als Musiklehrer anzutreten. 1809 heiratet Constanze den ihr treu ergebenen Nissen, ihre zweite glückliche Ehe beginnt. 17 Jahre soll sie dauern. Immer im Dienste des mozartschen Gedenkens, leben sie an verschiedenen europäischen Orten. Sie übersiedeln 1810 nach Kopenhagen in Nissens dänische Heimat. In der funkelnagelneuen Stadt – ein Feuer hatte wenige Jahre zuvor fast tausend Gebäude eingeäschert – bewohnen sie zehn Jahre lang eine Wohnung in der Lavendelstræde 1 hinter den Wallanlagen um das Westtor. 1820 nimmt Constanze an Nissens Seite ihr Wanderleben durch Deutschland wieder auf und bezieht 1824 eine Wohnung am Salzburger Marktplatz. Dort bereiten die Nissens die fast tausendseitige Mozart-Biographie für den Druck vor. Nissen selbst erlebt ihr Erscheinen nicht mehr, er stirbt 1826 im Alter von 65 Jahren. Zwei Tage nach ihm stirbt im slawonischen Diakovár, auf halbem Wege zwischen Zagreb und Belgrad gelegen, der Musiker Jakob Haibel und Ehemann von Constanzes jüngster Schwester Sophie. Sophie stand den Mozarts zu Wolfgangs Lebzeiten am nächsten von allen Weberischen. Sie wachte am Sterbebett des Todkranken. Nun meldet sie sich in Salzburg an, Aloisia wird später nachziehen. Nachdem Josepha Hofer, die älteste Schwester, bereits 1819 gestorben ist, sind nun die drei verbleibenden vitalen Weberischen Witwen wieder vereint wie einst in Zell, Mannheim und Wien – nun aber ausgerechnet in der Stadt Leopold Mozarts, der zu seinen Lebzeiten sicherlich alles ihm Mögliche getan hätte, dies zu verhindern. Constanze nennt sich jetzt »Witwe Etatsräthin von Nissen gewesene Mozart«.

Nannerls Hoffnung, wieder nach Salzburg zurückzukehren, hat sich bereits 1801 mit dem Tod ihres 15 Jahre älteren, zwar wohl respektierten, aber ungeliebten Mannes Johann Baptist erfüllt. Sie lebt unweit des Marktplatzes im Barisanischen Haus in der Haffnergasse zurückgezogen, aber als angesehene Klavierlehrerin.

Mozart ist nach wie vor der Stern, der über den vier alten Damen strahlt. Aber Salzburg ist nach Colloredos Abdankung und der napoleonischen Säkularisation zur künstlerischen Provinz degeneriert. Die Hofkapelle ist aufgelöst, am Theater wirkt nur noch eine Sängerin mit akzeptabler Stimme. Unter den Theaterbesuchern tut sich mangels eines kunstinteressierten Bildungsbürgertums das Militär hervor; die gezeigten Stücke und Schauspielerinnen dürften dementsprechend gewesen sein. Die Stadt ist verarmt und entvölkert – Andreas Hofers antinapoleonische Guerilla zieht auch über die Salzburger Alpenpässe und bringt Unruhe, und das »Jahr Achtzehnhundert und erfroren«, das 1816 auf den Ausbruch des ostindischen Vulkans Tambora folgt, bringt einen eiskalten Sommer, Ernteausfälle und Teuerung mit sich. Ein Großfeuer vernichtet 1818 weite Teile der Salzburger Neustadt und zieht sogar Schloss Mirabell in Mitleidenschaft. Das Salzburg, in dem die Weberischen sich niederlassen, ist nur noch ein schwacher Abglanz der barocken mozartschen Heimat.

Über all die Zeit sind die Weberischen mit Nannerl in loser, manchmal über Jahre abgerissener Verbindung geblieben. Nannerl-Biographin Eva Rieger vermutet, dass vor allem Constanze unter den alten mozartschen Vorbehalten leidet und dass es die Beziehungen belastet, dass Verleger Breitkopf die Animositäten am Brodeln hält, indem er die beiden gegeneinander ausspielt. So entzündet er in Nannerl den Verdacht, dass Constanzes Egoismus die Breitkopf'sche Werkausgabe zum Torso verkrüppelte. Diese und andere negative Einschätzungen prägten das Bild Constanzes in der Öffentlichkeit bis ins 20. Jahrhundert hinein. Aber Nannerl nimmt Wowi aufs Herzlichste auf, als eine Tournee diesen 1821 nach Salzburg führt. Auch ihn berührt die Begegnung tief, wie er seinem Tagebuch anvertraut:

> *Ich ließ mich, wie leicht zu denken gleich zu meiner Tante führen, die sich sehr über meine Ankunft freute ... Ich konnte mich lange nicht von ihr trennen, und statt dass ich ihr erzählen sollte, mußte sie mir erzählen.*

Von den Reisen zum Beispiel, die sie vor sechzig Jahren mit seinem Vater machte und die sie als den Höhepunkt ihres Lebens betrachtet. Nannerl bringt ihn für Wochen in ihrem Haus unter und zeigt ihm ein depressives und deprimierendes Salzburg im Dornröschenschlaf, so bei einem Besuch des Hagenauerhauses in der Getreidegasse: »Die Nachkommen der damaligen Besitzer einst Gespielen meines Vaters waren zu Tränen gerührt, als durch meine Erscheinung« – die mozartsche Familienähnlichkeit mag eine Rolle gespielt haben – »ihnen so manches Bild einer glücklicheren Vergangenheit aufgefrischt wurde.« Ansonsten sind die Reihen der Gespielen, Freunde und Bekannten seines Vaters und seiner Tante bereits stark gelichtet. Katherl Gilowsky und Joly Sallerl, die wiederholt Gesprächsthema bei den Mozarts waren, sind tot. Die übrigen alten Damen scharen sich neugierig und entzückt um Wowi.

Gute Voraussetzungen also für eine Annäherung der beiden Familienstämme Weber und Mozart, die sich in den folgenden Jahren tatsächlich zögernd vollzieht. Nannerl stellt Nissen für die Wolfgang-Biographie ein 400 Dokumente starkes Konvolut an Briefen Leopolds zur Verfügung. Sie muss also überzeugt sein vom Ernst seines Anliegens und von seiner neutralen Gewissenhaftigkeit, die ihm übrigens Forscher bis heute bescheinigen. Persönlich hat sie nichts mehr von den Papieren, sie ist zu dieser Zeit fast völlig erblindet.

Nissens Tod 1826 bringt die Mozarts erneut in Salzburg zusammen. Wolfgang junior dirigiert in der Universitätskirche, dort, wo Wolferl vermutlich die ersten feierlichen Musiken seines Lebens gehört hat, dessen letztes Sakralwerk: das Requiem. Im Rathaussaal gibt er eine Benefiz-Akademie für Nissens Grabmal.

Eine tragikomische Burleske um die Mozartgräber wird kolportiert: Constanze soll nämlich Ansprüche erhoben haben auf einen Platz für Nissen und dereinst für sich selbst in der Familiengrabstätte auf dem Sebastiansfriedhof, wo bereits Nannerls verstorbene Tochter Jeanette ruht, und sich geschickt und brachial gegen die düpierte Schwägerin durchgesetzt haben, die ihrerseits grollend »weitergezogen« sei zum Petersfriedhof, wo sie im November 1829 bestattet wurde. Als Todesursache steht »Entkräftung« auf ihrem Totenschein. Die schwere Platte einer »Kommunegruft« deckt heute ihre Gebeine und die des Hoforganisten Michael Haydn. Und bis heute thront Constanzes Name golden unterlegt auf dem mächtigen bekreuzten Kalkklotz der alten mozartschen Grablege. Nissens Name muss sich mit einem Platz auf der Rückseite begnügen, während der Stammvater Leopold mit einer bescheidenen Steintafel zu Füßen beschieden wurde, zusammen mit seiner Schwiegermutter. Wie im Leben setzt sich Constanze im Tod durch. Sie stirbt achtzigjährig am 6. März 1842 in Salzburg. Gedenktafeln in Salzburg, Mannheim, Wien und Kopenhagen und ein winziges, kaum 100 Meter langes Straßenstümpfchen in ihrer Geburtsstadt Zell im Wiesental (Südbaden) erinnern heute an sie – und ein besonderes Bild.

2005, just im Jahr also vor Wolfgangs 250. Geburtstag, taucht in einem niederbayerischen Archiv ein uraltes Foto auf, die Kopie eines noch älteren Fotos. Experten schätzen dessen Alter auf 165 Jahre. Die Fotografie war gerade erst erfunden, das Bild zeigt eine Gruppe kaum erkennbarer menschlicher Gestalten. Im Mittelpunkt steht der Komponist Max Keller, vermutlich an seinem siebzigsten Geburtstag. Familie und Besucher umringen ihn – links eine ebenfalls ältere Dame mit markanten Zügen. Der Siebzigjährige war Schüler Michael Haydns und Organist in Altötting, eine Tagesreise salzachabwärts von Salzburg. Er kannte also Salzburg, und es ist nicht unwahrscheinlich, dass er in Constanzes geselligem »Dreimäderlhaus« verkehrte. Die Archivare machten öffentlich auf sich aufmerksam, indem sie behaupteten, bei der streng dreinblickenden Dame handle es sich um Constanze Nissen, geb. Mozart. Öffentlichkeitswirksam bemühten sich auch die Forensiker des Bayerischen Landeskriminalamtes um das Bild und verglichen es mit den wenigen Darstellungen, die sicher Constanze zeigen. Die Kriminalisten sekundierten so weit, dass sie feststellten, dass einige Gesichtszüge der alten Dame auch auf älteren Porträts von Constanze zu finden seien.

Ist sie's oder ist sie's nicht? Ihr langes Leben überspannt eine Epoche, an deren Beginn die meisten Menschen an ihrer Scholle klebten, fast noch wie zur Zeit der ersten schwäbischen Mozarts, und feudaler Willkür beinahe machtlos ausgeliefert waren – und an deren Ende sie in Eisenbahnen quer durch Europa reisten und sich mithilfe technischer Verfahren ablichten ließen, statt teure Porträtisten zu beauftragen.

Was Constanze in diesem langen Leben entbehrt hatte, hatte sie auch für Mozart entbehrt. Was Mozart in seinem Leben geschaffen hatte, hatte er auch für Constanze geschaffen, und sie hatte alles Recht der Welt, es sich anzueignen. Die Nachwelt aber zweifelte an ihrer Liebe zu Wolfgang und sah in ihr vor allem die kalte Ausbeuterin von Wolfgangs Gefühlen.

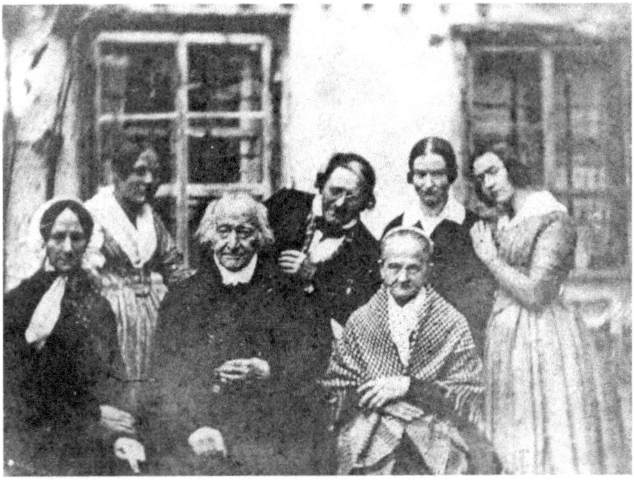

Die Dame links im Bild könnte Constanze Mozart sein. Anonymes Foto von 1840.

Einen Gegenbeweis zu führen ist schwierig. In den 51 Jahren ihrer Witwenschaft wäre es ihr ein Leichtes gewesen, alle belastenden Briefe und sonstigen Dokumente beiseitezuschaffen. Es ist auf dieser Grundlage unsinnig, über Constanze den Stab zu brechen, und dennoch haben einige Biographen es in vernichtender Weise getan. »[E]in triebmäßig dahinlebendes, sinnliches, primitives, launisches, lebenslustiges Weibchen, seine Papagena« nannte Arthur Schurig die junge, leidgeprüfte und selbstbewusste Frau. »Constanze war eine leichtlebige, dabei triebhafte Natur, sie gewährte Mozart – und vielleicht nicht nur ihm – erotische, zumindest sexuelle Befriedigung, wäre aber unfähig gewesen, ihm jenes Glück zu spenden, dessen ein geringerer zu seiner Selbstverwirklichung bedurft hätte«, rügte Wolfgang Hildesheimer – was immer damit gemeint sein mochte – und fuhr kaum weniger orakelnd fort: »Vielleicht offenbarte sich in ihnen [den untergegangenen Briefen an Wolfgang] jene Liebe und Fürsorglichkeit, die sie für ihren Gatten empfunden haben will, allzu ungenügend für die registrierende Nachwelt … Es ist unwahrscheinlich, daß sie jemals psychisch gelitten hat, und auch ihre physischen Leiden betrachten wir mehr als willkommenen Vorwand zu Badekuren.« Und Alfred Einstein fertigt sie kurz ab mit den Worten: »Constanzes Ruhm besteht darin, daß Mozart sie geliebt hat und damit in die Ewigkeit mitgenommen, so wie der Bernstein die Fliege.«

Jenseits aller Mystifikationen und zeitgebundenen Wertungen bleibt festzuhalten: Constanze verstand etwas von Musik, und sie verstand etwas von Geld. Diese beiden Qualitäten verbanden sie mit ihrem Ehemann. Und sie reichten völlig aus, um Wolfgangs Werk und Nachruhm zu sichern. Es ist zu bezweifeln, dass Wolfgang selbst jemals weit über die Musik hinausgedacht hat, zumindest was das Irdische betrifft. Nichts deutet darauf hin, dass er sich jemals Gedanken darüber machte, ob jemand sich 200 Jahre nach seinem Tode noch an ihn und an seine Musik erinnerte. Solche Erwägungen waren Auswüchse des Geniekultes, dessen Urheber die ihm folgenden Verehrer waren und von dem die Genies selber zu Lebzeiten allenfalls marginal profitierten. Mozart brauchte die Musik und das Geld zum Leben, er war besessen davon, aber nicht davon, dass man seinen Namen einst in einem Atemzug mit dem von beiden Eheleuten verehrten Bach nennen würde. Warum sollte Constanze darüber hinausdenken? Glaubt man aber den Biographen des späteren 19. und des früheren 20. Jahrhunderts, so hätte Constanze in klösterlicher Entsagung nur getreulich an der wahrhaftigen Dokumentation des Werkes und des Lebens arbeiten dürfen.

Dazu passte nun überhaupt nicht, dass Constanze auch als Witwe gut leben wollte. Dass sie sich wiederverheiratete und eine lange, gute Ehe mit einem geniefreien Menschen führte. Dass sie erotische Liebesbezeigungen gab und nahm. Das Moralin der Gründerzeit stellte dieses normale Leben unter Generalverdacht, dichtete ihr illegitime, nicht beweisbare Liebeshändel an und unterstellte ihr primitive Sexbesessenheit. Neidete man ihr am Ende, dass sie und Wolfgang ein offenkundig intensives und erfüllendes erotisches gemeinsames Leben teilten?

Dies alles will nicht so recht harmonieren mit der klugen und umsichtigen Art, mit der Constanze sich an das Steuerruder des schlingernden »Schiffes« stellte und es wieder auf Kurs brachte – mit der Hilfe vieler Freunde zwar, aber letztlich weitgehend selbstverantwortlich. Dabei sanierte sie nicht allein ihre Finanzen, sondern sicherte auch Mozarts Werk und darf mit Recht als die Chefingenieurin von Mozarts im frühem 19. Jahrhundert beginnendem überwältigenden Nachruhm betrachtet werden. Eine bloße menschliche »Rechenmaschine«, wie Mozart-Biographen ihr unterstellt haben, war sie ganz sicher nicht.

Constanzes Kampf um ihre und ihrer Kinder materielle Existenz – eine ihrer entscheidenden Triebfedern – wäre weit weniger bitter gewesen, wenn Mozart zu Beginn seiner Wiener Karriere seine Absicht verwirklicht hätte, dem »Pensionsverein für Witwen und Waisen österreichischer Tonkünstler« beizutreten. Die »Tonkünstler-Societät« unterstützte nämlich in Not geratene Künstler und deren Familien. Das Geld dafür stammte teilweise vom Kaiserhof, teilweise aus den Erlösen von Benefizkonzerten, an denen auch Mozart mitwirkte. Nur eben nicht zugunsten seiner eigenen Familie. In seinem Nachlass fand sich der ausgefüllte Beitrittsantrag. Weil eine Abschrift der Taufurkunde nicht beizubringen war, hatte er ihn nie abgeschickt.

»Dem Vater ähnlich an Gestalt und edlem Gemüthe« – Wolfgang juniors musikalischer Weg

Wir treffen den jüngsten Abkömmling der Mozarts, Franz Xaver Wolfgang, im Herbst 1808 wieder auf seinem Weg über im allgemeinen elende Straßen nach Galizien. Sein Ziel ist Lemberg. Die Stadt heißt heute Lwiw und ist der westliche Vorposten der Ukraine. Zu Wolfgang juniors Zeiten war sie seit 36 Jahren Hauptstadt des »Königreiches Galizien und Lodomerien«, viertgrößte Metropole und östlicher Brückenkopf der Habsburgermonarchie nach Ostmitteleuropa mit seinem bunten Völkergemisch aus Polen, Ruthenen, Österreichern, Deutschen, Ukrainern, Juden, Roma, Armeniern und vielen anderen. Nach Wien ist es von Lemberg aus dreimal so weit wie von Prag. Kaiser Joseph II., in Personalunion gleichzeitig König Galiziens, und seine Nachfolger suchen das Land brachial zu germanisieren. Mehrjährige Steuerfreiheit lockt Neusiedler aus dem Reich an. 1000 Gulden Gehalt, Kost, Quartier, Holz und Licht hat man ihm geboten. Ein österreichischer Musiklehrer wertet seinen Dienstherrn auf. Ob der Name Mozart bei der Besetzung der Stelle eine Rolle spielte? Oder ob der knapp 18-Jährige gerade dies suchte: die relative Anonymität, die Abwesenheit des väterlichen Schattens und des mütterlichen Anspruchs? Drängte es ihn in die weite Ferne, in eine Gegend, die schon fast auf halbem Wege nach Moskau lag, weil er nur hier glaubte, dem berühmten Namen seines Vaters keine Schande zu machen?

Wowi konnte als musikalisches Wunderkind gelten – wenn man seinen Vater einmal vergaß. Er war ein hochtalentierter Komponist – wenn man die Musik nicht kannte, die sein Vater geschrieben hatte. Seine Virtuosität auf dem Klavier war beeindruckend – wenn man seinem Vater nie zugehört hatte. Selbst der Unterricht bei den besten Musikern Wiens konnte darüber nicht hinweghelfen. Der Vergleich wird Wowi nicht gerecht. Aber es ist der Vergleich, den die Welt unwillkürlich zieht in dem Moment, als er an die Öffentlichkeit tritt. Ein anonymer Rezensent seiner Klaviersonate Opus 10 in Breitkopfs »Allgemeiner musikalischer Zeitung« im Oktober 1808 – da hat der junge Mann bereits das Weite des ostgalizischen Hügellandes gesucht: »Des großen Mozarts Sohn mag wohl auch an dieser Last tragen, und, man muss gestehen, bis jetzt hat er noch nichts bekannt gemacht, was ihn als Ausnahme von jener Regel darstellete.« Es folgt das zweite »offenherzige Geständnis« des Kritikers: »dass die Liebhaber der Tonkunst ihre Erwartungen von Hrn. Mozart beträchtlich herabstimmen müssen, wenn sie sich nicht getäuscht sehen und ihn dann wohl auch gar zu tief herabsetzen wollen«. Eine künstlerische Hinrichtung, die sich als verständnisvolle und wohlwollende Besorgnis tarnt – besser hätte man den Dolch nicht setzen können. Ob er sich neben dem Sohn gegen die Mutter richtet – und summarisch vielleicht an den Konkurrenten André, in dessen Verlag die Klaviersonate erscheint?

Was bei Wowi in auffälliger Weise fehlt und angesichts derartiger Heimtücke in der Entwicklung zurückbleibt, das ist der unbedingte Wille, sich als Komponist durchzusetzen. Was er schreibt, bereits ab dem zwölften Lebensjahr veröffentlicht und meist mit »Wolfgang Amadé Mozarts Sohn« zeichnet, hat größtenteils Bestand vor den kritischen Ohren der Zuhörer und der heutigen Musikologie, aber es ist nicht viel. Sein Werkverzeichnis endet bei Opus 30 – diese allerdings komplett publiziert –, das seines Vaters bei 626. Constanze fand bereits den Buben faul, der sich doch nur benahm wie auch andere Buben seines Alters: »Er, der von allen Ecken her Hilfe hat, tut beinah gar nichts, wenn man ihn nicht zwingt.« So schreibt sie nach Livorno an den älteren Carl und bittet ihn um brüderlichen Beistand:

> *Frage in einem Brief…, ob er denn auch fleißig ist und Nutzen von ihnen [Salieri und Kollegen] suchen wird zu ziehen, welches nur dadurch geschehen kann, wenn er fleißig komponiert, und frage ihn, wie viele Stücke er das Jahr durch komponiert…, sage ihm, was Du alles tun würdest, wenn Du so glücklich wärst, ihr Schüler zu sein.*

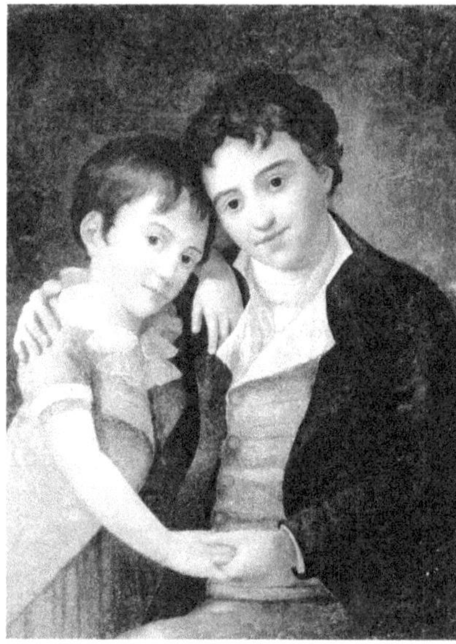

Carl Thomas und Franz Xaver Mozart, Constanzes und Wolfgangs Söhne 1798. Gemälde von Hans Hansen.

Constanze scheint nicht zu begreifen, dass eine Überfütterung mit Hilfe »von allen Ecken her« im Verein mit überhöhten Ansprüchen zur stillen, obstinaten Verweigerung führen könnte und zu dem, was der Schriftsteller Dieter Kühn »so etwas wie eine Grundmüdigkeit« des jungen Mozart nennt.

Was Wowi schließlich zu Papier bringt, bietet er den Verlegern auf eine schüchterne, verdruckte Weise an: »Ich nehme mir daher die Freiheit, Ihnen oben genanntes Werk – wenn ich es so nennen darf – … anzutragen«, stottert er im Begleitbrief seines ersten Klaviertrios an André. Und an Breitkopf: »Ich empfehle es in Ansehung seiner korrekten Erscheinung Ihrer Sorgfalt und verbleibe in Erwartung einer baldigen Antwort …« So dient er dem führenden deutschen Musikverlag sein erstes Klavierkonzert an, seinen ersten Beitrag zu einem Genre, in dem sein Vater mit dreißig Werken brilliert hat. Fast eine halbe Stunde Musik – und dann diese unterwürfige Sprache! Kein Wunder, dass die Antwort lange auf sich warten lässt und die »korrekte Erscheinung« vier Jahre in Anspruch nimmt. Mit derartiger »Sorgfalt« wäre Breitkopf bei Constanze an die Richtige geraten, und Wolfgang senior hätte sich vermutlich im Grabe umgedreht.

Mit Energie auf seinem Recht zu bestehen, Forderungen zu stellen, seinen Wert auszureizen, das also, was seinen Vater und seinen Großvater befähigt hat, Grenzen zu überschreiten – dies alles ist Wowi offenbar nicht gegeben. Diese Auseinandersetzung, das Musikgetriebe sucht er nicht. So lässt sich seine Liebe zu fernen Ländern und zum Dasein als Lehrer und Interpret und nicht als Schöpfer erklären: Der Ton des Vortrags verweht und entzieht sich dem Vergleich mit anderen Vorträgen, mit anderen Interpreten – es sei denn, der Zuhörer lauscht beiden direkt hintereinander. Lemberg ist das Wegtauchen in die Stille der Provinz, wo die Musik noch Musik ist und kein Wettbewerb.

Lebendig begraben in Lemberg ist der Maestro deshalb noch lange nicht. Nach zehn Jahren wagt er eine lange Konzertreise durch Europa, wo er auch Salzburg und seine Tante Nannerl kennenlernt. Auf seinem Plan stehen eigene Werke neben denen seines Vaters. Ein Aufenthalt in Wien schließt sich an. Eine feste Anstellung scheitert. Die Liebe zieht ihn zurück nach Galizien – eine unmögliche Liebe zu einer verheirateten Frau, der Sängerin Josephine Baroni von Cavalcabò, die später seine Alleinerbin wird – Nachkommen zeugt er nicht. Weitere 16 Jahre verbringt er in Lemberg, ergattert 1834 den Posten eines Theaterdirektors, unterrichtet Josephine und ihre Tochter Julie, komponiert ein wenig und bereichert das örtliche Kulturleben mit der Gründung des Cäcilienvereins und mit seinen Aufführungen eigener und väterlicher Musik. 1838 verlässt er 47-jährig die Ostprovinz endgültig. Seine letzten Lebensjahre verbringt er wieder in Wien und erliegt sechs Jahre später auf einer Kur in Karlsbad, wo auch sein Grabstein steht, einem Krebsleiden.

Magenkrebs – tödliches Siegel des Grams und unterdrückten Ärgers oder Erbteil des Großvaters? Kann er überhaupt etwas geerbt haben von Leopold? Ist er überhaupt der biologische Enkel seines bekannten Großvaters und der Sohn seines überragenden Vaters? Über diese Frage wurde tatsächlich fast zwei Jahrhunderte lang gestritten. Denn für Menschen, die die menschlichen Verhältnisse gern auf die Biologie reduzieren, steht die »Mittelmäßigkeit« des Sohnes in einem zu krassen Missverhältnis zum »Genie« des Vaters, als dass sie glauben könnten, dass zwischen diesen Generationen eine direkte Abstammungslinie verläuft. Als Projektionsfläche bot sich Franz Xaver Süßmayr an, der »Dalk«, als den Mozart ihn titulierte. Geile Fantasien sehen ihn in der Badener Kur seinem Lehrer und Maestro Hörner aufsetzen und einen mediokren Musiker zeugen. Wie viel Geringschätzung da mitschwingt, den Mozarts gegenüber, aber vor allem gegenüber den verschlungenen Wegen, die das menschliche Talent gehen kann. Die Vermutung zu widerlegen, wurden die absonderlichsten Apologien und Theorien bemüht – zum Beispiel die des »Mozart-Ohres«. Wolfgang Amadé Mozart war sich bewusst, dass er eine Schokoladenseite hatte: Fast alle erhaltenen Bildnisse zeigen ihn von rechts, auf Dora Stocks bekannter Silberstiftzeichnung ist sein linkes Ohr von Haaren bedeckt. Es heißt, er habe sich einer Missbildung dieses Ohres geschämt. Dieselbe Missbildung wollen aufmerksame Betrachter beim Vergleich mit Bildnissen Wolfgang juniors gefunden haben und zitieren sie als Beweis, dass er unzweifelhaft der Sohn seines berühmten Vaters ist.[27]

Provinzbeamter statt Komponist – Carl Thomas, der letzte musikalische Mozart

Wir kommen zurück auf ein Kind, das seinem Großvater als Säugling viel Vergnügen macht, »denn es ist ungemein freundlich und lacht, so oft man's anredet«. Als Erwachsenem blieb es diesem Menschen erspart, sich an seinem überragenden Vater messen und messen lassen zu müssen, »da es« – so schreibt er später selbst – »schon durch einen Machtspruch meiner Mutter beschlossen war, dass nicht ich, sondern mein damals 2-jähriger Bruder in diese Bahn eintreten sollte«. Und klug setzt er hinzu, »dass Söhne eines Vaters, der sich ausgezeichnet hat, nie dieselbe Bahn betreten sollen, da sie doch niemals den an sie gerichteten Forderungen würden entsprechen können«.

Carl Thomas haben ihn seine Eltern getauft im September 1784. Woher die Namen? In ihren Familien ist kein Carl überliefert, kein Thomas. Bei der Wahl der Taufnamen für ihre sechs Kinder bedienen sich die Mozarts frei nach dem Zeitgeschmack und eigenem Gusto sowie mit Rücksicht auf die Taufpaten, von denen einige zu ihren Mäzenen gehören. Reverenzen an den Heiligenkalender oder an Familientraditionen sind spärlich – der Großvater ärgert sich, dass sein Name nur als Zweitname für zwei Constanze-Sprösslinge taugt. Constanze könnte die Vorstellung gegen den Strich gegangen sein, dass der Name eines Menschen, der sie hasste, jeden Tag in der Luft lag.

Das Kind weiß sich den Ansprüchen der Eltern frühzeitig zu entziehen – zum Leidwesen Wolfgangs, der in Heegers Institut einen bäurischen, faulen, geniefreien Knaben aufwachsen sah. Es reicht ihm, die Oper aus der Loge zu genießen. Ob er im Prager »Institut« der Dušeks besser lernte? Oder auch hier lieber den ganzen Tag durch die Gärten der Villa Bertramka streifte und die Bäume erkletterte? Fest steht, dass er das Gymnasium nicht erfolgreich absolvierte. Auch die Mahnungen und Anweisungen Gymnasialprofessor Franz Xaver Niemetscheks scheinen demnach an ihm abgeperlt zu sein.

Also fort nach Livorno mit ihm! Noch eine Ruhepause en famille, und mit 16 ist er der erste Mozart, der sich im Ausland sesshaft macht. Ein Handelshaus bildet ihn zum Kaufmann aus. Livorno liegt am Mittelmeer westlich von Florenz im Großherzogtum Toskana, ist also politisch gesehen Österreich. Wir dürfen es uns wie eine Art italienisches Augsburg vorstellen: Freihandelszone, Verlagsstadt, Schmelztiegel der Nationen, tolerant in religiösen Dingen, das Gewerbe blüht. Diderots umstrittene »Encyclopédie« erschien hier erstmals auf Italienisch.

Kassenbücher statt Komponierunterricht – der junge Carlo bewältigt es, aber gefallen tut es ihm nicht. Dies vertraut er seinem kleinen Bruder an. Wo wohnt er? Wie lebt er? Was tut er, wenn er nicht im Kontor oder im Magazin steht und arbeitet? Carl ist ein hübscher Junge vom dunklen Typ, wenn wir seinem einzigen Jugendbildnis trauen dürfen, das kurz vor dem Abschied nach Italien entsteht und ihn, schon gekleidet in Rock, heller Weste und Halsbinde wie ein junger Herr, Arm in Arm und Hand in Hand mit dem kindlichen Wowi zeigt. Er könnte den jungen Italienerinnen und deren kuppelwütigen Müttern gefallen haben. Er lernt ja einen soliden Beruf und hat vielleicht Aussichten auf eine sichere Stellung, Firmenanteile oder gar ein eigenes einträgliches, berechenbares Einkommen.

All dies können wir nur vermuten. Wir wissen es nicht. Denn komplettes Dunkel liegt über den Jahren bis 1805. Dann hören wir wieder von dem Ausgelernten. Mit Klavieren will er handeln, wie er dem Wiener Instrumentenbauer Andreas Streicher brieflich mitteilt. Er denkt an den Import Streicher'scher Instrumente nach Italien. Streicher ist ein Meister seines Faches, Schwiegersohn von Mozarts Klavierbauer Johann Andreas Stein, dessen Tradition er wie sein Schwager Matthäus Andreas Stein in der Donauhauptstadt weiterführt. Doch die Zeiten sind »kritisch«, wie Carl selbst einräumen muss, und ins finanzielle Risiko gehen will oder kann er nicht. So bleibt es vermutlich bei dem Traum einer Verbindung von Musik und Kaufmannsstand.

Dann vielleicht doch die Musik? Der alte Joseph Haydn empfiehlt ihn auf sein Bitten hin an den Mailänder Konservatoriums-Direktor und Komponisten Bonifazio Asioli. Constanze ermutigt und entmutigt ihn gleichzeitig. Anfang März 1806 – Carl hat gerade angefangen mit den Studien – beglückwünscht sie ihn zu seiner Entscheidung: »Ich wußte längst, dass Dir die Musique nicht gleichgültig sein oder bleiben könnte.« Und:

> *Nur erinnere Dich stets meiner so herzlichen Lehren, nämlich: daß keiner von Mozarts Söhnen mittelmäßig sein darf, um sich nicht mehr Schande als Ehre zu machen … Sey also fleißig, doppelt fleißig! Überdies muß ich Dir sagen, daß Du an Deinem Bruder einen starken Revalen hast, dem wirs freulich nicht gestehen, um ihn nicht stolz zu machen und um seinen Fleiß zu vermehren. In der That würde es mir wehe thuen, einen über den anderen Bruder geschätzt zu sehen.*

Sie ist nicht völlig überzeugt von der musikalischen Berufung ihres Ältesten, später attestiert sie ihm »mehr Herz zum Handeln als zur Musique«, aber sie gesteht ihm zu, dass er den Versuch macht. Ein Wechsel Nissens sorgt für den Lebensunterhalt des jungen Mozart. Gleichmütig und ohne Dank – kritisiert die Mutter einmal – streicht er das Geld ein.

Über Carls Studium bei dem hoch angesehenen Maestro wissen wir nur das, was in Constanzes Korrespondenz durchklingt. Seine Briefe sind verschollen. Sie kommen auch so spärlich und knapp, dass Constanze ihn deshalb mehrmals rügt:

> *Dein letzter Brief machte mir nicht viel Freude, weil gar nichts Herzliches darin ist und [es] für einen so kalten leeren Brief wircklich schade um das theuere Postgeld ist … Ich kann es garnicht begreifen, warum Du so lau gegen Deine so zärtliche Mutter verfährst.*

Carl versucht sich herauszureden, er habe die Sorge, dass Briefe verloren gehen könnten, aber nichts da:

> *Kein Brief, den Du [selbst] auf die Post giebst, wird uns verlohren gehen …; weil erstens Dein Vater sowohl als auch ich zu bekannt sind, und Dein Vater selbst die Briefe aufgiebt und auch alle, die kommen, selbst abholt, und er sich von jeher niemals in diesem Stücke auf Bediente oder auf gute Freunde verlaßen hat noch wird.*

Komponiert er wenigstens fleißig? Zweifel werden laut: »Warum bekomme ich denn nie von Deinem Werke etwas zu sehen, so Du mir doch versprochen hast?« Ein möglicher Grund: Carl ist mit Asioli als Lehrer nicht glücklich. Sogar gestritten haben sie, was selbst Nissen (er nennt sich »Vater«) veranlasst, mahnend zur Feder zu greifen. Er berät mit Constanze, ob er in Wien bei Salieri und Albrechtsberger weiterstudieren soll wie sein Bruder. Ihre Antwort ist nicht hilfreich: Zwar rät sie ihm zu, Kapellmeister Joseph Weigl vom Burgtheater habe ihm sogar eine Stelle in Aussicht gestellt, sie deutet aber mehr als nur an, dass sie Wowi für den Begabteren von beiden hält, drängt auch: »Du bist in einem Alter, wo Du nicht noch zehn oder zwanzig Jahre probiren kannst.« Besser kann man einen Unentschlossenen nicht blockieren.

Die Begeisterung ist verflogen. Carl sinniert über Auswege, um seinen offensichtlich aufwendigen Lebensstil mühelos zu finanzieren – etwa den, in Italien in eine wohlhabende Familie einzuheiraten. Diesen Zahn zieht ihm die Mutter schnell:

Nur bitte ich Dich, im Fall Du eine reiche Mariage machen kannst, Dich nie auf Dein Weib zu verlaßen. Du mußt immer suchen, Dein Brod selber verdienen zu können und nicht der Gnade eines Weibes zu leben. Ich glaube, daß kann kein Mann von Ehre vertragen, ohne gewiß recht unglücklich zu seyn. Ich hoffe, Du verstehest mich.

Also muss ein Brotberuf her, und um den Jahreswechsel 1809/10 meldet Carl Vollzug, wie wir einer Gratulation seiner Mutter entnehmen können. Nissen war mit einem Empfehlungsbrief behilflich. Carl hat einen Posten als Übersetzer in der französischen Verwaltung der Lombardei ergattern können. Die Musik will er als Liebhaberei weitertreiben. Nach mannigfaltigen Verwicklungen macht sich im Frühjahr 1810 Mozarts Konzertflügel auf die gefährliche Reise nach Mailand. Eines von Constanzes wertvollsten Andenken an ihren ersten Mann, aber bei der Übersiedlung nach Kopenhagen ist er im Weg. Der Sohn findet im Übrigen, dass er nicht genug zum Leben hat, daher fordert er – ganz wie der Großvater und der Vater – einen Kredit mit seinem zu erwartenden Erbteil als Sicherheit. Abgelehnt – es wäre töricht, die Reserven anzugreifen, die Constanze mühselig aufbauen konnte, nachdem sie die Schulden ihres verstorbenen Mannes zurückgezahlt hat. Überdies habe Carl nicht weniger Einkünfte als Nissen, der wieder Veranlassung sieht, sich persönlich einzuschalten und das erforderliche Machtwort zu sprechen.

1815, nach Napoleons Niederwerfung, wechselt Mailand den Besitzer und Carl den Dienstherrn. Er ist nun zusätzlich »kaiserlich-königlicher Staatsbuchhaltungsoffizial«. Seinen Hang zum »Schachern«, den Constanze ihm bescheinigte, kann er nun ausleben. Er gründet keine Familie. Er nimmt am Mailänder Musikleben teil, veranstaltet Konzerte mit und ohne mozartsche Musik und unterrichtet im Klavierspiel – auch Constanza Casella, die

Tochter eines Armeeobersten. Diese bringt 1823 ein Töchterchen zur Welt, aber die kleine Constanza erliegt mit zehn Jahren den Pocken. War Carl ihr Vater, wie gelegentlich behauptet wird? Constanze Mozart sei untröstlich über den Tod ihres einzigen Enkelkindes gewesen, habe Carl seinen Freunden kurz vor seinem Tod gebeichtet. Sonderlich glaubhaft ist die Geschichte nicht – hätte ein hoher italienischer Offizier es einfach hingenommen, wenn der Klavierlehrer seine Tochter »entehrt«? Hätte die angebliche Großmutter es hingenommen? Von ihr sind keine Äußerungen überliefert, die tiefen Gram über den Tod eines Enkelkindes belegen. Wer auch immer Constanzas Vater war – es hätte nichts daran geändert, dass mit Carl die Familie Wolfgang Amadé Mozart erlischt.

Carls undramatisches Beamtenleben bringt ihm Wohlstand. Mit der Familie bleibt er in brieflichem Kontakt, in den selbst seine Tanten eingeschlossen sind. In großen Abständen sieht er seine Familie, Wowi besucht ihn auf seiner Konzertreise durch Italien, auch Constanze kommt auf ihrer Grand Tour 1825 nach Mailand, er reist nach Salzburg – auch um den Ruhm seines Vaters zu mehren. Das Geld reicht, um den »Dommusikverein und Mozarteum« mit großzügigen Spenden und Legaten zu bedenken. So kommt neben Noten und Büchern aus Familienbesitz auch der Flügel seines Vaters nach Salzburg – eine »Reliquie« ersten Ranges. Als 1842 das Salzburger Mozart-Denkmals am früheren Michaelsplatz enthüllt wird, ist er wie auch sein Bruder Ehrengast.[28] Auch an den Salzburger Feiern zum 100. Mozart-Geburtstag nimmt er teil.

Seinen Altersruhesitz wählt Carl in Caversaccio im Voralpenland westlich von Como und eine Tagesreise nördlich von Mailand, dessen gesundes Trinkwasser er schätzte. Bis heute leisten sich wohlhabende Mailänder hier ihre Landhäuser. Man baut Obst an in der Gegend und ein wenig Wein, Zedern und Palmen schmücken die Parks, hinter einer niedrigen Hügelkette ahnt man die Schweiz. Carlo ist beliebt in Caversaccio – spielt es überhaupt eine Rolle, dass er ein Mozart ist? Als er mit 74 Jahren stirbt, am 31. Oktober 1858, erbt die Gemeinde sein Haus unter der Bedingung, dass sein Diener Giuseppe, ein Einheimischer, bis an sein Lebensende darin wohnen darf. Auf dem Cimitero Monumentale di Milano, dem 1866 konsekrierten Zentralfriedhof, erinnert ein leeres Grab an den letzten Musiker der Familie Mozart. Seine sterblichen Überreste sind verschollen. Was ihn überdauert, das ist seine Arbeit für den Nachruhm seines Vaters und sein Haus in Caversaccio. Eine Gedenktafel und die unweit gelegene Via Carlo Mozart weisen auf ihn hin.

Nachdem also Leopold Mozarts Familie im Mannesstamm erloschen ist, bleiben Nannerls drei Kinder. Der kleine »Leopoldl«, Leopold Alois Pantaleon, um dessen musikalische Frühförderung sich der Alte so aufopfernd wie erfolglos bemüht hatte, heiratet 1816 in Bregenz eine Therese Fuggs und stirbt 1840 in Innsbruck. Johanna Maria Anna Elisabeth stirbt 1805 16-jährig. Maria Barbara, die Jüngste, wird keine fünf Monate alt. Leopoldl hinterlässt aus seiner Ehe die 1817 geborene Tochter Henriette, auch Jeannette gerufen. Ein Söhnchen überlebt die ersten Tage nicht. Henriettes Sohn Gustav stirbt mitten in einer erfolgreichen Militärlaufbahn 1875 in Theresienstadt. Tochter Bertha, geboren 1842, heiratet den Südsteirer Franz Forschter, einen »k.k. Militärpflegsverwalter«, und zieht mit diesem nach Graz. Bertha kommt ab 1874 insgesamt fünfmal als Pflegling in die »Landes-Irrenanstalt am Feldhof«. Diagnose: »Paranoia«. Im Juni 1889 wird auch Mutter Henriette eingeliefert – mit derselben Diagnose. Beide sollen die Nervenklinik nicht mehr lebend verlassen. Henriette stirbt am 18. Mai 1890, Bertha als letzte Nachfahrin Leopold Mozarts am 9. Januar 1919. Die Stadt Graz widmete den Forschters ein Ehrengrab auf dem Grazer Zentralfriedhof.

Steigen wir also noch einige Äste empor am Stammbaum der Mozarts. Caroline Jakobine Grau, geborene Mozart, aus der Linie von Leopolds Bruder Josef Ignaz, verstarb kinderlos im Jahr 1965 in Augsburg. 1884 geboren, ist Caroline die letzte bekannte Nachfahrin all jener Mozarts, die mit Leopold Mozart nachweisbar verwandt waren. Außer diesen dürren Daten sind alle Spuren ihres Lebens verwischt, vergessen. Nichts deutet heute darauf hin, dass Carolines Augsburger Zeitgenossen ihrer Herkunft jemals Rechnung trugen oder sie gar dafür ehrten. Im benachbarten Leitershofen dagegen wurde die mozartsche Sölde 1897 wiedererrichtet. Ihre heutigen Eigentümer tragen den Namen Mozart ebenfalls nicht mehr. Sie könnten die letzten Nachkommen von Andris (Andreas) Motzhart sein, der fünf Jahre vor der Entdeckung Amerikas den Ruhm der Familie Mozart begründen half.

»Amadeus«, der Kult beginnt – Was von den Mozarts blieb

Wolfgang Amadé Mozart war bei seinem Tod kein Vergessener. Er hatte im Gegenteil die Gabe, Menschen um sich zu versammeln, die mit wenigen Ausnahmen ihrerseits keine überragenden Talente waren, die aber seine Begabung und den Rang des von ihm Geschaffenen erkannten. Und er hatte Hinterbliebene, die auch in schweren Zeitläuften das Menschenmögliche taten, seine Hinterlassenschaft zusammenzuhalten und zu publizieren sowie die Dokumente seines Lebens – auch seines Familienlebens – vor dem Untergang zu retten und der Öffentlichkeit zugänglich zu machen.

In dem Maß, wie nun die Massen also sich für Mozart zu interessieren begannen, stand auch das Material zur Verfügung, das ihnen Antworten gab auf die Frage: Wer war der Mensch hinter den Klängen? Millionen versuchten sich an den Rätseln, die dieser Mann und seine Musik ihnen aufgaben. Seine Werke gehörten bereits zu Beginn des 19. Jahrhunderts zum Kern der Opern- und

Konzertrepertoires, so »La Clemenza di Tito«, die gleichzeitig jahrzehntelang als eine Art Staatsmusik fungierte, wenn Herrscher inthronisiert wurden, bis sie fast völlig in Vergessenheit geriet. Vom Requiem haben wir bereits gehört, wie es über Deutschland hinaus zur quasi offiziellen Trauermusik wurde. Die »Zauberflöte« beeindruckte Goethe dermaßen, dass er ein eigenes Fortsetzungsprojekt begann mit Zelter als Komponisten und ihm selbst als Librettisten. Er gab es auf halbem Wege auf, als in Wien Schikaneder »Der Zauberflöte zweyter Theil. Das Labyrinth oder Der Kampf mit den Elementen« auf die Bühne brachte. Mozart wurde »popolar« auch in den Salons des Bürgertums, wo seine enorme Produktion an Kammermusik die Laien herausforderte, ihre Virtuosität zu erproben. Zugute kam ihm, dass es kaum ein Genre gibt, das er nicht reich bediente. Liebhabergesellschaften schossen aus dem Boden, vielfach an den Orten, an denen Wolfgang sich aufgehalten hatte, wo aber noch keine Institutionen sich um die Pflege des Mozart-Erbes kümmerten. Und das Salzburger Bürgertum begann sich mit den Jahren des Schatzes zu erinnern, den diese Familie für ihre Stadt bedeutete. Es waren Salzburger Bürger, die 1841 den Vorläufer der heutigen Stiftung Mozarteum gründeten: den »Dommusikverein und Mozarteum«, der ursprünglich bezweckte, Nachwuchs für den Dienst im Salzburger Dom und den anderen Kirchen heranzubilden. Die in ihrer Energie nicht nachlassende Constanze war trotz ihrer achtzig Jahre auch hier eine der treibenden Kräfte und wesentliche Geldgeberin. Als Leiter sah sie ihren Wowi vor, setzte sich damit allerdings nicht durch. Er wurde später Ehrenmitglied des Vereins und bedachte ihn mit einem großen Nachlass an Manuskripten und Fragmenten seines Vaters, mit dessen Clavichord und gesamter Bibliothek.

Ein halbes Jahr nach Constanzes Tod, 1842, löste die Errichtung eines Mozartdenkmals auf dem ehemaligen Michaelsplatz – heute Mozartplatz – schwere öffentliche Auseinandersetzungen innerhalb der Salzburger Gesellschaft aus – für das Denkmal des Komponisten musste ein Standbild des heiligen Michael weichen. Ein Musiker statt eines Heiligen – plötzlich war die Musik im öffentlichen Raum wichtiger als früher die Religion.

Der bürgerliche Kult um Kunst und Genie war zur Ersatzreligion geworden. Von hier war es nicht mehr weit zu Nietzsches These, die Kunst sei die letzte metaphysische Leistung des Menschen, wenn die Moderne alle Gewissheiten geschleift hätte wie die Festungsringe um die mittelalterlichen deutschen Städte. Fast alle Götter dieser Ersatzreligion hatten ihre Talente, ihre Beharrlichkeit und ihre Durchsetzungsfähigkeit gemeinsam – ganz so wie wir es seit frühester Zeit bei den Mozarts sehen und mit großem Dank für ihre Menschheitsgeschenke anerkennen.

Dank

Dank an die, die mich mit der Begeisterung für Musik infizierten – manche, ohne es richtig zu merken. Stellvertretend möchte ich Ernst Friedrich, den Jungen mit dem riesigen Konzertflügel und dem »Weberisch« offenen Elternhaus, und Bernd, den ebenso Verbindlichen wie Kritischen, erwähnen. Dank an Ralf, den großen Inspirator so vieler Autoren, der nicht mehr mitlesen kann. Dank an Thomas, der an mich glaubte, als nicht einmal ich selbst es tat. Dank an Familie und Freunde, die das Monomane des begeisterten Schreibers aushielten. Dank an die frühen Leserinnen und Leser des Textes, die mir nichts schenkten und mich dadurch wiederholt in die Spur zurückbrachten, allen voran Gaby. Dank an den freundlich-genauen Sachverständigen Dr. Ulrich Leisinger. Dank all den tüchtigen Mitmenschen im Verlag. Und Dank schließlich an Jonas Wegerer, der aus den »Tönen« des Manuskriptes die »Musik« des Buches machte.

Anmerkungen

1 Karl V. war im Verlauf eines kriegerischen Lebens körperlich verbraucht und glaubte es mit seinem christlichen Gewissen nicht vereinbaren zu können, persönlich mit seinen evangelischen Gegnern über die Entmachtung seines Amtes, die er klar voraussah, zu verhandeln. Nur durch einen dreisten diplomatischen Kniff rettete Ferdinand den Augsburger Religionsfrieden. Karl persönlich stimmte ihm nicht zu. In seinen eigenen Erblanden setzte er ihn nicht in Kraft. Im Folgejahr trat er von seinem Kaiseramt zurück und zog sich zum Sterben in das abgeschieden weit westlich von Madrid gelegene Hieronymitenkloster San Jerónimo de Yuste zurück. Der Lyriker August von Platen gab der Resignation des Kaisers, als dieser an der Klosterpforte anlangt, eine ergreifende Stimme: »*Nun bin ich vor dem Tod den Toten gleich/ Und fall' in Trümmer, wie das alte Reich.*«

2 Aus heutiger Sicht ein eigentümlicher Stoff für ein Schülertheater: Die Wiedererlangung der Kurwürde durch den bayerischen Herzog Maximilian I. nach dem Dreißigjährigen Krieg wird in diesem Schauspiel mit der Rückkehr eines Apfels ungewöhnlicher Größe zum römischen Kaiser Theodosius II. (408–450) verglichen, den dieser am Weihnachtstag erhalten und seiner Gemahlin Eudokia geschenkt hatte. Diese sandte noch am selben Tag den Apfel an den erkrankten Paulinus, den Magister officiorum, der die Frucht wiederum als Geschenk an Kaiser Theodosius zurücksandte und dafür vom eifersüchtig gewordenen Regenten zum Tode verurteilt wurde.

3 Goethe drückt die ärztliche Hilflosigkeit und Experimentierlust drastisch aus, indem er den prominentesten Mediziner der Literatur, seinen Faust, auf dem Osterspaziergang zu seinem Famulus Wagner sagen lässt: *So haben wir mit höllischen Latwergen/ In diesen Tälern, diesen Bergen/ Weit schlimmer als die Pest getobt./ Ich habe selbst das Gift an Tausende gegeben:/ Sie welkten hin, ich muss erleben,/ Dass man die frechen Mörder lobt!*

4 Ein Sykophant war im alten Griechenland jemand, der andere denunzierte, um sich dadurch materielle Vorteile zu verschaffen. Die Beschimpfung »Sykophant« wog dementsprechend schwer und dürfte auf die Erbitterung hindeuten, mit der in Salzburg um den rechten christlichen Weg gestritten wurde.

5 Übersetzung zitiert nach Werner Pieck: Die Mozarts. Portrait einer Familie, Frankfurt 2007, S. 18f.

6 Hübner war Schwabe wie Leopold Mozart. Dass die Mozarts im »Salzburger Intelligenzblatt« zu Lebzeiten nicht vorkamen – zum Beispiel in einem Bericht über das Tanzmeisterhaus – und dass Wolfgang Amadés europaweit beachteter Tod ihm nur eine verspätete Meldung von wenige Zeilen wert war, deutet darauf hin, dass die Mozarts nach Wolfgangs Weggang personae non gratae waren. Auch ist aus

Mozarts Wiener Produktion nur eine einzige öffentliche Aufführung in Salzburg überliefert.

7 Von solcher Großzügigkeit profitierte nicht nur die Familie Mozart – auch Hof- und Domorganist Anton Cajetan Adlgasser und damit Wolfgangs Amtsvorgänger als Hoforganist, reiste auf Schrattenbachs Kosten für ein Jahr nach Italien, während die Mozarts auf Grand Tour waren.

8 Für den Abdruck des Originals siehe: http://dme.mozarteum.at/DME/briefe/letter.php?mid=1049.

9 Mehrere »Weichspülungen« dieses drastischen Textes gipfelten in dem süßlichen: *Gute Nacht!/ bis der Tag erwacht!/ Alle Sorgen,/ ruht bis morgen!/ Euch gute Nacht!/ Schlaf wohl!/ schliess(t) nur die Augen (jetzt) zu,/ schlaf mein Liebchen,/ fein sanft, schlaf in guter Ruh,/ gute Nacht!/ Schlaft fein süss,/ bis nun der Tag erwacht!*

10 Galimathias bedeutet unsinniges Durcheinander. Mozart selbst – der Vater oder der Sohn? – greift das Wort auf in einem der frühesten Wolfgang-Werke, dem 1766 entstandenen »Galimathias musicum«, den Wolferl auf der Grand Tour durch Europa schrieb.

11 Zitiert nach Friedrich Schlichtegroll: Johannes Chrysostomus Wolfgang Gottlieb Mozart, Leipzig 1942.

12 Maximilian III. Joseph ist der letzte bayerische Wittelsbacher. Mit ihm stirbt seine Linie aus, und sein entfernter kurpfälzischer Vetter, der musikbesessene Carl Theodor, sowie dessen Nachkommen erben den bayerischen Thron. Kurzerhand verlegen sie 1777 ihre Residenz nach München. Das für seine Größe, Disziplin, Innovationskraft und Klangqualität berühmte Orchester, dessen Techniken und »Manieren« die Musiker der Mozartgeneration prägt, zieht ihnen nach.

13 Bereits in der schwäbischen Heimat seines Vaters hatte Wolferl als Zehnjähriger einen Orgelwettstreit mit dem weit bekannten zwölfjährigen Joseph Sigmund Eugen Bachmann zu absolvieren. Initiator war damals Christoph Moritz Bernhard Graf Fugger. Die »Partie« ging nach verbreiteter Meinung der Zuhörer remis aus. Einer ähnlichen musikalischen Kampfdisziplin musste sich Wolfgang auf seinen Reisen wiederholt stellen.

14 In einem anderen Brief bemäntelt Wolfgang sein Verharren in Mannheim dürftig damit, dass es bisher unmöglich gewesen sei, eine billige Gelegenheit für die ursprünglich geplante Rückreise der Mutter nach Salzburg zu finden.

15 Die 2019 erschienene zweibändige Dissertation »Leopold Mozart – Komponieren in einer Zeit stilistischen Wandels« von Erich Broy beleuchtet detailliert den Arbeits- und Zusammenarbeitsprozess der beiden Mozarts und dessen Resultate neu.

16 Dreizehn Jahre später wird sich Wolfgang mit der Oper »Il Re Pastore« für den Anzug von Maximilian Franz revanchieren.

17 Ähnlich den Mozart-Geschwistern galten die Mendelssohns ihren Zeitgenossen als Wunderkinder. Die 1805 geborene Fanny trat mit 13 Jahren erstmals als Klaviervirtuosin hervor. Sie schrieb, von ihrem Bruder und ihrem Ehemann durchaus in ihrem Schaffen unterstützt, über 450 teils groß besetzte Instrumental- und Vokalstücke. Goethes Freund Zelter erteilte ihr Kompositionsunterricht, sie spielte Goethe vor und vertonte seine Gedichte, unter anderem das berühmte »Über allen Gipfeln ist Ruh'«. Als Salonnière gehörte sie zu den prägenden Intellektuellen des bieder-

meierlichen Berlin. Öffentliche Auftritte allerdings und die Publikation ihrer Werke untersagten ihr Vater und Bruder, da es in bürgerlich-akademischen Kreisen als unschicklich galt, wenn eine Frau eigenes Geld verdiente. Nur ihr Ehemann, der erfolgreiche Hofmaler Wilhelm Hensel, wollte Fanny nicht als unproduktiv-dekorative »Muse«, sondern förderte die Komponistin Fanny und setzte sich bei ihrem Vater für die Veröffentlichung ein. Kurz vor ihrem Tod fasste sie den Entschluss, einige Werke ohne die Erlaubnis ihres Bruders und entgegen dem Familiendogma zu veröffentlichen.

18 Angelo Soliman, etwa 1721 als Mmadi Make im heutigen Nordostnigeria geboren, fiel als kleiner Knabe in die Hände von Sklavenhändlern und gelangte über Messina nach Europa. Sein Name deutet darauf hin, dass er als Kind Muslim war, aber Mmadi nahm – freiwillig oder unfreiwillig – den katholischen Glauben an und nannte sich fortan Angelo. Seiner ersten Biographin zufolge hatte er romantische Motive für diese Namenswahl, kam also beim weiblichen Geschlecht früh gut an. Feldmarschall Fürst Johann Georg Christian Lobkowitz, mit den habsburgischen Truppen auf Feldzug in Sizilien, kaufte den Knaben, der bald zu seinem persönlichen Begleiter wurde. Starke gegenseitige persönliche Sympathie dürfte das Motiv gewesen sein. Im Gefecht rettete Angelo dem Fürsten das Leben und erhielt aus Dankbarkeit die Freiheit. Lobkowicz nahm Angelo mit nach Wien, wo dieser später bei einem Gehalt von 600 Gulden jährlich als »Hausofficier« und Prinzenerzieher ins Haus von Fürst Joseph Wenzel von Liechtenstein kam. Sechssprachig, hochgebildet, ein gefürchteter Gegner beim Schach und in weißer Uniform eine auffällige Erscheinung, gehörte er zu den gern gesehenen Gästen am Hof Josephs II., der sich gern mit ihm unterhielt und oft ins Gespräch vertieft mit ihm auf den Wiener Straßen gesehen wurde. Als begnadeter Stratege gewann er 1764 während der Frankfurter Krönung Josephs II. bei seinem ersten Pharao-Spiel seinem adeligen Gegner 20 000 Gulden ab, die er in den steirischen Bergbau investierte. 1781 trat Soliman der Freimaurerloge »Zur wahren Eintracht« bei und stieg dort zum Vizezeremoniengroßmeister auf. Seine würdige Position bei Hofe hinderte Kaiser Franz nicht daran, nach seinem Tod 1796 Angelo gegen den Protest sogar des Erzbischofs von Wien ausstopfen und gemeinsam mit einem Warzenschwein und mehreren Sumpfvögeln halb nackt in fantasievoller »Stammeskleidung« im Naturalienkabinett in Wien ausstellen zu lassen. Jahrelang kämpfte seine Tochter Josephine vergeblich gegen diese würdelose Zurschaustellung ihres Vaters. Ihre »letzte Ruhe« fanden Angelo Solimans sterbliche Überreste in den Wirren der 1848er-Revolution beim Brand der Hofbibliothek, wo man sie inzwischen deponiert hatte.

19 Zwar nennt der halbwüchsige Wolferl sich selbst einmal einen Fex, aber der Ausdruck – heute nur noch in Wörtern wie »Bergfex« lebendig – ist eine Beleidigung und bezeichnete damals einen Schwachsinnigen.

20 Ein kleines Drama der Brautzeit verdient Erwähnung, da es Constanzes ganze innere Stärke und Unabhängigkeit durchklingen lässt. Wolfgang verübelt ihr, dass sie ihren Schwestern in seiner Gegenwart arglos erzählt, sie habe an einem frivolen Salonspiel teilgenommen, bei dem die Damen »zur Strafe« den Umfang ihrer Waden messen lassen müssen. Die bräutliche Constanze hat sich so weit vergessen, dass sie in gemischtem Spielerkreis einem fremden Mann gestattet hat, diese Messung

vorzunehmen. Das klingt harmloser, als es ist: Die Messung hatte auf nackter Haut stattzufinden, und der »Messungsbeauftragte« hatte die Entkleidung vorzunehmen. Da die Strumpfbänder über den Knien befestigt waren, stieß man beim Wadenmessen in den Intimbereich der abgemessenen Frau vor. Der amüsiert-skandalisierte Aufschrei der Schwestern bei dieser Erzählung ist leicht vorstellbar. Wolfgang scheint die »Tat« als solche weniger bedenklich zu finden als den Umstand, dass sie in seiner Gegenwart gebeichtet wird. Er sieht sich in seiner Ehre verletzt, die ihm über alles geht, und stellt Constanze zur Rede. Diese, weit entfernt davon, einzuknicken, macht ihm klar, wie sie sich eine Ehe nicht vorstellt. Nun ist es Wolfgang, der einknickt. Sie dagegen bleibt bei ihrer Position: so nicht! Und erst ein bittender Brief von ihm scheint sie versöhnt zu haben.

21 Zu erzählen hat da Ponte viel: 1749 geborener italienischer Jude, katholischer Priester, Universitätsgelehrter, bekommt er es mit der Inquisition zu tun, da er mit einer verheirateten Frau zusammenlebt, und flieht nach Wien. Im Todesjahr Mozarts wird er dort brotlos und geht als Impresario und Stückeschreiber nach London, wo er nach einigen Jahren Scherereien in Gelddingen bekommt und daraufhin 1805 in die Vereinigten Staaten übersiedelt. Nachdem er sich in allerhand Geschäften versucht hat, etwa im Handel mit Tabak und Schnaps, beginnt er 1825 – 76-jährig! – den letzten Teil seiner Lebenskarriere als Professor für italienische Literatur an der New Yorker Columbia University. Nebenher verlegt er Bücher und sucht der Oper im bürgerlichen Milieu der jungen Republik zum Durchbruch zu verhelfen und Förderer für eine New Yorker Oper zu finden. Diese brennt nach einigen Jahren ab, finanziell getragen hat sie sich nie. Da Ponte stirbt mit biblischen 89 Jahren 1838 in New York. Sein Bildnis von der Hand des Malers Samuel Morse – der jedem Kind der Welt bekannt ist als der Erfinder des Morsealphabets – zeigt uns die hellwachen Augen eines ausgemergelten Uralten, der schon alles gesehen hat und mit allem fertiggeworden ist.

22 Franz Anton Mesmer scheiterte an den überhöhten Erwartungen, die die Öffentlichkeit und er selbst in seine Therapie setzten, und musste, von der Medizinerschaft angefeindet, Wien verlassen, um in Paris sein Glück zu machen.

23 »Mozart ist tot.« Diese drei deutschen Wörter hören seit 2006 aufmerksame Zuhörer aus einer Passage ab Takt 31 der – wie das gesamte Stück lateinisch gesungenen – Schlussfuge heraus. Der norwegische Bratschist Oliviero Hassan-Saavedra machte erstmals darauf aufmerksam. »Cum sancto spiritu«, mit dem Heiligen Geist, lautet der endlos wiederholte Text eigentlich. Aber wer die deutschen Wörter einmal gehört hat, bekommt sie nicht mehr aus dem Ohr. Hat Süßmayr, der den Satz letztlich schrieb, etwa bewusst eine Botschaft in der Fuge versteckt? Hatte er vielleicht gar dazu Mozarts Anweisung, seines Lehrers? Was könnte die Absicht dahinter gewesen sein? Dem Werk eine Art Copyright-Zeichen aufzustempeln? Eine Huldigung an den Meister? Das sogenannte »Süßmayr'sche Vokaldiskretiv« ist wohl eine reine Ausgeburt der Fantasie – oder eine bis heute nicht aufgeklärte Randnote von Mozarts geheimnisumwobenem musikalischen Testament.

24 Ein Stammbuch war, studentischem Brauch folgend, ein Freundschaftsalbum, das der Besitzer lebenslang führte, damit sich Freunde mit Texten oder Bildern darin verewigten. Sein moderner Nachfolger ist das Poesiealbum.

25 Seine bescheidenen Worte an Breitkopf werden 1801 in Breitkopfs Allgemeiner musikalischen Zeitung veröffentlicht und lauten: »Ich habe den Lehren dieses großen Mannes zu viel zu danken, als dass ich stillschweigend erlauben könnte, dass ein Werk, dessen größter Theil meine Arbeit ist, für das seinige ausgegeben wird, weil ich fest überzeugt bin, dass meine Arbeit dieses großen Mannes unwürdig ist. Mozarts Composition ist so einzig und ich getraue mir zu behaupten, für den Theil der lebenden Tonsetzer so unerreichbar, dass jeder Nachahmer besonders mit untergeschobener Arbeit noch schlimmer wegkommen würde, als jener Rabe, der sich mit Pfauenfedern schmückte.« Er schiebt nach: Er habe noch mit Mozart die Sätze »durchgespielt, und gesungen«, und sie hätten »die Ausarbeitung dieses Werkes sehr oft besprochen«, wobei Mozart ihm auch »den Gang und die Gründe seiner Instrumentierung mitgeteilt hatte«. Der Rezeption und Constanze hat dieser Brief nicht erkennbar geschadet. In einer erstaunlichen Volte erklärt gar ein Autor die Frage für unerheblich, ob Mozarts Genius nun direkt oder durch sein Werkzeug Süßmayr zu den Menschen gesprochen habe.

26 Während der Kupferstecher, wie wir bereits bei Leopold Mozarts Versuchen in dieser Richtung sahen, jedes Zeichen mit Gravierwerkzeugen in die Metalldruckplatten einritzt, nutzt die Lithografie, übersetzt: der Steindruck, die Physik der gegenseitige Abstoßung von Wasser und Fett und basiert auf billigen Platten aus feinkörnigem Solnhofener Kalk als Untergrund, auf den das Druckbild einfach mit Fettkreide aufgebracht wird. Das Verfahren ermöglicht vollflächigen Druck und damit auch den bislang unbekannten mehrfarbigen Druck – etwas, das Senefelder sofort erkannte. Bis dahin mussten Metallstiche und Holzschnitte Stück für Stück koloriert werden. Erst mit Senefelder kam die Farbe in die mediale Öffentlichkeit, und sein Prinzip »Wasser gegen Fett« wurde für annähernd zwei Jahrhunderte zum beherrschenden Paradigma in der Medienproduktion, bis es Ende des 20. Jahrhunderts allmählich durch den Digitaldruck ergänzt wurde.

27 Franz Grillparzers lyrischer Nachruf »Am Grabe Mozart des Sohnes« erfasst sensibel vieles von Wesen, Größe und Tragik des jungen Mozart:

So bist du endlich hingegangen,
Wohin der Geist dich ewig zog,
Und hältst den Großen dort umfangen,
Der adlergleich zur Sonne flog.

Daß keiner doch dein Wirken messe,
Der nicht der Sehnsucht Stachel kennt,
Du warst die trauernde Zypresse
An deines Vaters Monument.

Wovon so viele einzig leben,
Was Stolz und Wahn so gerne hört,
Des Vaters Name war es eben,
Was deiner Tatkraft Keim gestört.

Begabt, um höher aufzuragen,
Hielt ein Gedanke deinen Flug;
»Was würde wohl mein Vater sagen?«
War dich zu hemmen schon genug.

Und wars zu schaffen dir gelungen,
Was manchen andern hoch geehrt,
Du selbst verwarfst es, kaum gesungen,
Als nicht des Namens Mozart wert.

Nun öffnen sich dem guten Sohne
Des großen Vaters Arme weit,
Er gibt, der Kindestreu zum Lohne,
Ein Teilchen dir Unsterblichkeit.

Der Name, dir ein Schmerzgenosse,
Er wandelt sich von heut in Glück;
Tönt doch von Salzburgs Erzkolosse
Ein Echo auch für dich zurück.

Wenn dort die Menge sich versammelt,
Ehrfürchtig Schweigen alle bannt,
Wer dann den Namen Mozart stammelt,
Hat ja den deinen auch genannt.

28 Wolfgang junior sollte die Festkantate zur Enthüllung schreiben, er lehnte zunächst ab unter Hinweis darauf, dass sein geringes Talent der Aufgabe nicht gerecht werden könne. Er griff dann doch zum Notenpapier, kompilierte die Festkantate jedoch aus Werken seines Vaters. Bis ins Alter bewegte ihn also der Gedanke, er könne seinem Vater zur Schande gereichen.

Weiterführende Literatur

Wilhelm A. Bauer / Otto Erich Deutsch (Hg.): Wolfgang Amadeus Mozart. Texte / Briefe und Aufzeichnungen, Gesamtausgabe. Kassel 1966–1975.

Eva Gesine Baur: Emanuel Schikaneder. Der Mann für Mozart. München 2018.

Eva Gesine Baur: Mozart. Genie und Eros. München 2014.

Ketil Bjørnstad: Mein Weg zu Mozart. Berlin 2016.

Fernand Braudel: Sozialgeschichte des 15. bis 18. Jahrhunderts. Der Alltag. München 1985.

Volkmar Braunbehrens: Mozart in Wien. München / Mainz 1988.

Erich Broy: Leopold Mozart. Komponieren in einer Zeit stilistischen Wandels. Augsburg 2019.

Lothar Gall: Bürgertum in Deutschland. Berlin 1989.

Wolfgang Hildesheimer: Mozart. Frankfurt 1977.

Internationale Stiftung Mozarteum (Hg.): Leopold Mozart. Musiker – Manager – Mensch. Salzburg 2019.

Enrik Lauer / Regine Müller: Mozart und die Frauen. Bergisch Gladbach 2005.

Silke Leopold / Jutta Schmoll-Barthel / Sara Jeffe (Hg.): Mozart-Handbuch. Kassel 2016.

Josef Mančal: Die Mozarts in Augsburg und Schwaben. Augsburg 1991.

Piero Melograni: Wolfgang Amadeus Mozart. Eine Biographie. München 2009.

Constanze Mozart: Briefe, Aufzeichnungen, Dokumente 1782 bis 1842. Dresden 1922.

Wolfgang Amadé Mozart: Guten Morgen, liebes Weibchen! Briefe an Constanze, herausgegeben von Silke Leopold. Kassel 2005.

Ludwig Nohl: Mozarts Briefe. Salzburg 1865.

Ludwig Nohl: Wolfgang Amadeus Mozart. Stuttgart 1863.

Werner Pieck: Die Mozarts. Porträt einer Familie. Hamburg 1998.

Bruno Preisendörfer: Als Deutschland noch nicht Deutschland war. Reise in die Goethezeit. Berlin 2015.

Eva Rieger: Nannerl Mozart. Leben einer Künstlerin. Frankfurt 2005.

Ludwig Schiedermair: Die Briefe W.A. Mozarts und seiner Familie. Eine kritische Gesamtausgabe. München / Leipzig 1914.

Viveca Servatius: Constanze Mozart. Eine Biographie. Wien 2018.

Jeremy Siepmann: Mozart. Sein Leben, seine Musik. Darmstadt 2013.

Maynard Solomon: Mozart. Kassel 2005.

Melanie Unseld: Mozarts Frauen. Begegnungen in Musik und Liebe. Reinbek 2005.

Erich Valentin: Leopold Mozart. Frankfurt 1998.

Omer Meir Wellber / Inge Kloepfer: Die Angst, das Risiko und die Liebe. Momente mit Mozart. Salzburg 2017.

Personenregister

(kursive Seitenzahlen verweisen auf Abbildungen)

Bildnachweis

Alamy: S. 176
Bildarchiv Preußischer Kulturbesitz, Berlin: S. 21, 280 (Cooper-Hewitt Smithsonian Design Museum/Art Resource, NY/Matt Flynn), 290 (Staatsbibliothek zu Berlin)
Internationale Stiftung Mozarteum (ISM): S. 43, 55, 84, 87, 110, 143, 159, 195, 196, 219, 245, 285, 294, 338, 356
Picturedesk: S. 126 (Art Media/dpa picture-alliance), 162 (Imagno), 184 (akg-images), 276 (Erich Lessing), 351 (Altötting Stadtarchiv/EPA)
Verlagsarchiv: S. 306
Mit freundlicher Genehmigung der Yale University Collection of Musical Instruments, New Haven, CT: S. 114 (Besitzer und Maler sind nicht eindeutig geklärt)
Sowie aus Landon, Mozart. Die Wiener Jahre, München 1990: S. 201

Die Vorderseite des Umschlags zeigt im Hintergrund Wien vom Belvedere aus gesehen (Gemälde von Bernardo Bellotto, 1759/61) und im Vordergrund ein Familienporträt der Mozarts (Gemälde von Johann Nepomuk della Croce, um 1780/81). Auf der Rückseite des Umschlags wird der junge Wolfgang Amadeus Mozart der Kaiserin Maria Theresia vorgestellt, Wien im Oktober 1762 (Gemälde von Eduard Ender). Die Karte im Vorsatz des Buches zeigt Europa im Jahr 1789 und, farbig hervorgehoben, die Reisen Wolfgang Amadeus Mozarts. Im Nachsatz des Buches ist die Stammtafel der Familie Mozart zu sehen.

Ändris Motzhart
»der Heimberger«
erwähnt 1487

Hans Motzhart
Söldner (Landpächter)
erwähnt 1487

Leonhard Motzhart
Söldner

Peter Motzhart
Söldner

Jerg Motzhart
Dorfrichter
vor 1570 – nach 1608

David Motzhart
Bauer
† 1625/26

David Mozart ⚭ **Maria Negele**
Maurer/Baumeister
1620 – 1685
1622 – 1697

Daniel Mozart
Maurer
1645 – 1683

Hans Georg Mozart
Maurer/Baumeister
1647 – 1719

Franz Mozart ⚭ **Anna Haerrer**
Maurer
1649 – 1694
1656 – 1703 (1716?)

Johann Georg Mozart ⚭ **Anna Maria Sulzer**
Buchbinder
1679 – 1736
1696 – 1766

Franz Mozart
Bildhauer
1681 – 1732

Leopold Mozart ⚭ **Anna Maria Pertl**
Musiker, Komponist
1719 – 1787
1720 – 1778

Johann Christian Mozart
1722 – vor 1755

Johann Baptist Reichsfrh. Berchtold von Sonnenburg ⚭ **Maria Anna Mozart**
Gerichtspfleger
1736 – 1801
»Nannerl«, Musikerin
1751 – 1829

[3 Töchter/2 Söhne, früh verstorben]

Wolfgang Amadé Mozart ⚭ **Constanze Weber**
Komponist, Musiker
1756 – 1791
Sängerin
1762 – 1842

Therese Fuggs ⚭ **Leopold Alois Pantaleon**
»Leopoldl«
Beamter
1785 – 1840

Johanna Maria Anna Elisabeth
»Jeanette«
1789 – 1805

Maria Barbara
»Babette«
1790 – 1791

[1 Sohn/ Näheres unbekannt]

Henriette ⚭ **N.N.** (Ehemann)
»Jeannette«
1817–1890
Näheres unbekannt

Gustav
Militäroffizier
**1875*

Bertha ⚭ **Franz Forschter**
1842 – 1919
(kinderlos)
Militärverwaltungsbeamter **1871*